Die Bonus-Seite

Ihr Vorteil als Käufer dieses Buches

Auf der Bonus-Webseite zu diesem Buch finden Sie zusätzliche Informationen und Services. Dazu gehört auch ein kostenloser **Testzugang** zur Online-Fassung Ihres Buches. Und der besondere Vorteil: Wenn Sie Ihr **Online-Buch** auch weiterhin nutzen wollen, erhalten Sie den vollen Zugang zum **Vorzugspreis**.

So nutzen Sie Ihren Vorteil

Halten Sie den unten abgedruckten Zugangscode bereit und gehen Sie auf www.galileocomputing.de. Dort finden Sie den Kasten **Die Bonus-Seite für Buchkäufer**. Klicken Sie auf **Zur Bonus-Seite/Buch registrieren**, und geben Sie Ihren **Zugangscode** ein. Schon stehen Ihnen die Bonus-Angebote zur Verfügung.

Ihr persönlicher **Zugangscode**: v7q9-3fnm-ewsg-rb4x

Uwe Post

Spieleprogrammierung mit Android Studio

Programmierung, Grafik & 3D, Sound, Special Effects

Liebe Leserin, lieber Leser,

da haben Sie sich Einiges vorgenommen! Spiele-Apps entwickeln mit Android Studio.

Zur ersten Herausforderung, den Spiele-Apps: Sie bringen gute Java-Kenntnisse mit und auch mit Android kennen Sie sich aus. Nützlich ist auch, wenn Sie keine weiteren Berührungsängste gegenüber Bildbearbeitungssoftware wie GIMP oder Inkscape haben. Schließlich soll Ihre App ja auch optisch was hermachen.

Zur zweiten Herausforderung: Android Studio. Die Software ist jung und noch nicht final. Dennoch aber sehr brauchbar; viele Spieleschmieden setzen sie bereits ein. Ein kleines „Restabenteuer" bleibt aber. Die Software entwickelt sich und möglicherweise stoßen Sie auf Stellen im Buch, die noch einen älteren Stand abbilden. Wenn dann etwas nicht so funktioniert, wie beschrieben oder wie Sie es gerne hätten, dann melden Sie sich bitte. Wir helfen Ihnen weiter, damit Ihr Projekt nicht ins Stocken gerät.

Aber halt. Noch etwas: Wir wissen immer noch nicht, ob Sie unser idealer Leser sind und wir das bestmögliche Buch für Sie haben. Sind Sie auch geduldig? Und neugierig? Und darüber hinaus auch begeisterungsfähig?

Perfekt! Dann haben Sie die richtige Wahl getroffen und sollten jetzt keine Zeit vergeuden.

Viel Spaß beim Entwickeln, und wenn es Ihre App dann in den Shop geschafft hat, freuen wir uns über einen Hinweis!

Ihre Judith Stevens-Lemoine
Lektorat Galileo Computing

judith.stevens@galileo-press.de
www.galileocomputing.de
Galileo Press · Rheinwerkallee 4 · 53227 Bonn

Auf einen Blick

1	Einführung	15
2	Android Studio	25
3	GUI-Spielerei	41
4	Animierte GUI-Spiele	93
5	Handys haben keinen Joystick	117
6	Sound und Musik	155
7	Location-based Gaming	173
8	Schnelle 2D-Spiele	201
9	3D-Spiele	241
10	Social Gaming	283
11	Monetarisieren	315

Impressum

Wir hoffen sehr, dass Ihnen dieses Buch gefallen hat. Bitte teilen Sie uns doch Ihre Meinung mit. Eine E-Mail mit Ihrem Lob oder Tadel senden Sie direkt an die Lektorin des Buches: *judith.stevens@galileo-press.de*. Im Falle einer Reklamation steht Ihnen gerne unser Leserservice zur Verfügung: *service@galileo-press.de*. Informationen über Rezensions- und Schulungsexemplare erhalten Sie von: *britta.behrens@galileo-press.de*.

Informationen zum Verlag und weitere Kontaktmöglichkeiten finden Sie auf unserer Verlagswebsite *www.galileo-press.de*. Dort können Sie sich auch umfassend und aus erster Hand über unser aktuelles Verlagsprogramm informieren und alle unsere Bücher versandkostenfrei bestellen.

An diesem Buch haben viele mitgewirkt, insbesondere:

Lektorat Judith Stevens-Lemoine
Korrektorat Petra Bromand, Düsseldorf
Fachgutachten Dirk Louis, Saarbrücken
Herstellung Denis Schaal
Typografie und Layout Vera Brauner
Einbandgestaltung Mai Loan Nguyen Duy
Satz SatzPro, Krefeld
Druck und Bindung Beltz Bad Langensalza GmbH, Bad Langensalza

Dieses Buch wurde gesetzt aus der TheAntiquaB (9,35/13,25 pt) in FrameMaker. Gedruckt wurde es auf chlorfrei gebleichtem Offsetpapier (90 g/m^2).

Der Name Galileo Press geht auf den italienischen Mathematiker und Philosophen Galileo Galilei (1564–1642) zurück. Er gilt als Gründungsfigur der neuzeitlichen Wissenschaft und wurde berühmt als Verfechter des modernen, heliozentrischen Weltbilds. Legendär ist sein Ausspruch *Eppur si muove* (Und sie bewegt sich doch). Das Emblem von Galileo Press ist der Jupiter, umkreist von den vier Galileischen Monden. Galilei entdeckte die nach ihm benannten Monde 1610.

Bibliografische Information der Deutschen Nationalbibliothek
Die Deutsche Nationalbibliothek verzeichnet diese Publikation in der Deutschen Nationalbibliografie; detaillierte bibliografische Daten sind im Internet über *http://dnb.d-nb.de* abrufbar.

ISBN 978-3-8362-2760-5
© Galileo Press, Bonn 2014
1. Auflage 2014

Das vorliegende Werk ist in all seinen Teilen urheberrechtlich geschützt. Alle Rechte vorbehalten, insbesondere das Recht der Übersetzung, des Vortrags, der Reproduktion, der Vervielfältigung auf fotomechanischem oder anderen Wegen und der Speicherung in elektronischen Medien.

Ungeachtet der Sorgfalt, die auf die Erstellung von Text, Abbildungen und Programmen verwendet wurde, können weder Verlag noch Autor, Herausgeber oder Übersetzer für mögliche Fehler und deren Folgen eine juristische Verantwortung oder irgendeine Haftung übernehmen.

Die in diesem Werk wiedergegebenen Gebrauchsnamen, Handelsnamen, Warenbezeichnungen usw. können auch ohne besondere Kennzeichnung Marken sein und als solche den gesetzlichen Bestimmungen unterliegen.

Inhalt

1 Einführung — 15

1.1 Aufbau des Buches — 17
1.2 Android-Spiele von damals bis heute — 19
    1.2.1 Angry Birds — 19
    1.2.2 Bejeweled — 20
    1.2.3 Air Control — 21
    1.2.4 Speedx 3D — 22

2 Android Studio — 25

2.1 Android Studio installieren — 26
2.2 Ein Android-Projekt anlegen — 28
2.3 Besichtigungstour — 30
2.4 Arbeitserleichterungen — 32
2.5 Layouts editieren — 36
2.6 Lokale History — 39
2.7 Zusammenfassung — 40

3 GUI-Spielerei — 41

3.1 Layouts für verschiedene Geräte — 45
    3.1.1 Das Layout basteln — 45
    3.1.2 Das Tablet-Layout — 49
    3.1.3 Portrait-Modus erzwingen — 50
3.2 Die MainActivity — 50
    3.2.1 onCreate() und Content-View — 50
    3.2.2 Den Bildschirm aktualisieren — 52
3.3 Fragments — 53
    3.3.1 Einfache Fragments — 54
    3.3.2 Fragments anzeigen — 55

3.4	**Button-Klicks verarbeiten**	57
	3.4.1 OnClickListener verdrahten	57
3.5	**Einfache Game-Grafiken mit Inkscape**	58
	3.5.1 Füllung und Kontur	59
	3.5.2 Export als PNG	60
	3.5.3 Ein Launcher-Icon	61
3.6	**Custom Views**	62
	3.6.1 Multiple ImageViews auswerfen	62
	3.6.2 Ein eigener View	63
	3.6.3 Bitmaps zeichnen	65
	3.6.4 WimmelViews erzeugen	67
	3.6.5 Es kann nur einen Frosch geben	68
	3.6.6 Den Frosch küssen	70
3.7	**Timing mit Handlern**	72
	3.7.1 Countdown im Takt	72
	3.7.2 Aufräumarbeiten	74
3.8	**Schriftarten**	75
	3.8.1 Truetype-Schriften verwenden	76
	3.8.2 Ein Glow-Effekt	77
3.9	**XML-Drawables**	78
	3.9.1 Ein XML-Shape	79
	3.9.2 XML-Drawables verwenden	80
	3.9.3 Multi-Shape-Drawables	81
3.10	**Eigene Toasts**	83
	3.10.1 Eigene Toasts zusammenbauen	84
3.11	**Dialoge**	86
	3.11.1 Ein Fragezeichen-Button	86
	3.11.2 Einen Dialog erzeugen	87
3.12	**Den Highscore speichern**	89
	3.12.1 Den Highscore verwalten	90
	3.12.2 Die SharedPreferences	91
3.13	**Zusammenfassung**	92

4 Animierte GUI-Spiele 93

4.1 Bildbearbeitung mit GIMP 93
4.1.1 GIMP im Überblick 93
4.1.2 Eine Blase aufpusten 94

4.2 Vordefinierte Animationen 97
4.2.1 Game-Layouts erzeugen 97
4.2.2 Fragments anzeigen 99
4.2.3 Einfache View-Animationen 99
4.2.4 Eigene Animationen definieren 100

4.3 Eine BaseGameActivity 104
4.3.1 Schriftarten verwalten 104

4.4 Views bewegen 105
4.4.1 Seifenblasen-Physik 105
4.4.2 Seifenblasen bewegen 107
4.4.3 Bitmaps skalieren 109

4.5 Arbeit im Hintergrund 109
4.5.1 Der ScheduledExecutorService 110
4.5.2 Bewegung im Hintergrund 111

4.6 Seifenblasen fangen 112
4.6.1 Platzende Seifenblasen 113
4.6.2 Ein Callback für platzende Blasen 113

4.7 Zusammenfassung 115

5 Handys haben keinen Joystick 117

5.1 Smart Gaming mit Lagesensor 117
5.1.1 Projekt »SilverBall« 117
5.1.2 Die MainActivity vorbereiten 119
5.1.3 Eine Stahlkugel zeichnen 120

5.2 Dem View die Kugel geben 121
5.2.1 Die GameView-Klasse 121
5.2.2 Das Spiel starten 124
5.2.3 Kugel und Loch positionieren 125

5.3 Einfache Physik-Engine 126
5.3.1 Ein bisschen Physik genügt 126
5.3.2 Die Kugel der Schwerkraft aussetzen 127

	5.3.3	Die GameEngine	128
	5.3.4	Die Kugel bewegen	129
	5.3.5	Der Handler-Umweg	131
5.4	**Ruf mich an, Beschleunigungssensor**		132
	5.4.1	Der SensorManager	132
	5.4.2	Ein Abo beim Beschleunigungssensor	133
	5.4.3	Sensor und Engine verbinden	134
5.5	**Game-Levels**		135
	5.5.1	Level-Definition in XML	135
	5.5.2	Level-Models	136
	5.5.3	Unmarshalling mit Simple XML	138
5.6	**Minigolf ohne Schläger**		139
	5.6.1	Die Szene erweitern	139
	5.6.2	Ein Level starten	141
	5.6.3	Der Countdown	143
5.7	**Kollision mit Hindernissen**		143
	5.7.1	Hindernisse in GameView	144
	5.7.2	Hindernis-Physik	145
	5.7.3	Kollisionen feststellen	145
5.8	**Schnell, schneller, SurfaceView**		147
	5.8.1	Frameraten anzeigen	147
	5.8.2	IGameView extrahieren	148
	5.8.3	SurfaceView übernimmt das Kommando	149
	5.8.4	Der Surface-Renderer	151
5.9	**Zusammenfassung**		153

6 Sound und Musik 155

6.1	**Hintergrundmusik**		156
	6.1.1	Musik mit LMMS	157
	6.1.2	Ein Instrument bedienen	158
	6.1.3	Eine Melodie in Moll	159
6.2	**Soundeffekte erzeugen**		161
	6.2.1	Effekte mit Audacity	161
6.3	**Android-Audiofunktionen**		162
	6.3.1	Androids MediaPlayer	162

	6.3.2	Effekte abspielen	163
	6.3.3	Die Lautstärke regeln	165
6.4	**Sprechende Blobs?**		166
	6.4.1	Bunte Blobs	166
	6.4.2	Punkte verwalten	166
	6.4.3	Sprachausgabe hinzufügen	169
6.5	**Zusammenfassung**		171

7 Location-based Gaming 173

7.1	**Wo bin ich und woher weiß das Handy das?**		174
	7.1.1	Der LocationManager	174
	7.1.2	Location-Updates abonnieren	175
7.2	**Eine Karte anzeigen**		175
	7.2.1	OpenStreetMaps einbinden	176
	7.2.2	Den MapView anzeigen	176
	7.2.3	Die eigene Position anzeigen	177
7.3	**Inventar mit SQLite**		179
	7.3.1	Datenstrukturen festlegen	179
	7.3.2	Die SQLite-Datenbank verwalten	180
7.4	**Zeichenobjekte hinzufügen**		185
	7.4.1	Ein Icon-Overlay	185
	7.4.2	Stationen bauen	186
	7.4.3	Ein Dialog für den Namen	188
7.5	**Briefe erzeugen**		189
	7.5.1	Klickbare Overlay-Items	189
	7.5.2	Die nächste Station finden	189
	7.5.3	Einen Brief erzeugen	190
	7.5.4	Alle Briefe finden	192
	7.5.5	Einen Brief löschen	193
7.6	**Briefe zustellen**		193
	7.6.1	Liste der Briefe anzeigen	193
	7.6.2	Ein ListView und sein Adapter	195
	7.6.3	Briefdetails eintragen	197
	7.6.4	Einen Brief zustellen	198
7.7	**Zusammenfassung**		199

8　Schnelle 2D-Spiele … 201

8.1　Views verschieben ist zu langsam … 201
8.2　Schnelle 2D-Grafik mit libgdx … 202
8.2.1　Was ist OpenGL ES? … 202
8.2.2　libgdx verwenden … 203
8.2.3　Die libgdx-Activity … 205
8.3　Sprites … 206
8.3.1　Game-Texturen erstellen … 206
8.3.2　Pixelfonts erzeugen … 211
8.4　Die UI implementieren … 212
8.4.1　Die Game-Klasse … 212
8.4.2　Eine Bühne für Buttons … 213
8.4.3　Bühne frei für die Tabelle … 214
8.4.4　Styles für Tabelleninhalte … 214
8.5　Der GameScreen … 217
8.5.1　Eine Flaschen-Klasse … 217
8.5.2　Elemente der Spielwelt … 218
8.5.3　Den GameScreen implementieren … 219
8.5.4　Bierflaschen zeichnen … 220
8.5.5　Bewegungen implementieren … 221
8.6　Partikelsysteme … 225
8.6.1　Ein Partikelsystem entsteht … 225
8.6.2　Bläschen im GameScreen … 227
8.7　Flaschenfang auf dem Desktop … 228
8.7.1　Eine Java-Bibliothek … 228
8.7.2　Die Gradle-Datei manipulieren … 229
8.7.3　Die Main-Klasse für die Desktop-Version … 230
8.8　Flaschenfang als Browser-Game … 231
8.8.1　Ein GWT-Modul … 231
8.8.2　Die Main-Klasse der GWT-Version … 232
8.8.3　Die Gradle-Datei erweitern … 234
8.9　Zusammenfassung … 238

9 3D-Spiele — 241

9.1 libgdx 3D — 242
9.1.1 Hinein ins Labyrinth — 242
9.1.2 Das Projekt aufbauen — 243
9.1.3 Die MainActivity — 243

9.2 Die Klasse TheGame — 245
9.2.1 Der StartScreen — 246
9.2.2 Zum GameScreen wechseln — 249

9.3 3D-Koordinaten — 250
9.3.1 Die Physik des Gleiters — 251

9.4 Das Bühnenbildner-Modul — 253
9.4.1 Die SceneEngine entwickeln — 254
9.4.2 Model-Beschreibungen in XML — 256
9.4.3 Blaupausen laden — 257
9.4.4 Ein ModelManager — 258

9.5 Eine Szene aufbauen — 259
9.5.1 Szenenbeschreibung in XML — 260
9.5.2 Modelle in der Szene platzieren — 260
9.5.3 Modelle aufräumen — 261
9.5.4 Kollisionen prüfen — 262
9.5.5 Die Szene rendern — 263

9.6 Arena mit Hindernissen — 264
9.6.1 Das Labyrinth aufbauen — 264
9.6.2 Labyrinth-Levels in XML definieren — 265

9.7 Den GameScreen implementieren — 269
9.7.1 Kamera und Environment — 270
9.7.2 Ein Level laden — 271
9.7.3 Mechanik in 3D — 273
9.7.4 Die Steuerung implementieren — 274
9.7.5 Kollisionen ermitteln — 276
9.7.6 Sound-Pitch justieren — 279
9.7.7 Die Szene rendern — 280

9.8 Zusammenfassung — 281

10 Social Gaming — 283

- **10.1 Google Play Game Services** — 283
  - 10.1.1 Die Developer Console — 284
  - 10.1.2 Das Spieldienste-Quartett — 286
- **10.2 Mit den Spieldiensten verbinden** — 286
  - 10.2.1 Das Build-Skript erweitern — 287
  - 10.2.2 Die BaseGameServicesActivity — 287
  - 10.2.3 Soziale Buttons — 289
  - 10.2.4 Erfolge und Bestenliste anzeigen — 290
  - 10.2.5 Bei den Spieldiensten anmelden — 290
- **10.3 Erfolge feiern** — 291
  - 10.3.1 Erfolge definieren — 291
  - 10.3.2 Erfolge freischalten — 292
  - 10.3.3 Die Datenbank erweitern — 294
- **10.4 In Führung gehen** — 297
  - 10.4.1 Bestenlisten definieren — 297
  - 10.4.2 In die Bestenliste eintragen — 298
- **10.5 Spielstand in der Cloud** — 299
  - 10.5.1 Cloud Save integrieren — 300
  - 10.5.2 Spielstand laden — 301
  - 10.5.3 Einen Spielstand in der Cloud speichern — 302
  - 10.5.4 Cloud Save verdrahten — 302
- **10.6 Facebook integrieren** — 303
  - 10.6.1 Facebook-SDK integrieren — 304
  - 10.6.2 Eine Facebook-App definieren — 304
  - 10.6.3 Die App mit Facebook verbinden — 305
  - 10.6.4 Auf Facebook teilen — 308
  - 10.6.5 Zusätzliche Erlaubnis einholen — 310
- **10.7 Zusammenfassung** — 312

11 Monetarisieren — 315

- **11.1 Google In-App Billing** — 316
  - 11.1.1 Sinnvolle In-App-Artikel — 316
  - 11.1.2 Bonus-Levels — 317
  - 11.1.3 Lavapfützen — 318

	11.1.4	Kosmetik	319
	11.1.5	Ein LevelPackManager	320
	11.1.6	Kugelschmelze	326
	11.1.7	In-App-Artikel definieren	328
	11.1.8	Kaufvorgang starten	330
	11.1.9	Einkauf registrieren	333
	11.1.10	Schutz vor Hackern	334
11.2	**Andere Bezahlmethoden**		**336**
	11.2.1	Amazon App Store	336
	11.2.2	Gradle-Flavors	337
	11.2.3	PayPal, Paysafecard und Co.	341
	11.2.4	Gesponsertes Payment	342
11.3	**Zusammenfassung**		**344**

Anhang   345

A.1 Download-Paket   345

A.2 API-Übersicht Google Play Game Services   345

A.3 API-Übersicht libgdx   354

Index   377

Kapitel 1
Einführung

Ob in S-Bahn, Wohnzimmer oder (leider) unter der Schulbank – überall wird gedaddelt. Und nicht selten steckt Android im Gerät und ein ideenreicher Entwickler hinter der zugehörigen App. Die Spielekategorie auf Google Play ist abseits der Top 10 gelinde gesagt unübersichtlich. Tausende Spiele buhlen um das Interesse der Downloader, und warum, fragen Sie sich zu Recht, sollten ausgerechnet Sie dort mitmischen?

Android ist relativ jung. Ende 2010 eroberten die ersten Android-Geräte den Massenmarkt, und seitdem sind drei Jahre vergangen. Drei Jahre sind nichts im Verhältnis zum Alter des Universums, aber das ist der falsche Maßstab. Der richtige Maßstab ist die Veränderlichkeit der IT-Industrie und der Massenmedien, der Modeerscheinungen und der Internet-Hypes. Und im Vergleich dazu sind drei Jahre eine sehr, sehr lange Zeit.

Eine Plattform, die mehr als drei Jahre existiert, ist mit großer Wahrscheinlichkeit eine, die auch in Zukunft noch lange von Bedeutung sein wird. Deshalb lohnt sich der Einstieg. Und auf den zweiten Blick betrachtet gibt es auch innerhalb von Android immer neue Trends, die es einem schnellen und geschickten Entwickler ermöglichen, eine einzigartige App am Markt zu platzieren.

Natürlich benötigen Sie nicht nur Java-Programmiererfahrung, sondern auch eine gehörige Portion Stehvermögen, um am Ende mit einer Spiele-App echtes Geld zu verdienen oder zumindest einen Achtungserfolg zu landen. Damit Sie schnell und effizient arbeiten, hilft Ihnen dieses Buch. Vielleicht inspiriert es Sie sogar ein wenig. Denn wenn Sie sich die unzähligen Foto-Puzzles, Sudokus und Strip-Poker-Varianten anschauen, die es da draußen auf dem Markt gibt, dann wird Ihnen sehr schnell klar, dass Sie gute Ideen benötigen. Ideen, die über »Sudoku mit Foto aus meinem Garten als Hintergrundbild« hinausgehen. Oh, gibt es eigentlich schon »Strip-Sudoku«? Bitte legen Sie jetzt nicht das Buch zur Seite, um dieser Frage nachzugehen – Sie wissen sicher auch so, was ich meine (Abbildung 1.1).

Alles, was über Java-Grundwissen hinausgeht, erkläre ich jeweils dort, wo es wichtig wird. Sie müssen noch nie eine App geschrieben haben, und auch wenn ich auf Drittbibliotheken zurückgreife, setze ich nicht voraus, dass Sie die kennen. Dafür lege ich

Wert auf die Vermittlung nützlicher Konzepte, die mir in meiner Karriere als Spieleentwickler positiv aufgefallen sind. Auch für bisweilen knifflige Probleme zeige ich Ihnen kreative Lösungen.

Abbildung 1.1 Kein Programmbeispiel in diesem Buch: Strip-Sudoku

Wenn Sie mal steckenbleiben, weil der eingetippte Programmcode partout nicht das tun will, was er soll, hilft Ihnen ein Besuch dieser URL: *http://www.galileocomputing.de/3537*. Alle Projekte finden Sie dort als kompletten und kommentierten Quellcode sowie als fertige Apps zum Ausprobieren.

An die Qualität des produzierten Codes lege ich hohe Maßstäbe an, ausgenommen wenn eine einfachere Umsetzung der Übersicht dient. Schließlich sollen Sie hier nicht perfekten Java-Code lernen, sondern wie man Android-Spiele programmiert.

Zu den Code-Konventionen gehören die übliche Sourcecode-Formatierung mit Einrückung per Tabulatur (standardmäßig auf vier Zeichen eingestellt) und englische Bezeichner für alle Klassen, Funktionen und Variablen. Sie finden im Projekte-Download außerdem an vielen Stellen Kommentare im Quellcode, die in den abgedruckten Codeausschnitten fehlen, weil der Text drum herum für die Erklärungen zuständig ist.

Im Großen und Ganzen stellt der Programmcode keine hohen Anforderungen an einigermaßen versierte Java-Kenner. Wer gerade erst seine ersten Schritte in Java hinter sich hat, wird an manchen Stellen vielleicht in einem Java-Kompendium nachschlagen müssen (zum Beispiel online im Open Book »Java ist auch eine Insel« unter *http://openbook.galileocomputing.de/javainsel/*). Zumeist können Sie sich aber voll auf die eigentliche Spieleentwicklung konzentrieren.

Wenn Sie also Lust und Zeit haben, die eine oder andere coole Spiele-Idee umzusetzen, dann haben Sie nicht nur zum richtigen Buch gegriffen, sondern auch eine Menge Spaß vor sich.

Auf geht's!

1.1 Aufbau des Buches

Mögen Sie trockene Aneinanderreihungen von Fakten, gespickt mit unübersichtlichen Listings? Ich nicht.

Deshalb erkläre ich Ihnen nur schnell, wie Sie das Android Studio installieren, und in groben Zügen, wie Sie es zügig bedienen, bevor es mit dem ersten Spiel losgeht.

Vielleicht haben Sie schon den Finger gezückt, um das Einführungskapitel zu überblättern. Halten Sie inne! Ich mache es wirklich kurz, und Ihre Geduld wird belohnt. Ich werde Ihnen nämlich einige Kniffe beibringen, die Ihnen die anschließende Arbeit deutlich erleichtern werden.

Danach bringt Ihnen jedes Kapitel einen oder mehrere Programmierschwerpunkte anhand eines jeweils eigenen Spiels nahe. Wichtig ist, dass es hauptsächlich von der für ein Spiel benötigten Grafik abhängt, auf welche Weise man es programmiert. Und da reicht die Skala von »schnell verschraubt« bis »so wahnsinnig bin ich nicht«. Anders ausgedrückt: Ab einer gewissen Komplexität in Sachen Bild und Ton müssten Sie sich klonen, um ein Spiel in vertretbarer Zeit fertigzustellen. Am besten sollte dann einer der Klone 3D-Künstler sein und ein anderer Toningenieur. Und ein dritter sollte jene Engelsgeduld mitbringen, die als Berufsvoraussetzung für einen guten Tester unverzichtbar ist.

Auch diesem Buch sind daher gewisse Grenzen gesetzt. Trotzdem geht es den großen Herausforderungen unseres Zeitalters nicht aus dem Weg. Sie werden in Ihre Spiele den *Touchscreen*, den *Neigungssensor* und *GPS*-Ortsbestimmung einbeziehen. Am Ende stehen die Königsdisziplinen: *Social Gaming* und *3D* (Abbildung 1.2).

Und damit sich alles für Sie lohnt, erkläre ich Ihnen zum Schluss, wie man ein Spiel zu Geld macht. Dass das nur mit einem wirklich guten Spiel funktionieren kann, muss ich Ihnen dagegen sicher nicht erläutern. Insofern kann ich Ihnen nur Beispiele und Grundlagen liefern – den entscheidenden Geistesblitz müssen Sie selbst beisteuern.

Keines der Beispiel-Spiele im Buch ist »vollständig«. Dem ersten fehlt die Online-Highscore-Liste, die demonstriere ich anhand eines anderen. Das erste Spiel erhält einen hübschen Hintergrund für den Startbildschirm, das nächste nicht. Alles bei jedem Spiel zu wiederholen, wäre Zeitverschwendung. Ich erkläre jeweils eine Reihe Lösungen anhand eines Spiels – und überlasse es Ihnen, alle zu Ihrem eigenen Wunschprojekt zusammenzuführen.

1 Einführung

Abbildung 1.2 Dieses 3D-Action-Spiel wird der Höhepunkt des Buches sein. Und es ist nicht mal allzu schwer zu programmieren.

Kommen wir kurz zurück zu Ihren Klonen.

Selbst wenn einfache Spiele durchaus in erträglicher Zeit verwirklicht werden können, führt kein Weg daran vorbei, dass Sie gelegentlich das Android Studio beiseiteschieben müssen, um an Grafiken und Sounds zu hantieren. Wenn Sie nicht gerade einen fleißigen Bekannten haben, der Ihnen die nötigen Elemente vorbeibringt, müssen Sie selbst Hand anlegen. Vielleicht entdecken Sie dabei Ihre künstlerische Ader. Wenn nicht, so werden meine Tipps Ihnen zumindest zu ansehnlichen Ergebnissen verhelfen, die eine Reihe besonders dilettantischer Machwerke bei Google Play weit hinter sich lassen. Denn manchmal lassen sich dank der richtigen Tools auch mit einfachen Mitteln brauchbare Spielelemente erzeugen. Die Tools, von denen ich spreche, sind zudem alle kostenlos und sogar Open Source. Vektorgrafiken basteln wir mit *Inkscape*, Bitmap-Bilder oder Fotos erschaffen oder bearbeiten wir mit *GIMP*.

Für schnelle 2D- und 3D-Spiele kommen wir nicht ohne die Unterstützung durch zusätzliche Programmbibliotheken aus. Es würde den Rahmen dieses Buches sprengen, wollte man die nötigen Zeilen alle selbst schreiben. Da es eine ganze Reihe sogenannter Grafik-Engines gibt, die Ihnen diese Fleißarbeit abnehmen, kann ich Ihnen nicht alle vorstellen. Aber Sie werden eine kennenlernen, die alles kann, nämlich *libgdx*. Auch diese Bibliothek ist kostenlos verfügbar, und es werden keine Lizenzkosten fällig, wenn Sie Spiele veröffentlichen, die darauf basieren. So haben Sie vollkommene Flexibilität und können sich statt auf komplizierte Lizenzbedingungen ganz auf die Programmierung konzentrieren. Macht ohnehin mehr Spaß.

Programmcode – inklusive Kommentaren – verfasse ich grundsätzlich auf Englisch. Warum?

```
// Das Layout ermitteln
LinearLayout bereich = (LinearLayout)findViewById(R.id.innenBereich);
```

Finden Sie nicht auch, dass so was ein wenig albern klingt?

Sowohl Android Studio als auch die Android-API samt Dokumentation sind selbstverständlich auf Englisch. Das gilt auch für die Drittbibliotheken, die wir einsetzen werden. Dieser Vorgabe werden wir einfach folgen.

1.2 Android-Spiele von damals bis heute

Als 2009 die ersten Android-Smartphones mehr als eine Randerscheinung waren, kamen Entwickler schnell auf die Idee, die Plattform auf ihre Tauglichkeit für Spiele hin zu prüfen.

Viele Resultate kennen Sie und haben Sie auf Ihrem Handy. Trotzdem möchte ich Ihnen ein paar Meilensteine zeigen – und dabei erhellende Angaben über technische Umsetzung und Verweise auf ähnliche Spielkonzepte in diesem Buch hinzufügen.

1.2.1 Angry Birds

Nicht nur wegen des ersten Buchstabens steht *Angry Birds* ganz vorn. Das Physikspiel um Vögel und Schweine, die Ersteren die Eier geklaut haben, ist ein Dauerbrenner mit diversen Fortsetzungen, Spin-offs und Merchandising (Abbildung 1.3).

Abbildung 1.3 Angry Birds (hier die Variante »Rio«) ist ein perfektes Physik-Spektakel.

Alleinstellungsmerkmal des Spiels war die perfekte Umsetzung. Die erste Version von 2009 ist heute nicht mehr verfügbar, zeigt aber schon die blitzsaubere Cartoon-Grafik und die ruckelfreie Touchscreen-Steuerung. Beides war prägend für eine Vielzahl anderer Spiele.

Programmiert ist Angry Birds allerdings nicht hauptsächlich in Java, sondern nativ, mutmaßlich in C. Die Android-App ist lediglich eine Verpackung, die Bildschirm und Eingaben mit dem Kern verknüpft. Sowohl die Grafik- als auch die Physik-Engine sind proprietär.

In diesem Buch werden Sie sowohl auf Physik, Touchscreen als auch schnelle 2D-Grafik treffen, so dass Sie im Prinzip ein Spiel ähnlich Angry Birds – wenn auch mit anderen Mitteln – nachbauen könnten.

Der Touchscreen wird schon im ersten Beispiel-Spiel zum Einsatz kommen, Physik kommt in Kapitel 5 auf den Tisch und schnelle 2D-Grafik in Kapitel 8.

1.2.2 Bejeweled

Es gibt auch das umgekehrte Beispiel: *Bejeweled* erschien schon im Jahr 2000 für PCs. Dieser Puzzleklassiker, bei dem der Spieler durch Austausch von zwei benachbarten Edelsteinen drei einer Farbe in eine Reihe bringen muss, wurde in zigfachen Fassungen für Android umgesetzt (und vom Klon *Candy Crush* auf die Spitze getrieben). Die offizielle Version »Bejeweled 2« von *electronic arts* ist ein Kaufspiel, die neueste Variante »Bejeweled Blitz« ein Free-to-Play-Spiel, bei dem man als Spieler ehrlich gesagt vor lauter Social Gaming und Premium-Boost-Items kaum noch das ursprüngliche Spielprinzip wiedererkennt.

Kostenlose Varianten gibt es vielleicht an die hundert, was möglicherweise daran liegt, dass der Begriff »Jewels« schlecht namensrechtlich geschützt werden kann. Eine der netteren, allerdings mit Werbung gepflasterten Versionen heißt »Jewels Deluxe« (Abbildung 1.4).

Abgesehen von den Grafiken, dem Touchscreen und Sound benötigt ein Puzzlespiel mit recht simpler Geometrie keine aufwändige Engine. Das vorliegende Spiel ist technisch in etwa so aufgebaut wie die Spiele in den kommenden Kapiteln. Natürlich erfordert die Puzzlelogik ein bisschen Nachdenken und passenden Java-Code, aber der ist nicht Android-spezifisch.

Sie werden nach der Lektüre dieses Buches keinerlei Probleme haben, den bereits im Markt befindlichen Bejeweled-Klonen einen weiteren hinzuzufügen.

Abbildung 1.4 Jewels Deluxe, ein Bejeweled-Klon, benötigt keine aufwändige Grafik-Engine.

1.2.3 Air Control

Mehr Nutzen aus dem Touchscreen zieht *Air Control*. Dieses auch schon ziemlich alte Spiel zeigt Ihnen die Draufsicht auf einen Flughafen. Flieger treffen aus allen Richtungen ein, und mit dem Finger müssen Sie ihnen den Weg zur richtigen Landebahn weisen. Ein einziger Unfall, und das Spiel ist aus (Abbildung 1.5).

Mit der Zeit hat der Programmierer Werbung eingebaut (bei 10 Millionen Downloads möglicherweise lohnenswert) und die Grafik stark verbessert.

Die 2D-Grafik ist ähnlich implementiert wie bei den zuvor beschriebenen Spielen, also proprietär. Da das Spiel über verschiedene wählbare Karten verfügt, sollte man meinen, dass es dafür eine Art Level-Beschreibungsdateien gibt (wie ich sie Ihnen in Kapitel 5 vorstellen werde), aber mitnichten: Jeder Flughafen ist eine eigene Java-Klasse, die programmatisch die Positionen jedes einzelnen Objekts festlegt. Auf diese Weise erfordert eine zusätzliche Landkarte auf jeden Fall die Veröffentlichung einer neuen Version.

1 Einführung

Abbildung 1.5 Air Control, neuerdings sogar mit Landeplatz für einen Zeppelin. Aber wo bleibt der bloß?

Air Control verfügt über eine eigene Highscore-Verwaltung im Internet und verwendet nicht die *Google Game Services* dazu. Das ist beim nächsten Spiel anders. Grund dafür könnten die ortsbasierten Highscores sein: Das Spiel zeigt Ihnen auf Wunsch Ihren Highscore im Vergleich zu anderen Spielern auf der Welt, in Deutschland, in Ihrer Stadt oder sogar in Ihrem Postleitzahlenbereich. Auch eine Art des *Location-based Gaming* – ein Thema, dem das Kapitel 7 dieses Buches gewidmet ist.

1.2.4 Speedx 3D

Ebenfalls auf über 10 Millionen Downloads kommt der Stellvertreter eines anderen Spielgenres, das für Smartphones spezifisch ist: *Speedx 3D* (Abbildung 1.6).

Sie gleiten ziemlich schnell durch einen scheinbar endlosen, schlauchförmigen, bisweilen gebogenen Tunnel und müssen Hindernissen ausweichen. Indem Sie Ihr Smartphone nach links oder rechts neigen, rotieren Sie Ihr unsichtbares Fahrzeug durch den Tunnel.

Wie viele andere nutzt auch dieses Spiel gleich einen ganzen Zoo von Maßnahmen, um sich zu finanzieren: Anzeigen in Klein und Groß, In-App-Bezahlung, um sie zu entfernen, und gesponserte Verweise auf andere Spiele. Auf diese Themen komme ich in Kapitel 11 zum Teil zurück.

Außerdem nutzt das Spiel die Google Game Services für Bestenlisten und Erfolge. Diese Art von Social Gaming werde ich Ihnen in Kapitel 10 näherbringen.

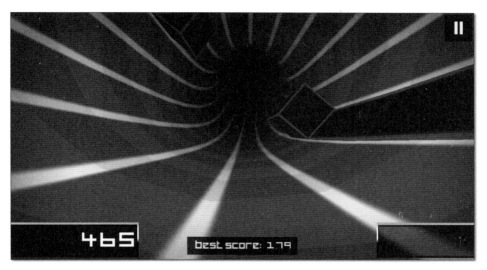

Abbildung 1.6 Speedx 3D verspricht, was der Name hält. Oder umgekehrt. Nach einer halben Stunde in diesem Spiel weiß ich das nicht so genau, und wo oben und unten ist, habe ich auch vergessen.

Speedx verwendet eine eigene 3D-Engine, was angesichts der speziellen Geometrie sicher seine Gründe hat. Aber keine Sorge: Auch Sie werden in diesem Buch lernen, wie man 3D-Spiele schreibt. Bis es in Kapitel 9 so weit ist, habe ich allerdings noch eine ganze Reihe anderer spannender Konzepte für Sie.

Kapitel 2
Android Studio

»Weißt du, wie mein Leben früher war? Ich führte Tests durch. Niemand tötete mich, steckte mich in eine Kartoffel oder verfütterte mich an Vögel. Ich hatte ein schönes Leben.«
(GLaDOS, in: »Portal 2«)

Bis vor einiger Zeit war Eclipse das Werkzeug der Wahl, wenn es um das Programmieren von Android-Apps ging. Seitdem Google auf der Entwicklerkonferenz I/O im Frühjahr 2013 verraten hat, dass eine Alternative unterwegs ist, sind einige Monate ins Land gegangen.

Zwar hat Google seitdem alle ein bis zwei Wochen ein Update rausgebracht, aber keine Version wird als »stabil« deklariert. Glücklicherweise schafft es Android Studio auch ohne eine solche »Deklaration«, nicht abzustürzen.

Android Studio basiert auf IntelliJ IDEA, einer schon lange bei Java-Entwicklern beliebten Entwicklungsumgebung. Das System hat ein paar Vorteile gegenüber Eclipse, auf die ich nicht ausführlich eingehen muss, weil in Bezug auf dieses Buch die Entscheidung für Android Studio ohnehin feststeht.

Falls Sie von Eclipse umsteigen: Vieles funktioniert ähnlich, die Tastenkombinationen sind natürlich anders, aber Sie werden sich recht schnell zurechtfinden, wenn Sie diesen Abschnitt lesen.

Um die neueste Variante aus dem Netz zu holen, lenken Sie Ihren Browser hierher:

http://developer.android.com/sdk/installing/studio.html

Installieren Sie die dort erhältliche Version. Wohlgemerkt ist das nicht unbedingt die neueste – die erhalten Sie durch das automatische Update nach dem ersten Start.

Alle Bildschirmfotos in diesem Buch stammen von Version 0.4.0 oder älter und wurden unter Ubuntu Linux angefertigt. Es kann sein, dass die Bedienelemente auf Ihrem Rechner ein klein wenig anders aussehen – aber keine Sorge, sie sind alle vorhanden und am gleichen Fleck.

2.1 Android Studio installieren

Sie benötigen ein Java Development Kit (JDK, auch Java SE genannt). Beschaffen Sie es sich hier:

http://www.oracle.com/technetwork/java/javase/downloads/

Unter Windows und Mac OS X installieren Sie Android Studio mit ein paar Mausklicks, wie von anderen Anwendungen gewohnt.

Falls das Setup Ihre Java-Installation nicht findet, setzen Sie die Environment-Variable `JAVA_HOME`. Unter Windows verwenden Sie dazu den Dialog UMGEBUNGSVARIABLEN, den Sie über die Eigenschaften des Arbeitsplatz-Icons erreichen. *JAVA_HOME* muss auf das Verzeichnis zeigen, in dem Sie das JDK installiert haben.

Unter Linux entpacken Sie das tgz-Archiv mit einem Archivprogramm Ihrer Wahl (oder per Kommandozeile) in Ihr Home-Verzeichnis. Sie starten Android Studio dann mit dem Befehl `./bin/studio.sh`. Natürlich können Sie sich eine Verknüpfung auf Ihrem Desktop oder in der Schnellstartleiste anlegen; ein passendes Icon befindet sich ebenfalls im bin-Verzeichnis.

Da Android Studio eine Java-Anwendung ist, gibt es die Möglichkeit, die virtuelle Maschine zu konfigurieren. Insbesondere können Sie mehr Speicher zuweisen. Öffnen Sie dazu die zugehörige vmoptions-Datei. Sie heißt je nach Betriebssystem *studio.vmoptions* oder *studio.exe.vmoptions* (bei 64-Bit-Systemen mit einer zusätzlichen 64). Ändern Sie die maximal zulässige RAM-Belegung in der zweiten Zeile:

studio.vmoptions
```
-Xms512m
-Xmx2048m
-XX:MaxPermSize=350m
-XX:ReservedCodeCacheSize=96m
-ea
-Dsun.io.useCanonCaches=false
-Djava.net.preferIPv4Stack=true
-XX:+UseCodeCacheFlushing
-XX:+UseConcMarkSweepGC
-XX:SoftRefLRUPolicyMSPerMB=50
-XX:+HeapDumpOnOutOfMemoryError
-Dawt.useSystemAAFontSettings=lcd
```

In diesem Beispiel gönne ich Android Studio maximal 2 GB RAM und zum Start bereits 512 davon. Da die Anwendung ohnehin nicht besonders sparsam ist, können Sie hier abhängig von der RAM-Ausstattung Ihres Rechners ruhig freigiebig sein. Je mehr Speicher Sie Android Studio gönnen, umso seltener nervt es mit kurzen Denkpausen, in denen der Garbage Collector seine Aufräumarbeiten ausführt.

Sobald Sie Android Studio zum ersten Mal starten, heißt es Sie willkommen und bietet Ihnen an, bereits verwendete Projekte zu öffnen oder ein neues anzulegen (Abbildung 2.1).

Abbildung 2.1 Android Studio heißt Sie willkommen.

Lassen Sie uns ein Mini-Testprojekt anlegen, um die ersten Schritte zu unternehmen.

2.2 Ein Android-Projekt anlegen

Drücken Sie »New Project«. Später finden Sie die gleiche Option auch im Dropdown-Menü. Das Studio verlangt nun einen Haufen Eingaben, die zum großen Teil mit Standardwerten daherkommen.

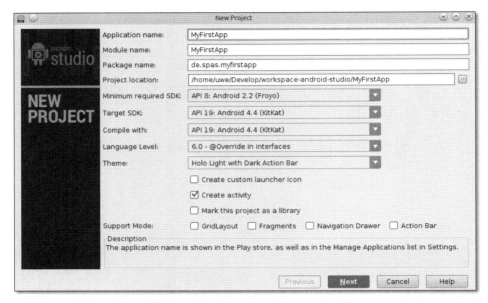

Abbildung 2.2 Der Wizard für neue Projekte nimmt Ihnen eine Menge Arbeit ab – und tut manchmal sogar mehr als nötig.

Wählen Sie also einen Namen für Ihre App – zum Beispiel MyFirstApp – und benennen Sie das Modul gleich. Als Packagenamen erfinden Sie entweder einen individuellen Namen, zum Beispiel de.ihrname, oder Sie geben de.spas ein, wie ich es bei den meisten Apps in diesem Buch tue. Dabei steht *spas* übrigens nicht für Spaß mit einem S zu wenig, sondern für »**S**piele**p**rogrammierung mit **A**ndroid **S**tudio«.

Das Arbeitsverzeichnis für das Projekt schlägt der Wizard vor, daran müssen Sie nichts ändern.

Die SDK-Versionen können Sie wie vorgegeben stehenlassen. Der MINIMUM REQUIRED SDK ist die Android-Version, die Nutzer mindestens besitzen müssen, um Ihre App starten zu können. Aufgrund der Verteilung der Geräte dort draußen in der realen Welt können Sie guten Gewissens Froyo, also Android 2.2, einstellen, ohne allzu viele Nutzer außen vor zu lassen. Wenn Sie keine für das zugehörige API Level 8 spezifischen Funktionen verwenden (Android Studio weist Sie jeweils darauf hin), können Sie natürlich Eclair (2.1) oder noch ältere Versionen einstellen.

Für TARGET SDK und COMPILE WITH stellen Sie üblicherweise die aktuellste Version ein, in diesem Fall ist das Android 4.4, Codename Kitkat.

Die meisten der weiteren Einstellungen sind für Spiele eher uninteressant. Das Theme beispielsweise wird ohnehin meist von Spielegrafiken ignoriert, ein Launcher-Icon basteln Sie nicht mit dem Wizard, sondern mit einem richtigen Grafikprogramm, und besondere Layouts brauchen wir auch normalerweise nicht. Bloß eine *Activity* sollte der Wizard ruhig anlegen. Aber eine leere bitte (Abbildung 2.3).

Alle Android-Apps bestehen aus Activities. Üblicherweise ist jeweils eine Activity-Klasse für die Steuerung eines Bildschirms zuständig.

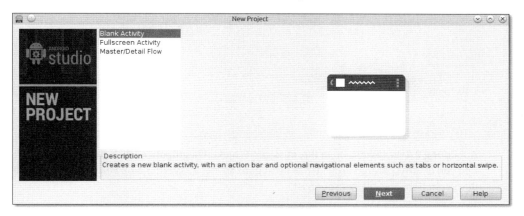

Abbildung 2.3 Den Wizard-Schritt zum Erstellen spezieller Activities können Sie übergehen.

Auch den letzten Schritt können Sie einfach bestätigen. Die Standardvorgaben für die Benennung der erzeugten Activity sind so gut oder schlecht wie andere, die Sie sich überlegen könnten. Klicken Sie auf FINISH, und der Wizard erzeugt das Projekt und versetzt Android Studio in den Entwicklungs-Modus (Abbildung 2.4).

Beachten Sie, dass Android Studio jetzt ungefragt einige Zusatzmodule des Buildsystems aus dem Internet nachlädt, sorgen Sie also für eine passende Verbindung, wenn nötig eine Firewall-Freigabe und haben Sie etwas Geduld. Künftige Buildvorgänge laufen dann schneller ab.

Der vom Wizard erzeugte Code enthält mehr Funktionen, als wir in unseren Spielen benötigen. Sie können die Minimal-App also bauen und ausprobieren, aber in Zukunft werden Sie nach dem Verwenden des Wizards erst einmal den überflüssigen Code löschen.

Im nächsten Abschnitt werde ich Ihnen die wichtigsten und hilfreichsten Handgriffe erklären, um Ihnen den Einstieg zu erleichtern. Danach geht's aber sofort an die Arbeit mit dem ersten Spiel!

2 Android Studio

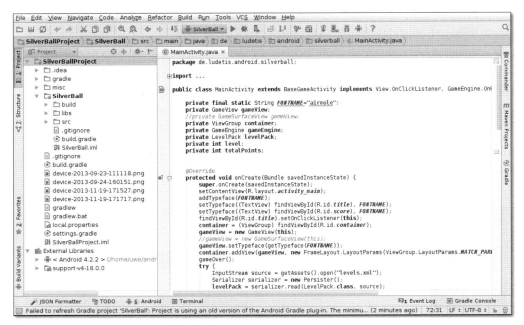

Abbildung 2.4 Willkommen in Ihrem ersten Projekt! Na gut, um ehrlich zu sein: Das ist ein Bild von einem späteren Projekt, das nicht ganz so leer aussieht. Keine Sorge, Sie werden all das verstehen, was hier zu sehen ist.

2.3 Besichtigungstour

Die Oberfläche von Android Studio besteht aus Fenstern, die Sie mehr oder weniger frei anordnen können. Jedes besitzt in der rechten oberen Ecke ein kleines Icon, mit dem Sie es minimieren können – es verbleibt dann ein rechteckiger Button am linken, rechten oder unteren Bildschirmrand, mit dem Sie es reaktivieren können.

Besonders wichtig ist natürlich das Android-Fenster (Abbildung 2.5). Falls es fehlt: Im Menü VIEW • TOOL WINDOWS können Sie jedes Fenster zurückholen.

Abbildung 2.5 Das Android-Fenster zeigt Ihnen Geräte, laufende Prozesse (soweit Sie Zugriff darauf haben, das im Bild angezeigte Gerät ist gerootet) und das laufende Logfile (Logcat).

Im Android-Fenster gibt es außerdem eine ganze Reihe hilfreicher Buttons. Probieren Sie nur mal den Screenshot-Button aus – links oben, sieht aus wie eine Kamera – und erfreuen Sie sich an den Möglichkeiten, die Sie dann haben: Sie können den fotografierten Bildschirm mit einem Bild eines Handys einrahmen, sogar an Schattenwurf haben die Entwickler gedacht.

Für XML-Layouts und -Drawables gibt es ein Preview-Fenster. Natürlich können Sie Layouts auch im visuellen Editor zusammenbauen.

Im Hauptmenü sind die wichtigsten Adressen schnell genannt: Im Menü FILE erzeugen, laden oder speichern Sie Projekte oder untergeordnete Module. Wir werden zunächst pro Projekt nur ein Modul verwenden.

Wichtig ist oft der Dialog PROJECT STRUCTURE, den Sie über das FILE-Menü öffnen (Abbildung 2.5). Zumeist ist es allerdings so, dass Sie Änderungen nicht hier, sondern an den Build-Skripts vornehmen. Android Studio übernimmt diese Änderungen dann und zeigt sie hier an.

Abbildung 2.6 Der Dialog »Project Structure« konfiguriert Abhängigkeiten und Projekteinstellungen.

Im Menü RUN haben Sie schließlich die Möglichkeit, Ihre App auszuprobieren. Schneller geht das allerdings meistens mit einem Klick auf den grünen Pfeil in der Toolbar. Links davon können Sie Run-Konfigurationen bearbeiten, rechts davon mittels Käfer-Icon den Debug-Modus anwerfen.

Bleiben wir in der Toolbar: Vier Icons gehören direkt zur Android-Erweiterung (Abbildung 2.7). Das erste übernimmt Änderungen in Build-Skripts, hinter dem zweiten verbirgt sich der Manager für virtuelle Geräte (also den Android-Emulator), das dritte lädt weitere Teile des Android-SDK und Zubehör runter. Das letzte Icon startet den Debug-Monitor.

Abbildung 2.7 Darf ich vorstellen: die Android-Icons.

So viel zum ersten Rundgang. Jetzt beginnt die Arbeit am Code – und vor allem deren Verhinderung.

2.4 Arbeitserleichterungen

Entwickler sind tendenziell faul. Da Entwicklungssysteme wie Android Studio folglich von faulen Leuten programmiert werden, enthalten Sie jede Menge mächtige Werkzeuge, die Ihnen jede Menge Zeit sparen. Die meisten davon finden Sie im Menü CODE. Richtig schnell geht's natürlich nur mit Tastenkürzeln.

Ich kann Ihnen hier nicht alle Arbeitserleichterungen vorstellen, die im Android Studio eingebaut sind, denn Sie wollen allmählich mit der Arbeit am ersten Spiel beginnen.

Im linken Bereich des Oberfläche finden Sie eine Baumstruktur, die den Dateien Ihres Projekts entspricht. In fetten Buchstaben erscheint das einzige Modul, aus dem das Projekt besteht. Darin befindet sich der generierte Quellcode. Klappen Sie das Modul auf und darin das Verzeichnis *src/main*.

Werfen Sie dann einen Blick in die Datei *AndroidManifest.xml* (Abbildung 2.8), indem Sie darauf doppelklicken.

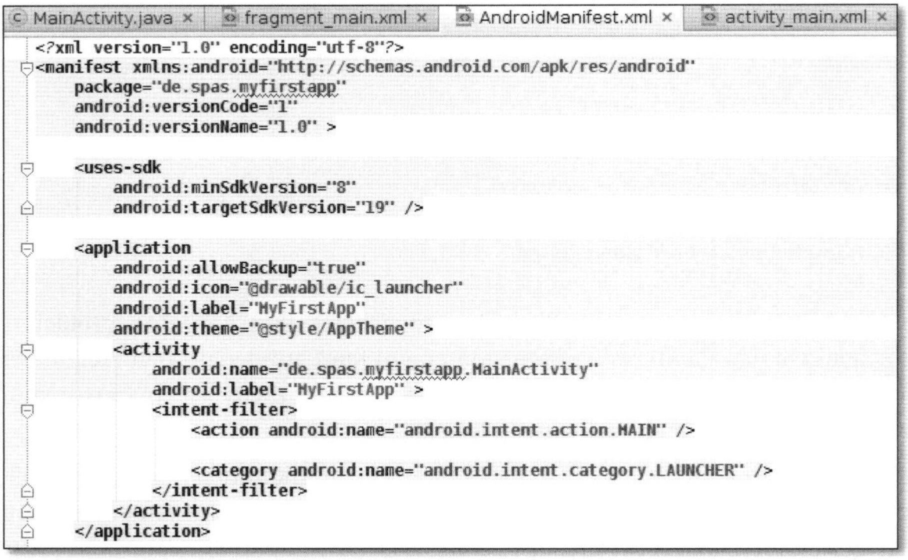
MainActivity.java ×
fragment_main.xml ×
AndroidManifest.xml ×
activity_main.xml ×
<?xml version="1.0" encoding="utf-8"?>
<manifest xmlns:android="http://schemas.android.com/apk/res/android"
package="de.spas.myfirstapp"
android:versionCode="1"
android:versionName="1.0" >
<uses-sdk
android:minSdkVersion="8"
android:targetSdkVersion="19" />
<application
android:allowBackup="true"
android:icon="@drawable/ic_launcher"
android:label="MyFirstApp"
android:theme="@style/AppTheme" >
<activity
android:name="de.spas.myfirstapp.MainActivity"
android:label="MyFirstApp" >
<intent-filter>
<action android:name="android.intent.action.MAIN" />
<category android:name="android.intent.category.LAUNCHER" />
</intent-filter>
</activity>
</application>

Abbildung 2.8 Ein XML-Editor, der Dinge versteckt ...

Dass Android Studio die verschiedenen Bausteine einer XML-Datei farblich passend hervorhebt, ist nichts Neues. Auch das »Einfalten« von Codeteilen zur besseren Übersichtlichkeit hat Android Studio nicht erfunden (verwenden Sie die weißen Minus-Laschen am linken Rand).

Aber achten Sie mal auf die hellgrün hinterlegten Begriffe `MyFirstApp`. Wenn Sie den Mauszeiger darauf halten, sehen Sie, was da wirklich steht:

```
<activity android:name="de.spas.myfirstapp.MainActivity"
    android:label="@string/app_name" >
```

In Wirklichkeit steht an dieser Stelle also **`@string/app_name`** – ein Verweis auf einen Eintrag in der Datei *strings.xml*, von der es pro Sprache eine gibt und in der die eigentlichen String-Werte definiert sind. Standardmäßig blendet Android Studio also die (englischen) String-Werte über deren Referenzen ein – übrigens auch im Programmcode.

Halten Sie die [Strg]-Taste, und klicken Sie auf den enttarnten Verweis, um zur zugehörigen Definition zu springen. Dasselbe funktioniert übrigens auch mit Variablen oder Klassen im Java-Code.

Apropos Java-Code. Klicken Sie auf den Reiter MAINACTIVITY.JAVA (Abbildung 2.9), oder klappen Sie im Projektbaum das Verzeichnis *java* und die Unterverzeichnisse auf.

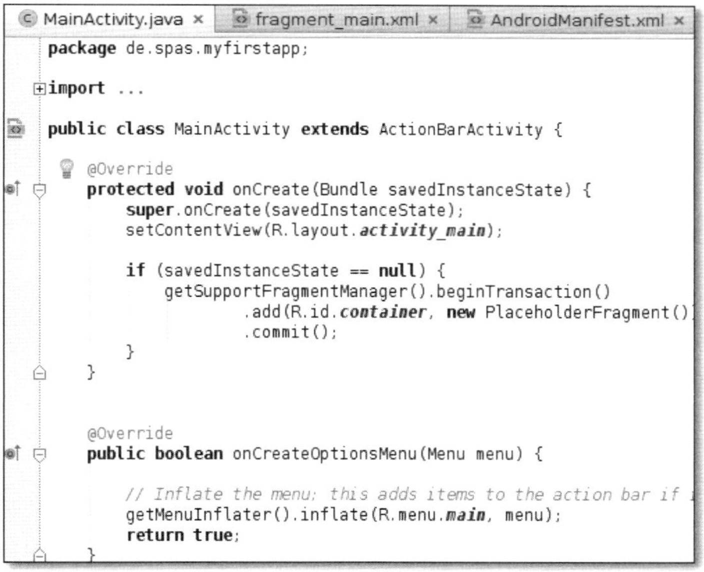
MainActivity.java ×
fragment_main.xml ×
AndroidManifest.xml ×
package de.spas.myfirstapp;
import ...
public class MainActivity extends ActionBarActivity {
@Override
protected void onCreate(Bundle savedInstanceState) {
super.onCreate(savedInstanceState);
setContentView(R.layout.activity_main);
if (savedInstanceState == null) {
getSupportFragmentManager().beginTransaction()
.add(R.id.container, new PlaceholderFragment()
.commit();
}
}
@Override
public boolean onCreateOptionsMenu(Menu menu) {
// Inflate the menu; this adds items to the action bar if
getMenuInflater().inflate(R.menu.main, menu);
return true;
}

Abbildung 2.9 Auch der Java-Editor ist gespickt mit Hilfsfunktionen.

Standardmäßig sind alle Importanweisungen eingeklappt. Die müssen Sie normalerweise auch nie bearbeiten, weil Android Studio die nötigen Imports auf Nachfrage von selbst hier hinzufügt.

Funktionen können Sie einklappen, indem Sie die weißen Laschen anklicken. In der ganz linken Spalte gibt es bei Funktionen mit `@Override`-Annotation blaue Kringel mit einem O darin: Ein Klick darauf führt zur zugehörigen Elternfunktion.

Vor der Klassendeklaration finden Sie ein orangefarbenes Icon, das Sie bei einem Klick zu Dateien führt, die mit der Klasse zu tun haben. Beispielsweise kommen Sie so von der Activity zu dem Layout-XML, das sie verwendet. Das funktioniert aber nur, solange im XML entsprechende Tool-Attribute stehen:

```
<FrameLayout xmlns:android="http://schemas.android.com/apk/res/android"
    xmlns:tools="http://schemas.android.com/tools"
    android:id="@+id/container"
    android:layout_width="match_parent"
    android:layout_height="match_parent"
    tools:context="de.spas.myfirstapp.MainActivity"
    tools:ignore="MergeRootFrame" />
```

Innerhalb Ihrer Java-Klassen navigieren Sie am schnellsten mit Tastenkürzeln. Drücken Sie [Strg]+[F12] (Menü: NAVIGATE • FILE STRUCTURE): Es erscheint ein Popup, in dem Sie alle Attribute und Funktionen der Klasse finden (Abbildung 2.10). Tippen Sie ein paar Buchstaben eines Attributs oder einer Funktion, die Sie suchen, und nur jene werden angezeigt. Mit [↵] landen Sie direkt am gewünschten Ort.

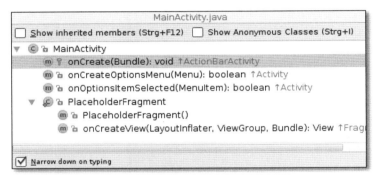

Abbildung 2.10 Navigation innerhalb einer Klasse leicht gemacht mit [Strg]+[F12]. Funktioniert auch prima in XML-Dateien.

Die zweite heiße Tastenkombination, die Sie sich merken sollten, ist [Strg]+[N]. Damit öffnen Sie eine Klasse anhand ihres Namens, wobei ebenfalls ein paar Buchstaben genügen, um das gewünschte Ziel zu finden. Eine kleine Abwandlung ist [Strg]+[⇧]+[N], das Dateien anhand ihres Namens öffnet. Auf diese Weise gelangen Sie auch schnell zu Ressource-Dateien wie *strings.xml* oder Layout-Dateien.

Übrigens können Sie jede Datei als Favorit markieren (Rechtsklick), und sie erscheint im gleichnamigen Fenster. Für häufig benutzte Dateien auch sehr praktisch.

Natürlich unterstützt Android Studio Sie während des Tippens mit Vorschlägen (*Code Completion*), so dass Sie meist nur die ersten Buchstaben eines Bezeichners eintippen müssen. Die Vorschläge öffnen sich von alleine, Sie bestätigen mit [↵] oder wählen zuvor mit den Pfeiltasten.

Sehr effizient und dementsprechend beliebt ist das Programmieren durch absichtliches Erzeugen von Syntaxfehlern. Nehmen wir an, Sie benötigen ein neues Attribut, dann schreiben Sie einfach irgendwo im Code:

```
attribute = 1;
```

Natürlich markiert Android Studio die Zeile rot, weil der Bezeichner `attribute` unbekannt ist. Gleichzeitig erscheint aber auch eine Glühbirne, auf die Sie klicken können. Sie müssen aber nicht extra zur Maus greifen: Drücken Sie einfach [Alt]+[↵], während der Cursor auf rot markiertem Code steht. Es erscheinen eine Reihe Vorschläge, um den Fehler zu beseitigen, und einer davon lautet: Erzeuge ein passendes Attribut (englisch: *Field*) in der Klasse (Abbildung 2.11).

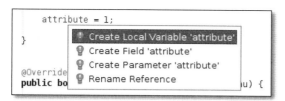

Abbildung 2.11 Erzeugen Sie das Attribut nicht selbst, lassen Sie Android Studio die Arbeit tun.

Android Studio erzeugt den nötigen Code und lässt Sie nötigenfalls Änderungen vornehmen. Derselbe Trick funktioniert mit neuen Funktionen und sogar ganzen Klassen. Probieren Sie es aus: Sie arbeiten so wesentlich schneller als umgekehrt.

Nicht erklären werde ich Ihnen hier die weiteren umfangreichen Möglichkeiten des Refactorings (Menü REFACTOR) und der automatischen Codeerzeugung (Menü CODE), die Android Studio bietet. Schauen Sie sich das überwältigende Angebot einmal selbst an. Alles ist selbsterklärend und spart Ihnen viel Zeit und Nerven.

Nicht ganz dasselbe gilt für die Möglichkeiten der Codeanalyse (Menü: ANALYZE). Dieses Feature macht Ihnen jede Menge Verbesserungsvorschläge. Viel zu viele, wenn Sie mich fragen. Lassen Sie die Funktion auf ein frisch angelegtes Android-Projekt los, und Sie erhalten über 2.000 Anmerkungen. Viele beziehen sich zwar auf automatisch generierten Code, andere sind einfach Schönheitsfehler, deren Behebung nur in ganz seltenen Fällen einen realen Vorteil verschafft.

Für Entwickler ist Android Studio ein Paradies. Aber es ist ein sehr umfangreiches Paradies, in dem man auch nach Tagen oder Wochen noch ungepflückte Äpfel entdeckt. Ich wünsche Ihnen dabei einen guten Appetit.

2.5 Layouts editieren

Um eine Android-App zu schreiben – egal ob Game oder nicht –, müssen Sie nicht nur mit Java-Code hantieren, sondern auch mit unterschiedlichen XML-Ressourcen. Dazu gehören einige Arten von Ressourcen, die Sie direkt im (glücklicherweise übersichtlichen) XML-Format bearbeiten, und die Layouts.

Layouts beschreiben den Bildschirmaufbau, bestimmen also Eigenschaften, Aussehen, Positionen und Anordnung von Views wie TextViews, EditTexts, Buttons und so weiter.

Grundsätzlich können Sie diese Layouts direkt in XML editieren, in dem Fall sehen Sie im Nachbarfenster eine sehr akkurate Vorschau, die auch auf verschiedene Gerätetypen und Auflösungen geeicht werden kann.

Als (noch) unerfahrener Android-Entwickler ist es aber einfacher, den What-you-see-is-what-you-get-Editor zu verwenden, in dem Sie mit Drag & Drop Layouts zusammenstellen können.

Wenn Sie ein Layout öffnen, beispielsweise im Testprojekt *fragment_main.xml*, dann können Sie mit zwei Laschen zwischen Design- und Text-Modus umschalten (Abbildung 2.12).

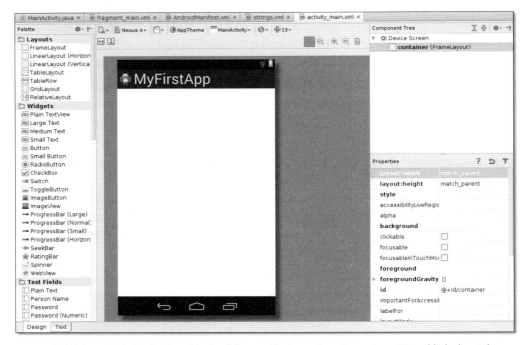

Abbildung 2.12 Im Design-Modus können Sie Layouts mit wenigen Mausklicks basteln.

Im Design-Modus sehen Sie auf der linken Seite eine Palette mit den zur Verfügung stehenden Views. Grundsätzlich unterscheiden wir zwischen Layouts und Widgets, wobei letzterer Begriff nicht zu verwechseln ist mit Startscreen-Widgets, die genauso heißen, aber etwas ganz anderes sind.

Sowohl Layouts als auch Widgets kennen zwei elementare Attribute: `layout_width` und `layout_height`. Sie legen diese Werte im Properties-Fenster fest, das alle verfügbaren Attribute auflistet. Sie können Breite und Höhe in verschiedenen Einheiten angeben. Fast immer verwenden Sie dabei die Einheit `dp`, kurz für *Device Independent Pixel*. Unabhängig von der physikalischen Auflösung eines normalen Handys beträgt dessen Bildschirmbreite immer 320 dp und seine Höhe 480 dp. Ausnahmen von dieser Regel sind größere Geräte (wie das Nexus 4) und Tablets, aber das ist ein anderes Thema.

Es gibt zwei wichtige spezielle Werte für Breite oder Höhe:

- `wrap_content`: Der View nimmt die minimal mögliche Größe ein, berechnet aus allen darin befindlichen Elementen.
- `match_parent`: Der View füllt Breite bzw. Höhe des Eltern-Views vollständig aus.

Um beispielsweise ein `FrameLayout` auf Bildschirmgröße zu bringen, geben Sie an:

```
android:layout_width="match_parent"
android:layout_height="match_parent"
```

Für diese beiden wichtigen Attribute gibt es zwei kleine Pfeile-Buttons am oberen Rand des Design-Fensters.

Layouts wie `FrameLayout`, `LinearLayout` und `RelativeLayout` sind dazu da, um ein oder mehrere Widgets zu vereinen und in einer gewünschten Anordnung darzustellen.

Ein `FrameLayout` ist dabei die einfachste Variante: Innerhalb eines solchen Layouts können Sie mehrere Widgets beliebig positionieren. Sie können ihnen eine *Gravity* verpassen, so dass sie oben, unten, links oder/und rechts innerhalb des vom `FrameLayout` belegten Rechtecks landen.

`LinearLayouts` ordnen ihre Kind-Widgets übereinander oder horizontal nebeneinander an. Zur Unterscheidung gibt es ein einfaches Attribut (`orientation`).

Natürlich können Sie Layouts beliebig ineinander verschachteln. Außerdem können Sie sie mit Rändern (Margins) und Padding versehen. Es gehört ein bisschen Übung dazu, das gewünschte Erscheinungsbild hinzubekommen, aber im Designer können Sie nach Herzenslust alles durch die Gegend schieben, bis das Ergebnis Ihren Vorstellungen nahekommt.

Sie werden für die meisten Spiele in diesem Buch keine komplizierten Layouts benötigen, und ich werde jeweils ziemlich genau erklären, wie Sie sie zusammensetzen.

Zumeist verwende ich dabei den Text-Modus. Dank Syntaxvervollständigung ist es oft effizienter, direkt XML zu schreiben, statt dauernd zwischen Tastatur und Maus zu wechseln.

Die Preview erlaubt es Ihnen, Ihr Layout auf verschiedenen Geräten, im Portrait- oder Landscape-Modus und in verschiedenen Sprachen oder API-Versionen zu betrachten. Zumeist sind die Layouts der Beispiele in diesem Buch so einfach, dass Sie in dieser Hinsicht keine Überraschungen zu erwarten haben. Es gibt allerdings durchaus intime Details: Auf einem Tablet sieht ein für Handys erstelltes Layout fast grundsätzlich traurig aus. Daher können Sie eigene Layouts erstellen, die automatisch abhängig von Gerätetyp, API-Version oder Sprache herangezogen werden. Legen Sie dazu einfach angepasste Kopien in parallele Verzeichnisse, zum Beispiel:

- *layout-land*: verwendet im Landscape-Modus
- *layout-sw600dp*: Screen mit mindestens 600 dp Breite (Tablets)
- *layout-small*: Bildschirme bis etwa 3 Zoll Diagonale
- *layout-large*: Bildschirme von 4 bis 7 Zoll
- *layout-xlarge*: Bildschirme von 7 bis 10 Zoll

Eine ähnliche Aufteilung gibt es für Bildschirmauflösungen, damit Sie unterschiedliche Versionen von Grafiken zur Verfügung stellen können. Grafiken gehören ins Verzeichnis *drawable* oder seine Brüder:

- *drawable-xxhdpi*: Pixelauflösung etwa 480 dpi
- *drawable-xhdpi*: Pixelauflösung etwa 320 dpi
- *drawable-hdpi*: Pixelauflösung etwa 240 dpi
- *drawable-mdpi*: Pixelauflösung etwa 160 dpi (Standard)
- *drawable-ldpi*: Pixelauflösung etwa 210 dpi

So packen Sie zum Beispiel das App-Icon (üblicherweise namens *ic_launcher.png*) in verschiedenen Größen in Ihr Projekt:

- *drawable-ldpi*: 48 × 48 Pixel
- *drawable-mdpi*: 72 × 72 Pixel
- *drawable-hdpi*: 96 × 96 Pixel

Bei Spiele-Apps programmieren Sie oft an diesen Mechanismen vorbei, daher sind sie nicht immer entscheidend, und ich gehe im Laufe des Buches nicht mehr tiefer darauf ein. Wenn Sie sich für Details interessieren, besuchen Sie diese Webseite:

http://developer.android.com/guide/practices/screens_support.html

Ich weiß, Sie brennen darauf, Ihr erstes Spiel in Angriff zu nehmen. Keine Sorge, nur noch ein kurzer, aber wichtiger Abschnitt, und es geht endlich los!

2.6 Lokale History

Wenn Sie eine eigene App entwickeln, werden Sie während der Arbeiten daran an der einen oder anderen Stelle Meilensteine erreichen, beispielsweise die erste lauffähige Version oder die erste mit Sound.

Manchmal machen Sie auch Rückschritte. Vor allem dann, wenn Sie größere Bereiche umbauen (Refactoring). In solchen Fällen ist es immer sinnvoll, mit Netz und doppeltem Boden zu arbeiten, sprich: ein Backup zu haben.

Damit Sie nicht ständig Ihren Code irgendwo auf die Festplatte in andere Verzeichnisse kopieren müssen, bringt Android Studio eine *Local History* mit. Sie finden sie im Menü VCS.

Diese Historie merkt sich jede Ihrer Änderungen. Setzen Sie bei jedem relevanten Meilenstein mit PUT LABEL eine Markierung, um die Übersicht zu behalten. Sie können dann jederzeit wieder zu einer Vorversion zurückkehren oder Teile davon ansehen oder übernehmen (Abbildung 2.13).

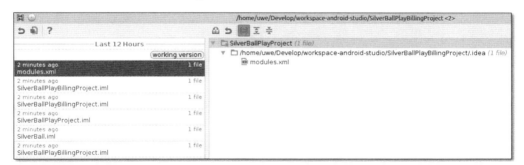

Abbildung 2.13 Die Local History bietet ohne Zusatzaufwand eine einfache Quellcode-Zeitmaschine.

Als Profi benutzen Sie vielleicht ein komplexeres Quellcode-Verwaltungssystem wie GIT oder Subversion. Beide können Sie natürlich in Android Studio integrieren, aber es würde zu weit führen, das an dieser Stelle zu erklären. Ich bin sicher, Sie bekommen das alleine hin, wenn Sie sich ohnehin schon mit diesen Techniken auskennen. Wenn nicht, ist die Wahrscheinlichkeit gering, dass Sie sie brauchen.

2.7 Zusammenfassung

Die Besichtigungstour durch Android Studio ist beendet. Natürlich haben Sie auf diesen Seiten nicht jeden Trick kennengelernt – das passiert schon noch, nämlich im Laufe Ihrer täglichen Arbeit mit diesem Buch oder mit eigenen Projekten.

Android Studio verfügt über eine umfangreiche, eingebaute Hilfe. Wenn Sie die wichtigsten Funktionen und Handgriffe einmal verinnerlicht haben, können Sie sehr schnell damit arbeiten, und wenn Sie die Spezialitäten von Codegenerierung und Refactoring kennen, noch schneller.

Jetzt ist es aber höchste Zeit, Trockenübungen Trockenübungen sein zu lassen und das erste Spiel in Angriff zu nehmen. Ölen Sie Ihr Mausrad, und legen Sie los!

Kapitel 3
GUI-Spielerei

»Man kennt eine Frau erst dann richtig, wenn man mit ihr gezecht und sich mit ihr geprügelt hat.«
(Uthgerd die Unbeugsame, in: »The Elder Scrolls V – Skyrim«)

Es wird Zeit für Ihr erstes Spiel! Sie haben bereits beim ersten Spaziergang durch das Android Studio gelernt, wie Sie den Layout-Editor verwenden, um auf einfache Weise strukturierte Bildschirmdarstellungen zu basteln. Ihr erstes Spiel wird auf einfachen Layouts basieren und diese zur Laufzeit manipulieren. Es wird Berührungen des Touchscreens auswerten und einen Countdown enthalten. Alles Grundelemente also, die in fast jedem Android-Spiel vorkommen.

Sie kennen sicher Spiele, die so oder ähnlich aufgebaut sind: Recht beliebt ist das Zerquetschen von Ameisen, die an zufälligen Stellen auf dem Bildschirm erscheinen. Als tierlieber Spieleentwickler wähle ich aber lieber »Küss den Frosch«, was technisch im Grunde genau dasselbe ist, bloß sind die Grafiken eben andere.

Die Herausforderung des Spiels besteht darin, ein bestimmtes Bild (von einem Frosch) in einem unübersichtlichen, gleichfarbigen Durcheinander zu finden und anzutippen, bevor der Countdown abläuft.

Das Spiel wird aus aufeinanderfolgenden Runden bestehen, die im Prinzip gleich ablaufen, aber immer schwieriger werden. Der Spieler erhält in jeder Runde Punkte in Höhe des Countdowns mal Tausend.

Warum mal Tausend? Weil drei, zehn oder 17 Punkte läppischer aussehen als 3.000, 10.000 oder 17.000. Nicht ohne Grund erreichen Sie bei typischen Flippern Millionen Punkte.

Wir werden die Grafiken (das Durcheinander und den Frosch) in Form von `ImageViews` programmatisch auf den Bildschirm bringen. Das bedeutet, dass das Layout lediglich Textfelder für den Countdown, die Runde, und die Punktzahl enthalten wird. Das eigentliche Geschehen wird sich innerhalb eines sogenannten *Container-Layouts* abspielen, und das gesteuert durch Ihren Programmcode, nicht durch Layout-Geschiebe mit der Maus.

Bereit zum Start? Stellen Sie eine Tasse Tee oder Kaffee bereit und öffnen Sie Android Studio.

3 GUI-Spielerei

> **Projekt-Download**
>
> Wenn Sie den Code nicht nach und nach selbst eintippen möchten, holen Sie sich das Download-Paket zum Buch: *http://www.galileocomputing.de/3537*. Sie finden es dort im Verzeichnis *KissTheFrogProject*.
>
> Kopieren Sie dazu das Verzeichnis auf Ihre Festplatte, bevor Sie im Menü FILE • IMPORT PROJECT verwenden. Steuern Sie das kopierte Verzeichnis an, das am grünen Android-Icon zu erkennen ist.

Wählen Sie im Menü NEW PROJECT, und füllen Sie das erscheinende Antragsformular gewissenhaft aus (Abbildung 3.1). Ich habe Ihnen das bereits in Kapitel 2 grob gezeigt.

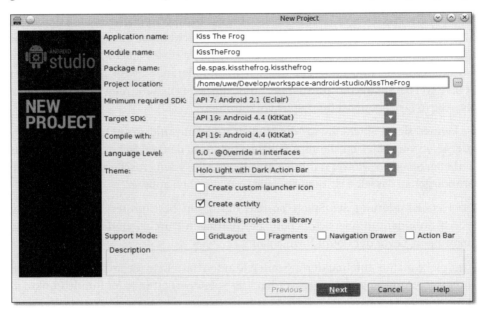

Abbildung 3.1 Achten Sie beim Ausfüllen des Formulars auch auf unscheinbare Details wie Häkchen, Leerzeichen oder deren Abwesenheit.

Das Formular erwartet im ersten Textfeld den Namen der App. Wie Sie sehen, habe ich »Kiss the Frog« erstens mit Leerzeichen und zweitens auf Englisch eingegeben. Es handelt sich hierbei tatsächlich um den Titel des Spiels, so wie er später auch in Google Play erscheint, wenn Sie die App veröffentlichen. Die Standardsprache jedes Projekts ist Englisch, einen deutschen Titel können Sie später nachtragen.

Der MODULE NAME ist der interne Projektname des Studios, dort sind Leerzeichen unangebracht (aber nicht verboten). Die Entwicklungsumgebung bastelt aus diesem Namen beispielsweise den Dateipfad, in dem das Projekt abgelegt wird, und dort stören Leerzeichen unter Umständen ein wenig.

Die dritte Zeile erwartet den PACKAGE NAME. Sie können meinen übernehmen oder einen eigenen erfinden. Auch die PROJECT LOCATION können Sie frei wählen, ich empfehle Ihnen aber, alle Projekte in einem Oberverzeichnis zusammenzufassen.

Wie bereits angekündigt, sollen alle Spiele auf Android 2.2 oder besser laufen, daher ist der MINIMUM REQUIRED SDK immer API 8. TARGET SDK und COMPILE WITH können Sie auf API 19 oder neuer einstellen, je nachdem, was gerade in dem Moment zur Verfügung steht, wenn Sie dieses Buch lesen. Als diese Zeilen entstanden, war Android 4.4 gerade erschienen, und um vor Kinderkrankheiten sicher zu sein, sollte man nicht unbedingt die allerneueste Version wählen. Ohnehin spielt die Auswahl nur bei Details eine Rolle, Sie können daher ohne zu zögern meine Einstellungen aus dem Screenshot übernehmen.

Falls Google inzwischen eine neuere Version als API 19 herausgebracht hat, wird diese in den Auswahlboxen für TARGET SDK und `Compile with` automatisch erscheinen. Sie haben zwei Möglichkeiten:

- Sie behalten die neuere Einstellung bei. Es sollten keine Probleme auftreten, garantieren kann ich Ihnen das aber nicht, da meine hellseherischen Fähigkeiten arg beschränkt sind.
- Sie ändern die Einstellung auf API 19. Dazu müssen Sie allerdings mit dem SDK-Manager zunächst die Version 19 herunterladen.

Beachten Sie, dass die Codebeispiele im Download-Paket alle auf API 19 konfiguriert sind. Wenn Sie also den Code von dort verwenden, müssen Sie API 19 runterladen oder die Versionsnummern in den Projektdateien (*build.gradle*) auf die aktuelle erhöhen. Zudem kann es erforderlich sein, die Versionsnummer der Build Tools zu erhöhen. Dies teilt Android Studio Ihnen freundlicherweise mit.

Schalten Sie auf jeden Fall CREATE CUSTOM LAUNCHER ICON aus. Darum kümmern wir uns später. Klicken Sie auf NEXT, und lassen Sie sich vom Wizard eine BLANK ACTIVITY erzeugen (Abbildung 3.2).

Abbildung 3.2 Lassen Sie sich keine komplizierte Activity erzeugen. Die leere (»blank«) genügt.

Im letzten Schritt (Abbildung 3.3) können Sie die Standardnamen für Activity und Layout ändern und eine Navigation erzeugen lassen, die wir allerdings nicht gebrauchen können. Wir haben keine Veranlassung, von den Vorgaben abzuweichen. Drücken Sie also FINISH.

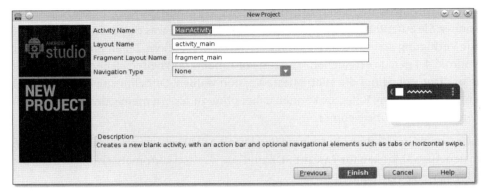

Abbildung 3.3 Kein Grund, etwas zu ändern. Aber schauen Sie sich ruhig um, damit Sie wissen, welche Möglichkeiten es gibt.

Wenn Sie den letzten Schritt des Wizards hinter sich gebracht haben, erzeugt und lädt Android Studio das frischgebackene Projekt. Das Ergebnis sieht ungefähr so aus wie in Abbildung 3.4.

Abbildung 3.4 Android Studio hat das neue Projekt geladen und zeigt Ihnen standardmäßig den XML-Code des erzeugten Layouts.

Aus welchen Teilen ein Android-Projekt grundsätzlich besteht, habe ich Ihnen bereits erklärt. Sie können also umgehend mit der Implementierung des Spiels beginnen. Aber wo fängt man an?

Mit den Aufräumarbeiten. Der Wizard erzeugt nämlich Code, den Sie überhaupt nicht benötigen. Die bereits automatisch geöffnete Datei *fragment_main.xml* löschen Sie sofort (Rechtsklick und DELETE).

Schalten Sie zur `MainActivity`-Klasse um, die der Wizard ebenfalls automatisch öffnet. Ändern Sie die Basisklasse auf `Activity`:

```
public class MainActivity extends Activity {
```

Wenn Activity rot markiert wird, müssen Sie für den richtigen Import sorgen. Drücken Sie [Alt]+[↵], damit Android Studio das für Sie erledigt.

Löschen Sie alle Funktionen mit Ausnahme von `onCreate()`. Darin entfernen Sie das `if`-Statement, so dass nur Folgendes übrig bleibt:

```
protected void onCreate(Bundle savedInstanceState) {
    super.onCreate(savedInstanceState);
    setContentView(R.layout.activity_main);
}
```

Diese Zeilen bringen später das Layout mit dem Namen `activity_main` auf den Bildschirm. Und genau dieses Layout bearbeiten Sie jetzt. Suchen Sie also im Projektbaum die Datei *layout/activity_main.xml*, und doppelklicken Sie darauf.

3.1 Layouts für verschiedene Geräte

Wie Sie Layouts grundsätzlich im grafischen Editor bearbeiten, habe ich Ihnen in Abschnitt 2.5 erklärt. Bereits angedeutet habe ich Ihnen, dass Sie für verschiedene Geräte eigene Layout-Dateien anlegen können. In sehr vielen Fällen ist das sogar unverzichtbar. Lassen Sie uns also zunächst mit einem Layout für eine sehr verbreitete Handy-Displaygröße beginnen und dann ein weiteres für ein Tablet anlegen.

Ohne große Hintergedanken legen wir fest, dass das Spiel im Portrait-Modus laufen soll, das Gerät wird also hochkant gehalten.

3.1.1 Das Layout basteln

Lassen Sie uns Punktzahl und Runde links bzw. rechts an den oberen Bildschirmrand setzen und den Countdown nach unten in die Mitte. Der restliche Bereich des Bildschirms ist dann für die grafischen Spielinhalte reserviert.

3 GUI-Spielerei

Verwenden Sie zunächst die Design-Ansicht, um einfache Layouts zu basteln. Später wird Ihnen die Text-Ansicht vielleicht effizientere Arbeit ermöglichen. Das ist letztendlich Geschmackssache.

Die Design-Ansicht zeigt Ihnen links eine Palette mit den verfügbaren Layoutelementen, in der Mitte ein virtuelles Handy, rechts oben das Layout als Baumstruktur und darunter die Eigenschaften des aktuell angewählten Elements (Abbildung 3.5).

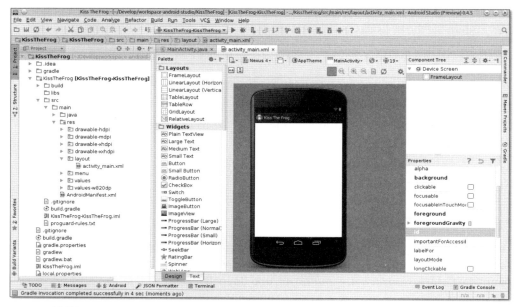

Abbildung 3.5 Die Design-Ansicht zeigt Ihnen eine What-you-see-is-what-you-get-Vorschau, eingerahmt von Palette, Baumansicht und Eigenschaften-Fenster.

Standardmäßig legt der New-Project-Wizard ein leeres FrameLayout an. Suchen Sie im Properties-Fenster die Eigenschaft id, und leeren Sie sie. Fügen Sie ein weiteres FrameLayout hinzu, indem Sie es von der Palette in den Component Tree ziehen.

Sie können ein Element auch über dem Vorschau-Handy fallenlassen. Im Fall des FrameLayouts kommen neun Positionen in Frage, die Ihnen vorgeschlagen werden. Allerdings soll das container-FrameLayout den ganzen Bildschirm einnehmen, und diese Vorgabe erfüllt sich automatisch, wenn Sie das Element im Baum-Fenster fallenlassen.

Ändern Sie im Properties-Fenster die id auf @+id/container. Diese Schreibweise erzeugt automatisch eine neue id des Namens container, die wir später programmatisch referenzieren können.

Fügen Sie dann die `Plain TextViews` an den gewünschten Stellen hinzu, indem Sie sie von der Palette auf das Vorschau-Handy ziehen. Die möglichen Positionen blendet Android Studio ein, bevor Sie die Maustaste loslassen. Setzen Sie die `ids` der `TextViews` auf `points`, `round` und `countdown`. Geben Sie dabei immer `@+id/` als Präfix ein. Wichtig ist, dass der `container` in der Reihenfolge vor den `TextViews` kommt, so dass er in deren Hintergrund liegt. Das ändern Sie am einfachsten in der Baumansicht mit Drag & Drop.

Die Positionen der `TextViews` können Sie alternativ im Properties-Fenster ändern. Das zugehörige Attribut heißt `layout:gravity`. Klappen Sie es durch einen Klick auf das kleine Dreieck auf, um die möglichen Werte zu sehen. Eine Kombination von `top` und `right` klebt das Element beispielsweise in die rechte obere Bildschirmecke.

Wie es sich für ein Spiel gehört, soll unser Layout den ganzen Bildschirm ausfüllen. Ändern Sie dazu in der Datei *values/styles.xml* das Basis-Theme:

```
<style name="AppTheme"
       parent="android:style/Theme.NoTitleBar.Fullscreen">
```

Um auch in der Vorschau in den Genuss des Vollbild-Modus zu gelangen, müssen Sie diesen explizit auf das richtige Theme umschalten, weil Android Studio die vorgenommene Änderung nicht versteht (zumindest nicht bis Version 0.4.5). Klicken Sie auf das runde Icon mit dem Halbmond und suchen Sie nach NoTitleBar.Fullscreen.

Verpassen Sie jetzt den `TextViews` poppige Farben, die sich vom angedachten grünen Wusel-Hintergrund abheben. Farben werden in einer Ressourcendatei namens *colors.xml* definiert. Das funktioniert einfacher, als es klingt: Suchen Sie bei einem Ihrer `TextViews` das Attribut `textColor`, und klicken Sie auf die Schaltfläche mit den drei Punkten. Klicken Sie im dann erscheinenden Dialog unten links auf New Resource und New Color Value (Abbildung 3.6). Der Wert ist in der verbreiteten Hexadezimal-Schreibweise #RRGGBB anzugeben. Die Farbkomponenten für Rot, Grün und Blau reichen von 00 bis FF (255). So gut wie jedes Grafikprogramm (z. B. GIMP) zeigt Ihnen die Farbcodes an, wenn Sie darin mit Farbpaletten oder Pipetten hantieren.

Schreiben Sie vorläufig ein paar Nullen in die Textattribute der `TextViews`. Stellen Sie die Größe bitte nicht bei jedem `TextView` einzeln im Attribut `textSize` ein. Für Standardwerte gibt es ein Theme, nur abweichende `TextViews` müssen Sie einzeln verarzten. Öffnen Sie die Ressourcendatei *styles.xml* im Verzeichnis *values*. Ergänzen Sie im `AppTheme` eine Zeile:

```
<!-- Application theme. -->
<style name="AppTheme"
    parent="android:style/Theme.NoTitleBar.Fullscreen">
  <item name="android:textSize" >32sp</item>
</style>
```

3 GUI-Spielerei

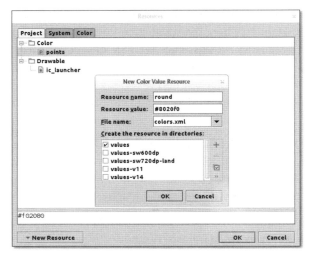

Abbildung 3.6 Legen Sie Farbressourcen nach Geschmack an.

Dieser Eintrag legt als Standard-Textgröße für alle `TextViews` 32sp fest. Behalten Sie im Hinterkopf, dass auch Views, die von `TextView` erben, diesen Wert übernehmen. Für den Moment stört das aber nicht.

Vergleichen Sie, ob Ihr Layout in etwa so aussieht wie das, das ich gebastelt habe (Abbildung 3.7).

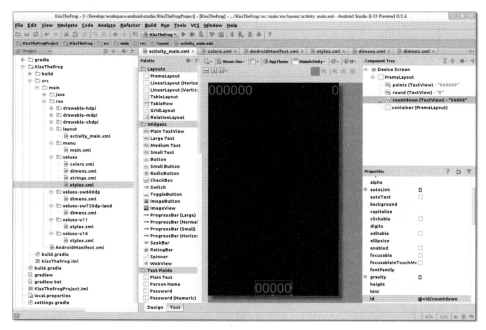

Abbildung 3.7 Das Layout zeigt hauptsächlich Nullen, aber das wird sich bald ändern.

3.1.2 Das Tablet-Layout

Auf einem Tablet würden die `TextViews` in der vorgesehenen Größe etwas verloren erscheinen. Lassen Sie uns also eine Variante für Tablets erstellen, die größere Zeichen verwendet.

Es gibt mehrere Möglichkeiten, dieses Ziel zu erreichen. In diesem Fall legen wir einfach im Theme eine andere Zeichengröße fest. Bisher steht da:

```
<style name="AppTheme"
    parent="android:style/Theme.NoTitleBar.Fullscreen">
    <item name="android:textSize" >32sp</item>
...
</style>
```

Jetzt ersetzen Sie die 32sp durch eine Referenz auf eine Größenangabe:

```
<item name="android:textSize" >@dimen/text_size</item>
```

Die Größenangabe gehört in eine Datei namens *dimens.xml*, ebenfalls im *values*-Verzeichnis:

```
<resources>
    <dimen name="text_size">32sp</dimen>
</resources>
```

Jetzt erzeugen Sie zwei weitere Verzeichnisse, nämlich *values-sw600dp* und *values-sw700dp*:

- *values-sw600dp* gilt dann für Geräte mit mindestens 600 dp Breite (7 Zoll).
- *values-sw700dp* gilt für Geräte mit 720 dp Breite (10 Zoll).

Legen Sie in diese beiden Verzeichnisse Kopien der *dimens.xml*, und ersetzen Sie die zuvor gewählte Zeichengröße 32 sp durch 48 sp bzw. 64 sp. Androids Layout-Engine verwendet immer automatisch das für das jeweilige Gerät passendste Verzeichnis.

Sie brauchen keinen Zoo von Tablets, um die erzielte Wirkung zu prüfen. Öffnen Sie die *activity_main.xml* im Text-Modus. Stellen Sie oben in der Mitte der Preview das richtige Theme ein, schalten Sie dann zwischen den Geräten Nexus One, Nexus 7 und Nexus 10 um. Sie werden sehen, dass die Schriftgröße absolut gesehen in etwa gleich bleibt.

Nach dem gleichen Prinzip können Sie verschiedene Versionen von Grafiken, von ganzen Layouts oder Teilen davon abhängig von der Gerätegröße anlegen.

In den weiteren Projekten werde ich auf diese Details nicht mehr eingehen; wenn Sie ein Spiel marktreif produzieren wollen, müssen Sie sich die Previews verschiedener Geräte genau ansehen, sonst schließen Sie ganze Gruppen potenzieller Nutzer aus.

3.1.3 Portrait-Modus erzwingen

Bevor es nun an den ersten Java-Code geht, sollten Sie noch erzwingen, dass Ihr Layout immer im Hochformat angezeigt wird. Öffnen Sie das Android-Manifest, und ergänzen Sie eine Zeile bei der Deklaration der Activity:

```
<activity
android:name="de.spas.kissthefrog.MainActivity"
android:screenOrientation="portrait"
android:label="@string/app_name" >
```

Beachten Sie, dass diese Angabe bei jeder Activity separat möglich und notwendig ist. In den meisten Fällen werden wir nur eine Activity pro App verwenden, daher muss Sie das nicht weiter aufhalten.

Umgekehrt können Sie den Landscape-Modus ebenso einfach erzwingen.

Beachten Sie, dass die Beschränkung auf eine der beiden Orientierungen nicht nur eine ästhetische Frage ist. Lassen Sie beide Modi zu, kann der Nutzer das Handy jederzeit drehen, was drastische Auswirkungen auf Ihr Spiel haben kann, weil die Activity dadurch neu gestartet wird, unter anderem wird die Funktion onCreate() erneut aufgerufen.

Wenn Sie diese Umstände vermeiden wollen, beschränken Sie sich auf ein Format.

3.2 Die MainActivity

Zeit, ein paar erste Java-Zeilen zu produzieren! Öffnen Sie die Datei *MainActivity.java*, die Sie bereits eingangs von Ballast befreit haben.

3.2.1 onCreate() und Content-View

Die Funktion onCreate() wird von Android beim Erzeugen der MainActivity aufgerufen. Sie sehen an der @Override-Annotation, dass die MainActivity die Funktion in der Elternklasse Activity überschreibt. Als Erstes wird in der Funktion die Elternversion aufgerufen:

```
super.onCreate(savedInstanceState);
```

Das ist unbedingt erforderlich, weil die Elternklasse gewisse Hintergrund-Initialisierungen vornimmt. Wichtiger für Ihre App ist die nächste Zeile:

```
setContentView(R.layout.activity_main);
```

Dieser Funktionsaufruf an die Elternfunktion `setContentView()` legt fest, welches Layout zur Activity gehört und demzufolge auf dem Bildschirm erscheint. Sie erinnern sich sicher, dass das Layout, das Sie gerade gebastelt haben, unter dem Dateinamen *activity_main.xml* in einem Verzeichnis namens *layout* abgelegt ist. Android Studio erzeugt automatisch eine Klasse namens *R.java*, in der jeder Ressource (Layouts, Strings, Styles, Farben, IDs usw.) eine Konstante zugeordnet wird. Auf diese Weise vermeiden Sie fehlende Zuordnungen durch Tippfehler, denn wenn Sie eine nicht existierende Ressource referenzieren, ist der Bezeichner unbekannt und wird rot unterstrichen. Sie können einfach einen Buchstaben aus `R.layout.activity_main` entfernen, um das auszuprobieren.

Beachten Sie, dass in den meisten Fällen `setContentView()` der erste Funktionsaufruf (abgesehen von `super.onCreate()`) in `onCreate()` sein sollte. Versuchen Sie nicht, ein Layout zu manipulieren (etwa eine Punktzahl einzutragen), bevor der `contentView` gesetzt ist – es würde schiefgehen.

> **Wie startet der Launcher die Activity?**
>
> Jede App besteht aus einer oder mehreren Activities, also Klassen, die von `Activity` erben und sich um jede Funktion des zugehörigen Bildschirmlayouts kümmern.
>
> Wenn Ihre App aus mehreren Activities besteht, startet eine Berührung des App-Icons im Android-Launcher genau eine davon. Aber welche? Die erste? Eine zufällige? Die mit dem schönsten Hintergrundbild?
>
> Öffnen Sie das Android-Manifest, um dieser Frage nachzugehen.
>
> Innerhalb des XML-Tags zu der automatisch erzeugten `MainActivity` finden Sie die folgenden Angaben:
>
> ```
> <intent-filter>
> <action android:name="android.intent.action.MAIN" />
> <category android:name="android.intent.category.LAUNCHER" />
> </intent-filter>
> ```
>
> Wenn der Mensch vor dem Touchscreen Ihr App-Icon berührt, schickt der Launcher einen *Intent* quer durch das System. Ein Intent (übersetzt: Absicht) sucht nach einer Activity, die ihn zufriedenstellt. Dieser spezielle Intent enthält verschiedene Angaben (u. a. den Packagenamen des berührten Icons), und das Android-System durchsucht alle installierten Apps, bis es eine Activity findet, die dazu passt. Der deklarierte *Intent-Filter* der Kategorie LAUNCHER mit der Action MAIN ist genau das, was zum Launch-Intent passt. Deshalb startet die Berührung des App-Icons genau jene Activity, die den obigen Intent-Filter aufweist.
>
> Theoretisch können Sie mehrere Icons im Launcher definieren, die verschiedene Activities starten. Aber das brauchen Sie für Spiele eher selten.

3.2.2 Den Bildschirm aktualisieren

Lassen Sie uns jetzt eine Funktion schreiben, die die `TextViews` auf dem Bildschirm aktualisiert. Zunächst aber fügen wir der Activity passende Attribute hinzu:

```
private int points;
private int round;
private int countdown;
```

Sicher können wir ein oder zwei Funktionen gebrauchen, die diese Attribute auf sinnvolle Startwerte setzen:

```
private void newGame() {
    points=0;
    round=1;
    initRound();
}

private void initRound() {
    countdown=10;
}
```

Die Funktion `newGame()` setzt Punktezahl und Runde zurück, `initRound()` setzt den Countdown auf 10 Sekunden.

Jetzt ist es Zeit, die `TextViews` zu füllen. Das würde zum Beispiel für die Punktzahl so funktionieren:

```
TextView tv = (TextView) findViewById(R.id.points);
tv.setText(Integer.toString(points));
```

Umständlich, oder? Wenn Sie das jetzt für jeden `TextView` schreiben müssen ...

Schreiben Sie lieber eine Funktion, die Ihnen das Leben erleichtert:

```
private void fillTextView(int id, String text) {
    TextView tv = (TextView) findViewById(id);
    tv.setText(text);
}
```

Android Studio wird Sie mit einer roten Unterstreichung sowie passender Glühbirne daran erinnern, dass Sie die Klasse `TextView` importieren müssen. Sogar, dass Sie [Alt]+[↵] drücken können, um die richtige `import`-Anweisung zu erzeugen, verrät Ihnen eine freundliche Einblendung. Spart eine Menge Zeit, nicht wahr?

Dann schreiben Sie eine Funktion update(), die alle drei TextViews füllt:

```
private void update() {
    fillTextView(R.id.points, Integer.toString(points));
    fillTextView(R.id.round, Integer.toString(round));
    fillTextView(R.id.countdown,
            Integer.toString(countdown*1000));
}
```

Ich hatte ja eingangs angeregt, mit beeindruckend hohen Punktzahlen zu hantieren, daher der Faktor 1.000 beim Countdown. Denken Sie daran, dass der Countdown in Sekunden heruntergezählt werden wird, die anzuzeigende und zu verrechnende Punktzahl ist immer das Tausendfache.

Schließlich rufen Sie update() noch am Ende von initRound() auf:

```
private void initRound() {
    countdown=10;
    update();
}
```

Das Spiel wird gestartet, wenn der Nutzer auf einen passenden Button drückt. Den haben wir noch nicht, schreiben Sie also vorläufig einen Aufruf newGame() ans Ende der onCreate()-Methode:

```
@Override
protected void onCreate(Bundle savedInstanceState) {
    super.onCreate(savedInstanceState);
    setContentView(R.layout.activity_main);
    newGame();
}
```

Starten Sie ruhig probeweise Ihre App, indem Sie auf den grünen Pfeil in der Icon-Leiste von Android Studio drücken. Viel gibt es noch nicht zu sehen, aber das wird sich demnächst ändern.

3.3 Fragments

Ein ordentliches Spiel zeigt dem Nutzer nicht nur den eigentlichen Spielbildschirm, sondern vorher einen Startbildschirm und hinterher eine Bestenliste. Manchen genügt das nicht, und sie präsentieren einen oder mehrere Splash-Screens oder Werbung für andere Spiele. Wir wollen es nicht übertreiben, aber einen Startbildschirm sollten wir uns schon gönnen. Ebenso eine Ansicht, die man nicht so gerne sieht: »Game Over«.

Allerdings möchten wir weder komplett eigenständige Activities noch spezielle Screen-Layouts dafür basteln. Die Lösung dafür heißt: *Fragments*.

Fragments sind Layoutschnipsel, die Sie zur Laufzeit in dafür freigehaltene Container im Hauptlayout einfügen.

3.3.1 Einfache Fragments

Es gibt zwei Möglichkeiten, das zu tun. Die eine nutzt Androids eigenen Fragment-Manager, der eine ganze Menge Funktionen bietet, beispielsweise die korrekte Behandlung der Zurück-Taste, um rückwärts von einem Fragment ins vorher angezeigte zu navigieren. Das aktuelle Spielprojekt hat keine Verwendung für diese Funktionen, daher nutzen wir hier nur die einfache Variante.

Die funktioniert sehr einfach: Sie legen Layouts mit den gewünschten Inhalten an, indem Sie auf das Verzeichnis *layout* rechtsklicken und NEW ... • LAYOUT RESOURCE FILE wählen. Erzeugen Sie also:

- Startbildschirm mit Start-Button (*fragment_start.xml*)
- Game-Over-Bildschirm (*fragment_gameover.xml*)

Der Übersicht halber fangen die Namen aller Fragment-Layouts mit *fragment_* an.

Beim Startbildschirm verwenden Sie als Wurzellayout ein vertikales `LinearLayout` und setzen dessen Höhe (`layout_height`) auf den Wert `wrap_content`. Positionieren Sie horizontal zentriert in der oberen Hälfte einen `TextView` mit dem Namen des Spiels. Diesmal dürfen Sie das `textSize`-Attribut in diesem `TextView` setzen, zum Beispiel auf `48sp`. Geben Sie diesem View die ID `title` und eine hübsche Textfarbe.

Darunter packen Sie einen `TextView` mit Inhalt »Start« und der ID `start`.

String-Ressourcen sind Pflicht

Schreiben Sie die Texte nicht einfach ins `text`-Attribut, sondern klicken Sie auf die Schaltfläche mit den drei Punkten, und legen Sie jeweils eine neue Textressource an. Das erleichtert später die Übersetzung und ermöglicht außerdem die Wiederverwendung gleicher Strings. Nicht ohne Grund versieht Android Studio jeden hartcodierten Wert in einem `text`-Attribut mit einer Warnung.

Die Höhe `wrap_content` sorgt beim äußeren `LinearLayout` dafür, dass es so wenig wie möglich an Höhe verbraucht. Titel und Start erscheinen also direkt übereinander. Damit dieses Paket beim Einblenden im Hauptlayout zentriert erscheint, setzen Sie die Gravitation (`layout_gravity`) auf `center`. Diese Änderung wird im Layout-Editor nicht dargestellt, weil das Layout in diesem Kontext kein Elternlayout besitzt, innerhalb dessen es zentriert werden könnte. Später, in der App, wird das unter dem

Namen container angelegte FrameLayout diese Rolle einnehmen, und dann funktioniert auch das Zentrieren.

Wenn Ihr Layout so ähnlich aussieht wie das in Abbildung 3.8, haben Sie alles richtig gemacht.

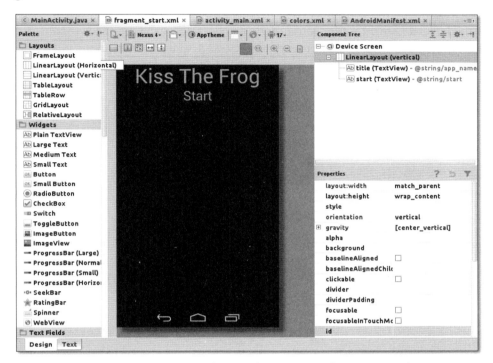

Abbildung 3.8 Der Startbildschirm sieht zunächst provisorisch aus. Erst Funktion, dann Schönheit!

Das Game-Over-Fragment bauen Sie analog auf, bloß schreiben Sie oben »Game Over« und unten »Play again«.

3.3.2 Fragments anzeigen

Schließlich brauchen Sie noch den passenden Java-Code, um die Fragments anzuzeigen. Ergänzen Sie in der MainActivity zunächst eine Funktion für den Startbildschirm:

```
private void showStartFragment() {
    ViewGroup container = (ViewGroup)findViewById(R.id.container);
```

Im ersten Schritt beschaffen Sie sich eine Referenz auf den Container-View des Layouts. Dazu dient natürlich erneut die Funktion findViewById(). Diesmal wird deren

Rückgabewert zur Klasse ViewGroup gecastet. Nur ViewGroups können andere Views enthalten.

Als Nächstes löschen Sie eventuell enthaltene Views:

```
container.removeAllViews();
```

Und der letzte Schritt ist der komplizierteste: Sie lassen sich vom sogenannten *LayoutInflater* aus dem gewünschten Fragment-XML eine Objektstruktur aus Views bauen und fügen diese dem container hinzu. Die ganze Funktion sieht dann so aus:

```
private void showStartFragment() {
    ViewGroup container = (ViewGroup) findViewById(R.id.container);
    container.removeAllViews();
    container.addView(
        getLayoutInflater().
        inflate(R.layout.fragment_start, null) );
}
```

Schreiben Sie eine ähnliche Funktion für das Game-Over-Fragment:

```
private void showGameOverFragment() {
    ViewGroup container = (ViewGroup) findViewById(R.id.container);
    container.addView(
        getLayoutInflater().
        inflate(R.layout.fragment_gameover, null) );
}
```

Ihnen fällt sicher auf, dass ich hier das removeAllViews() weggelassen habe: Wäre doch schade, wenn der Spieler vor dem Bildschirm nicht mehr sehen könnte, wo er hätte tippen müssen, um weiterzukommen!

Schließlich rufen Sie am Ende von onCreate() einfach showStartFragment() auf:

```
@Override
protected void onCreate(Bundle savedInstanceState) {
    super.onCreate(savedInstanceState);
    setContentView(R.layout.activity_main);
    newGame();
    showStartFragment();
}
```

Übrigens wird der Container später ganz ähnlich wie mit den Fragments mit Spielelementen gefüllt, aber dazu kommen wir später. Nächstes Ziel ist es, den Startschriftzug mit einer Funktion zu hinterlegen.

3.4 Button-Klicks verarbeiten

Jegliche Benutzerinteraktion erfolgt über Callbacks. Das bedeutet, dass Sie einem View befehlen, bei einem Ereignis wie einer Fingerberührung eine bestimmte Funktion eines Objekts aufzurufen. Dies bedarf einer Vereinbarung, wie diese Funktion auszusehen hat, und dazu gibt es Interfaces. Werfen Sie einen Blick auf das folgende Interface:

```
public interface OnClickListener {
    void onClick(View v)
}
```

Lassen Sie sich nicht von dem Begriff »Click« irritieren, der aus Zeiten stammt, als man noch Mäuse verwendete. Ein Fingertippen ist aus Sicht von Android nichts anderes als ein Mausklick.

3.4.1 OnClickListener verdrahten

Um einem View mitzuteilen, welche Implementierung des `OnClickListener` aufzurufen ist, gibt es eine einfache Funktion:

```
view.setOnClickListener(listener);
```

Sie könnten nun eine eigene Klasse schreiben, die das nötige Interface implementiert, aber es ist praktischer, eine zu verwenden, die es schon gibt. Ich rede hierbei von der `MainActivity`. Das erspart Android das Anlegen eines zusätzlichen Objekts, was immer etwas Speicher kostet. Erweitern Sie also die Deklaration:

```
public class MainActivity extends Activity implements View.OnClickListener {
```

Wenn Sie die Syntaxvervollständigung (Alt+↵) von Android Studio verwenden, achten Sie darauf, nicht versehentlich `DialogInterface.OnClickListener` zu erwischen, das ist hier gerade unerwünscht.

Ebenfalls mit Alt+↵ bringen Sie Android Studio dazu, die nötige Funktion als Rumpf anzulegen:

```
@Override
public void onClick(View view) {
}
```

Der Parameter `view` wird es später ermöglichen, zu unterscheiden, welchen View der Nutzer berührt hat.

Verbinden Sie nun die beiden berührungsempfindlichen Views – die Schriftzüge »Start« und »Play again« – mit dem Listener. Ergänzen Sie am Ende von `showStartFragment()`:

```
container.findViewById(R.id.start).setOnClickListener(this);
```

Und am Ende von `showGameOverFragment()`:

```
container.findViewById(R.id.play_again).setOnClickListener(this);
```

Hierbei ist `this` die Referenz auf die aktuelle Instanz der `MainActivity`-Klasse, also genau das, was wir brauchen.

Füllen Sie jetzt die Funktion `onClick()` mit Leben.

```
@Override
public void onClick(View view) {
    if(view.getId() == R.id.start) {
        startGame();
    } else if(view.getId() == R.id.play_again) {
        showStartFragment();
    }
}
```

Die Unterscheidung, welcher View angeklickt wurde und den `onClick()`-Aufruf verursacht hat, geschieht anhand der ID. Die Funktion `startGame()` gibt es natürlich noch nicht. Legen Sie sie an, und rufen Sie darin `newGame()` auf. Entfernen Sie den vorhandenen Aufruf in `onCreate()`. Davon abgesehen muss an dieser Stelle natürlich noch mehr passieren, aber darum kümmern wir uns später.

»Play again« schaltet zum Startbildschirm um und ruft daher einfach `showStartFragment()` auf.

Später werden Sie die `onClick()`-Funktion noch erweitern, denn auch um den Kuss des Frosches wird sie sich zu kümmern haben.

Allmählich bleibt uns nichts anderes mehr übrig, als darüber nachzudenken, was für Bilder das Wimmelspiel anzeigen soll. Bevor Sie also an den Bau der Funktion `startGame()` denken können, müssen Sie sich künstlerisch betätigen. Auf geht's!

3.5 Einfache Game-Grafiken mit Inkscape

Inkscape ist ein intuitiv bedienbares Vektorgrafik-Zeichenprogramm. Vektorgrafiken bestehen im Gegensatz zu Pixel- oder Bitmapgrafiken aus Zeichenobjekten wie »Linie, Kurve, Kreis«. Man kann sie einmal zeichnen und danach Bitmaps in beliebigen Größen daraus erzeugen.

Die ersten Zeichnungen mit Inkscape sind gleichzeitig eine Art Mini-Tutorial. Sie können aber auch im Hilfe-Menü eine oder mehrere Einführungen erhalten.

3.5.1 Füllung und Kontur

Schalten Sie als Erstes mit [Strg]+[⇧]+[F] (oder im Objekt-Menü) das Bedienfeld für Füllung und Kontur ein. Das werden Sie oft benötigen.

Am unteren Rand bietet Inkscape eine Farbpalette. Die sollten Sie horizontal verschieben, um die passenden Froschfarben ins Blickfeld zu bekommen.

Bauen Sie aus grünen Kreisen und Ellipsen einen Froschkörper samt Augen (schwarze Pupillen in weißen Kreisen). Mit [Strg]+[D] können Sie Objekte verdoppeln (linkes Auge, rechtes Auge).

Malen Sie den Mund mit dem Freihand- oder Bezier-Werkzeug. Eine Zunge (Halbkreis) kriegen Sie hin, indem Sie einen Kreis in einen Pfad umwandeln (Pfad-Menü) und dann den oberen der vier Bezugspunkte entfernen.

Damit das Ergebnis halbwegs symmetrisch aussieht, verwenden Sie das Bedienfeld AUSRICHTEN UND ANORDNEN, das Sie im Objekt-Menü einschalten können.

Speichern Sie Ihre Arbeit in einem eigenen Verzeichnis namens *inkscape* innerhalb Ihres Projekts als *frog.svg*. Vielleicht sieht Ihr Frosch so ähnlich aus wie meiner, den Sie natürlich im Download-Paket finden und einfach verwenden können (Abbildung 3.9).

Abbildung 3.9 Ein einfacher Frosch ist mit Inkscape schnell gezeichnet.

Der Frosch allein reicht allerdings nicht. Sie benötigen eine ganze Reihe weiterer Bilder, die den Nutzer ablenken, damit er nicht zu schnell das richtige findet. Um den Blick des Betrachters möglichst stark zu verwirren, wandeln Sie Teile des Frosches einfach ab. Basteln Sie »so was Ähnliches wie Augen« und »falsche Mäuler« (Abbildung 3.10). Fassen Sie die fertigen Objekte zu je einer Gruppe zusammen (`Strg`+`G`).

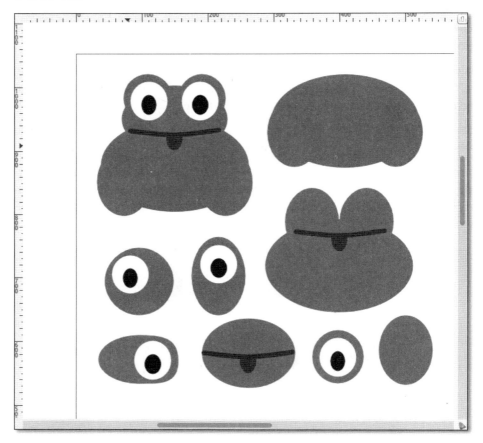

Abbildung 3.10 Der Frosch und seine Nicht-Frosch-Verwirrbilder.

3.5.2 Export als PNG

Im nächsten Schritt müssen Sie die einzelnen Gruppenbilder von Inkscape ins Android Studio transportieren. Dazu dient der Export-Dialog (DATEI • BITMAP EXPORTIEREN). Markieren Sie zunächst den Frosch, geben Sie als Größe 64 Pixel ein (die Auflösung in DPI trägt Inkscape passend ein, merken Sie sich diesen Wert), wählen Sie dann einen Dateinamen im Verzeichnis *main/res/drawable-mdpi*, und drücken Sie EXPORTIEREN (Abbildung 3.11).

Inkscape exportiert im PNG-Format, das im Gegensatz zu JPG Transparenz ermöglicht. Die freien Bereiche (wo der Frosch nicht ist) bleiben somit durchsichtig.

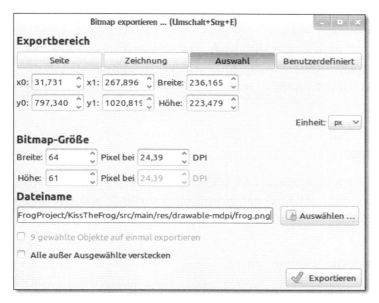

Abbildung 3.11 Achten Sie im Export-Dialog darauf, dass »Auswahl« aktiv ist, und stellen Sie eine Breite von 64 Pixeln für den Frosch ein.

Markieren Sie der Reihe nach alle Ablenkungsobjekte, die Sie gebastelt haben, und exportieren Sie sie mit der gleichen Pixelauflösung (DPI). Breite und Höhe können sich dadurch ändern. Als Dateinamen wählen Sie *distract* mit angehängter, fortlaufender Ziffer und natürlich die Endung *.png*.

Wenn Sie alle Bilder im Verzeichnis *drawable-mdpi* abgelegt haben, können Sie sie auch im Android Studio bewundern.

Falls Sie Wert auf hochauflösende Grafiken legen, können Sie alle Bilder ein zweites Mal mit doppelter Breite bzw. DPI-Zahl exportieren und ins Verzeichnis *drawable-hdpi* packen. Spieler mit hochauflösenden Displays werden das gutheißen.

3.5.3 Ein Launcher-Icon

Da Sie jetzt endlich einen hübschen Frosch haben, sollten Sie ihn als Launcher-Icon der App festlegen. Öffnen Sie dazu das Android-Manifest, und ändern Sie die betreffende Zeile:

```
android:icon="@drawable/frog"
```

Das Standard-Icon *ic_launcher.png* können Sie nun löschen. Android Studio fragt Sie sogar, ob alle Varianten gelöscht werden sollen – antworten Sie Ja.

> **Launcher überlisten**
>
> Leider dauert es immer ein wenig, bis der Launcher begriffen hat, dass eine App ein anderes Icon hat als zuvor. Um auf Nummer sicher zu gehen, deinstallieren Sie die App zunächst am Gerät, und starten Sie sie dann aus Android Studio heraus erneut.

3.6 Custom Views

Es wird Zeit, Frosch und Störfaktoren auf den Bildschirm zu bringen. Bevor ich Ihnen erkläre, wie das in diesem Spiel bewerkstelligt wird, muss ich Ihnen erklären, wie Sie es *nicht* machen dürfen.

3.6.1 Multiple ImageViews auswerfen

Die naheliegende Idee sieht wie folgt aus: Für jedes einzelne Element des Spielbildschirms, also für den Frosch und für jedes Störbild wird ein passender `ImageView` angelegt und an zufälliger Stelle in den Container gelegt.

Wenn Sie Glück haben, funktioniert das. Wenn nicht, erhalten Sie eine `OutOfMemory`-Exception.

Warum? Weil die vielen einzelnen Bilder zu viel Speicher verbrauchen. Jedes einzelne wird auf die physikalische Bildschirmauflösung skaliert, und das bedeutet bei hochauflösenden Displays heutzutage: hochgerechnet. Da Sie viele Störbilder brauchen – Größenordnung hundert –, genügt der Speicher nicht, den Android Ihrer App zur Verfügung stellt.

> **Dalviks Speicherverwaltung**
>
> Im Gegensatz zu anderen Betriebssystemen steht einer App unter Android nicht beliebig viel (virtueller) Speicher zur Verfügung. Unter Windows oder einem anderen Desktop-Betriebssystem gibt es einige Gigabytes RAM plus mindestens ebenso viel Auslagerungsspeicher auf der Festplatte.
>
> Die Android-Runtime namens *Dalvik*, die jeder App eine Laufzeitumgebung bietet, geht anders vor. Je nach vorhandenem Gesamtspeicher erhält jede App eine gewisse Speichermenge zugeteilt.
>
> Es hängt vom Gerät ab, wie viel Speicher das ist. Bei älteren Geräten 16 MB, bei neueren 24 oder 48. Wie auch immer – das ist nur ein Bruchteil der 1–2 Gigabyte, mit denen Androiden typischerweise ausgestattet sind.

> Mangels Auslagerungsspeicher bleibt Dalvik nichts anderes übrig, als bei Überschreiten der jeweiligen Grenze Objekte wegzuräumen, die nicht mehr benötigt werden. Ältere Versionen sind noch dazu bei Bitmap-Speicher nicht sehr ordentlich und räumen ihn nur langsam auf.
>
> Zwar gibt es ab Android 3.0 die Möglichkeit, durch einen Eintrag im Android-Manifest Dalvik darüber zu informieren, dass man etwas mehr Speicher benötigt:
>
> `android:largeHeap="true"`
>
> Je nach Gerät bringt Ihnen das einige MB oder mehr zusätzliche Luft nach oben. Da Ihre App aber vermutlich auf jedem Gerät laufen sollte, richten Sie sich am besten nach folgender Regel:
>
> *Speicher sparen wo möglich.*

Wie sieht also die Alternative aus?

Statt für jedes Störfaktor-Bild einen eigenen `ImageView` (mit eigener, Speicher verbrauchender Bitmap) anzulegen, ist es günstiger, einen eigenen View (Custom View) zu definieren. In Custom Views programmieren Sie die Zeichenfunktion selbst. Unser »WimmelView« soll sich über den ganzen Bildschirm (bzw. Container) erstrecken und an zufälligen Positionen eine vorgegebene Anzahl Störfaktor-Bitmaps malen.

Halten Sie sich vor Augen, dass dafür nur sehr wenig Speicher verbraucht wird: Sie würfeln einmal aus, an welchen Stellen die Bitmaps erscheinen sollen. Dann laden Sie der Reihe nach die Bitmaps und stempeln sie an der richtigen Stelle auf den Bildschirm. Das erfordert zur gleichen Zeit nur den Speicher für eine Bitmap.

Auf den ersten Blick klingt diese Vorgehensweise furchtbar langsam. Der Trick an der Sache: Der Bildschirmtreiber von Android kümmert sich automatisch darum, das Aussehen eines Views zu puffern. Es muss also nicht bei jedem Neuzeichnen (z. B. weil sich der Countdown ändert) eines Teils der Darstellung die ganze Prozedur erneut durchlaufen werden.

3.6.2 Ein eigener View

Gehen wir also daran, einen eigenen View zu schreiben. Das ist zunächst einmal nichts anderes als eine Klasse, die von `android.view.View` erbt. Um die zugehörige Datei zu erstellen, klicken Sie mit der rechten Maustaste auf das Package `de.spas.kissthefrog`, und wählen Sie im Popup-Menü New • Java Class. Tippen Sie den gewünschten Klassennamen `WimmelView` ein, und ergänzen Sie den Code in der erzeugten Code-Datei:

```
public class WimmelView extends View {
    public WimmelView(Context context) {
        super(context);
    }
    @Override
    protected void onDraw(Canvas canvas) {
        super.onDraw(canvas);
    }
}
```

Beachten Sie, dass es drei verschiedene Konstruktoren gibt. Der mit dem `Context` als einzigem Parameter genügt für unsere Zwecke, weil wir den `WimmelView` nur zur Laufzeit mit `new WimmelView(context)` anlegen werden. Wenn Sie einen Custom View einem XML-Layout hinzufügen möchten, müssen Sie auch den Konstruktor mit `AttributeSet`-Parameter überschreiben.

Da die Störbilder an zufällige Stellen gezeichnet werden sollen, braucht die Klasse einen Zufallsgenerator:

```
private Random rnd;
```

Wichtig ist allerdings, dass der Zufallsgenerator bei jedem Zeichnen dieselben Koordinaten erzeugt. Dazu dient später ein Startwert `randomSeed`. Der Java-Zufallsgenerator liefert immer die gleiche Folge von Zufallszahlen, wenn der Startwert derselbe ist. Das unterscheidet ihn von den realen Lottozahlen.

```
private long randomSeed=1;
```

Die `onDraw()`-Funktion wird sich um das Zeichnen kümmern. Führen Sie aber zunächst die Anzahl der Störfaktor-Bilder als Parameter ein:

```
private int imageCount;
public void setImageCount(int imageCount) {
    this.imageCount = imageCount;
    randomSeed = System.currentTimeMillis();
    invalidate();
}
```

Die Funktion erzeugt außerdem einen Startwert für den Zufallsgenerator: Die aktuelle Zeit in Millisekunden seit 1970. Bis zum nächsten Aufruf von `setImageCount()` – beim nächsten Level etwa – wird der Zufallsgenerator, den wir beim Zeichnen verwenden werden, also immer dieselbe Abfolge von Koordinaten generieren.

Die Funktion `invalidate()` kennzeichnet den gesamten sichtbaren Bereich des Views als veraltet und verursacht bei nächster Gelegenheit ein Neuzeichnen.

Bringen Sie dem WimmelView als Nächstes bei, welche Bilder er zeichnen soll. Dazu eignet sich hervorragend ein Array mit den IDs der zugehörigen Drawables. Wenn Sie diesen Code eintippen, zeigt Ihnen Android Studio am linken Rand des Fensters sogar die zugehörigen Grafiken (Abbildung 3.12).

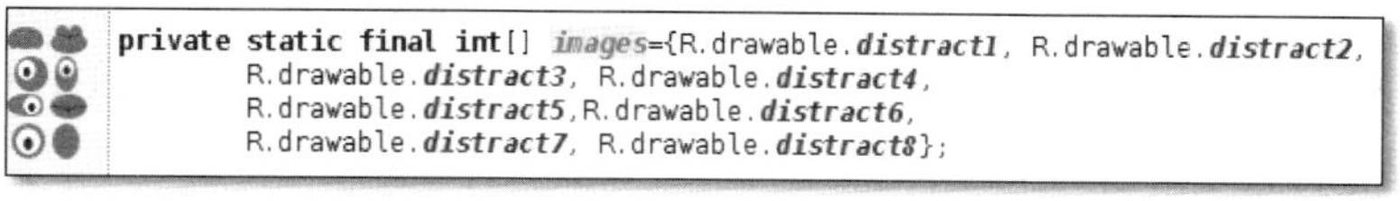

```
private static final int[] images={R.drawable.distract1, R.drawable.distract2,
        R.drawable.distract3, R.drawable.distract4,
        R.drawable.distract5, R.drawable.distract6,
        R.drawable.distract7, R.drawable.distract8};
```

Abbildung 3.12 Android Studio erkennt die Resource Identifier und zeigt die zugehörigen Bilder an.

3.6.3 Bitmaps zeichnen

Die Vorbereitungen sind getroffen, also befassen wir uns jetzt mit der Zeichenfunktion onDraw(). Im ersten Schritt erblickt ein Zufallsgenerator mit dem gewählten randomSeed das Licht der Welt:

```
rnd = new Random(randomSeed);
```

Jedes Störfaktor-Bild wird der Reihe nach geladen:

```
for(int image : images) {
Bitmap bitmap = BitmapFactory.decodeResource(getResources(), image);
```

BitmapFactory ist eine statische Klasse, die es auf einfache Weise erlaubt, Bilder aus Dateien zu laden, egal ob irgendwo auf der SD-Karte oder in den Ressourcen.

Die Bitmap wird jetzt in der gewünschten Anzahl an zufällige Stellen auf die Leinwand (Canvas) des Views gezeichnet:

```
for(int i=0; i<imageCount/images.length; i++) {
    float left = (float) (rnd.nextFloat()
            * (getWidth() - bitmap.getWidth()));
    float top = (float) (rnd.nextFloat()
            * (getHeight() - bitmap.getHeight()));
    canvas.drawBitmap(bitmap, left, top, paint);
}
```

Die Funktion drawBitmap() erwartet abgesehen von der obligatorischen Bitmap zwei float-Parameter: left für den Abstand vom linken Rand der Leinwand bis zur zu zeichnenden Bitmap und top für den Abstand vom oberen Rand der Leinwand bis zur Bitmap.

Die Parameter left und top entstehen aus der Multiplikation einer Zufallszahl von 0 bis 1, die rnd.nextFloat() liefert, mit dem möglichen Wertebereich, und das ist die Gesamtbreite der Leinwand minus der Breite der Bitmap.

Um den Code übersichtlich zu halten, habe ich hier eine Vereinfachung vorgenommen: Alle Koordinaten sind Pixelkoordinaten. Ein hochauflösendes Display hat aber mehr Pixel als andere. Ohne Maßnahmen, die dem entgegenwirken, erscheinen unsere Bilder mit diesem Code auf hochauflösenden Geräten merklich kleiner.

Reingeschummelt habe ich Ihnen noch den Parameter paint. Das ist eine Art virtueller Pinsel, der Einstellungen für den Zeichenvorgang vornimmt. Das paint-Objekt wird wie folgt im View deklariert:

```
private Paint paint = new Paint();
```

Im Konstruktor WimmelView() wird außerdem das einzige im vorliegenden Fall relevante Attribut gesetzt:

```
paint.setAntiAlias(true);
```

Schließlich bleibt noch eine Aufgabe: Aufräumen. Wundern Sie sich nicht, normalerweise übernimmt dergleichen der Garbage Collector. Allerdings verhält der sich bei älteren Android-Versionen ungeschickt, was Bitmaps angeht, also ist es eine gute Idee, Grafiken explizit freizugeben:

```
bitmap.recycle();
```

Der View ist damit fertig implementiert. Werfen Sie einen Blick auf den gesamten Code im nachfolgenden Kasten.

WimmelView.java
```java
public class WimmelView extends View {

    private int imageCount;
    private Random rnd;
    private long randomSeed=1;
    private Paint paint = new Paint();

    private static final int[]
        images={R.drawable.distract1,R.drawable.distract2,
                R.drawable.distract3,R.drawable.distract4,
                R.drawable.distract5,R.drawable.distract6,
                R.drawable.distract7,R.drawable.distract8};

    public void setImageCount(int imageCount) {
        this.imageCount = imageCount;
        randomSeed = System.currentTimeMillis();
        invalidate();
    }
```

```java
    public WimmelView(Context context) {
        super(context);
        paint.setAntiAlias(true);
    }

    @Override
    protected void onDraw(Canvas canvas) {
        rnd = new Random(randomSeed);
        for(int image : images) {
          Bitmap bitmap =
     BitmapFactory.decodeResource(getResources(), image);
          for(int i=0; i<imageCount/images.length; i++) {
             float left = (float) (rnd.nextFloat()
                   * (getWidth() - bitmap.getWidth()));
             float top = (float) (rnd.nextFloat()
                   * (getHeight() - bitmap.getHeight()));
            canvas.drawBitmap(bitmap, left, top, paint);
          }
          bitmap.recycle();
        }
    }
}
```

3.6.4 WimmelViews erzeugen

Die nächste Aufgabe besteht darin, diesen View beim Start jeder Runde in den Layout-Container zu packen. Die richtige Stelle dafür ist die Funktion initRound(), die ja bereits rudimentär existiert. Füllen Sie sie wie folgt:

```java
private void initRound() {
    countdown=10;
    ViewGroup container = (ViewGroup) findViewById(R.id.container);
    container.removeAllViews();
    WimmelView wv = new WimmelView(this);
    container.addView(wv, ViewGroup.LayoutParams.MATCH_PARENT,
      ViewGroup.LayoutParams.MATCH_PARENT);
    wv.setImageCount(8*(10+round));
    update();
}
```

Die neuen Zeilen sind fett gedruckt.

Wie man den container leert, wissen Sie ja schon. Danach wird der WimmelView erzeugt. Sein Konstruktor erwartet einen Context, und praktischerweise ist jede Activity ein solcher, da die Klasse Activity von Context erbt. Also übergeben Sie einfach this. Übrigens erwarten sehr viele Funktionen einen Context, und bei späteren Gelegenheiten werden Sie sehen, dass es nicht immer so einfach ist wie hier, einen anzugeben.

Die Funktion addView() erhält neben dem WimmelView noch zwei Parameter, die Breite und Höhe angeben. Das Gewimmel soll den Container vollständig ausfüllen, daher ist ViewGroup.LayoutParams.MATCH_PARENT die richtige Wahl.

Schließlich gibt setImageCount() dem WimmelView die gewünschte Anzahl Bilder vor. Die Formel 8*(10+round) sorgt für eine pro Runde steigende Zahl. Der Faktor 8 entspricht der Anzahl verschiedener Störbilder. Natürlich können Sie diese Formel nach Wunsch anpassen.

Wenn Sie das Spiel jetzt ausprobieren, werden Sie beim Antippen von »Start« bereits das Gewimmel zu sehen bekommen. Es fehlt allerdings noch der zu küssende Frosch.

3.6.5 Es kann nur einen Frosch geben

Damit der Frosch leicht küss- bzw. anklickbar ist, wird ihn ein ImageView aufnehmen. Als Erstes erzeugen Sie einen in initRound():

```
frog = new ImageView(this);
```

Android Studio wird Ihnen wie üblich beim Import der Klasse helfen (ich weise künftig nur noch bei mehrdeutigen Imports darauf hin).

Deklarieren Sie das Attribut frog oben in der Klasse (oder lassen Sie Android Studio das erledigen, indem Sie [Alt]+[↵] drücken und den Vorschlag CREATE FIELD übernehmen):

```
private ImageView frog;
```

Verpassen Sie dem View eine eigene ID:

```
frog.setId(FROG_ID);
```

Definieren Sie diese FROG_ID im Kopf der Klasse als Konstante mit beliebigem Wert:

```
private static final int FROG_ID = 212121;
```

»Beliebig« stimmt natürlich nicht ganz. Die ID darf nicht mit einer der IDs der anderen verwendeten Views übereinstimmen. Diese Gefahr ist bei einer sechsstelligen Schnapszahl allerdings nicht gegeben.

Weisen Sie dem View als Nächstes das richtige Drawable zu, und setzen Sie den ScaleType:

```
frog.setImageResource(R.drawable.frog);
frog.setScaleType(ImageView.ScaleType.CENTER);
```

Der `ScaleType.CENTER` sorgt dafür, dass das Drawable nicht skaliert wird, sondern zentral im View erscheint.

Um den Frosch im Container anzuzeigen, ist ein `LayoutParams`-Objekt erforderlich, das dem Eltern-View erklärt, wo das Kind anzuzeigen ist und in welcher Größe. Dabei ist die Größe in geräteabhängigem Maß anzugeben. Das bedeutet, dass Sie die Pixelgröße der Bitmap mit der Pixeldichte des Displays multiplizieren müssen. Letztere erfahren Sie wie folgt:

```
float scale = getResources().getDisplayMetrics().density;
```

Jetzt können Sie das `LayoutParams`-Objekt anlegen, dessen Konstruktor Breite und Höhe übergeben bekommt:

```
FrameLayout.LayoutParams lp =
 new FrameLayout.LayoutParams(Math.round(64*scale),Math.round(61*scale));
```

Sie müssen hier `LayoutParams` qualifizieren, denn es gibt verschiedene Versionen abhängig vom Elternlayout, das im vorliegenden Fall ein `FrameLayout` ist.

Schließlich erfolgt die Positionierung: Dazu setzen Sie einfach den linken und oberen Rand auf geeignete zufällige Werte:

```
lp.leftMargin = rnd.nextInt(container.getWidth()-64);
lp.topMargin = rnd.nextInt(container.getHeight()-61);
lp.gravity = Gravity.TOP + Gravity.LEFT;
```

Wenn Sie die Gravity nicht auf »links oben« setzen würden, würden die Ränder ignoriert werden. Eine beliebte Fehlerquelle!

Den zugehörigen Zufallsgenerator erzeugen Sie im Kopf der Klasse:

```
private Random rnd = new Random();
```

Da die Funktion `initRound()` nur einmal pro Runde aufgerufen wird, müssen Sie hier im Gegensatz zum `WimmelView` keine Besonderheiten bei der Initialisierung beachten.

Fast fertig! Verbinden Sie den Frosch mit dem `OnClickListener`:

```
frog.setOnClickListener(this);
```

Schließlich fügen Sie den fertigen Frosch dem `container` hinzu.

```
container.addView(frog, lp);
```

Die Funktion initRound() sieht jetzt wie folgt aus:

initRound() mit Hintergrund und Frosch

```
private void initRound() {
    countdown=10;
    ViewGroup container = (ViewGroup) findViewById(R.id.container);
    container.removeAllViews();
    WimmelView wv = new WimmelView(this);
    container.addView(wv, ViewGroup.LayoutParams.MATCH_PARENT,
        ViewGroup.LayoutParams.MATCH_PARENT);
    wv.setImageCount(8*(10+round));
    ImageView frog = new ImageView(this);
    frog.setId(FROG_ID);
    frog.setImageResource(R.drawable.frog);
    frog.setScaleType(ImageView.ScaleType.CENTER);
    float scale = getResources().getDisplayMetrics().density;
    FrameLayout.LayoutParams lp =
        new FrameLayout.LayoutParams(Math.round(64*scale),
        Math.round(61*scale));
    lp.gravity = Gravity.TOP + Gravity.LEFT;
    lp.leftMargin = rnd.nextInt(container.getWidth()-64);
    lp.topMargin = rnd.nextInt(container.getHeight()-61);
    frog.setOnClickListener(this);
    container.addView(frog, lp);
    update();
}
```

3.6.6 Den Frosch küssen

Was geschieht beim Anklicken des Frosches?

Erweitern Sie die Funktion onClick():

```
@Override
public void onClick(View view) {
    ...
    } else if(view.getId()==FROG_ID) {
    }
}
```

Überlegen Sie, was geschehen soll. Der Spieler erhält Punkte in Höhe des Countdowns mal 1.000, so wie er auch angezeigt wird:

```
points += countdown*1000;
```

Auf geht's in die nächste Runde:

```
round++;
initRound();
```

Natürlich sollte der Spieler durch Geräusche, Vibration oder (sehr beliebt) Feuerwerk von seinem erfolgreichen Spielzug erfahren. Für den Moment wählen wir eine sehr einfache Variante, einen Toast:

```
Toast.makeText(this, R.string.kissed, Toast.LENGTH_SHORT).show();
```

Toasts sind kleine graue Boxen, die im unteren Bildschirmbereich erscheinen. Viele Apps nutzen sie, Sie haben sicher schon welche gesehen.

Die Funktion `Toast.makeText()` erzeugt so einen Toast mit dem gegebenen String (den Sie in der *strings.xml* anlegen müssen) und einer wenige Sekunden kurzen Verweildauer (`Toast.LENGTH_SHORT`). Vergessen Sie nicht den Aufruf `show()`, sonst sehen Sie nichts.

Die Funktion `onClick()` sieht summa summarum so aus:

onClick() mit Froschkuss
```
@Override
public void onClick(View view) {
    if(view.getId()==R.id.start) {
        startGame();
    } else if(view.getId()==R.id.play_again) {
        showStartFragment();
    } else if(view.getId()==FROG_ID) {
        Toast.makeText(this, R.string.kissed, Toast.LENGTH_SHORT).show();
        points += countdown*1000;
        round++;
        initRound();
    }
}
```

Sie können sich davon überzeugen, dass das Spiel so weit funktioniert. Allerdings fehlt noch der Reiz: der Countdown, der manchmal schneller als gewünscht zum »Game Over« führt ...

Darum kümmern wir uns im folgenden Abschnitt.

3.7 Timing mit Handlern

Sie haben vielleicht schon abgeschätzt, wie lange Sie benötigen, um den Frosch zu finden: ein paar Sekunden. Wir sollten den Countdown also einmal pro Sekunde herunterzählen lassen – in der ersten Runde, danach immer schneller.

Welche Aufgaben sind jedes Mal zu erledigen?

- Herunterzählen des Countdowns
- falls der Countdown bei 0 ist: Game Over (der Frosch darf nicht mehr klickbar sein)
- Aktualisieren des Bildschirms

Diese Liste können Sie sicher auf Anhieb in Java-Code umwandeln:

```
private void countdown() {
    countdown--;
    update();
    if(countdown<=0) {
        frog.setOnClickListener(null);
        showGameOverFragment();
    }
}
```

Wer ist aber nun der Taktgeber?

3.7.1 Countdown im Takt

Wie so oft gibt es auf diese Frage mehrere Antworten. Beispielsweise können Sie einen ScheduledExecutorService verwenden, den Sie vielleicht schon aus dem java.util.concurrent-Package kennen. Der verwendet allerdings einen eigenen Hintergrund-Thread, was die weiteren Operationen nicht einfacher macht. Wir werden aber an anderer Stelle auf diese Möglichkeit zurückkommen.

Der stolperfreie Weg zum richtigen Takt führt über *Handler*. Einem Handler können Sie ein Runnable zwecks verzögerter Ausführung übergeben.

> **Das Interface Runnable**
>
> Android-Entwicklung erfordert häufig das Hantieren mit Runnables.
>
> Oft müssen Sie einer Funktion mitteilen, dass sie eine andere Funktion ausführen soll. Leider ist es in Java nicht ohne weiteres möglich, (wie etwa in Object Pascal) eine Funktion als Parameter zu übergeben – Funktionsreferenzen gibt es nicht.
>
> Die Lösung sind Objekte, die das Interface Runnable implementieren. Dieses Interface besteht nur aus einer Funktion: run(). Ein Objekt können Sie im Gegensatz zu

> einer Funktionsreferenz ohne weiteres als Parameter übergeben. Der aufgerufene Code kann dann einfach die Funktion run() starten und damit den gewünschten Code ausführen.
>
> Je nach Einsatzweck kann das zu einem späteren Zeitpunkt geschehen oder sogar asynchron, also in einem parallelen Thread.

Erzeugen Sie zunächst ein Handler-Objekt in der Activity:

```
private Handler handler = new Handler();
```

Wenn Android Studio nicht weiß, welche Handler-Klasse es importieren soll, helfen Sie ihm: Die richtige ist im Package android.os.

Fügen Sie der Klasse außerdem ein privates Runnable-Objekt hinzu, das den countdown() ausführt.

```
private Runnable runnable = new Runnable() {
    @Override
    public void run() {
        countdown();
    }
};
```

Um die run()-Funktion dieses Runnable mit einer Verzögerung von einer Sekunde aufzurufen, genügt eine einfache Zeile am Ende von initRound():

```
handler.postDelayed(runnable,1000-round*50);
```

Die Zahl 1.000 verrät Ihnen schon, dass es sich dabei um Millisekunden handelt. Sie könnten also ohne weiteres 100 Millisekunden als Basis-Countdown-Intervall verwenden (und dann round*5 subtrahieren statt round*50). Bei noch kleineren Werten müssen Sie allerdings damit rechnen, dass langsame Geräte nicht mehr hinterherkommen.

Die Subtraktion von round*50 sorgt dafür, dass das Spiel in jeder Runde schneller und damit schwieriger wird. In Runde 20 wäre das Intervall dann 0 Millisekunden lang – keine Sorge, kein Spieler wird so weit kommen.

Natürlich müssen Sie den postDelayed()-Aufruf auch am Ende der Funktion countdown() hinzufügen, aber nur, wenn das Spiel noch nicht zu Ende ist. Die gesamte Funktion sieht dann so aus:

```
private void countdown() {
    countdown--;
    update();
    if(countdown<=0) {
```

```
        frog.setOnClickListener(null);
        showGameOverFragment();
    } else {
        handler.postDelayed(runnable,1000-round*50);
    }
}
```

3.7.2 Aufräumarbeiten

Bevor Sie jetzt auf Rekordjagd gehen: Fällt Ihnen auf, was noch fehlt? Was passiert, wenn der Spieler einen Frosch küsst?

In diesem Fall müssen Sie den Countdown anhalten und erst zur nächsten Runde wieder starten. Und das geht so:

```
handler.removeCallbacks(runnable);
```

Dieser Aufruf entfernt ausstehende Aufrufe des Countdown-Runnables und gehört im onClick() hinter das Frosch-if:

```
} else if(view.getId()==FROG_ID) {
    handler.removeCallbacks(runnable);
    showToast(R.string.kissed);
    points += countdown*1000;
    round++;
    initRound();
```

Eine Kleinigkeit fehlt noch. Was passiert, wenn der Nutzer unsere Activity in den Hintergrund schickt (z. B., indem er die Home-Taste drückt) oder gar beendet? Keinesfalls sollte dann der Countdown weiterlaufen. Unterschiedlich komplizierte Reaktionen von einem Pause-Modus bis zum automatischen *Game Over* sind denkbar, aber da das alles für den Anfang nicht wichtig ist, entfernen Sie einfach alle Runnables aus dem Handler, wenn die Activity den Vordergrund verlässt. Dafür gibt es eine Behandlungsfunktion, die Sie überschreiben müssen:

```
@Override
protected void onPause() {
    super.onPause();
    handler.removeCallbacks(runnable);
}
```

Jetzt können Sie das Spiel zum ersten Mal unter Wettbewerbsbedingungen testen (Abbildung 3.13). Na, wie viele Punkte erreichen Sie? Ich schaffe es meistens bis Runde 14 und um die 85.000 Zähler.

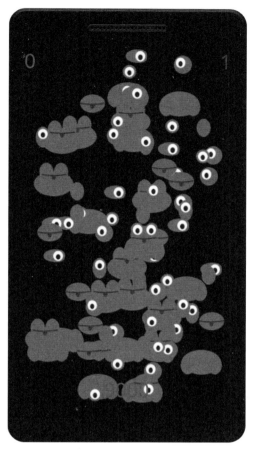

Abbildung 3.13 Die erste spielbare Version des Froschküssens ist ein grünes Gewimmel.

Sobald Sie diesen Rekord gebrochen haben, schauen Sie sich das nächste Kapitel an, denn wenn ein Spiel einmal funktioniert, ist der Programmierer längst nicht fertig. Als Nächstes geht es darum, das Spiel schöner zu machen.

3.8 Schriftarten

Kein Spiel sollte seinen Spielern eine der Standard-Schriftarten von Android auftischen. Attraktive Präsentation fängt bei passender Farbwahl an und ist mit einer individuellen Schriftart noch längst nicht zu Ende.

Zunächst gilt es, sich eine passende Schriftart zu besorgen. Das ist nicht nur eine Geschmacksfrage, sondern auch eine juristische. Zu jeder Schriftart, die Sie auf einer der unzähligen Download-Seiten im Netz finden, gehört eine Lizenz. Achten Sie darauf, dass die kostenfreie, kommerzielle Verwendung in eigenen Produkten explizit erlaubt ist. Eine Freigabe »für private Nutzung« genügt nicht, wenn Sie Ihre App irgendwann auf Google Play veröffentlichen und sogar Einnahmen damit erzielen möchten.

Ein weiterer Punkt, auf den Sie achten sollten, sind die Umlaute. Längst nicht jede Schriftart enthält welche. Auf den meisten Download-Seiten können Sie einen Probetext eingeben. Vergessen Sie also ä, ö, ü und ß nicht, wenn Sie etwas eintippen.

Ein letztes Kriterium: Schriftarten sollten nicht zu kompliziert gezeichnet sein. Grundsätzlich sind Zeichen Vektorgrafiken, und aus je mehr Punkten und Kurven sie bestehen, umso mehr Rechenzeit und Speicher werden verbraucht – und beides ist insbesondere bei älteren Smartphone-Modellen knapp.

Glücklicherweise lassen auch diese Einschränkungen noch eine Menge Optionen offen. Schauen Sie sich beispielsweise auf *1001freefonts.com* um. Ich habe eine Schrift namens »Janda Manatee« ausgesucht, aber Sie können natürlich eine andere nehmen. Entpacken Sie die TTF-Datei ins Verzeichnis *main/assets* (wenn es nicht existiert, legen Sie es an).

3.8.1 Truetype-Schriften verwenden

Leider können Sie eigene Schriftarten nicht über Layout-XMLs oder Themes zuweisen – ein programmatischer Weg ist erforderlich. Fügen Sie der Activity ein Attribut hinzu, das die Schriftart aufnehmen wird:

```
private Typeface ttf;
```

Laden Sie in onCreate() als erste Zeile hinter setContentView() zunächst die ausgewählte Schriftart:

```
ttf = Typeface.createFromAsset(getAssets() "JandaManateeSolid.ttf");
```

Wenn Sie sich eine andere Schriftart ausgesucht haben als ich, müssen Sie an dieser Stelle natürlich deren Dateinamen eintragen.

Weisen Sie nun den TextViews, die im Basislayout vorhanden sind, die Schrift zu:

```
((TextView)findViewById(R.id.countdown)).setTypeface(ttf);
((TextView)findViewById(R.id.round)).setTypeface(ttf);
((TextView)findViewById(R.id.points)).setTypeface(ttf);
```

Aber nicht nur das Basislayout, auch die beiden Fragments enthalten TextViews. Fügen Sie also in den beiden showFragment-Funktionen ein:

```
((TextView)findViewById(R.id.title)).setTypeface(ttf);
((TextView)findViewById(R.id.start)).setTypeface(ttf);
```

Beziehungsweise:

```
((TextView)findViewById(R.id.title)).setTypeface(ttf);
((TextView)findViewById(R.id.play_again)).setTypeface(ttf);
```

3.8.2 Ein Glow-Effekt

Wenn Sie gerade ohnehin dabei sind, die Texte zu verschönern, verpassen Sie ihnen doch einen hübschen Glow-Effekt – das verbessert sogar die Lesbarkeit etwas. Legen Sie zunächst die Farbe des Glühens in der Datei *colors.xml* fest:

```
<color name="shadow">#a0d0f0d0</color>
```

Wenn Sie genau hinsehen, fallen Ihnen an dieser Zeile zwei Dinge auf: Erstens ist die Farbangabe achtstellig, nicht wie sonst sechsstellig. Die ersten beiden Stellen sind für den Alpha-Wert zuständig. Je niedriger Alpha, umso durchsichtiger. Hexadezimal a0, also dezimal 160, ist etwas mehr als 50 % (das wären 128 oder 0 × 80).

Außerdem habe ich die Farbe shadow genannt. Das liegt daran, dass wir das Text-Schatten-Feature der Android-TextViews für unser Glühen zweckentfremden.

Erweitern Sie das Theme in der *styles.xml*:

```
<!-- Application theme. -->
<style name="AppTheme" parent="AppBaseTheme">
    <item name="android:textSize" >32sp</item>
    <item name="android:shadowColor">@color/shadow</item>
    <item name="android:shadowRadius">5</item>
</style>
```

Der Radius (in Pixeln) ist ein Wert, den man nach Gefühl einstellt. Er darf nicht zu groß sein, denn kein Schatten kann den Rand des zugehörigen TextViews überschreiten. Zu breite Schatten werden also abgeschnitten, was unschön aussieht, aber beispielsweise bei den Punktzahlen in der Horizontalen mit angehängten Leerzeichen umgangen werden kann:

```
private void update() {
    fillTextView(R.id.points, Integer.toString(points)+" ");
    fillTextView(R.id.round, " "+Integer.toString(round));
    fillTextView(R.id.countdown, Integer.toString(countdown*1000)+" ");
}
```

Das Resultat sieht schon deutlich ansehnlicher aus (Abbildung 3.14).

Bisher sehen klickbare TextViews und nicht klickbare prinzipiell gleich aus. Wir werden also im nächsten Abschnitt etwas basteln, das wie ein klickbarer Button aussieht.

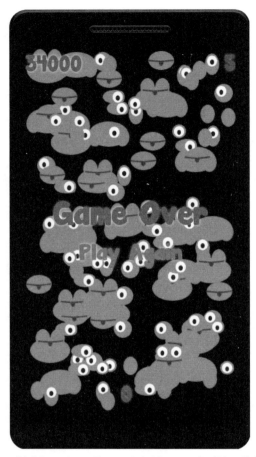

Abbildung 3.14 Eigene Schriftart und Glüh-Effekt werten die Spieloptik sichtbar auf.

3.9 XML-Drawables

Haben Sie schon Inkscape gestartet, um einen Button-Hintergrund zu malen?

Schließen Sie es wieder. Wir gehen einen speichersparenden Weg, der noch dazu in jeder Auflösung funktioniert: *Drawable-XMLs*.

Denn Android schluckt nicht nur Bilder im JPG- oder PNG-Format als Drawable-Ressourcen, sondern auch XML-Dateien mit Zeichenbefehlen darin. Eine solche Ressource werden wir jetzt anlegen und dann als Hintergrundgrafik der beiden fraglichen TextViews (start und play_again) festlegen.

Legen Sie also eine Datei *button.xml* im Verzeichnis *res/drawable* an (falls es nicht existiert, erzeugen Sie es). Wir verwenden ein generisches *drawable*-Verzeichnis ohne Postfix für die Auflösung, weil XML-Drawables auflösungsunabhängig sind.

Wie jede XML-Datei beginnt auch diese mit relativ nutzlosen Metadaten:

```
<?xml version="1.0" encoding="utf-8"?>
```

3.9.1 Ein XML-Shape

Das XML-Tag für die Grundform des Buttons heißt `<shape>` und verfügt über ein Schema, das in Android Studio die Bearbeitung des Codes erleichtert:

```
<shape xmlns:android="http://schemas.android.com/apk/res/android">
</shape>
```

Zunächst legen Sie fest, wie Android das Gebilde füllen soll: mit einem linearen Gradienten (Farbverlauf). Das sind vertikale Zeichenobjekte, die in der Mitte eine Farbe haben und linear zu beiden Seiten hin zu anderen Farben »verlaufen«.

Fügen Sie also ein Tag für diesen Gradienten ins `shape`-Tag ein:

```
<gradient
    android:type="linear"
    android:startColor="@color/button"
    android:centerColor="@color/button_light"
    android:endColor="@color/button" />
```

In der Mitte wird die Fläche hell gezeichnet, zu beiden Seiten in der Farbe `@color/button`.

Die neuen Farbreferenzen legen Sie wie üblich in der *colors.xml* an:

```
<color name="button">#f0a000</color>
<color name="button_light">#ffffdd</color>
```

Natürlich können Sie andere Farben wählen als dieses Gelb und Hellgelb.

Da Farbverläufe normalerweise horizontal verlaufen, müssen wir unseren drehen:

```
android:angle="-90"
```

Außerdem verschieben wir das Zentrum des Verlaufs nach oben, damit der Button rundlich wirkt:

```
android:centerY="0%"
```

Insgesamt sieht das `gradient`-Tag jetzt so aus:

```
<gradient
   android:type="linear"
   android:angle="-90"
```

```
android:centerY="0%"
android:startColor="@color/button"
android:centerColor="@color/button_light"
android:endColor="@color/button" />
```

Legen Sie als Nächstes fest, dass der Button keinen Rand erhalten soll:

```
<stroke android:width="0dp" />
```

An dieser Stelle könnten Sie abgesehen von einer Linienbreite natürlich auch eine Farbe festlegen.

Sorgen Sie jetzt für runde Ecken:

```
<corners
    android:bottomRightRadius="20dp"
    android:bottomLeftRadius="20dp"
    android:topLeftRadius="20dp"
    android:topRightRadius="20dp"/>
```

Als Letztes verpassen Sie dem Button ein Padding links und rechts, damit Platz zwischen den Rändern und dem Text entsteht:

```
<padding
    android:left="10dp" android:top="1dp"
    android:right="10dp" android:bottom="1dp" />
```

3.9.2 XML-Drawables verwenden

Jetzt können Sie das Drawable als Hintergrund für die beiden als Buttons verwendeten TextViews eintragen. Das ist in *fragment_start.xml* der Start-Button:

```
<TextView
    android:layout_width="wrap_content"
    android:layout_height="wrap_content"
    android:text="@string/start"
    android:id="@+id/start"
    android:background="@drawable/button"
    android:layout_gravity="center"
    android:textColor="@color/title" />
```

Dieselbe Zeile tragen Sie in *fragment_gameover.xml* beim play_again-Button ein. Das Resultat kann sich wirklich sehen lassen (Abbildung 3.15).

Abbildung 3.15 Der schicke Button-Hintergrund ist ein echter Blick- und Fingerfang.

3.9.3 Multi-Shape-Drawables

Sie können auch mehrere Shapes in einem Drawable zusammenfassen. Sehen Sie sich das folgende XML an:

background.xml
```xml
<?xml version="1.0" encoding="utf-8"?>
<layer-list xmlns:android="http://schemas.android.com/apk/res/android">
    <item android:top="0dp" android:left="0dp"
        android:bottom="0dp" android:right="0dp">
        <shape android:shape="rectangle">
            <gradient
                android:type="linear"
                android:angle="-90"
                android:centerY="40%"
                android:startColor="#002080"
                android:centerColor="#b0d0f0"
                android:endColor="#b0d0f0" />
        </shape>
    </item>
    <item android:top="300dp" android:left="0dp"
        android:bottom="0dp" android:right="0dp">
        <shape android:shape="rectangle">
            <size android:width="320dp" android:height="200dp" />
            <gradient
                android:type="linear"
                android:angle="-90"
                android:centerY="20%"
                android:startColor="#b0f0d0"
                android:centerColor="#209040"
                android:endColor="#208040" />
        </shape>
```

```
        </item>
        <item android:top="420dp" android:left="0dp"
            android:bottom="0dp" android:right="0dp">
            <shape android:shape="rectangle">
                <gradient
                    android:type="linear"
                    android:angle="-90"
                    android:centerY="80%"
                    android:startColor="#006080"
                    android:centerColor="#002080"
                    android:endColor="#002080" />
            </shape>
        </item>
</layer-list>
```

Diese Layer-List wird von oben nach unten gezeichnet. Dieses Beispiel zeichnet Himmel, Teich und Ufer. Wenn Sie jetzt noch einen statischen `ImageView` mit einem Frosch darin ins `fragment_start` fummeln, kann sich der Startbildschirm gemessen am Aufwand wirklich sehen lassen (Abbildung 3.16).

Abbildung 3.16 Dem Hintergrund fehlen nur noch Wölkchen und Seerosenblätter.

Da die in diesem Kunstwerk verwendeten Farben absehbar sonst nirgendwo in der App verwendet werden, ist es ausnahmsweise erlaubt, die Farbcodes direkt hinzuschreiben.

Mit einfachen Mitteln erlaubt es die Drawable-Beschreibungssprache, auflösungsunabhängige, schnelle und speichersparende Grafikelemente zu erzeugen. Denken Sie immer daran, bevor Sie mit einem Grafikprogramm hantieren.

3.10 Eigene Toasts

Das Spiel hat mittlerweile eine gemessen am Aufwand ansehnliche Erscheinung. Bloß der graue »Kiss«-Toast fällt etwas aus der Reihe. Knöpfen Sie sich den also als Nächstes vor.

Statt `Toast.makeText()` zu verwenden, können Sie einen Toast auch direkt erzeugen und mit einem beliebigen Layout versehen. Im einfachsten Fall ist das ein einzelner `TextView`, den Sie zur Laufzeit erzeugen.

Die betreffende Stelle ist derzeit Teil der Funktion `onClick()`. Um die Übersicht zu wahren, ist jetzt der Zeitpunkt gekommen, aus der Froschkuss-Behandlung eine eigene Funktion zu machen. Dieses Refactoring macht Ihnen Android Studio einfach: Markieren Sie die Zeilen, und drücken Sie `Strg`+`Alt`+`M` (oder: Rechtsklick • REFACTOR • EXTRACT • METHOD). Android Studio fragt Sie nach einem Namen für die neue Funktion. Nennen Sie sie `kissFrog()`.

> **Refactoring zahlt sich aus**
>
> Selbst wenn nur Sie selbst mit einem Quellcode arbeiten müssen: Spätestens, wenn Sie ihn eine Weile nicht mehr angesehen haben, fällt es schwer, sich wieder zurechtzufinden.
>
> Es gibt einige simple Regeln, die Ihnen das Leben erleichtern. Lustigerweise existiert diesbezüglich eine Eselsbrücke, die ziemlich genau mit dem Inhalt unseres Toasts übereinstimmt:
>
> KISS = Keep It Small and Simple
>
> Funktionen sollten kurz und einfach sein und nur eine Sache tun. Der IT-Guru, dem wir Entwickler unter anderem dieses unter der Überschrift »Clean Code« bekannte Konzept zu verdanken haben, heißt Robert C. Martin. Wir werden weder seine Vorschläge noch die anderer Autoren Buchstabe für Buchstabe übernehmen. Aber das bedeutet nicht, dass sie sinnlos sind, im Gegenteil. Je öfter Sie sich in Ihrem Code dieser Prinzipien entsinnen, umso weniger Probleme wird Ihre Software später verursachen.

> Im Falle von Funktionen gilt die Empfehlung: Sie sollten nur eine Sache tun, vollständig ins Fenster Ihrer Entwicklungsumgebung passen (ohne dass Sie die Größe der Schriftart verringern) und möglichst wenige Parameter erhalten.
>
> In der `MainActivity` tut `onClick()` nach dem fälligen Refactoring tatsächlich nur eine Sache: Die Funktion verzweigt abhängig vom angeklickten View zu den jeweiligen Behandlungsfunktionen.

3.10.1 Eigene Toasts zusammenbauen

Erzeugen Sie in der Funktion `kissFrog()` als Erstes ein neues Toast-Objekt:

```
Toast toast = new Toast(this);
```

Sie ahnen schon, dass Sie mal wieder einen Context übergeben müssen – wie üblich die aktuelle Activity, also `this`. Sorgen Sie dafür, dass es nur für einige Sekunden in der Mitte des Bildschirms erscheint:

```
toast.setGravity(Gravity.CENTER,0,0);
toast.setDuration(Toast.LENGTH_SHORT);
```

Erzeugen Sie jetzt einen `TextView` mit dem Wort »Kissed« darin, und gestalten Sie sein Erscheinungsbild nach Wunsch:

```
TextView textView = new TextView(this);
textView.setText(R.string.kissed);
textView.setTextColor(getResources().getColor(R.color.points));
textView.setTextSize(48f);
textView.setTypeface(ttf);
```

Die einzige Besonderheit ist hier, dass Sie nicht direkt die ID einer Farbressource angeben können, sondern erst deren tatsächlichen Farbwert aus den Ressourcen beschaffen müssen.

Weisen Sie diesen `TextView` jetzt dem Toast zu, und zeigen Sie ihn an:

```
toast.setView(textView);
toast.show();
```

Fertig (Abbildung 3.17). Für's Verschwinden sorgt Android selbst.

Da Sie gerade im Kasten über Refactoring gelesen haben, dass jede Funktion nur eine Sache tun sollte, führen Sie noch schnell ein weiteres Refactoring durch. Hier das Ergebnis:

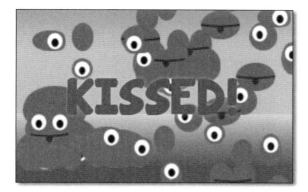

Abbildung 3.17 Ein Toast auf diesen Kuss!

```
private void kissFrog() {
    handler.removeCallbacks(runnable);
    showToast(R.string.kissed);
    points += countdown*1000;
    round++;
    initRound();
}

private void showToast(int stringResId) {
    Toast toast = new Toast(this);
    toast.setGravity(Gravity.CENTER,0,0);
    toast.setDuration(Toast.LENGTH_SHORT);
    TextView textView = new TextView(this);
    textView.setText(stringResId);
    textView.setTextColor(getResources().getColor(R.color.points));
    textView.setTextSize(48f);
    textView.setTypeface(ttf);
    toast.setView(textView);
    toast.show();
}
```

Jetzt tut `kissFrog()` nur noch eine Sache, nämlich den Kuss verarbeiten, und auch `showToast()` hat nur noch eine Aufgabe, nämlich einen gestylten Toast mit dem gewünschten String anzuzeigen. Der String-Ressource-Parameter wäre an sich im Moment nicht erforderlich, aber der kluge Entwickler baut vor: Vielleicht möchten Sie eines Tages einen »New Highscore«-Toast einbauen – die nötige Funktion wäre dann schon fertig.

3.11 Dialoge

Abgesehen von bildschirmfüllenden Layouts, Fragments und Toasts gibt es noch eine dritte Möglichkeit, Bildschirminhalte darzustellen: Dialoge.

Android blendet Dialoge über dem restlichen Bildschirminhalt ein. Solange der Dialog sichtbar ist, ist der Rest des Bildschirms nicht klickbar, dafür aber die Inhalte des Dialogs (das unterscheidet ihn vom Toast, mit dem der Benutzer nicht interagieren kann).

Um ehrlich zu sein: In vielen Fällen lässt sich ein Dialog ohne weiteres durch ein Fragment ersetzen, das an passender Stelle eingeblendet wird. Ein Argument für einen Dialog ist, dass Sie mühevoll einen Bildschirmaufbau erstellt haben, den Sie nicht nach Anzeige eines Fragment-Dialogs wiederherstellen müssen. Also legen Sie den Dialog einfach oben drüber.

Ohne das Spiel groß zu verbiegen, fallen Ihnen sicher ähnlich wenige Anwendungsfälle für einen Dialog ein wie mir. Da Themen wie Highscore-Listen und In-Game-Shops späteren Kapiteln vorbehalten sind, bleibt als sinnvolle Anwendung nur ein Tutorial-Dialog. Der erscheint, wenn man auf einen Fragezeichen-Button drückt, und erklärt dem Spieler in einem Satz, was er zu tun hat.

3.11.1 Ein Fragezeichen-Button

Setzen Sie den Fragezeichen-Button in die linke untere Ecke des Layouts *activity_main.xml*:

```xml
<TextView
    android:layout_width="wrap_content"
    android:layout_height="wrap_content"
    android:text="\?"
    android:id="@+id/help"
    android:textSize="20sp"
    android:layout_gravity="left|bottom"
    android:background="@drawable/button"
    android:textColor="@color/title" />
```

Da das Fragezeichen in jeder Sprache gleich aussieht, ist es ausnahmsweise nicht erforderlich, extra einen Ressource-String anzulegen. Notwendig ist dagegen der Backslash \ vor dem Fragezeichen, weil es sonst von Android als Platzhalter interpretiert wird. Die vom Theme abweichende Schriftgröße sorgt dafür, dass der Button nicht prominenter ist als nötig.

Setzen Sie in onCreate() die Schriftart, und verknüpfen Sie das onClick:

```
((TextView)findViewById(R.id.help)).setTypeface(ttf);
findViewById(R.id.help).setOnClickListener(this);
```

In der onClick()-Funktion schließlich behandeln Sie den Klick auf das Fragezeichen:

```
...
} else if(view.getId()==R.id.help) {
  showTutorial();
}
```

3.11.2 Einen Dialog erzeugen

Nun zum Dialog selbst.

Gestalten Sie den Dialog so ähnlich wie ein normales Layout, aber mit einem semi-transparenten, dunklen Hintergrund, der den eigentlichen Spielbildschirm abdunkelt (Farbcode #80000000), und einer Box mit dem gewünschten Inhalt. Ich zeige Ihnen hier den XML-Code, ohne ihn im Einzelnen zu erklären, denn er enthält nichts Neues.

dialog_tutorial.xml
```xml
<?xml version="1.0" encoding="utf-8"?>
<FrameLayout xmlns:android="http://schemas.android.com/apk/res/android"
    android:background="@color/black_transparent"
    android:layout_width="match_parent"
    android:layout_height="match_parent">
    <LinearLayout android:background="@drawable/dialog_background"
        android:layout_gravity="center"
        android:orientation="vertical" android:layout_width="match_parent"
        android:layout_height="wrap_content">
        <TextView
            android:layout_width="wrap_content"
            android:layout_height="wrap_content"
            android:text="@string/tutorial"
            android:textSize="20sp"
            android:id="@+id/text"
            android:textColor="@color/title" />
        <TextView
            android:layout_width="wrap_content"
            android:layout_height="wrap_content"
            android:text="@string/start"
            android:id="@+id/start"
            android:background="@drawable/button"
```

```
            android:layout_gravity="center"
            android:textColor="@color/title" />
    </LinearLayout>
</FrameLayout>
```

Einen Dialog darzustellen, unterscheidet sich kaum vom Vorgehen bei einem Toast. Schreiben Sie also eine neue Funktion showTutorial(), und beginnen Sie wie folgt:

```
private void showTutorial() {
  final Dialog dialog = new Dialog(this,
    android.R.style.Theme_Translucent_NoTitleBar_Fullscreen);
```

Warum Sie das Objekt dialog hier als final deklarieren müssen, wird in Kürze klar. Achten Sie in dieser Zeile zunächst auf das Theme, das vermeidet, dass störende andere Bildschirminhalte wie z. B. eine Titelleiste mit dem App-Namen darin erscheinen.

Verknüpfen Sie den Dialog mit dem gebastelten Layout:

```
dialog.setContentView(R.layout.dialog_tutorial);
```

Es folgt die etwas umständliche Handarbeit mit den Schriftarten:

```
((TextView)(dialog.findViewById(R.id.text))).setTypeface(ttf);
((TextView)(dialog.findViewById(R.id.start))).setTypeface(ttf);
```

Der Start-Button soll natürlich dafür sorgen, dass das Spiel beginnt, außerdem muss er den Dialog schließen. Am einfachsten ist es, an dieser Stelle eine anonyme Interface-Implementierung als OnClickListener zu schreiben:

```
dialog.findViewById(R.id.start).setOnClickListener(new View.OnClickListener()
{
    @Override
    public void onClick(View view) {
        dialog.dismiss();
        startGame();
    }
});
```

Hier erkennen Experten den Grund für den final-Modifizierer beim Objekt dialog: Die Referenzierung innerhalb der anonymen Klasse macht ihn erforderlich. Schließlich bringen Sie den Dialog auf den Bildschirm:

```
dialog.show();
```

Jetzt erklärt der Dialog auf Wunsch jedem Spieler, was er tun muss (Abbildung 3.18).

Abbildung 3.18 Der Hilfe-Dialog im Einsatz

Ein »richtiges« Tutorial erscheint freilich vollautomatisch, und das auch nur einmal. Natürlich lässt sich auch so etwas basteln, aber das würde im Moment zu weit führen.

Das erste Spiel ist damit – nun, nicht »fertig«, denn es gibt zig Stellen, die man optimieren könnte:

- Animationen (Buttons, Frosch, Punktzahlen)
- Geräusche (Kuss, Game Over, neues Level)
- Abwechslungsreiche Levels mit anderen Grafik-Sets (blaue Frösche)
- Highscore bis zum nächsten Spiel speichern
- Highscore-Liste
- Online-Highscore-Liste
- Highscore auf Facebook posten
- und so weiter ...

Viele der genannten Punkte werden wir in den kommenden Kapiteln in Angriff nehmen – aber mit anderen Spielen. Frösche haben wir einstweilen genug geküsst.

Wie bitte? Noch nicht genug Frösche geknutscht? Okay, überredet, einen Punkt aus obiger Liste führe ich Ihnen noch vor. Den mit den Highscores. Aber nur, weil ich mit meinem angeben will.

3.12 Den Highscore speichern

Natürlich müssen Sie den Highscore irgendwo anzeigen. Ein geeigneter Ort dürfte oben in der Mitte sein. Fügen Sie einen entsprechenden `TextView` ins Layout *activity_main.xml* ein:

```
<TextView
    android:layout_width="wrap_content"
    android:layout_height="wrap_content"
    android:text="000000"
    android:id="@+id/highscore"
    android:layout_gravity="center|top"
    android:textColor="@color/highscore" />
```

Führen Sie in der Datei *colors.xml* eine passende Farbe ein:

```
<color name="highscore">#a080f0</color>
```

3.12.1 Den Highscore verwalten

Natürlich benötigt Ihre `MainActivity` ein Attribut für den Highscore:

```
private int highscore;
```

Weisen Sie dem `TextView` in `onCreate()` die richtige Schriftart zu:

```
((TextView)findViewById(R.id.highscore)).setTypeface(ttf);
```

Bevor Sie den Highscore anzeigen, müssen Sie den aktuellen Wert laden. Wie das genau funktioniert, verrate ich Ihnen in Kürze. Ergänzen Sie einstweilen in der Funktion `update()`:

```
loadHighscore();
fillTextView(R.id.highscore, Integer.toString(highscore));
```

Außerdem müssen Sie bei Spielende die erreichte Punktzahl mit dem Highscore vergleichen und gegebenenfalls speichern. Der Game-Over-Fall befindet sich in der Funktion `countdown()`. Ergänzen Sie diese also wie folgt:

```
private void countdown() {
    countdown--;
    update();
    if(countdown<=0) {
        frog.setOnClickListener(null);
        if(points>highscore) {
            saveHighscore(points);
        }
        showGameOverFragment();
    } else {
        handler.postDelayed(runnable, 1000 - round * 50);
    }
}
```

Jetzt müssen Sie nur noch den Highscore irgendwo speichern. Aber wo? Schließlich soll dieser Wert einen Neustart der App überleben.

3.12.2 Die SharedPreferences

Der geeignete Ort, um unstrukturierte, einfache Daten über den Neustart einer App hinweg zu verewigen, sind die *SharedPreferences*. Android weist jeder App automatisch einen solchen Speicherbereich zu, der außerdem in verschiedene Sektionen unterteilt ist, die anhand ihres Namens unterschieden werden. Wir benötigen nur eine generische Sektion und verzichten auf die Unterteilung.

Schreiben Sie also die Funktion zum Laden des Highscores:

```
private void loadHighscore() {
    SharedPreferences sp = getPreferences(MODE_PRIVATE);
    ...
}
```

Die Funktion `getPreferences()` gehört zur Klasse `Activity`. Sie liefert ein `SharedPreferences`-Objekt, das zum Lesen und Schreiben von Werten dient.

Lesefunktionen gibt es für verschiedene Datentypen. Im Fall des Highscores eignet sich `getInt()`:

```
highscore = sp.getInt("highscore", 0);
```

Dabei ist der String-Parameter der Funktion der *Schlüsselname*, unter dem unser Wert gespeichert wird. Die Preferences sind eine Art *Key-Value-Store*, d. h., alle Daten sind anhand eines bestimmten Schlüsselnamens auffindbar.

Der zweite Parameter, die Null, ist der Default-Wert, der zurückgegeben wird, wenn der angefragte Schlüsselname nicht vorhanden ist.

Das ist er natürlich vor dem ersten Spiel nie. Das ändert sich, sobald Sie den ersten Highscore speichern:

```
private void saveHighscore(int points) {
    highscore=points;
    SharedPreferences sp = getPreferences(MODE_PRIVATE);
    ...
}
```

In dieser Funktion merken Sie sich zunächst den neuen Highscore lokal, dann holen Sie sich das `SharedPreferences`-Objekt.

Zum Schreiben dient allerdings nicht etwa eine zu `setInt()` analoge Funktion, sondern Sie müssen sich zunächst einen `Editor` beschaffen:

```
SharedPreferences.Editor e = sp.edit();
e.putInt("highscore", highscore);
e.commit();
```

Der `SharedPreferences.Editor` ermöglicht es, effizient mehrere Änderungen auf einmal vorzubereiten und in einem Schlag in die Preferences zu schreiben, daher die scheinbar etwas umständliche Benutzung.

Damit werden Highscores bis in alle Ewigkeit (also bis zur Deinstallation) gespeichert. Ich bin gespannt auf Ihren Rekord. Meiner liegt im Moment bei 76.000. Wie viele Punkte schaffen Sie?

3.13 Zusammenfassung

Zeit für eine kurze Zusammenfassung, bevor wir den nächsten Tee kochen und ein neues Spiel in Angriff nehmen.

Sie haben in diesem Kapitel die einfachste Variante eines Android-Spiels kennengelernt: Einfache Layouts (Fragments, Toast, Dialog) werden zur Laufzeit auf überschaubare Weise manipuliert. Die Bildschirmdarstellung ist trotz einfacher Mittel halbwegs attraktiv.

Sie haben einen ersten Custom View geschrieben und mit Bitmaps hantiert. Mit der Klasse `Handler` haben Sie ein sehr wichtiges Instrument kennengelernt, das noch häufig zum Einsatz kommen wird. Die `SharedPreferences` dienen in vielen Apps zu weit mehr als bloß dem Speichern eines Highscores. Wir werden auf dieses Thema später zurückkommen und unsere Scores sogar über eine Deinstallation hinweg speichern – in der Cloud.

Der Java-Code umfasst nicht einmal 200 Zeilen, und am kompliziertesten sind vermutlich die anonymen inneren Klassen. Weder Tricks noch externe Bibliotheken mussten herangezogen werden.

Auch das Spielprinzip ist einfach, von einer »Game-Engine« kann man kaum sprechen. Trotzdem ist das Spiel fordernd und weiß zumindest für ein paar Runden zu unterhalten.

Natürlich ist das alles erst der Anfang. Wagen Sie den nächsten Schritt!

Kapitel 4
Animierte GUI-Spiele

*»Spielen ist eine Tätigkeit, die man
gar nicht ernst genug nehmen kann.«
(Jacques-Yves Cousteau)*

Das erste Spiel bot noch keinerlei Bewegung auf dem Bildschirm, das wird jetzt anders. Das zweite Projekt hat ein ganz ähnliches Spielprinzip wie der Froschkuss, allerdings bewegen sich die Ziele, die mit dem Finger getroffen werden müssen. Außerdem sind es viele. Machen Sie sich bereit für ... »Soap Bubble Burst«, das lustige Seifenblasenplatzen!

Jetzt ist der richtige Zeitpunkt, um ein neues Projekt mit Android Studio anzulegen. Wie das funktioniert, wissen Sie ja schon. Erzeugen Sie das Projekt exakt so, wie in Kapitel 3 eingangs beschrieben (bis auf den Namen natürlich), und löschen Sie auch wieder die überflüssigen Codeteile, die der Wizard erzeugt. Kopieren Sie zusätzlich die *styles.xml* vom letzten Projekt. Den Quellcode finden Sie außerdem im Download-Paket im Verzeichnis *SoapBubbleBurstProject*.

4.1 Bildbearbeitung mit GIMP

Statt mit Programmcode starten wir diesmal mit Bildern. Wer Seifenblasen zum Platzen bringen möchte, muss erst welche produzieren. Da ein bisschen Seifenlauge noch keinem Handy gut getan hat, greifen wir notgedrungen zur Bildbearbeitung, sprich: zu *GIMP*, dem Open-Source-Grafikprogramm, das alles kann außer Geld kosten. GIMP finden Sie für alle Betriebssysteme im Internet unter *gimp.org*. Die Installation ist im Handumdrehen erledigt.

Sie werden in wenigen Schritten mit GIMP eine ansehnliche Seifenblase zaubern.

4.1.1 GIMP im Überblick

Wenn Sie GIMP starten, sehen Sie mehrere Fenster: ein großes, leeres, in dem wir gleich unsere Grafik erzeugen werden, einen Werkzeugkasten sowie eine Liste von Ebenen. Sie kennen sicher dieses Konzept: Ebenen verdecken dahinterliegende, andere Ebenen, können aber ganz oder teilweise transparent sein.

Legen Sie als Erstes mit DATEI • NEU ein leeres Bild in der Größe 512 × 512 Pixel mit transparentem Hintergrund an (Abbildung 4.1). Die restlichen Einstellungen belassen Sie einfach.

Abbildung 4.1 Erstellen Sie ein neues Bild mit 512 Pixeln Seitenlänge und transparenter Füllung.

4.1.2 Eine Blase aufpusten

Drücken Sie die Taste [E] für »Elliptische Auswahl«. Ziehen Sie mit der Maus einen Kreis, der das leere, quadratische Bild nicht ganz ausfüllt. Halten Sie beim Aufziehen die [⇧]-Taste gedrückt, damit die Ellipse ein Kreis wird. Aus diesem Kreis basteln Sie zunächst den Rand der Seifenblase.

Suchen Sie dazu den Pfade-Dialog (FENSTER • ANDOCKBARE DIALOGE • PFADE), und klicken Sie auf das sechste Icon am unteren Rand (PFAD AUS AUSWAHL). Daraufhin erscheint in der zuvor leeren Liste der Pfade die kreisförmige Auswahl. Damit aus diesem Pfad der Rand einer Seifenblase wird, klicken Sie auf das nächste Icon (AM PFAD ENTLANG ZEICHNEN). Ein Dialog fragt Sie nach dem gewünschten Zeichenstil. Wählen Sie eine Linienbreite von 6 Pixeln, Kantenglättung, und achten Sie darauf, dass als Zeichenfarbe Weiß eingestellt ist (im Werkzeugkasten). Fertig ist der Rand!

Als Nächstes ist die farbenprächtige Füllung an der Reihe. Dafür legen Sie eine neue Ebene an, indem Sie im Ebenen-Dialog das Icon für eine neue Ebene anklicken.

Wählen Sie im Werkzeugkasten den Farbverlauf (Taste [L]). Suchen Sie sich einen bunten Farbverlauf aus dem reichhaltigen Angebot aus, zum Beispiel »Abstract 1«. Ziehen Sie mit gedrückter linker Maustaste innerhalb Ihres Auswahlkreises von oben bis ganz nach unten. Natürlich sind Seifenblasen durchsichtiger als farbig, also drehen Sie den Regler für die Deckkraft der Ebene auf etwa 10 % runter, und wenn Sie gerade schon mal dabei sind, auch für den Rand im Hintergrund (Abbildung 4.2).

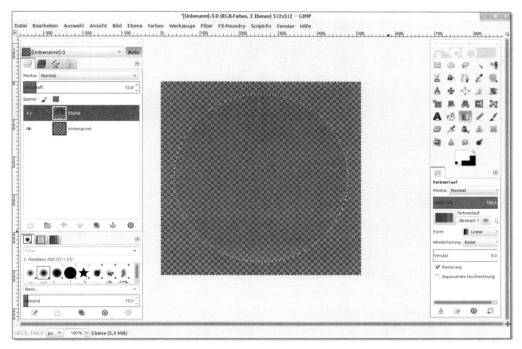

Abbildung 4.2 Nach zwei Schritten hat die Seifenblase Rand und Farbe.

Wichtig für eine überzeugende Seifenblase sind die Lichtreflexe. Um die kümmern wir uns als Nächstes.

Erzeugen Sie dazu eine weitere Ebene. Heben Sie die aktuelle Auswahl auf ([Strg]+[⇧]+[A]), und ziehen Sie eine neue, kleine elliptische Auswahl auf, in etwa im oberen Drittel der Blase. Aktivieren Sie dann erneut das Farbverlauf-Werkzeug (mit Taste [L]), und wählen Sie diesmal den Verlauf namens »VG nach Transparenz«. Achten Sie darauf, dass die Vordergrundfarbe weiterhin weiß ist, und ziehen Sie den Farbverlauf mit der Maus in der oberen Hälfte Ihrer Auswahl auf (Abbildung 4.3). Dieser Verlauf ist oben weiß (die Vordergrundfarbe, VG) und unten transparent. Das simuliert einen einfachen Lichtreflex.

4 Animierte GUI-Spiele

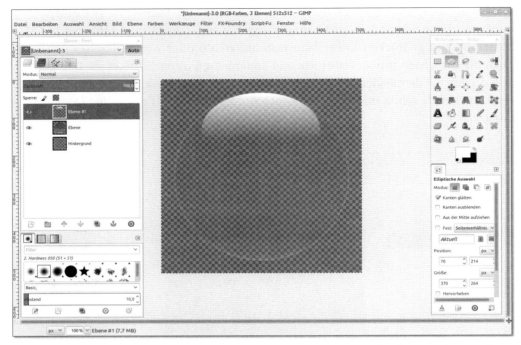

Abbildung 4.3 Der obere Lichtreflex entsteht aus einem Farbverlauf von Vordergrund (weiß) nach transparent.

Der untere Lichtreflex soll sichelförmig aussehen. Erstellen Sie eine weitere Ebene, und ziehen Sie eine elliptische Auswahl auf. Halten Sie dann die [Strg]-Taste fest, damit die nächste Auswahl von der vorhandenen abgezogen wird. Ziehen Sie dann eine weitere Ellipse auf, die den oberen Teil der ersten verdeckt. Resultat ist eine sichelförmige Auswahl an der Unterseite der Seifenblase, die Sie wiederum mit einem VG-Transparenz-Verlauf füllen (Abbildung 4.4).

Sie können die Deckkraft der einzelnen Ebenen noch etwas variieren, bis Ihnen das Ergebnis gefällt. Speichern Sie dann das fertige Bild zunächst mit [Strg]+[S] im GIMP-eigenen Format *xcf* (zum Beispiel in einem Verzeichnis *misc* innerhalb des Projekts), damit Sie es später weiter bearbeiten können. Danach exportieren Sie das Bild unter dem Namen »soapbubble« im PNG-Format, um es im neuen Spiel verwenden zu können. Der richtige Dateipfad ist *SoapBubbleBurst/src/main/res/drawable*.

Schließlich skalieren Sie die fertige Blase noch runter auf 48 × 48 Pixel und speichern sie unter dem Namen *ic_launcher.png* (also als Startscreen-Icon) ebenfalls im *drawable*-Verzeichnis. Löschen Sie die anderen Verzeichnisse *drawable-mdpi*, *drawable-hdpi* und *drawable-xhdpi*. Alternativ können Sie hochauflösende Versionen der Blase erzeugen (hdpi: 72 × 72, xhdpi: 96 × 96).

4.2 Vordefinierte Animationen

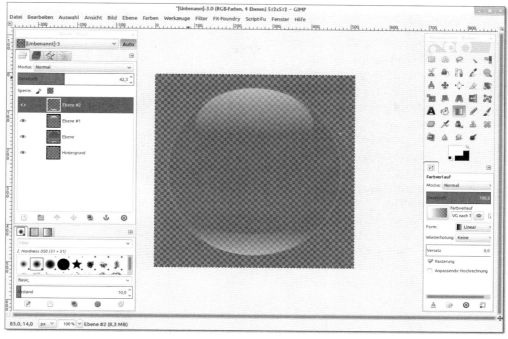

Abbildung 4.4 Die fertige Seifenblase besteht aus vier Ebenen.

Genug GIMP-Gefummel, weiter geht's im Android Studio.

4.2 Vordefinierte Animationen

Als visuell geprägte Vorgehensweise empfiehlt es sich, nicht mit Programmcode zu beginnen, sondern mit jenen Dingen, die hinterher auf dem Bildschirm zu sehen sein sollen. Nach den Game-Grafiken ist daher das Layout an der Reihe.

4.2.1 Game-Layouts erzeugen

Wie jedes Spiel benötigt auch dieses einen Startbildschirm. Basteln Sie dazu ein einfaches Layout mit einem zentrierten Schriftzug vor schwarzem Hintergrund und der Seifenblase darunter.

Verwenden Sie dazu ein `LinearLayout` mit vertikaler Orientierung, in das Sie einen `TextView` mit der `id title` und einen `ImageView` namens `start` legen. Speichern Sie dieses Layout unter dem Namen *start.xml* im Verzeichnis *layout*.

Vergleichen Sie Ihren XML-Code:

start.xml

```xml
<?xml version="1.0" encoding="utf-8"?>
<FrameLayout xmlns:android="http://schemas.android.com/apk/res/android"
    android:id="@+id/start"
    android:layout_width="match_parent"
    android:layout_height="match_parent" >
  <LinearLayout
    android:orientation="vertical"
    android:layout_width="wrap_content"
    android:layout_height="wrap_content"
    android:layout_gravity="center">
    <TextView
        android:layout_width="wrap_content"
        android:layout_height="wrap_content"
        android:textSize="32sp"
        android:text="@string/app_name"
        android:id="@+id/title"
        android:layout_gravity="center_horizontal" />
    <ImageView
        android:layout_width="200dp"
        android:layout_height="200dp"
        android:id="@+id/start"
        android:src="@drawable/soapbubble"
        android:layout_gravity="center_horizontal" />
  </LinearLayout>
</FrameLayout>
```

Nehmen Sie als Nächstes einen Besen, und bereinigen Sie die *activity_main.xml* um so ziemlich alles, was drinsteht. Wir brauchen diesmal nur ein FrameLayout, das die ganze Fläche des Displays ausfüllt. Hier kommt das höchst übersichtliche XML dazu:

activity_main.xml

```xml
<FrameLayout xmlns:android="http://schemas.android.com/apk/res/android"
    android:id="@+id/container"
    android:layout_width="match_parent"
    android:layout_height="match_parent" />
```

An der id mit der Bezeichnung container sehen Sie schon, worauf die Sache hinausläuft: Dort blenden wir die Fragments ein, die wir gerade brauchen. Am Anfang den Startbildschirm. Das geschieht natürlich programmatisch – es wird also Zeit für Java-Code!

4.2.2 Fragments anzeigen

Es kann nicht schaden, für den Container ein Attribut in der Activity zu definieren:

```
public class MainActivity extends Activity {
    private ViewGroup container;
```

Initialisieren Sie den container am Ende der Funktion onCreate():

```
container = (ViewGroup) findViewById(R.id.container);
```

Schreiben Sie dann eine kleine Funktion showStartFragment(), die den Container zunächst leert und dann das gerade erzeugte Layout namens start entfaltet und hinzufügt:

```
private void showStartFragment() {
    container.removeAllViews();
    View start = getLayoutInflater().inflate(R.layout.start, null);
    container.addView(start);
}
```

Rufen Sie die Funktion am Ende von onCreate() auf. Wenn Sie die App jetzt starten, begrüßt sie Sie immerhin schon mit einem Startbildschirm.

Um dieses Willkommen attraktiver zu gestalten, ziehen wir eine Animation in Erwägung. Stellen Sie sich vor, Schriftzug und Blase werden sanft eingeblendet.

4.2.3 Einfache View-Animationen

Solche View-Animationen sind in Android leicht zu bauen. Noch leichter ist es, eine vorgefertigte zu verwenden. Versuchen Sie mal diesen Code am Ende von showStartFragment():

```
Animation a = AnimationUtils.loadAnimation(this, R.anim.abc_fade_in);
start.startAnimation(a);
```

Die Klasse AnimationUtils lädt hier eine Animation namens R.anim.abc_fade_in, die in der Android-Support-Library Version 7 steckt. Die wiederum wird jedem Android-Studio-Projekt automatisch hinzugefügt, so dass nichts dagegen spricht, sie zu benutzen.

Jeder View – auch ein ViewGroup wie start – besitzt eine Funktion startAnimation(), die, gefüttert mit einer zuvor geladenen Animation, den gewünschten Effekt auf den Bildschirm zaubert. Das geschieht nebenläufig, der Aufruf startAnimation() kehrt also sofort zurück, und das Android-System kümmert sich um den Rest.

4.2.4 Eigene Animationen definieren

Was aber, wenn Ihnen die vorgefertigte Animation nicht gefällt? Vielleicht läuft sie Ihnen zu schnell ab? Sollte das Game-Logo nicht in Kino-Manier gaaanz langsam eingeblendet werden? Kein Problem: Definieren Sie einfach selbst eine Animation. Dazu schreiben Sie eine kleine XML-Datei und speichern sie im Verzeichnis *res/anim*:

fade_in.xml
```xml
<?xml version="1.0" encoding="utf-8"?>
<alpha xmlns:android="http://schemas.android.com/apk/res/android"
    android:duration="5000"
    android:fromAlpha="0"
    android:toAlpha="1"/>
```

So eine Animationsdefinition funktioniert ganz einfach: Sie haben einen Startwert (hier Alpha 0, also unsichtbar), einen Endwert (Alpha 1, also sichtbar) und eine Laufzeit (5.000 Millisekunden). Das Android-System überblendet über die angegebene Laufzeit den Startwert in den Endwert.

Das geht natürlich nicht nur mit Alpha, sondern auch mit Größe, Drehwinkel oder Position.

Verpassen Sie doch der Seifenblase – die natürlich nichts anderes als der Start-Button ist – eine Animation, wenn sie angetippt wird. Auch wenn Seifenblasen das nie tun: Lassen Sie die Blase pulsieren. Ausgedrückt in XML sieht das wie folgt aus:

pulse.xml
```xml
<?xml version="1.0" encoding="utf-8"?>
<scale xmlns:android="http://schemas.android.com/apk/res/android"
    android:duration="500"
    android:fromXScale="1"
    android:fromYScale="1"
    android:toXScale="0.8"
    android:toYScale="0.8"
    android:pivotX="50%"
    android:pivotY="50%"
    android:repeatMode="reverse"
    android:repeatCount="1" />
```

Statt des Wurzel-Tags `<alpha>` verwenden Sie `<scale>`. Die Attribute verdienen einen genauen Blick. Aus nicht ganz nachvollziehbaren Gründen müssen Sie nämlich die

Skalierung in x- bzw. y-Richtung in Dezimalzahlen angeben, also 1 und 0,8, aber den Pivot-Punkt, also das Zentrum der Operation, in Prozentwerten.

Der `repeatMode reverse` sorgt dafür, dass die Animation im Wiederholungsfall rückwärts abgespielt wird. Genau das gewährleistet der `repeatCount` von 1. Animierte Views schrumpfen also zunächst und kehren dann zur Ursprungsgröße zurück.

Beachten Sie, dass die Gesamtdauer der Animation jetzt eine Sekunde ist. Durch die Wiederholung summieren sich zwei `durations` von 500 ms zu einer ganzen Sekunde.

Um die Animation auf Knopfdruck abzuspielen, verdrahten Sie den View wie üblich mit dem `OnClickListener`:

```
start.findViewById(R.id.start).setOnClickListener(this);
```

Vergleichen Sie zur Sicherheit Ihre Funktion `showStartFragment()` mit dem folgenden Code:

```
private void showStartFragment() {
    container.removeAllViews();
    View start = getLayoutInflater().inflate(
        R.layout.start, null);
    setTypeface((TextView) start.findViewById(R.id.title),
        TYPEFACE_TITLE);
    start.findViewById(R.id.start).setOnClickListener(this);
    container.addView(start);
    Animation a = AnimationUtils.loadAnimation(this,
        R.anim.fade_in);
    start.startAnimation(a);
}
```

Lassen Sie Ihre Activity das Interface `OnClickListener` implementieren, und schreiben Sie die Behandlungsfunktion:

```
@Override
public void onClick(View view) {
    if(view.getId()==R.id.start) {
        Animation a = AnimationUtils.loadAnimation(this,
            R.anim.pulse);
        view.startAnimation(a);
    }
}
```

Wie so oft muss ich Sie gegen Ende eines Kapitels noch auf eine tiefe Stolperfalle hinweisen.

Sie können jetzt nicht einfach in der `onClick()`-Funktion das Spiel starten. Es würde *sofort* das Start-Fragment durch das eigentliche Spiel ersetzen, mit der Folge, dass Sie von der Animation rein gar nichts sehen würden.

Sie müssen also warten, bis die Animation beendet ist, bevor Sie weitermachen. Glücklicherweise bietet Android eine einfache Methode: Auf Wunsch benachrichtigt Sie der Animator, wenn er fertig ist. Sie müssen der Animation dazu nur einen `AnimationListener` übergeben. Das ist nicht ganz unerwartet bloß ein Interface, Sie können also schnell eine anonyme Klasse schreiben:

```java
a.setAnimationListener(new Animation.AnimationListener() {
  @Override
  public void onAnimationStart(Animation animation) {
  }
  @Override
  public void onAnimationEnd(Animation animation) {
  }
  @Override
  public void onAnimationRepeat(Animation animation) {
  }
});
```

Puh, ganz schon unübersichtlich, nicht wahr? Stellen Sie sich vor, Sie hätten mehrere Buttons, die Sie auf diese Weise animieren wollen ... es wird ganz klar Zeit für eine Hilfsklasse.

Hilfsklassen möchten Sie gegebenenfalls in anderen Projekten erneut verwenden, so dass es sinnvoll ist, ihnen ein eigenes Package zu spendieren.

Rechtsklicken Sie im Projektbaum auf den Knoten *java*, dann wählen Sie NEW · PACKAGE. Geben Sie als Paketnamen `de.spas.tools` an. Darin wird die neue Hilfsklasse landen. Und so sieht sie aus:

SimpleAnimationListener.java

```java
package de.spas.tools;

import android.view.animation.Animation;
import android.view.animation.Animation.AnimationListener;

public abstract class SimpleAnimationListener implements
                                    AnimationListener {
  @Override
  public void onAnimationEnd(Animation animation) { }
```

```
    @Override
    public void onAnimationRepeat(Animation animation) { }

    @Override
    public void onAnimationStart(Animation animation) { }

}
```

Diese Klasse stellt einen `AnimationListener` dar, der rein gar nichts tut (deshalb ist er abstract – es wäre sinnlos, ein Objekt dieser Klasse zu verwenden). Dafür erfüllt sie die Bedürfnisse des Interfaces.

In der Activity können Sie jetzt eine anonyme Ableitung dieser Hilfsklasse verwenden und müssen nur noch die benötigte Funktion `onAnimationEnd()` überschreiben. Ihre Funktion `onClick()` sollte dann wie folgt aussehen:

```
@Override
public void onClick(View view) {
  if(view.getId()==R.id.start) {
    Animation a = AnimationUtils.loadAnimation(this,
        R.anim.pulse);
    a.setAnimationListener(new SimpleAnimationListener() {
      @Override
      public void onAnimationEnd(Animation animation) {
        startGame();
      }
    });
    view.startAnimation(a);
  }
}
```

Das ist immerhin übersichtlicher, als einen `AnimationListener` mit drei leeren Funktionen hinzuschreiben.

Die Funktion `startGame()` in der `MainActivity` können Sie schon mal als leeren Rumpf implementieren, damit Sie keine Syntaxfehler angezeigt bekommen. Füllen werden Sie sie später.

Zunächst möchten Sie bestimmt den hübschen Zeichensatz zum Einsatz bringen, den Sie schon längst für den Titelschriftzug ausgesucht haben. Wird sofort erledigt – aber ich nutze die Gelegenheit, Ihnen das Konzept der Wiederverwendbarkeit von Code aufzutischen.

Ähnlich wie im Fall der gerade eingeführten Hilfsklasse wäre es doch prima, wenn Sie beim nächsten Spiel nicht wieder bei null anfangen müssten, oder?

Lassen Sie uns also alle Funktionen, die absehbar in anderen Spielen zum Einsatz kommen werden, in eine Basisklasse auslagern.

4.3 Eine BaseGameActivity

Legen Sie zunächst eine leere Klasse BaseGameActivity in einem tools-Paket an. Dieses Paket können Sie dann später ins nächste Spiel kopieren.

Die BaseGameActivity erbt natürlich von Activity:

```
package de.spas.tools;
import android.app.Activity;
public class BaseGameActivity extends Activity {
}
```

Und die MainActivity erbt künftig von BaseGameActivity:

```
public class MainActivity extends BaseGameActivity ...
```

4.3.1 Schriftarten verwalten

Als Erstes erhält die BaseGameActivity eine rudimentäre Schriftarten-Verwaltung. Natürlich möchten Sie irgendwann mehr als eine Schriftart in einem Spiel verwenden. Um sie auseinanderzuhalten, verwenden wir einen String als Schlüssel. Die Datenstruktur, die dies am besten abbildet, ist eine *Map*:

```
private Map<String,Typeface> typefaces = new HashMap<String,Typeface>();
```

Sie sehen, dass diese Map *private* ist, denn sie geht die abgeleitete Activity nichts an. Die darf lediglich Schriften hinzufügen und dazu folgende Funktion verwenden:

```
protected void addTypeface(String name) {
    Typeface typeface = Typeface.createFromAsset(getAssets(),name+".ttf");
    typefaces.put(name, typeface);
}
```

Der Name einer Schrift ist also einfach der Dateiname im *assets*-Verzeichnis ohne die Endung.

Natürlich möchte die abgeleitete Activity TextViews eine der Schriftarten zuweisen können:

```
protected void setTypeface(TextView v, String typefaceName) {
  Typeface t = typefaces.get(typefaceName);
  if(t!=null) {
```

```
      v.setTypeface(t);
   }
}
```

Diese Vorgehensweise ist speichersparend. Nur einmal pro Activity wird eine Schrift geladen und dann bei Bedarf immer wieder referenziert.

Die Initialisierung erfolgt in der `onCreate()`-Funktion der `MainActivity`, wie üblich hinter `setContentView()`:

```
addTypeface(TYPEFACE_TITLE);
```

Um Tippfehler zu verhindern, definieren Sie den Namen Ihrer Schriftdatei als Konstante:

```
public static final String TYPEFACE_TITLE = "FantasticFont";
```

Die verwendete Schriftartdatei, in diesem Fall *FantasticFont.ttf*, gehört wie zuvor ins Verzeichnis *main/assets*. Wenn Sie sich eine andere Schriftart ausgesucht haben, ändern Sie einfach obige Konstante entsprechend.

Schließlich weisen Sie die Schrift dem Titelschriftzug zu, und zwar in der Funktionen `showStartFragment()`:

```
setTypeface((TextView) start.findViewById(R.id.title), TYPEFACE_TITLE);
```

Der Cast nach `TextView` ist das Einzige, was dabei noch umständlich ist.

Nach und nach werden wir der `BaseGameActivity` weitere hilfreiche Funktionen hinzufügen, so dass sie so mächtig wird, dass Sie sie in einem neuen Projekt nicht mehr missen möchten.

4.4 Views bewegen

Zeit, das Spiel zu starten! Technisch wird das ähnlich funktionieren wie bei der Sache mit den Fröschen. Allerdings haben wir diesmal bloß eine Sorte Bilder, nämlich die Seifenblasen – und sie sollen sich bewegen.

Sie wissen schon, wie Sie einen `ImageView` an einer bestimmten Stelle innerhalb eines Containers positionieren können. Eine Bewegung ist nichts anderes als die ständige Wiederholung dieses Vorgangs, bloß mit unterschiedlichen Positionen.

4.4.1 Seifenblasen-Physik

Nach welchen Gesetzen bewegt sich eine Seifenblase? Rein physikalisch betrachtet wirken Kräfte, nämlich die Schwerkraft und Luftbewegung. Die Luft sorgt außerdem für eine Bremskraft. Hinzu kommt eine Anfangsgeschwindigkeit, die beim Pusten entsteht. Für die App können wir das aber deutlich vereinfachen. Die Schwerkraft würde für einen eher langweiligen Abwärtstrend sorgen, der Rest ist ein bisschen kompliziert, wenn man's korrekt berechnen will. Also beschränken wir uns auf eine Anfangsgeschwindigkeit und eine geringe zufällige Änderung derselben.

Es genügt also, Position und Geschwindigkeit in den beiden Flächendimensionen x und y zu speichern – und natürlich die Seifenblase selbst beziehungsweise ihren ImageView. Natürlich soll es unterschiedlich große Blasen geben – und sie haben eine beschränkte Lebenszeit, an deren Ende sie platzen. Lassen Sie uns dafür eine einfache Klasse schreiben:

```
public class Bubble {
    private float x,y,vx,vy,size;
    private int lifetime;
    private ImageView view;
}
```

Um eine Seifenblase erzeugen zu können, benötigen Sie einen recht umfangreichen Konstruktor:

```
public Bubble(FrameLayout container, float vMax, float sizeMax, Random rnd,
    Drawable drawable) {
    lifetime = LIFETIME;
    size = (0.5f+rnd.nextFloat()/2)*sizeMax;
    x = rnd.nextFloat()*(container.getWidth()-size);
    y = rnd.nextFloat()*(container.getHeight()-size);
    vx = rnd.nextFloat()*vMax*(rnd.nextBoolean()?1:-1);
    vy = rnd.nextFloat()*vMax*(rnd.nextBoolean()?1:-1);
    view = new ImageView(container.getContext());
    view.setImageDrawable(drawable);
    container.addView(view);
    move();
}
```

Der Konstruktor erhält alles Wissenswerte: den Container, in dem die Blase sich aufhalten soll, Höchstgeschwindigkeit, Maximalgröße, einen Zufallsgenerator (damit nicht jede Blase einen eigenen erzeugen muss) und das zu verwendende Bild.

Zunächst erfindet der Konstruktor Lebensdauer (definieren Sie dazu eine Konstante mit dem Wert 1.000), Größe, Anfangsposition und Geschwindigkeit.

Bei der Größe sollte es ein Minimum geben, damit keine praktisch unsichtbaren Blasen entstehen, die niemand mit dem Finger treffen kann. Bei den Anfangskoordinaten ist von der zur Verfügungen stehenden Breite bzw. Höhe des Containers die

Größe der Blase abzuziehen. Die Geschwindigkeitskomponenten vx und vy werden mit zufälligen Vorzeichen versehen. Wenn Ihnen der ?:-Operator zu unübersichtlich ist, können Sie dasselbe mit einer einfachen if-Abfrage erreichen:

```
vx = rnd.nextFloat()*vMax;
if(rnd.nextBoolean()) vx=-vx;
```

Schließlich wird der ImageView erzeugt – als Context dient der des Containers – und mit dem gewünschten Bild versehen, bevor er dem Container hinzugefügt wird.

Der erste Aufruf an move() sorgt dafür, dass die Seifenblase sofort an einer sinnvollen Stelle erscheint. Lassen Sie das weg, blitzt die Blase kurzzeitig formatfüllend auf, was unschön aussieht.

> **Speicher sparende ImageViews**
>
> Wenn mehrere ImageViews dasselbe Bild zeigen sollen (egal ob in der gleichen Größe oder nicht), könnten Sie auf die Idee kommen, Folgendes zu schreiben:
>
> imageView.setImageResource(R.drawable.soapbubble);
>
> Ein Blick in den Android-Quellcode verrät allerdings, dass hierbei für jeden Image-View eine redundante Bitmap angelegt wird, was eine Menge Speicher kostet und schneller zu OutOfMemory-Exceptions führt, als Sie »Oh nein« hauchen können.
>
> Der richtige Weg ist daher, das gewünschte Drawable nur einmal zu laden:
>
> bubbleDrawable = getResources().getDrawable(R.drawable.soapbubble);
>
> Wenn Sie dieses Drawable-Objekt jedem ImageView zuweisen, wie es der Beispielcode tut, gibt es zwar mehrere Referenzen, aber tatsächlich nur eine einzige Bitmap im Speicher.

4.4.2 Seifenblasen bewegen

Schreiben Sie als Nächstes die Funktion, um den view zu bewegen:

```
public void move() {
    x += vx;
    y += vy;
    FrameLayout.LayoutParams params =
        (FrameLayout.LayoutParams) view.getLayoutParams();
    params.width = Math.round(size);
    params.height = Math.round(size);
    params.leftMargin = Math.round(x);
    params.topMargin = Math.round(y);
```

```
        params.gravity = Gravity.LEFT + Gravity.TOP;
        view.setLayoutParams(params);
        lifetime--;
}
```

Die eigentliche Bewegung findet in den ersten beiden Zeilen statt: Die aktuelle Position (x;y) wird um die aktuelle Geschwindigkeit (vx;vy) geändert.

Der Rest ist bekannt: Die `LayoutParams` des `views` werden ausgelesen, die Koordinaten gerundet und gespeichert. Sie müssen stets das `LayoutParams`-Objekt wieder in den View füttern, damit etwas passiert.

Die `move()`-Funktion wird später in regelmäßigen Abständen für jede `Bubble` aufgerufen.

Zunächst aber müssen Sie die Seifenblasen erzeugen. Erweitern Sie also `MainActivity.java` um die nötigen Attribute:

```
private static final int BUBBLE_MAX = 10;
private static final float V_MAX = 1f;
private static final float SIZE_MAX = 128f;
private Random rnd = new Random();
private Drawable bubbleDrawable;
private Set<Bubble> bubbles = new HashSet<Bubble>();
```

Die Konstanten muss ich Ihnen nicht groß erklären, den Zufallsgenerator kennen Sie auch schon, und das `Drawable` speichert die Seifenblasen-Bitmap (siehe Kasten »Speicher sparende Bitmaps« weiter oben). Der `Set<Bubble>` schließlich wird die Seifenblasen verwalten.

Laden Sie am Ende von `onCreate()` das mit GIMP erstellte Bild:

```
bubbleDrawable = getResources().getDrawable(R.drawable.soapbubble);
```

Jetzt ist es an der Zeit, die Funktion `startGame()` zu füllen. Im ersten Schritt löschen Sie das Start-Fragment:

```
container.removeAllViews();
```

Löschen Sie dann eventuell von einem früheren Spiel existierende Seifenblasen, und erzeugen Sie neue:

```
bubbles.clear();
for(int i=0; i<BUBBLE_MAX; i++) {
    bubbles.add(new Bubble((FrameLayout) container, scale(V_MAX),
        scale(SIZE_MAX), rnd, bubbleDrawable));
}
```

4.4.3 Bitmaps skalieren

So weit, so übersichtlich. Ich habe Ihnen allerdings etwas untergejubelt, nämlich die Funktion scale(), die Sie noch nicht kennen. Deren Sinn ist es, die Größe und Geschwindigkeit abhängig von der Pixelauflösung des Bildschirms zu skalieren. Je mehr Pixel pro Zoll, umso größer muss der ImageView sein, damit er auf zwei verschieden auflösenden Geräten gleich groß aussieht – und nicht auf Googles neuem Nexus 7 klitzeklein und auf dem Nexus One riesengroß ist.

Da Sie die scale()-Funktion noch öfter brauchen werden, bietet es sich an, sie in die BaseGameActivity zu packen. Sie sieht wie folgt aus:

```
protected float scale(float v) {
    return density * v;
}
```

Das ist nicht weiter der Rede wert, bloß woher kommt density? Ganz einfach:

```
private float density;
@Override
protected void onCreate(Bundle savedInstanceState) {
    super.onCreate(savedInstanceState);
    density = getResources().getDisplayMetrics().density;
}
```

Auch die BaseGameActivity darf natürlich eine onCreate()-Funktion besitzen (muss aber die Elternfunktion aufrufen). Das onCreate() in der MainActivity wird dann hierher verzweigen und allgemeine Initialisierungen vornehmen, in diesem Fall das Laden der Display-Auflösung aus den Ressourcen.

Die Seifenblasen werden nun erzeugt – aber noch nicht bewegt. Dafür ist das folgende Kapitel zuständig.

4.5 Arbeit im Hintergrund

Da das ganze Android-System ereignisgestützt funktioniert, können Sie Folgendes nicht schreiben:

```
while(true) {
    bubble.move();
    pause();
}
```

4.5.1 Der ScheduledExecutorService

Was Sie brauchen, ist eine Art Wecker, der in regelmäßigen Intervallen eine Funktion aufruft, die die Bewegung durchführt. Dieser Wecker muss im Hintergrund laufen, um die Benutzeroberfläche von Android nicht zu stören. Natürlich hält Java ein solches Gerät bereit. Es hört auf den schönen Namen:

```
private ScheduledExecutorService executor;
```

Ein solcher Dienst (Service) läuft im Hintergrund und kann damit beauftragt werden, sofort, später oder wann immer gerade Zeit ist, gewisse Aufgaben zu erledigen, die üblicherweise in Form von Runnable-Objekten gehandhabt werden.

Erzeugen Sie zu Spielbeginn einen passenden Service:

```
private void startGame() {
    ...
    executor = Executors.newSingleThreadScheduledExecutor();
    executor.scheduleAtFixedRate(moveRunnable, 0, 50, TimeUnit.MILLISECONDS);
}
```

Wir wählen einen SingleThreadScheduledExecutor, weil ein Thread genügt. Es gibt auch Multithreaded-Varianten, die mehrere Aufgaben gleichzeitig erledigen können, aber dafür besteht hier kein Bedarf.

Der executor wird anschließend mit der Ausführung eines Runnables namens moveRunnable beauftragt, und zwar beginnend nach einer Aufwärmpause von 0 Millisekunden im Abstand von 50 Millisekunden. Das ergibt eine Framerate von 1.000 ÷ 50 = 20 Bewegungszyklen pro Sekunde, die auf das Auge ruckelfrei wirkt.

Bevor Sie jetzt das fragliche Runnable schreiben, sorgen Sie dafür, dass der Executor seine Arbeit einstellt, wenn die Activity den Vordergrund verlässt:

```
@Override
protected void onPause() {
    super.onPause();
    executor.shutdown();
    bubbles.clear();
}
```

Nebenbei werden die Bubbles gelöscht, um Speicher freizugeben.

Das bedeutet gleichzeitig, dass das Spiel nicht mehr funktioniert, wenn die Activity danach wieder in den Vordergrund geholt wird. Dieses Dilemma lässt sich am einfachsten lösen, indem Sie dann einfach wieder den Startbildschirm anzeigen:

```
@Override
protected void onResume() {
    super.onResume();
    showStartFragment();
}
```

Damit kann übrigens auch der Aufruf `showStartFragment()` in `onCreate()` entfallen, weil `onResume()` ohnehin aufgerufen wird.

> **Zustände einer Activity**
>
> Activities können sich in unterschiedlichen Zuständen befinden. Immer wenn ein neuer Zustand erreicht wird, ruft Android die zugehörige `onXXX()`-Funktion auf.
>
> - `onCreate()` – Die Activity wird erstmals erzeugt.
> - `onStart()` – Die Activity wird (erneut) gestartet.
> - `onResume()` – Die Activity wird sichtbar.
> - `onPause()` – Die Activity wird unsichtbar, weil eine andere sichtbar wird.
> - `onStop()` – Die Activity wird gestoppt, z. B. weil der Speicher knapp wird.
> - `onDestroy()` – Die Activity wird endgültig aus dem Speicher entfernt.
>
> Mehr zu diesem umfangreichen Thema, das Sie als Spieleentwickler (der meist nur eine Activity produziert) nur selten interessiert, finden Sie unter *http://developer.android.com/training/basics/activity-lifecycle/index.html*.

4.5.2 Bewegung im Hintergrund

Jetzt aber endlich zum Runnable:

```
private Runnable moveRunnable = new Runnable() {
    @Override
    public void run() {
        for(final Bubble b : bubbles) {
            runOnUiThread(new Runnable() {
                @Override
                public void run() {
                    b.move();
                }
            });
        }
    }
};
```

Sie sehen, dass das `moveRunnable` eine Schleife über alle `Bubbles` durchläuft. Es folgt ein etwas umständlich wirkendes Konstrukt:

```
runOnUiThread(new Runnable() {
            @Override
            public void run() {
                b.move();
            }
        });
```

Sie kommen leider nicht ohne diesen Umweg mit einem zweiten `Runnable` herum. Android fordert, dass alle UI-Elemente (wie unsere Blasen) nur von dem Thread angefasst werden, der sie erzeugt hat. Das ist natürlich der UI-Thread. Deshalb findet der eigentliche `move()`-Aufruf seinen richtigen Bestimmungsort innerhalb der `run()`-Funktion, die dank des `runOnUiThread()` garantiert vom richtigen Thread abgearbeitet wird. Ich zeige Ihnen später anhand des nächsten Spiels in Kapitel 5 eine andere Möglichkeit.

Das war's schon, probieren Sie das Spiel ruhig aus. Gut, offen gesagt gibt es noch nicht viel zu spielen. Seifenblasen fliegen durch die Gegend und verschwinden irgendwann am Bildschirmrand. Es fehlt offensichtlich noch das eigentliche Spielprinzip.

4.6 Seifenblasen fangen

Aus zwei Gründen kann eine Seifenblase platzen:

- Sie wurde berührt.
- Sie hat das Ende ihrer Lebenszeit erreicht.

Wenn die Blase platzt, muss sie vom Bildschirm entfernt werden. Schreiben Sie also eine Funktion dafür in der Klasse `Bubble`:

```
private void burst() {
    ViewGroup parent = (ViewGroup) view.getParent();
    if(parent!=null) parent.removeView(view);
}
```

Diese Zeilen ermitteln zunächst den Eltern-View und löschen dann darin die Bubble. Die `null`-Abfrage ist wichtig für den Fall, dass das bereits geschehen ist.

4.6.1 Platzende Seifenblasen

Rufen Sie die neue Funktion von `move()` aus auf, wenn die Lebensdauer abgelaufen ist:

```
public void move() {
...
    lifetime--;
    if(lifetime<=0) burst();
}
```

Machen Sie die Klasse `Bubble` außerdem zu einem `OnClickListener`, und verdrahten Sie die `onClick()`-Funktion mit `burst()`:

```
public class Bubble implements View.OnClickListener {
...
public Bubble(FrameLayout container, float vMax, float sizeMax, Random rnd,
    Drawable drawable) {
    ...
    view.setOnClickListener(this);
    container.addView(view);
}
...
@Override
public void onClick(View view) {
    burst();
}
```

Die ganze Sache hat bloß einen Haken:

Die `MainActivity` bekommt nichts vom Platzen mit, bewegt also längst verschwundene Blasen und erzeugt auch keine neuen. Sie benötigen einen Callback-Mechanismus, der die `MainActivity` über das vernichtende Ereignis benachrichtigt.

4.6.2 Ein Callback für platzende Blasen

Schreiben Sie dazu ein einfaches Interface. Es ist so einfach und außerdem logisch an die `Bubble` gebunden, dass es nicht erforderlich ist, eine eigene Datei zu erzeugen. Also:

```
public class Bubble implements View.OnClickListener {
    interface OnBurstListener {
        void onBurst(Bubble b);
    }
```

Erweitern Sie den Konstruktor, und legen Sie ein neues Attribut an:

```
private OnBurstListener burstListener;
public Bubble(FrameLayout container, float vMax,
        float sizeMax, Random rnd, Drawable drawable,
        OnBurstListener listener) {
    burstListener = listener;
    ...
```

Erweitern Sie die Funktion burst() um den Aufruf des Listeners:

```
private void burst() {
    ((ViewGroup)view.getParent()).removeView(view);
    burstListener.onBurst(this);
}
```

Natürlich wird die MainActivity selbst das Interface implementieren und der Einfachheit halber eine Referenz auf sich selbst an den Konstruktor weiterreichen:

```
public class MainActivity extends BaseGameActivity implements
    View.OnClickListener, Bubble.OnBurstListener {
```

Die Zeile zum Erzeugen von Bubbles in startGame() ändert sich also wie folgt:

```
bubbles.add(new Bubble((FrameLayout) container, scale(V_MAX),
    scale(SIZE_MAX), rnd, bubbleDrawable, this));
```

Was hat die Interface-Funktion onBurst() zu tun? Zunächst muss sie die Bubble aus dem Set entfernen, dann darf sie eine neue erzeugen:

```
@Override
public void onBurst(Bubble b) {
    bubbles.remove(b);
    bubbles.add(new Bubble((FrameLayout) container, scale(V_MAX),
        scale(SIZE_MAX), rnd, bubbleDrawable, this));
}
```

Wenn Sie möchten, können Sie an dieser Stelle noch einen Punktezähler einbauen. Wie das funktioniert, wissen Sie vom ersten Beispiel, daher werde ich Sie nicht damit langweilen, dasselbe noch einmal durchzuexerzieren.

4.7 Zusammenfassung

Sie haben in diesem Kapitel mehrere wichtige Vorgehensweisen kennengelernt:

- Views bewegen
- Grafiken mit GIMP erzeugen
- Spielmaterial effizient verwalten
- Eine `BaseGameActivity` verwenden

Abbildung 4.5 Seifenblasenjagd in Aktion

Freilich haben Sie in diesem Kapitel kein vollwertiges Spiel programmiert. Es fehlen Levels, Highscores, Geräusche, Lichtschwerter und grunzende Schweine in manchen Seifenblasen, die Zusatzpunkte gewähren. Oder so was in der Art.

Trotzdem werden die gewonnenen Erkenntnisse in den nächsten Abschnitten sehr nützlich sein.

Kapitel 5
Handys haben keinen Joystick

*»Sieh nur, wie majestätisch du
durch die Luft segelst.
Wie ein Adler. Wie ein fetter Adler.«
(GLaDOS, in: Portal 2)*

Die bisherigen Spiele haben den Touchscreen als Eingabemedium verwendet. Das ist zwar schon deutlich fortschrittlicher als eine PC-Tastatur, ein Joystick oder ein Paddle (simple Potentiometer, für *Pong*), aber Sie wissen natürlich, dass Smartphones mehr können. Zum Beispiel wissen sie, wo oben und unten ist ...

5.1 Smart Gaming mit Lagesensor

Heutzutage bringen Smartphones eine Spielsteuerung mit, die intuitiv funktioniert und einfach zu nutzen ist: den *Beschleunigungs-* oder *Lagesensor*.

Dieser Sensor kann anhand der Schwerkraft messen, wie der Nutzer das Gerät gerade in der Hand hält: Gerade, schräg, schief, auf dem Kopf.

Das funktioniert so genau, dass damit Anwendungen möglich sind, die Sie sicher schon längst auf Smartphones gesehen haben: das automatische Umschalten zwischen Portrait- und Quer-Modus, eine Wasserwaage und natürlich Physikspiele. Womit wir beim Thema wären.

Ihr erstes Physikspiel wird eine Art Minigolf, bloß ohne Schläger. Sie kennen vielleicht das früher beliebte Holzspielzeug, in dem man eine Metallkugel allein durch die richtige Neigung des Geräts durch einen Irrgarten in ein Loch lenken musste. Genau das ist eine naheliegende Anwendung für den Neigesensor.

5.1.1 Projekt »SilverBall«

Erzeugen Sie also auf die gleiche Weise wie bisher ein neues Projekt namens »Silver Ball«. Kopieren Sie das `tools`-Package und die *styles.xml* aus dem letzten Spiel rüber. Basteln Sie ein ganz einfaches Layout für die `MainActivity`, das nur einen Titelschriftzug enthält:

activity_main.xml
```xml
<FrameLayout xmlns:android="http://schemas.android.com/apk/res/android"
    android:layout_width="match_parent"
    android:layout_height="match_parent"
    android:id="@+id/container"
    android:background="@drawable/wood">
    <TextView
        android:layout_width="wrap_content"
        android:layout_height="wrap_content"
        android:layout_gravity="center"
        android:id="@+id/title"
        android:textSize="48sp"
        android:text="@string/app_name" />
</FrameLayout>
```

Der Fragment-Container ist diesmal das äußere `FrameLayout`, also der ganze Bildschirm. Wenn Sie möchten, können Sie natürlich einen eigenen Startbildschirm basteln.

Das obige XML referenziert ein Drawable namens `wood`. Das ist nichts anderes als eine hölzerne Textur. Sie können Ihren Lieblingstisch fotografieren und das Resultat unter dem Namen *wood.jpg* in den *drawable*-Ordner packen (bitte nicht mit 12 Megapixel Auflösung, sondern runterskaliert auf z. B. 1.024 × 768), oder Sie bedienen sich im Internet, etwa bei *http://www.cgtextures.com* (kostenlose Registrierung erforderlich). Natürlich können Sie einfach die Grafik aus dem Download-Paket kopieren.

Das Spiel soll ausschließlich im Querformat laufen, fügen Sie also dem Android-Manifest folgendes Attribut hinzu:

```xml
<activity android:name="de.spas.silverball.MainActivity"
    android:screenOrientation="landscape"
    ...
```

Löschen Sie außerdem alle Ressourcenverzeichnisse bis auf den Standard: *drawable*, *layout*, *values*. Aus der generierten `MainActivity` löschen Sie wie üblich die unnötige Options-Funktion. Ergänzen Sie die Deklaration der Mutterklasse und – wenn Sie schon dabei sind – das `OnClickListener`-Interface:

```java
public class MainActivity extends BaseGameActivity
  implements View.OnClickListener
```

Dass Sie jetzt eine leere `onClick()`-Funktion anlegen sollten, muss ich Ihnen sicher schon gar nicht mehr erzählen – Android Studio erledigt das auf Knopfdruck (`Alt`+`⇧`) auf der roten Unterstreichung).

Suchen Sie sich eine hübsche Schriftart, und speichern Sie sie im neu anzulegenden
Verzeichnis *assets*. Fügen Sie der `MainActivity` eine String-Konstante `FONTNAME` mit
dem entsprechenden Namen hinzu:

```
private final static String FONTNAME="airmole";
```

An gleicher Stelle definieren Sie das `container`-Attribut:

```
private ViewGroup container;
```

5.1.2 Die MainActivity vorbereiten

Jetzt können Sie die Funktion `onCreate()` schreiben. Sie sieht wie folgt aus:

```
@Override
protected void onCreate(Bundle savedInstanceState) {
    super.onCreate(savedInstanceState);
    setContentView(R.layout.activity_main);
    addTypeface(FONTNAME);
    setTypeface((TextView) findViewById(R.id.title), FONTNAME);
    findViewById(R.id.title).setOnClickListener(this);
    container = (ViewGroup) findViewById(R.id.container);
}
```

Sie sehen, dass diese Funktion die Basisklassen-Funktionen verwendet, um die
Schriftart zu verwalten. Außerdem wird der Titelschriftzug mit der Funktion on-
Click() verkabelt und das `container`-Attribut initialisiert.

Jetzt können Sie den Klick mit einer (zunächst leeren) Funktion `startGame()` verbinden – am besten mit einer kleinen Animation, hier einem Ausblenden-Effekt
`R.anim.abc_fade_out`:

```
@Override
public void onClick(View view) {
  if(view.getId()==R.id.title) {
    Animation a = AnimationUtils.loadAnimation(this,R.anim.abc_fade_out);
    a.setAnimationListener(new SimpleAnimationListener() {
      @Override
      public void onAnimationEnd(Animation animation) {
          startGame();
       }
    });
    view.startAnimation(a);
  }
}
```

5.1.3 Eine Stahlkugel zeichnen

Als Nächstes stellen wir eine Stahlkugel her. Genauer gesagt: ein Bild einer solchen. Sie können jetzt natürlich das Kugellager Ihres Fahrrads auseinandernehmen und eine Makrofotografie anfertigen, ich zeige Ihnen aber eine schnelle Alternative mit GIMP.

1. Legen Sie ein neues Bild in der üblichen Größe von 512 × 512 Pixeln mit transparentem Hintergrund an. Ziehen Sie dann mit dem Elliptische-Auswahl-Werkzeug einen Kreis auf.
2. Wählen Sie im Menü FILTER • RENDER • KUGEL-DESIGNER. Stellen Sie für die beiden Lichter neutrale (graue) Farben ein, spielen Sie mit den Reglern für die Lichtposition, und drücken Sie zum Schluss OK (Abbildung 5.1).
3. Speichern Sie das fertige Bild als PNG in verschiedenen Größen: 512 × 512 (nötig als App-Icon in Google Play), 128 × 128 als *ball.png* im Verzeichnis *drawable* und 48 × 48 als *ic_launcher.png* am gleichen Ort.

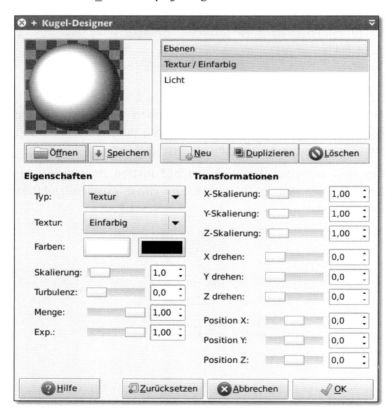

Abbildung 5.1 GIMP bringt einen leicht bedienbaren Kugel-Generator mit.

Damit sind die Vorarbeiten abgeschlossen.

5.2 Dem View die Kugel geben

Es gibt verschiedene Möglichkeiten, die Stahlkugel und weitere Spielelemente wie das Loch und Hindernisse auf den Bildschirm zu bringen. Eine davon ist eine Abwandlung der Seifenblasen-App: Jedes sichtbare Objekt könnte ein ImageView sein, der einfach passend positioniert wird.

Allerdings kehren wir lieber zu den Frosch-Körperteilen zurück. Sie erinnern sich sicher, dass ein selbstgebauter View damals für die Darstellung zuständig war.

Die Gründe für diese Entscheidung liegen nicht unbedingt auf der Hand. Einer ist Performance, ein weiterer Speicherverbrauch: Wenn die gesamte Darstellung der Spielfläche in den Händen eines einzigen Views liegt, entfällt eine ganze Menge Verwaltungsaufwand. Es müssen nicht ständig Views erzeugt und bewegt werden.

Ein Argument für die einzelnen Seifenblasen-Views war, dass das Antippen ganz einfach verarbeitet werden kann. Stellen Sie sich vor, Sie müssten bei einem OnClick auf einen eigenen View erst einmal ausrechnen, was der Nutzer getroffen hat – die Seifenblasen-Methode nimmt Ihnen das ab. Im Minigolf-Spiel gibt es nichts anzutippen, der Vorteil wäre also irrelevant.

5.2.1 Die GameView-Klasse

Genug der Vorrede, schreiben Sie einen eigenen View, den GameView:

```
public class GameView extends View {
...
}
```

Was für Attribute und Fähigkeiten benötigt GameView?

Beginnen wir mit zwei zu zeichnenden Objekten: der Kugel und dem Loch. Beide haben denselben Durchmesser, den Sie schon mal als konstanten String definieren können:

```
private final static float SIZE = 32;
```

Um unabhängig von der Pixelauflösung des Bildschirms zu sein, darf der scale-Wert nicht fehlen:

```
private float scale;
```

Natürlich muss der View wissen, wo sich Ball und Loch befinden. Dazu brauchen Sie zwei Koordinatenpaare, am besten als Datentyp float, weil integer nur auf einen Pixel genau wäre – das wäre zu ungenau.

```
private float ballX,ballY;
private float holeX,holeY;
```

Der `View` benötigt außerdem eine Instanz des Balls, zum Beispiel in Form eines `BitmapDrawable`:

```
private BitmapDrawable ball;
```

Dieses Attribut können Sie gleich im Konstruktor initialisieren. Dort holen Sie sich bei dieser Gelegenheit auch den Screen-Maßstab:

```
public GameView(Context context) {
    super(context);
    scale = getResources().getDisplayMetrics().density;
    ball = (BitmapDrawable)
        getResources().getDrawable(R.drawable.ball);
}
```

Zwei weitere Attribute vertreten die `Paint`-Belegschaft, eins für die Kugel (und andere Bitmaps) und eins für das Loch.

```
private Paint paintBitmap = new Paint();
private Paint paintHole = new Paint();
```

Die Initialisierung des Bitmap-Pinsels, die ebenfalls im Konstruktor stattfindet, ist sehr überschaubar:

```
paintBitmap.setAntiAlias(true);
```

Allerdings ist die Sache mit dem Loch kaum umfangreicher und auch nicht komplizierter:

```
paintHole.setColor(Color.BLACK);
paintHole.setAntiAlias(true);
paintHole.setStyle(Paint.Style.FILL);
```

Denn natürlich wird das Loch schwarz sein und ausgefüllt gezeichnet.

Schreiben Sie als Nächstes zwei einfache Funktionen, die es einer anderen Klasse erlauben, Kugel und Loch zu positionieren:

```
public void setBallPosition(float x, float y) {
    ballX = x;
    ballY = y;
    invalidate();
}
public void setHolePosition(float x, float y) {
    holeX = x;
```

```
    holeY = y;
    invalidate();
}
```

Die Funktion `invalidate()` sorgt jeweils für ein Neuzeichnen. Auf eine gegebenenfalls schnellere Alternative kommen wir später zu sprechen.

Nun zur Zeichenfunktion. Zuerst das Loch, weil es einfacher ist:

```
@Override
protected void onDraw(Canvas canvas) {
    canvas.drawCircle(holeX, holeY, SIZE*scale/2, paintHole);
}
```

Einen Kreis mit gegebenem Mittelpunkt und Radius auf die Leinwand zu malen, ist wirklich nicht besonders schwer. Achten Sie bloß darauf, an dieser Stelle bei allen Größenangaben den `scale`-Wert zum Einsatz zu bringen.

Die Kugel zu zeichnen, ist ein ganz klein wenig komplizierter, weil die zugrundeliegende Bitmap skaliert werden muss. Das erfordert den Umweg über zwei Rechteck-Objekte, denn die zu verwendende Funktion ist wie folgt definiert:

```
public void drawBitmap(Bitmap bitmap, Rect src, RectF dst, Paint paint)
```

Diese Funktion könnte auch nur einen Ausschnitt der Bitmap zeichnen. Dazu dient der erste `Rect`-Parameter. Wir wollen immer die vollständige Bitmap zeichnen, also brauchen wir dafür ein `Rect`, das die ganze Bitmapgröße umfasst. Das geht am übersichtlichsten mit einem eigenen Objekt, das wir `ballRect` nennen. Da sich dieses Objekt nie ändern wird, definieren Sie es als Attribut der Klasse:

```
private Rect ballRect = new Rect();
```

Initialisieren Sie es am Ende von `onCreate()`:

```
ballRect.set(0,0,ball.getBitmap().getWidth(), ball.getBitmap().getHeight());
```

Etwas anders sieht es mit dem Rechteck `dst` aus. Erstens ist das ein `float`-Rechteck, dessen Koordinaten Kommazahlen sein dürfen, zweitens ändern sich dessen Werte bei jeder Bewegung der Kugel. Trotzdem darf das `RectF` selbst immer dasselbe Klassenattribut sein:

```
private RectF drawRect = new RectF();
```

Setzen Sie dessen Koordinaten einfach in `onDraw()` immer neu:

```
drawRect.set(ballX - SIZE*scale / 2, ballY - SIZE*scale / 2,
    ballX + SIZE*scale / 2, ballY + SIZE*scale / 2);
```

Danach dürfen Sie die Kugel endlich zeichnen:

```
canvas.drawBitmap(ball.getBitmap(), ballRect , drawRect, paintBitmap);
```

Fertig!

5.2.2 Das Spiel starten

Jetzt können Sie den eigenen `View` von der `MainActivity` aus als Fragment dem `container` hinzufügen, wenn das Spiel startet.

```
private void startGame() {
    gameView = new GameView(this);
    container.addView(gameView,
        new FrameLayout.LayoutParams(
            ViewGroup.LayoutParams.MATCH_PARENT,
            ViewGroup.LayoutParams.MATCH_PARENT));
}
```

Der `GameView` soll den Container vollständig ausfüllen, daher die `LayoutParams` mit `MATCH_PARENT`-Einstellung.

Für den `GameView` führen Sie ein Attribut in der `MainActivity` ein:

```
private GameView gameView;
```

Natürlich müssen Sie noch den Titelschriftzug loswerden, bevor das Spiel beginnt. Es gibt diesmal allerdings keine Veranlassung, ihn zu löschen. Schalten Sie ihn einfach unsichtbar, indem Sie in `startGame()` hinschreiben (die genaue Stelle ist egal):

```
hideView(R.id.title);
```

Ihre Activity kennt die Funktion `hideView()` nicht? Kein Wunder, denn die ist unsere neueste sinnvolle Erweiterung für die `BaseGameActivity`:

```
protected void hideView(int id) {
    findViewById(id).setVisibility(View.GONE);
}
```

Das `showView()`-Analogon bauen Sie am besten gleich mit ein.

```
protected void showView(int id) {
    findViewById(id).setVisibility(View.VISIBLE);
}
```

Bestimmt wird das später noch hilfreich sein.

5.2.3 Kugel und Loch positionieren

Jetzt müssen Sie in startGame() nur noch die Kugel und das Loch positionieren. Beachten Sie, dass die Koordinaten hier die Mittelpunkte der betreffenden Zeichenobjekte sind. Und sie sind mit der Bildschirmauflösung zu skalieren.

An dieser Stelle ist es sinnvoll, so etwas wie eine »Standard-Längeneinheit« einzuführen. Dazu bietet sich der Kugeldurchmesser (in Pixeln) an. Schreiben Sie eine kleine Funktion in GameView, um diesen Wert auszurechnen und jedem zu verraten, der danach fragt:

```
public float getBaseDimension() {
    return scale*SIZE;
}
```

Als Beispiel setzen Sie die Kugel nach links oben in die Ecke mit einem Abstand von einem Kugeldurchmesser (also einem halben Durchmesser zwischen Kugelmantel und Bildschirmkante). Ergänzen Sie also in startGame():

```
gameView.setBallPosition(gameView.getBaseDimension(),
    gameView.getBaseDimension());
```

Das Loch bohren wir schräg gegenüber in die Holzplatte. Dabei kommen Breite und Höhe des Containers ins Spiel:

```
gameView.setHolePosition(
    container.getWidth()-gameView.getBaseDimension(),
    container.getHeight()-gameView.getBaseDimension());
```

Schauen Sie sich das Resultat auf dem Gerät an (Abbildung 5.2), bevor Sie sich an den komplizierten Teil begeben: die *Physik-Engine*.

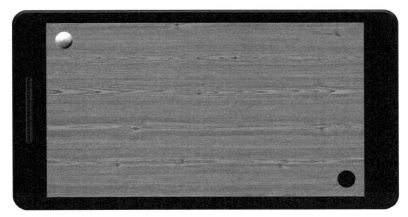

Abbildung 5.2 Eine Kugel, ein Loch und ganz viel Platz für Hindernisse, die wir erst später hinzufügen werden.

5.3 Einfache Physik-Engine

Das Minigolf-Spiel soll die Kräfte der Natur nachbilden – glücklicherweise genau genommen nur eine Kraft, die Gravitation. Wie Sie sicher wissen, wenn Sie schon einmal eine Treppe runtergefallen sind, wirkt die Gravitation nicht immer senkrecht nach unten. Wenn etwas im Weg ist (eine Treppe oder unser virtuelles Holzbrett mit der Kugel drauf), wirkt nur eine *Komponente* der Schwerkraft.

5.3.1 Ein bisschen Physik genügt

Je schräger der Untergrund, umso größer ist die Schwerkraft. Ist die Fläche genau horizontal ausgerichtet, ist die resultierende Schwerkraft null. Die schematische Zeichnung (Abbildung 5.2) zeigt Ihnen diese Tatsache in geometrischer Form.

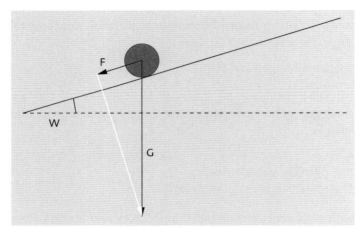

Abbildung 5.3 Auf die Kugel auf einer Schräge mit Kippwinkel W wirkt die Gravitationskraft (G), aber unser Spiel benötigt nur die Komponente, die parallel zur Schräge ist (F).

Ich will Sie nicht mehr als nötig mit Geometrie ärgern, aber um Physikspiele zu programmieren, kommt man um ein paar Formeln nicht herum.

Der feste Untergrund fängt die dazu senkrechte Komponente der Schwerkraft auf (im Bild weiß). Das sorgt dafür, dass die Kugel auf dem Untergrund bleibt und nicht wegfliegt. Es bleibt also die Komponente F übrig, die parallel zum Untergrund verläuft.

Halten Sie sich vor Augen:

- Wenn der Untergrund horizontal ausgerichtet ist, ist *F* null. Die gesamte Schwerkraft wird von der Fläche aufgenommen.
- Je größer der Winkel gegenüber der Horizontalen, umso länger wird der Pfeil *F*.

Die Kraftpfeile *F*, *G* und die gestrichelte Linie bilden ein rechtwinkliges Dreieck. Das bedeutet zwei Dinge:

1. Der kleine Öffnungswinkel *W* des Dreiecks (im Bild unten) ist identisch mit dem Kippwinkel der Schräge.
2. Wenn wir Winkel und Schwerkraft *G* kennen, können wir die beiden anderen Seitenlängen des Dreiecks ausrechnen. Uns interessiert natürlich nur *F*.

Die zugehörige Formel lautet:

F = G × sin(W)

Dass *sin* Sinus bedeutet, ist kein großes Geheimnis. Sie müssen nicht viel über Sinus und Kosinus wissen – eins nur:

Für kleine Winkel ist der Sinus identisch mit dem Winkel im Bogenmaß.

Im Bogenmaß entspricht 360° dem Doppelten von Pi, also etwa 6,28. Diese Tatsache nutzen wir aus, um die nicht unbedingt schnelle Sinus-Berechnung komplett unter den Tisch fallen zu lassen.

5.3.2 Die Kugel der Schwerkraft aussetzen

Um die Kraft auszurechnen, die die Kugel in Bewegung setzt, brauchen Sie also den Kippwinkel des Smartphones. Der Sensor wird uns das liefern, und zwar getrennt für x- und y-Koordinate (die Physik erlaubt uns, beide separat zu betrachten).

Jede Kraft verursacht eine Beschleunigung. Die Schwerkraft verursacht eine Beschleunigung in Höhe von 9,81 Meter pro Sekunde zum Quadrat. Das bedeutet, dass ein frei fallendes Objekt pro Sekunde um 9,81 Meter pro Sekunde schneller wird. Bitte springen Sie jetzt nicht aus dem nächsten Fenster, um diese Behauptung zu überprüfen.

Das Kippen des Geräts wird also die Kugel abhängig von den Winkeln in x- und y-Richtung beschleunigen. Abgesehen von der Position der Kugel muss unsere Physik-Engine also auch deren Geschwindigkeit kennen und sich merken.

Fassen wir also die Anforderungen an die Physik-Engine zusammen:

- Die Engine muss dem Neigungssensor des Geräts die Winkel in x- und y-Richtung entlocken.
- Immer wenn ein Wert gemessen wurde, muss die Engine die resultierende Beschleunigung der Kugel in x- und y-Richtung berechnen.
- Die Engine muss die Geschwindigkeit in beide Richtungen um die resultierende Beschleunigung ändern.

- Daraus muss die Engine die neue Position der Kugel berechnen, aber ohne einen Bildschirmrand zu überschreiten.
- Am Bildschirmrand prallt die Kugel ab, d. h., die Geschwindigkeit in die entsprechende Richtung wird umgekehrt und verringert.
- Die Engine muss die Position der Kugel an den GameView weiterreichen.
- Wenn die Mitte der Kugel das Loch berührt, endet das Spiel.

5.3.3 Die GameEngine

Beginnen Sie jetzt, die GameEngine zu schreiben. Fangen Sie erst mal mit den notwendigen Attributen an:

```
public class GameEngine implements SensorEventListener, Runnable {
    private float ballX, ballY;
    private float ballVX, ballVY;
    private float ballAX, ballAY;
    private float holeX, holeY;
    private float holeRadius;
    private float minX, minY, maxX, maxY;
    private GameView gameView;
}
```

Diese vielen Kommazahlen sind nötig, um Position (ballX, ballY), Geschwindigkeit (ballVX, ballVY) und Beschleunigung (ballAX, ballAY) zu speichern, die Position des Lochs und seinen Radius sowie die Größe der Spielfläche.

Außerdem benötigt die GameEngine eine Referenz auf den GameView, um die Kugel zu bewegen.

Sehr überschaubar sind auch die Funktionen, die die Anfangswerte setzen:

```
public void setRegion(float minX,float minY, float maxX, float maxY) {
    this.minX=minX;
    this.minY=minY;
    this.maxX=maxX;
    this.maxY=maxY;
}

public void setBallPosition(float x, float y) {
    ballX = x;
    ballY = y;
}
```

```
public void setHolePosition(float x, float y, float radius) {
    holeX = x;
    holeY = y;
    holeRadius = radius;
}
```

5.3.4 Die Kugel bewegen

Nun zur Bewegung. Die muss wie schon bei den Seifenblasen in regelmäßigen Abständen erfolgen. Wieder winkt der `ScheduledExecutorService`: »Hier, nimm mich!« Machen wir doch glatt.

```
private ScheduledExecutorService service;
```

Der Service beginnt mit der Arbeit, wenn die Engine startet. Dazu schreiben Sie eine Funktion `start()`:

```
public void start() {
    service = Executors.newSingleThreadScheduledExecutor();
    ballVX=0;
    ballVY=0;
    ballAX=0;
    ballAY=0;
    gameView.setBallPosition(ballX,ballY);
    gameView.setHolePosition(holeX,holeY);
    service.scheduleAtFixedRate(this,
        MS_PER_FRAME,MS_PER_FRAME, TimeUnit.MILLISECONDS);
}
```

Wie Sie sehen, nullt die Start-Funktion die Geschwindigkeit und Beschleunigung und setzt die Positionen von Kugel und Loch im `GameView`. Das muss also nicht mehr die `MainActivity` erledigen. Damit ist die `GameEngine` allein für die Positionierung verantwortlich.

Damit die letzte Zeile funktioniert, lassen Sie die `GameEngine` ein Runnable implementieren und schreiben eine zunächst leere `run()`-Funktion. Die Konstante `MS_PER_FRAME` setzen Sie auf 50 Millisekunden pro Executor-Aktion:

```
private static final long MS_PER_FRAME = 50;
```

Sehr kurz fällt die `stop()`-Funktion aus:

```
public void stop() {
    service.shutdown();
}
```

Nun zur eigentlichen Physik, die in der Funktion `run()` stattfindet. Die wird alle 50 Millisekunden aufgerufen und führt die oben aufgeführten Schritte durch, um die Kugel zu bewegen.

Der Reihe nach:

```
@Override
public void run() {
    ballVX+=ballAX*MS_PER_FRAME/1000;
    ballVY+=ballAY*MS_PER_FRAME/1000;
```

Die Geschwindigkeit ändert sich um Beschleunigung mal vergangene Zeit. Da wir grundsätzlich mit Standardeinheiten rechnen, hier also mit Sekunden, müssen die Millisekunden durch 1.000 geteilt werden. Mit Ort und Geschwindigkeit funktioniert's analog:

```
    ballX+=ballVX*MS_PER_FRAME/1000;
    ballY+=ballVY*MS_PER_FRAME/1000;
```

Nun die Ränder:

```
if(ballX<minX) { ballX=minX; ballVX= -ballVX*BOUNCE_FACTOR;}
if(ballY<minY) { ballY=minY; ballVY= -ballVY*BOUNCE_FACTOR;}
if(ballX>maxX) { ballX=maxX; ballVX= -ballVX*BOUNCE_FACTOR;}
if(ballY>maxY) { ballY=maxY; ballVY= -ballVY*BOUNCE_FACTOR;}
```

Wenn eine Koordinate ein Minimum oder Maximum unter- bzw. überschreitet, wird sie daran gehindert und außerdem die Geschwindigkeit umgedreht. Den Faktor `BOUNCE_FACTOR` setzen Sie je nach Gummianteil in Ihrer Kugel auf 0,2 oder höher:

```
private static final float BOUNCE_FACTOR = 0.2f;
```

Am Schluss von `run()` wird die Position der Kugel an den `GameView` weitergereicht:

```
handler.post(new Runnable() {
        @Override
        public void run() {
            gameView.setBallPosition(ballX,ballY);
        }
    });
```

Sie fragen sich jetzt vielleicht, warum dieser umständliche Code notwendig ist. Die Antwort kommt sofort.

5.3.5 Der Handler-Umweg

Sie wissen ja: Der `ScheduledExecutorService` arbeitet im Hintergrund, also müssen Sie dafür sorgen, dass der UI-Aufruf im UI-Thread geschieht. Da in der `GameEngine`-Klasse die Funktion `runOnUiThread()` nicht zur Verfügung steht, kommt ein Handler zum Einsatz. Handler sind einfache Android-Warteschlangen. Sie können ein `Runnable` in einen `Handler` füttern, und Android wird dies bei nächster Gelegenheit abarbeiten – und zwar immer im UI-Thread.

Legen Sie den `Handler` als Attribut an:

```
private Handler handler = new Handler();
```

Die letzte Aktion der `run()`-Funktion ist die Prüfung, ob die Kugel das Loch erreicht hat. Im Erfolgsfall stoppt die Engine:

```
if(Math.sqrt((ballX-holeX)*(ballX-holeX)
    + (ballY-holeY)*(ballY-holeY)) < holeRadius ) {
   stop();
}
```

Der kompliziert aussehende Ausdruck in Klammern ist der *Satz des Pythagoras*. Der Abstand zwischen den Positionen von Kugel und Loch ist die Wurzel aus der Summe der Quadrate der Abstände in x- bzw. y-Richtung (ballX-holeX bzw. ballY-holeY).

Die Engine möchte darüber hinaus die `MainActivity` benachrichtigen, damit die nach Wunsch weiter verfahren kann – z. B. Punktekonto erhöhen, das nächste Level anzeigen oder einen Tusch abspielen.

Bauen Sie dazu einen einfachen Callback-Mechanismus wie schon einmal in diesem Buch:

```
interface OnBallInHoleListener {
    void onBallInHole();
}
...
private OnBallInHoleListener onBallInHoleListener;
```

Da die Activity voraussichtlich auf die UI zugreift, wenn die Engine ihre Mitteilung schickt, ist wieder der Umweg über den Handler erforderlich. Fügen Sie also hinter `stop()` hinzu:

```
if(Math.sqrt((ballX-holeX)*(ballX-holeX)
  + (ballY-holeY)*(ballY-holeY)) < holeRadius ) {
    stop();
    handler.post(new Runnable() {
            @Override
```

```
            public void run() {
                onBallInHoleListener.onBallInHole(points);
            }
        });
}
```

Jetzt fehlt nur noch der Beschleunigungssensor ...

5.4 Ruf mich an, Beschleunigungssensor

Wie fast alles andere auch, arbeitet der Beschleunigungssensor ereignisorientiert. Sie können den Sensor damit beauftragen, Werte in regelmäßigen Abständen zu messen und sich immer dann bei Ihnen zu melden, wenn sich die Werte geändert haben.

5.4.1 Der SensorManager

Zunächst benötigen Sie eine Referenz auf den SensorManager, der dafür zuständig ist, Sensoren und ihre Aufträge zu verwalten. Den Manager kann sich jede Activity wie folgt beschaffen:

```
(SensorManager)getSystemService(Context.SENSOR_SERVICE);
```

Dieser Manager reicht die `MainActivity` an den Konstruktor der `GameEngine`-Klasse weiter. Damit haben wir alle obligatorischen Parameter für deren Konstruktor zusammen:

```
public GameEngine(SensorManager sensorManager,
        GameView gameView,
        OnBallInHoleListener onBallInHoleListener) {
    this.sensorManager = sensorManager;
    this.gameView = gameView;
    this.onBallInHoleListener = onBallInHoleListener;
}
```

Fügen Sie das noch fehlende Attribut hinzu:

```
private SensorManager sensorManager;
```

Jetzt können Sie in der `start()`-Funktion den SensorManager um einen Verweis auf den Beschleunigungssensor bitten:

```
Sensor sensor = sensorManager.getDefaultSensor(Sensor.TYPE_ACCELEROMETER);
```

5.4.2 Ein Abo beim Beschleunigungssensor

Außerdem abonnieren Sie wiederum beim Manager die Ereignisse des Accelerometers:

```
sensorManager.registerListener(this, sensor,
    SensorManager.SENSOR_DELAY_GAME);
```

Der letzte Parameter ist eine Art Wiederholrate oder zeitliche Genauigkeit. Die Angabe `SensorManager.SENSOR_DELAY_GAME` macht ihrem Namen alle Ehre.

Natürlich muss die `GameEngine` das passende Interface implementieren, es heißt `SensorEventListener`.

```
public class GameEngine implements SensorEventListener, Runnable {
```

Dieses Interface kennt zwei Funktionen: `onAccuracyChanged()` benutzen wir nicht, den Rumpf können Sie leer lassen. Entscheidend ist dagegen `onSensorChanged()`:

```
@Override
public void onSensorChanged(SensorEvent sensorEvent) {
    ballAX = sensorEvent.values[1]*ACCELERATION_SCALE;
    ballAY = sensorEvent.values[0]*ACCELERATION_SCALE;
}
```

Hier übernehmen Sie einfach die Sensorwerte in die Beschleunigung der Kugel. Die `sensorEvent.values` sind ein Array mit drei Elementen. Da unser Spiel im »liegenden« Querformat läuft, ist die Beschleunigung in Y-Richtung der erste Wert im Array und der zweite die in X-Richtung.

Wir multiplizieren noch mit `ACCELERATION_SCALE`, um auf eine passende Größenordnung zu kommen. Ein passender Wert ist 200, den ich durch Probieren ermittelt habe:

```
private float ACCELERATION_SCALE=200f;
```

Melden Sie schließlich bei `stop()` noch ordentlich Ihr Abo ab:

```
public void stop() {
    service.shutdown();
    sensorManager.unregisterListener(this);
}
```

Jetzt muss bloß noch die Activity die Fäden ziehen.

5.4.3 Sensor und Engine verbinden

Die Funktion `startGame()` sieht jetzt so aus:

```
private void startGame() {
    hideView(R.id.title);
    gameView = new GameView(this);
    container.addView(gameView,
        new FrameLayout.LayoutParams(
            ViewGroup.LayoutParams.MATCH_PARENT,
            ViewGroup.LayoutParams.MATCH_PARENT));
    float bd = gameView.getBaseDimension();
    gameEngine = new GameEngine( (SensorManager)
        getSystemService(Context.SENSOR_SERVICE),
        gameView,this);
    gameEngine.setBallPosition(bd, bd);
    gameEngine.setRegion(bd /2, bd /2,
        container.getWidth()- bd /2,
        container.getHeight()- bd /2);
    gameEngine.setHolePosition(container.getWidth() - bd,
        container.getHeight()- bd, bd /2);
    gameEngine.start();
}
```

Die neuen Zeilen habe ich hervorgehoben. Die Funktion übergibt die Koordinaten für Kugel und Loch an die `GameEngine` und setzt die Größe der Spielfläche. Dem mehrfach verwendeten Wert für den Durchmesser der Kugel (in Pixeln), also unsere »Base Dimension«, habe ich eine eigene lokale Variable `bd` gegönnt, die hauptsächlich für bessere Übersicht sorgt.

Vergessen Sie nicht, das Spiel zu beenden, wenn die Activity den Vordergrund verlässt:

```
@Override
protected void onPause() {
    super.onPause();
    if(gameEngine!=null) gameEngine.stop();
}
```

Schließlich lassen Sie `MainActivity` den `OnBallInHoleListener` implementieren:

```
public class MainActivity extends BaseGameActivity
    implements View.OnClickListener, GameEngine.OnBallInHoleListener {
```

Was geschieht, wenn der Ball im Loch landet? Zunächst einmal zurück zum Startbildschirm. Das funktioniert so:

```
@Override
public void onBallInHole() {
    gameView.setBallPosition(-999,-999);
    showView(R.id.title);
}
```

Indem Sie den Ball auf eine Position außerhalb des Bildschirms setzen, machen Sie ihn unsichtbar. Dafür schalten Sie den Titelschriftzug wieder sichtbar. Fertig ist das erste Spiel mit Beschleunigungssensor!

Aber was wäre Minigolf ohne Hindernisse ...?

5.5 Game-Levels

Natürlich ist so eine leere Fläche keine Herausforderung für Ihre Spieler. Die wenigsten Minigolfplätze verzichten auf Hindernisse. Also gehen Sie jetzt daran, solche Hindernisse hinzuzufügen – um genau zu sein, werden Sie anhand des Minigolfspiels die Verarbeitung von Game-Levels kennenlernen.

Was genau ist unter einem Game-Level zu verstehen? Im Grunde ist ein Level nichts anderes als eine Spielrunde, deren Eigenschaften immer gleich sind (kleine Zufallsvariationen ausgenommen). Zu den wichtigsten dieser Eigenschaften gehören die zu gewinnende Punktzahl und der Aufbau des Spielbereichs. Bei Physikspielen stellt jedes Level den Mitspieler vor eine neue, immer schwierigere Aufgabe. Oft werden nach und nach zusätzliche Spielinhalte eingeführt.

5.5.1 Level-Definition in XML

Offensichtlich müssen Sie als Spieldesigner die Levels extra entwickeln. Es bietet sich an, dies nicht in Form von Programmcode zu tun, um flexibler zu sein und Übersicht zu bewahren. Also werden Sie die Levels in separate Dateien legen, und das dafür geeignete Format ist, wie könnte es anders sein: XML.

Sie haben in Form von Layouts schon XML-Dateien im Android Studio bearbeitet. Der Unterschied ist, dass Sie nun selbst bestimmen, wie so eine Datei aufgebaut ist, die Ihre Levels beschreibt.

Das Kugelspiel benötigt für den Aufbau eines Levels Hindernisse. Lassen Sie uns zunächst von rechteckigen Hindernissen ausgehen, die eine gewisse Position, Breite und Höhe haben. Ferner legt ein XML die Startposition der Kugel und die Position des Loches fest sowie die Punktzahl und die zulässige Zeit. Wie schon beim Froschkuss soll der Spieler nämlich unter Druck gesetzt werden. Die Punktzahl wird sinken, und je schneller er den Ball ins Loch befördert, umso mehr Punkte erhält er.

Schauen Sie sich das folgende XML-Dokument an:

levels.xml
```xml
<?xml version="1.0" encoding="utf-8"?>
<levelPack name="A">
    <levels>
        <level number="1" points="1000" time="10">
            <ball startx="1" starty="1"/>
            <hole x="15" y="8"/>
            <obstacles></obstacles>
        </level>
        <level number="2" points="2000" time="10">
            <ball startx="1" starty="1"/>
            <hole x="15" y="8"/>
            <obstacles>
                <obstacle type="wood1" x="4" y="1"
                    w="1" h="6" />
                <obstacle type="wood1" x="12" y="3"
                    w="1" h="6" />
            </obstacles>
        </level>
    </levels>
</levelPack>
```

Damit mehrere Levels in eine Datei passen, heißt der Wurzelknoten `levelPack`. Darunter liegt die Liste der Levels, jedes Level besitzt Attribute für Nummer, Punkte und Countdown (in Sekunden). Innerhalb der Level-Knoten sitzen die Informationen für die Kugel, das Loch und die Hindernisse, die wiederum als Liste angelegt sind. Neben Position und Größe habe ich den `obstacle`-Knoten noch ein `type`-Attribut verpasst, das später das `Drawable` festlegt, mit dem sie gezeichnet werden.

Alle Koordinaten sind der Einfachheit halber in einem abstrakten 16:9-Raster gehalten: x geht horizontal von 0 bis 15 und y vertikal von 0 bis 8.

5.5.2 Level-Models

Tja, aber wie greifen Sie jetzt von Ihrem Programmcode aus auf diese XML-Daten zu?

Die Antwort: Gar nicht! Vielmehr schreiben Sie jetzt ein paar sehr einfache Java-Klassen, die genau zu den verwendeten XML-Knoten passen. Der Code wird dazu mit *Annotations* versehen. Beginnen Sie mit *LevelPack.java*:

LevelPack.java
```
@Root
public class LevelPack {
    @Attibute private String name;
    @ElementList private List<Level> levels;

    public String getName() {
        return name;
    }
    public List<Level> getLevels() {
        return levels;
    }
}
```

Solche Java-Klassen, die bloß Attribute besitzen und Funktionen, um darauf zuzugreifen (*getter* und *setter*), heißen übrigens *POJOs* (Plain Old Java Objects). Sie enthalten keinerlei Programmlogik.

Schreiben Sie als Nächstes *Level.java*:

Level.java
```
public class Level {
    @Attibute private int number;
    @Element private Ball ball;
    @Element private Hole hole;
    @Attibute private int points;
    @Attibute private int time;
    @ElementList private List<Obstacle> obstacles;
    ...
}
```

Fügen Sie die entsprechenden get-Methoden hinzu, die wir hier nicht abdrucken, um Platz zu sparen. Android Studio hilft Ihnen dabei: Tippen Sie ⌈Strg⌉+⌈Leertaste⌉, gefolgt von get, dann bietet die Entwicklungsumgebung Ihnen an, die Funktionen für Sie zu schreiben.

Fahren Sie fort mit den ganz einfachen Klassen Ball und Hole:

```
public class Ball {
    @Attibute private int startx;
    @Attibute private int starty;
    ...
```

```
}
public class Hole {
    @Attibute private int x;
    @Attibute private int y;
    ...
}
```

Als Letztes schreiben Sie *Obstacle.java*.

```
public class Obstacle {
    @Attibute private String type;
    @Attibute private int x;
    @Attibute private int y;
    @Attibute private int w;
    @Attibute private int h;
    ...
}
```

Bleibt die Frage: Wie füllen Sie das XML in die Java-Objekte?

5.5.3 Unmarshalling mit Simple XML

Diesen Vorgang nennt man *Deserialisieren* oder auch *Unmarshalling*. Es gibt eine ganze Reihe fertiger Java-Bibliotheken dafür, so dass Sie das nicht selbst basteln müssen. Wir werden jetzt die Bibliothek *Simple XML* ins Projekt einbinden – die nimmt uns den letzten Arbeitsschritt ab.

Simple XML hat den Vorteil, dass es schlank ist und beinahe unglaublich einfach zu bedienen. Sie finden diese Open-Source-Lösung unter *http://simple.sourceforge.net*. Kern der Lösung ist die Datei *simple-xml-2.7.1.jar*, aber wohin damit?

Legen Sie ein neues Verzeichnis namens *libs* an, und zwar auf der gleichen Ebene wie *build* und *src*. Kopieren Sie die *jar*-Datei hinein, und warten Sie, bis Android Studio das kapiert hat.

Öffnen Sie die Datei *build.gradle* (und zwar die, die parallel zum *libs*-Verzeichnis liegt, nicht die leere im Hauptverzeichnis), und fügen Sie unten bei dependencies die neue JAR ein:

```
dependencies {
    compile 'com.android.support:appcompat-v7:18.0.0'
    compile files('libs/simple-xml-2.7.1.jar')
}
```

Drücken Sie das Icon zum Übernehmen der Gradle-Skripts, und wählen Sie schließlich zur Sicherheit im Hauptmenü BUILD • REBUILD PROJECT, damit Android Studio die Änderung kapiert.

Jetzt können Sie sehr einfach in der `MainActivity` das `LevelPack` laden. Richten Sie zunächst ein passendes Attribut ein:

```
private LevelPack levelPack;
```

Dann ergänzen Sie am Ende von `onCreate()` das Laden des XML:

```
try {
    InputStream source = getAssets().open("levels.xml");
    Serializer serializer = new Persister();
    levelPack = serializer.read(LevelPack.class, source);
} catch (Exception e) {
    Log.e(getClass().getSimpleName(), "loading levels threw exception", e);
}
```

Diese Zeilen öffnen zunächst *levels.xml* als `InputStream`, erzeugen dann einen `Serializer` (er kann serialisieren und deserialisieren, der Name ist etwas irreführend) und lassen ihn aus dem Stream lesen. Die Annotations in den vorkommenden Klassen erlauben es dem Serializer, XML-Daten den passenden Attributen zuzuordnen.

Da dieser Vorgang durchaus einen Fehler werfen kann, nämlich wenn Sie im XML etwas syntaktisch Falsches eingetippt haben, müssen Sie an dieser Stelle unbedingt eventuell geworfene Exceptions loggen, daher die Zeile mit `Log.e()`, deren Ausgabe Sie im Fall des Falles im Android-Fenster des Studios sehen.

Jetzt müssen Sie nur noch die Level-Beschreibungen in der Spielszene umsetzen …

5.6 Minigolf ohne Schläger

Bevor Sie mit neuem Programmcode hantieren, erzeugen Sie zwei neue Holz-Grafiken: eine hohe, schlanke (*wood1.jpg*) und eine längliche (*wood2.jpg*). Sie können dazu einfach mit GIMP Ausschnitte aus der vorhandenen *wood.jpg* anfertigen und abdunkeln, damit sie sich abheben. Diese Bilder können Sie für Hindernisse verwenden. Sie korrespondieren mit den gleichnamigen `Obstacle`-Types `wood1` bzw. `wood2`.

5.6.1 Die Szene erweitern

Fügen Sie außerdem dem Layout des Hauptbildschirms einen `TextView` für die Anzeige der erreichten Punktzahl hinzu, beispielsweise am unteren Rand. Das zugehörige XML sieht so aus:

```
<TextView
    android:layout_width="wrap_content"
    android:layout_height="wrap_content"
    android:layout_gravity="center_horizontal|bottom"
    android:id="@+id/score"
    android:textSize="32sp"
    android:text="@string/score" />
```

Als Nächstes erhält `GameView` die nötigen Zeichenfunktionen, um die aktuelle Punktzahl, den Countdown sowie die Gesamtpunktzahl anzuzeigen:

```
private int countdown;
private int points;
private int totalPoints;
```

Für jedes dieser drei Attribute wird eine `set`-Funktion fällig – lösen Sie aber nicht mittels `invalidate()` ein Neuzeichnen aus. Es genügt, das bei der Ballbewegung zu tun.

Die drei Zahlenwerte wollen auf die Leinwand. Die Punkte links unten:

```
canvas.drawText(Integer.toString(points), 10*scale,
    canvas.getHeight()-30*scale, paintText);
```

Gesamtpunktzahl oben links:

```
canvas.drawText(Integer.toString(totalPoints), 10*scale,
    40*scale, paintText);
```

Und Countdown unten rechts:

```
canvas.drawText(Integer.toString(countdown),
    canvas.getWidth()-30*scale,canvas.getHeight()-30*scale,
    paintText);
```

Wenn Sie statt des numerischen Countdowns ein sich füllendes Zifferblatt anzeigen möchten, kein Problem: Verwenden Sie die Funktion `canvas.drawArc()`.

Der Pinsel `paintText` erhält im Konstruktor die passenden Eigenschaften:

```
paintText.setAntiAlias(true);
paintText.setColor(Color.argb(100, 255, 255, 255));
paintText.setTextSize(scale * 30);
paintText.setStyle(Paint.Style.FILL);
```

Die Schriftart lässt sich über eine Funktion einstellen:

```
public void setTypeface(Typeface typeface) {
    paintText.setTypeface(typeface);
}
```

Im nächsten Schritt findet die Level-Verwaltung Eingang in die `MainActivity`. Ich werde Ihnen jetzt nicht jede Änderung Zeile für Zeile im Kontext der vorangegangenen Version zeigen und verweise auf den fertigen Programmcode im Download-Paket. Stattdessen erkläre ich Ihnen lieber die entscheidenden Codezeilen.

5.6.2 Ein Level starten

Zunächst teilen Sie von der bisherigen Funktion `startGame()` eine Funktion `startLevel()` ab. Es bleibt für `startGame` Folgendes zu erledigen:

```
private void startGame() {
    hideView(R.id.title);
    hideView(R.id.score);
    gameView.setVisibility(View.VISIBLE);
    level=0;
    totalPoints=0;
    gameView.setTotalPoints(totalPoints);
    startLevel();
}
```

Um ein Level zu starten, ist eine ganze Menge zu tun:

```
private void startLevel() {
    Level l = levelPack.getLevels().get(level);
    gameEngine = new GameEngine(
        (SensorManager)getSystemService(
            Context.SENSOR_SERVICE),gameView,this,this);
    float bd = gameView.getBaseDimension();
    gameEngine.setRegion(bd /2, bd /2,
        container.getWidth()- bd /2,
        container.getHeight()- bd /2);
    float horDim = container.getWidth()/16;
    float verDim = container.getHeight()/9;
    gameEngine.setBallPosition(
        l.getBall().getStartx() * horDim,
        l.getBall().getStarty() * verDim);
    gameEngine.setHolePosition(
        l.getHole().getX()*horDim,
        l.getHole().getY()*verDim, bd /2);
    gameEngine.setTime(l.getTime());
    gameEngine.setPointsStart(l.getPoints());
    gameEngine.start();
}
```

Was ist hier neu? Natürlich holt sich die Funktion das aktuelle Level aus dem `Level-Pack`. Dann berechnet die Funktion unsere Standardeinheiten `horDim` und `verDim`, in denen die Ortsangaben im XML angegeben sind.

Kugel und Loch landen an den im Level angegebenen Stellen, außerdem werden Level-Zeit in Sekunden und die erreichbaren Punkte an die Engine übergeben.

Weitere massive Änderungen betreffen die Funktion `onBallInHole()`. Der Listener wird künftig die erreichte Punktzahl übergeben. Folgendes hat die Funktion dann zu erledigen:

```java
@Override
public void onBallInHole(int score) {
    totalPoints += score;
    gameView.setTotalPoints(totalPoints);
    gameView.invalidate();
    level++;
    if(levelPack.getLevels().size() > level) {
        startLevel();
    } else {
        gameOver();
    }
}
```

Sie sehen, dass hier die Stelle ist, an der die Gesamtpunktzahl aufaddiert und angezeigt wird, außerdem schaltet die Funktion zum nächsten Level. Es sei denn, es gibt keines mehr, dann heißt es: Game Over.

Für Game Over gibt es jetzt eine eigene Funktion, die den Startbildschirm wiederherstellt:

```java
private void gameOver() {
    gameView.setVisibility(View.GONE);
    showView(R.id.title);
    setText(R.id.score, getString(R.string.score) + " " +
        Integer.toString(totalPoints));
    showView(R.id.score);
}
```

Sie sehen, dass mit steigender Komplexität eines Spiels immer mehr Spielzustände hinzukommen. Immer wenn ein Zustand zum nächsten wechselt, wird eine passende Funktion aktiv. Um die Übersicht zu behalten, ist es äußerst wichtig, dass die Funktionen sprechende Namen erhalten, dass sie kurz gehalten sind und sich auf eine Sache konzentrieren.

Game Over ist übrigens ein neues Ereignis, das die `GameEngine` erzeugt, wenn der Timeout abgelaufen ist. Dazu gibt es in der Engine-Klasse ein neues Interface:

```
interface OnGameOverListener {
    void onGameOver();
}
```

5.6.3 Der Countdown

Neu in der `GameEngine` ist das Herunterzählen von Timeout und Punktzahl. Dazu merkt sich die Engine beim Rundenstart den Zeitpunkt, bis zu dem der Spieler Zeit hat, die Kugel einzulochen:

```
deadline = System.currentTimeMillis()+time*1000;
```

Die `run()`-Funktion berechnet daraus die verbleibende Punktzahl und übergibt die Werte zwecks Anzeige an `gameView`:

```
points = Math.round((deadline-System.currentTimeMillis())
    * pointsStart / time / 1000 );
gameView.setPoints(points);
gameView.setCountdown(
    (int) ((deadline - System.currentTimeMillis())/1000));
```

Die Game-Over-Abfrage in `run()` benötigt leider mal wieder ein Runnable und sieht damit umfangreicher aus, als sie es in Wirklichkeit ist:

```
if(System.currentTimeMillis() > deadline) {
    stop();
    handler.post(new Runnable() {
        @Override
        public void run() {
            onGameOverListener.onGameOver();
        }
    });
    return;
}
```

Jetzt fehlen nur noch die Störfaktoren, sprich: die Hindernisse.

5.7 Kollision mit Hindernissen

Überlegen Sie zunächst kurz, wie die Hindernisse aus dem Level-XML verwendet werden müssen:

- Bei Level-Start müssen die Hindernisse von der `MainActivity` ausgelesen werden.
- Die `GameEngine` muss Kollisionen zwischen Kugel und Hindernissen erkennen und die Kugel abprallen lassen, ganz ähnlich wie am Rand. Die `GameEngine` interessiert sich allerdings nicht für das Aussehen der Hindernisse (type). Daher bietet sich eine `List<RectF>` als Datenstruktur an, um die Hindernisse in der Engine zu speichern.
- `GameView` benötigt nicht nur die Koordinaten, sondern auch das Aussehen der Hindernisse. Da Sie ohnehin Grafiken hinzufügen (und damit das APK neu bauen) müssen, wenn Sie neue Hindernistypen erfinden, ist es vertretbar, für jeden Type eine eigene `List<RectF>` zu verwalten.

5.7.1 Hindernisse in GameView

Fangen wir mit dem letzten Punkt an. Fügen Sie `GameView` zwei Listen hinzu:

```
private List<RectF> obstacles1 = new ArrayList<RectF>();
private List<RectF> obstacles2 = new ArrayList<RectF>();
```

Schaffen Sie außerdem Attribute für die zugehörigen Bitmaps und Source-Rechtecke:

```
private BitmapDrawable wood1;
private BitmapDrawable wood2;
private Rect wood1Rect = new Rect();
private Rect wood2Rect = new Rect();
```

Im Konstruktor werden diese Attribute analog zur Kugel initialisiert. Die `GameEngine` wird später die Hindernisse mit zwei Funktionen hinzufügen:

```
public void addObstacle1Rect(RectF r) {
    obstacles1.add(r);
}

public void addObstacle2Rect(RectF r) {
    obstacles2.add(r);
}
```

Beim Beginn jedes Levels müssen die Hindernisse entfernt werden. Dafür ist die `MainActivity` in ihrer Eigenschaft als »Spielleitung« zuständig, und `GameView` stellt die nötige Funktion zur Verfügung:

```
public void clearObstacles() {
    obstacles1.clear();
    obstacles2.clear();
}
```

Die onDraw()-Funktion hat nun keinerlei Schwierigkeiten mehr, die Hindernisse zu zeichnen:

```
for(RectF r : obstacles1) {
    canvas.drawBitmap(wood1.getBitmap(), wood1Rect, r, paintBitmap);
}
for(RectF r : obstacles2) {
    canvas.drawBitmap(wood2.getBitmap(), wood2Rect, r, paintBitmap);
}
```

5.7.2 Hindernis-Physik

Es fehlt noch der physikalische Teil, und für den zeichnet bekanntlich die GameEngine verantwortlich. Auch sie merkt sich die Hindernisse, wie weiter oben versprochen, und gibt sie außerdem an den GameView weiter:

```
private List<RectF> obstacles = new ArrayList<RectF>();
...
public void addObstacle(String type, float x, float y,
          float w, float h) {
    RectF r = new RectF(x, y, x + w, y + h);
    obstacles.add(r);
    if("wood1".equals(type)) gameView.addObstacle1Rect(r);
    if("wood2".equals(type)) gameView.addObstacle2Rect(r);
}
```

Fast fertig – fehlt nur noch die Kollisionsprüfung. Jedes Hindernis hat vier Seiten, entsprechend vier Fällen, die eintreten können: Kugel kommt von oben und prallt nach oben ab, dasselbe von links, rechts und unten.

5.7.3 Kollisionen feststellen

Um eine Kollision festzustellen, fragen Sie einfach, ob sich die Kugel mit entsprechender Bewegungsrichtung in einem schmalen Rechteck befindet, das die betreffende Längsseite und eine Breite von einem Kugeldurchmesser aufweist.

Das machen Sie einfach für alle Hindernisse:

```
for(RectF r : obstacles) {
    if(ballVX>0
        && ballX>r.left-br && ballX<r.right+br
        && ballY>=r.top && ballY<=r.bottom)
    {
```

```
            ballX=r.left-br; ballVX= -ballVX*BOUNCE_FACTOR;
    }
    ...
```

Das hier ist die Abfrage für die linke Seite eines Hindernisses. Der erste Vergleich prüft, ob die Kugel gerade von links nach rechts unterwegs ist. Die beiden nächsten Vergleiche klären, ob die Kugel sich horizontal innerhalb des fraglichen Schmalbereichs befindet (`br` ist der Kugelradius). Denken Sie daran, dass die Koordinaten der Kugel immer deren Zentrum meinen, die Kollision aber geschieht mit dem Rand. Die beiden letzten Vergleiche prüfen die vertikale Position, denn ober- und unterhalb des Hindernisses darf die Kugel natürlich einfach vorbeirollen.

Im allerletzten Schritt ergänzen Sie in der `MainActivity startLevel()`, damit die `GameEngine` überhaupt etwas von den Hindernissen weiß:

```
for(Obstacle o : l.getObstacles()) {
    gameEngine.addObstacle(o.getType(), o.getX()*horDim,
        o.getY()*verDim, o.getW()*horDim, o.getH()*verDim);
}
```

Das war's jetzt aber wirklich. Vergleichen Sie Ihren Code mit dem aus dem Download-Paket, wenn er nicht auf Anhieb läuft. Die App ist inzwischen so komplex, dass an vielen Stellen Kleinigkeiten schiefgehen können.

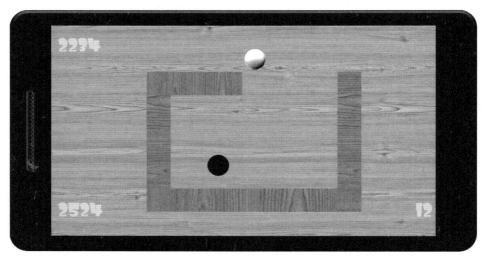

Abbildung 5.4 Auch so kann ein Kugel-Irrgarten aussehen. Falls Sie die Geschütztürme und kugelfressenden Zombies vermissen: Die kommen erst in Level 666.

5.8 Schnell, schneller, SurfaceView

Ich hatte bereits angesprochen, dass die bisherige Art der Grafikdarstellung nicht ganz optimal ist. Halten Sie sich vor Augen, was unser Aufruf `invalidate()` bedeutet: Er weist das Android-System darauf hin, dass bitte bei Gelegenheit der View neu gezeichnet werden möge. Es kann durchaus sein, dass das Android-System im Moment Wichtigeres zu tun hat. Die Folge ist, dass sich die Kugel manchmal nicht besonders gleichmäßig bewegt. Sie können ja mal probeweise eine Framerate berechnen und anzeigen. Das menschliche Auge kann Einzelbilder ab etwa 25 pro Sekunde nicht mehr unterscheiden, so dass sich der Eindruck einer gleichmäßigen Bewegung einstellt. Frameraten unter 25 machen einen schlechten Eindruck.

Mal sehen, was Ihr Gerät so draufhat.

5.8.1 Frameraten anzeigen

Um die *Framerate* berechnen zu können, müssen Sie die gezeichneten Frames zählen, die vergangene Zeit messen und beides durcheinander teilen. Führen Sie dazu zwei Attribute in der GameView-Klasse ein:

```
private long t;
private long frames;
```

Fangen Sie an zu zählen, wenn `onDraw()` zum ersten Mal aufgerufen wird:

```
protected void onDraw(Canvas canvas) {
    if(t==0) t= System.currentTimeMillis();
    frames++;
}
```

Berechnen Sie den fps-Wert in einer eigenen Funktion, und vermeiden Sie den Fall der Division durch null, der vor Ablauf der ersten Sekunde auftreten würde:

```
public int getFps() {
    long delta = System.currentTimeMillis() - t;
    if(delta<1000) return 0;
    return (int) (frames/(delta /1000));
}
```

Lassen Sie sich den Wert per Log-Befehl ausgeben, zum Beispiel von der GameEngine in deren `run()`-Funktion, die regelmäßig aufgerufen wird:

```
Log.d(getClass().getSimpleName(),
    Integer.toString(gameView.getFps()) + " fps");
```

Wenn Sie das Spiel jetzt laufen lassen, sehen Sie im LOGCAT-Fenster von Android Studio ständig die Ausgabe der Framerate. Wenn Sie ein einigermaßen modernes Gerät verwenden, kommen Sie durchaus auf 50 fps oder gar mehr – denken Sie aber daran, dass dieses Spiel einen einfachen Bildschirmaufbau besitzt. Die `GameEngine` selbst läuft nur mit einer Taktrate von 25 Aufrufen pro Sekunde.

5.8.2 IGameView extrahieren

In fortgeschrittenen Spielen erhält die `GameEngine` sehr oft keinen eigenen Herzschlag. Stattdessen zeichnet eine Schleife so schnell wie möglich den Bildschirminhalt immer wieder neu und lässt die `GameEngine` einmal pro Durchlauf ihre Arbeit tun. Später werden auch in diesem Buch die Spiele so funktionieren. Bei einem Spiel mit vergleichsweise einfacher Bildschirmdarstellung bietet sich aber eine bescheidenere Lösung an, die auf einen *ExecutorService* zurückgreift.

Um die vorhandene `GameView`-Version besser mit der Alternative vergleichen zu können, die wir in Kürze implementieren werden, extrahieren wir ein Interface, um möglichst wenig an anderen Stellen ändern zu müssen. Denn wenn die `GameEngine` lediglich ein Interface `IGameView` kennt, kann es ihr egal sein, ob die tatsächlich verwendete Klasse auf einem `View` oder einem `SurfaceView` basiert.

Verwenden Sie in `GameView` den Menüpunkt REFACTOR • EXTRACT INTERFACE, um alle Funktionen in ein Interface zu verwandeln. Das Resultat sieht dann wie folgt aus:

```
public interface IGameView {
    void setBallPosition(float x, float y);
    void setHolePosition(float x, float y);
    void clearObstacles();
    void addObstacle1Rect(RectF r);
    void addObstacle2Rect(RectF r);
    void setCountdown(int countdown);
    void setPoints(int points);
    void setTotalPoints(int totalPoints);
    float getBaseDimension();
    void setTypeface(Typeface typeface);
    int getFps();
}
```

Jetzt können Sie in der `GameEngine` einfach jede vorkommende Referenz auf `GameView` durch `IGameView` ersetzen, zum Beispiel so:

```
private IGameView gameView;
...
public GameEngine(SensorManager sensorManager,
    IGameView gameView,
```

```
        OnBallInHoleListener onBallInHoleListener,
      OnGameOverListener onGameOverListener) {
        this.sensorManager = sensorManager;
        this.gameView = gameView;
        this.onBallInHoleListener = onBallInHoleListener;
        this.onGameOverListener = onGameOverListener;
        this.gameView.clearObstacles();
}
```

5.8.3 SurfaceView übernimmt das Kommando

Jetzt können Sie damit beginnen, eine Alternative zu `GameView` zu schreiben. Am einfachsten ist es, zunächst eine Kopie von `GameView` anzulegen und das Ergebnis in `GameSurfaceView` umzubenennen.

Dann ändern Sie die Erbfolge. Statt von `View` erbt die neue Klasse von `SurfaceView` und implementiert außerdem den sogenannten `SurfaceHolder.Callback`:

```
public class GameSurfaceView extends SurfaceView
    implements SurfaceHolder.Callback, IGameView {
```

Was hat es damit auf sich?

Normalerweise übernimmt ja Android das Neuzeichnen eines `Views`. Konkret heißt das: Wenn Android meint, dass ein Bildschirmbereich neu gezeichnet werden muss (etwa, weil Sie `invalidate()` aufgerufen haben), wird der UI-Thread irgendwann die `onDraw()`-Funktion der betroffenen Views aufrufen.

Beim `SurfaceView` ist das anders, da haben Sie die volle Kontrolle. Ein `SurfaceHolder`-Objekt dient als Einfallstor für alle Zeichenbefehle, die Sie loswerden möchten. Im Gegensatz zu normalen `Views` dürfen (und sollten!) Sie einen eigenen Thread dazu verwenden.

Im Grunde haben Sie einen solchen bereits, nämlich in der `GameEngine`. Allerdings werde ich Ihnen ein Codebeispiel zeigen, in dem Ihr `SurfaceView` über einen eigenen Thread verfügt, weil das meist die einfachere Methode ist.

Zunächst verknüpfen Sie im Konstruktor des `GameSurfaceView` den `SurfaceHolder` mit dem Callback-Mechanismus, der Ihnen die Steuerung der Zeichenfunktionen ermöglicht:

```
public GameSurfaceView(Context context) {
    super(context);
    ...
    getHolder().addCallback(this);
}
```

Da `GameSurfaceView` selbst `SurfaceHolder.Callback` implementiert, ist keine separate Klasse erforderlich. Das Interface erfordert drei Funktionen:

```
@Override
public void surfaceCreated(SurfaceHolder surfaceHolder) {
}
@Override
public void surfaceChanged(SurfaceHolder surfaceHolder, int i, int i2, int i3)
{
}
@Override
public void surfaceDestroyed(SurfaceHolder surfaceHolder) {
}
```

Sobald Ihr `SurfaceView` sichtbar wird, ruft das System `surfaceCreated()` auf. Das ist der richtige Zeitpunkt, um den Zeichen-Thread zu starten. Wie schon bei der `Game-Engine` überlassen wir die Details einem `ScheduledExecutorService`:

```
private ScheduledExecutorService executorService;
...
@Override
public void surfaceCreated(SurfaceHolder surfaceHolder) {
    executorService =
        Executors.newSingleThreadScheduledExecutor();
    executorService.scheduleAtFixedRate(renderer,
        FRAME_INTERVAL, FRAME_INTERVAL,
        TimeUnit.MILLISECONDS);
}
```

Den Single-threaded Scheduled Executor kennen Sie schon von der `GameEngine`. Dieser hier wird alle `FRAME_INTERVAL` Millisekunden das Runnable namens `renderer` aufrufen.

Diese Vorgehensweise hat einen kleinen Vorteil gegenüber einem Thread, der pausenlos in Endlosschleife zeichnet: Er zeichnet *höchstens* alle `FRAME_INTERVAL` Millisekunden. Das bedeutet zwei Dinge:

- ▶ Wenn ein Gerät nicht schnell genug ist, schafft der Executor dieses Intervall nicht und zeichnet seltener. In dem Fall ist die Framerate exakt so hoch wie mit einem Endlos-Thread.
- ▶ Wenn das Gerät schnell genug ist, zeichnet der Executor nicht öfter als von Ihnen gewünscht. Denn eine Framerate von 50 fps ist ja völlig ausreichend – Sie müssen nicht auf Teufel komm raus 70 fps erreichen, denn das kostet wertvolle Akkuladung!

Der `Executor` mit konfigurierbarer Maximal-Framerate spart also Energie, ohne das Auge zu quälen.

Bevor Sie den `renderer` implementieren, sorgen Sie noch schnell dafür, dass der `Executor` seine Arbeit einstellt, wenn der `SurfaceHolder` ihn über den Verlust der `Surface` informiert:

```
@Override
public void surfaceDestroyed(SurfaceHolder surfaceHolder) {
    executorService.shutdown();
}
```

5.8.4 Der Surface-Renderer

Nun also zum Renderer. Das ist nicht viel mehr als ein `Runnable`, das in der `run()`-Methode drei Dinge tut:

- den `Canvas` der `Surface` für sich beanspruchen
- in den `Canvas` zeichnen
- den `Canvas` freigeben

Das sieht in Code gegossen wie folgt aus:

```
private Runnable renderer = new Runnable() {
    @Override
    public void run() {
        Canvas canvas=null;
        try {
            canvas = getHolder().lockCanvas();
            synchronized (getHolder()) {
                doDraw(canvas);
            }
        }
        finally {
            getHolder().unlockCanvasAndPost(canvas);
        }
    }
};
```

Ganz schön viele Zeilen für drei simple Aufgaben, oder?

Nun, wir müssen einige Sicherheitsvorkehrungen treffen.

Ein `try-finally`-Konstrukt gewährleistet, dass der `Canvas` selbst dann freigegeben wird, wenn aus irgendeinem Grund beim Zeichnen etwas schiefgeht (sprich: eine Exception geworfen wird).

Ein `synchronized`-Block, der am Holder-Objekt angebracht wird, gewährleistet, dass sich nicht beim Zeichnen mehrere Threads in die Quere kommen können.

Die `doDraw()`-Funktion ist praktisch identisch mit der `onDraw()`-Funktion der alten `GameView`-Klasse. Einziger Unterschied: Wir müssen den hölzernen Bildschirmhintergrund selbst zeichnen:

```
protected void doDraw(Canvas canvas) {
    canvas.drawBitmap(wood.getBitmap(),
        woodRect, canvas.getClipBounds(), paintBitmap);
    ...
}
```

Dabei werden `wood` und `woodRect` im Konstruktor ähnlich befüllt wie ihre nahen Verwandten `wood1` und `wood2`:

```
wood = (BitmapDrawable) getResources().getDrawable(R.drawable.wood);
...
woodRect.set(0, 0, wood.getBitmap().getWidth(),
    wood.getBitmap().getHeight());
```

Fehlt noch die Messung der Frames pro Sekunde. Die Zählung beginnt in `surfaceCreated()`:

```
@Override
public void surfaceCreated(SurfaceHolder surfaceHolder) {
    ...
    t= System.currentTimeMillis();
}
```

Sie werden sehen, dass das Spiel ziemlich genau die Framerate erreicht, die sich aus `FRAME_INTERVAL` ergibt. Allerdings können Sie dieses Intervall ziemlich weit absenken, um die Framerate auf Werte zu erhöhen, auf die die alte Version nicht kam.

> **Double Buffering à la Android**
>
> Um Störungen durch halb gezeichnete Bildschirminhalte zu unterbinden, verwendet `SurfaceView` Double Buffering. Das bedeutet, dass die Leinwand, auf die Sie zeichnen, in dem Moment gar nicht auf dem Bildschirm zu sehen ist. Sie zeichnen vielmehr in einen unsichtbaren Hintergrund-Buffer.
>
> Erst wenn Sie den Canvas mit `unlockCanvasAndPost()` freigeben, gelangt der fertige Buffer in den Vordergrund und wird auf einen Schlag sichtbar.
>
> Der zuvor sichtbare Bildschirmbereich ist der zweite Buffer, dem das Verfahren den Namen *Double Buffering* zu verdanken hat. Dabei vertauscht Android immer die

beiden Buffer, so dass Sie bei dem nächsten `lockCanvas()` tatsächlich den zuvor sichtbaren Buffer aufgetischt bekommen.

Normalerweise müssen Sie sich nicht um diese Details kümmern, aber in manchen Fällen mag es sinnvoll sein, Androids Vorgehensweise zu kennen.

5.9 Zusammenfassung

Jetzt dürfen Sie sich den Schweiß von der Stirn wischen und zur Erholung versuchen, möglichst viele Punkte zu »lochen«. Zwischendurch können Sie neue Levels definieren oder weitere Hindernistypen einbauen: automatische Schiebetüren, Sprengfallen oder rutschende Klötze. Der Fantasie sind keine Grenzen gesetzt.

Sie haben anhand des Kugelspiels eine Menge Komponenten kennengelernt, aus denen sehr viele Smartphone-Spiele bestehen: Sensor-Events, Physik-Engine, Level-Verwaltung und eigene Views.

Wenn Sie das Projekt noch einmal Revue passieren lassen, dann fällt Ihnen sicher auf, dass alle implementierten Klassen hochspezialisiert sind: `GameView` ist wirklich *nur* für die Anzeige zuständig und schert sich nicht um Schwerkraft oder darum, wann »Game Over« ist. Die `GameEngine` kümmert sich *nur* um den Spielablauf und die zugrunde liegende Physik (dank Sensor-Events). Die `MainActivity` schließlich steuert als Boss den ganzen Laden, startet eine Runde oder ein ganz neues Spiel. Es ist wichtig, eine solche Aufgabentrennung möglichst konsequent durchzuziehen, sonst verzetteln Sie sich, sobald Sie ein Spiel immer weiter verfeinern.

Kapitel 6
Sound und Musik

»Wenn du das Ding nicht sofort leiser stellst,
schiebe ich es dir in den ...
oho, ist das etwa das neue Nexus?«
(Neulich in einer U-Bahn)

Sicher haben Sie bei den bisherigen Spielen auch schon eine entscheidende Komponente vermisst: Geräusche und Lärm.

Was wäre ein Kinotrailer ohne dieses tiefe Donnern, das direkt aufs Zwerchfell wirkt? Was wäre ein Monster, das in einem Horror-Game plötzlich aus dem Nichts erscheint unter Verzicht auf jegliches nervenzerreißendes Kreischen? Was ein Fußballspiel ohne Torjubel?

Dieses Kapitel wird Ihnen nicht nur erklären, wie Sie Soundeffekte in Apps einbauen, sondern auch, woher Sie sie bekommen.

Wenn Sie sich typische Spiele vor Augen (bzw. an die Ohren) halten, stellen Sie schnell fest, dass sich Sounds grob in drei Kategorien einteilen lassen:

- Hintergrundmusik
- Effekte (Explosionen, Level-up-Sounds, Game-Over-Melodie, Tastendruck-Rückmeldung)
- Sprachausgabe

Aber der Reihe nach. Jede Kategorie erfordert unterschiedliche Programmierung und Audioquellen. Beginnen Sie mit einer freundlichen Musikuntermalung.

Da es hier um reine Untermalung und nicht um tolle Spielideen geht, schnappen Sie sich einfach eine bereits vorhandene App und versehen sie mit Geräuschen, und zwar die Seifenblasen-App. Wir ändern bloß schnell die Seifenblasen in lustige Gesichter.

Malen Sie schnell ein paar Blobs mit Inkscape (Abbildung 6.1).

Exportieren Sie jeden Blob einzeln als *blob1.png* bis *blob6.png*, und speichern Sie einen davon außerdem als *ic_launcher.png* (Startscreen-Icon).

Da es ein bisschen umständlich ist, eine Kopie eines vorhandenen Projekts unter anderem Namen anzulegen, empfehle ich Ihnen, ein frisches Projekt zu erzeugen oder den Programmcode ohne Audiofunktionen aus dem Download-Paket zu holen (*BlobHuntProject_NoSound*).

Abbildung 6.1 Mit wenigen Mausklicks und viel Copy & Paste erzeugen Sie aus rundlichen Sechsecken sechs mehr oder weniger freundliche Blobs.

Die Unterschiede zur Seifenblasenjagd sind simpel: Es gibt sechs zufällig verwendete Bilder, die Schriftart ist eine andere, die Blobs sind schneller als die Seifenblasen, dafür erzeugt das Spiel ein paar weniger.

6.1 Hintergrundmusik

Es gibt eine ganze Reihe PC-Programme, mit denen Sie Musik machen können, kommerziell und kostenlos. Falls Sie ein »echtes« Instrument beherrschen, könnten Sie natürlich einfach ein Mikrofon anschließen und nach Herzenslust musizieren.

Als Spieleprogrammierer müssen Sie natürlich nicht musikalisch sein. Sie müssen weder Noten lesen können noch Akkorde beherrschen. Wenn Sie aber ein ordentliches Spiel veröffentlichen möchten, kommen Sie um Musik und Soundeffekte nicht herum. Wenn Sie selbst keine erschaffen können oder wollen, fragen Sie jemanden, der das kann. Oder bedienen Sie sich im Internet – aber achten Sie auf die Lizenzbedingungen. Selbst Musik von freien Plattformen wie *jamendo.com* darf nicht ohne weiteres in kommerziellen Produkten verwendet werden. Halten Sie sich daran – Sie möchten ja auch nicht, dass jemand Ihre mühevoll erarbeiteten Spiele einfach kopiert.

6.1.1 Musik mit LMMS

In diesem Kapitel zeige ich Ihnen, wie Sie auch ohne nennenswerte Musikkenntnisse eine einfache Hintergrunduntermalung zaubern können. Wir verwenden dazu eine freie Software namens LMMS. Die Abkürzung steht für Linux MultiMedia Studio, aber keine Sorge: Das Programm läuft auch unter Windows und Mac OS.

LMMS ist ein Multitrack-Synthesizer, der Ihnen eine ganze Reihe virtueller Instrumente zur Verfügung stellt, die Sie nacheinander oder parallel zum Klingen bringen können. Ich zeige Ihnen jetzt Schritt für Schritt ein Beispiel. Starten Sie LMMS, und verschaffen Sie sich zunächst einen Überblick über die zur Verfügung stehenden Fenster (Abbildung 6.2).

Abbildung 6.2 LMMS präsentiert sich stylisch dunkelgrau.

Links oben finden Sie Icons zum Laden und Speichern von Projekten, einen Einstellregler für das Tempo des Songs (bpm, *beats per minute*), einen für den Takt (wir bleiben bei 4/4) und je einen für die Gesamtlautstärke der Wiedergabe und das Transponieren aller Instrumente.

Schließen Sie die beiden unteren Fenster, den Mixer und die Controller-Einheit, die wir beide zunächst nicht benötigen.

Das aktive Fenster ist der Song-Editor, der Ihnen in der Voreinstellung vier Spuren anbietet. Löschen Sie alle, indem Sie auf das Icon mit dem Werkzeug klicken und Diese Spur entfernen auswählen.

Rechts davon sehen Sie den *Beat+Bassline Editor*. Darin definieren Sie gleich einen Musikbaustein, der später im Song-Editor mehrfach aneinandergereiht wird. Löschen Sie zunächst den vorhandenen Eintrag.

Als Erstes benötigen Sie jetzt Instrumente. Statt selbst einen Synthesizer einzurichten, verwenden Sie besser ein mitgeliefertes *Preset*. Jedes Preset entspricht einem bestimmten Klang oder Instrument. Sie finden die Presets, wenn Sie am linken Rand des LMMS-Fensters auf den orangefarbenen Stern klicken. Klappen Sie den Ordner namens »Triple Oscillator« auf. Sie können jetzt jedes der darin befindlichen Presets anklicken, um es Probe zu hören. Halten Sie die Maustaste fest, damit Sie längere Klänge hören können.

6.1.2 Ein Instrument bedienen

Suchen Sie sich als Erstes einen Bass aus, zum Beispiel »SpaceBass«. Doppelklicken Sie auf das Preset, um es rechts in den Beat-Editor einzufügen. Als Nächstes doppelklicken Sie auf den leeren *Pattern* (das sind die 16 Kästchen rechts), und es erscheint eine Klaviatur (Abbildung 6.3).

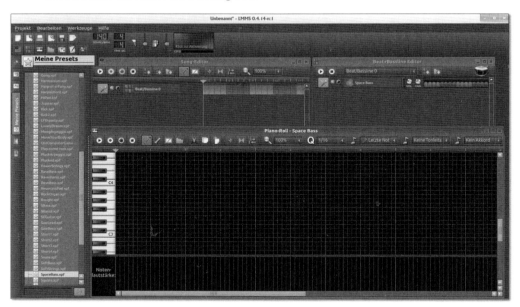

Abbildung 6.3 Der Space Bass wartet auf Ihre musikalische Kreativität. Oder zumindest auf ein paar Tastendrücke.

Jetzt können Sie probeweise auf den Tasten klimpern. Scrollen Sie das Fenster nach unten, um noch tiefere Oktaven zu erreichen. Klicken Sie mit der linken Maustaste in das leere Raster, um das Pattern mit Noten zu füllen. Achten Sie auf die Takteinteilung am oberen Rand: Sie haben vier Takte zur Verfügung. Jeder Takt ist in sechzehn Kästchen unterteilt, was Sechzehntelnoten entspricht. Jeder Linksklick wird eine Note, die zu einem bestimmten Zeitpunkt mit einer bestimmten Länge abgespielt wird.

Basteln Sie eine einfache Bass-Linie mit dem Grundton A0 (Abbildung 6.4).

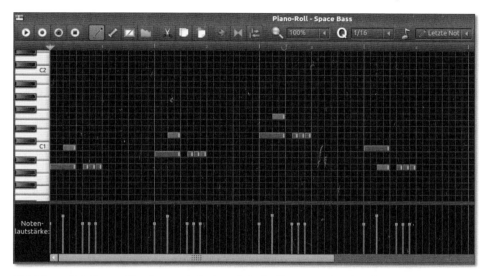

Abbildung 6.4 Bauen Sie diesen einfachen Bassrhythmus nach oder etwas, das besser klingt.

Sie können die Lautstärke jeder Note mit den Balken im unteren Bereich einzeln einstellen. Wenn Sie sich verklickt haben, löschen Sie eine grüne Note mit Rechtsklick, verschieben Sie sie an die richtige Stelle, oder verlängern oder verkürzen Sie sie mit dem Anfasser am rechten Ende. Drücken Sie schließlich das Play-Icon links oben im Fenster, um sich das Ergebnis in Endlosschleife anzuhören. Eine verkleinerte Version Ihres Patterns sehen Sie im Beat-Editor.

Natürlich genügt ein Instrument nicht. Böse Zungen würden gar behaupten, je mehr Instrumente jemand übereinanderstapelt, umso mehr kaschiert er, dass er keines davon spielen kann. Uns als Softwareentwickler müssen solche Vorwürfe aber nicht jucken. Deshalb greifen wir frohen Mutes zum nächsten Preset, nämlich dem »Warm Stack«. Doppelklicken Sie, um dieses Instrument dem Beat-Fenster hinzuzufügen, dann doppelklicken Sie darin wiederum auf das leere Preset.

6.1.3 Eine Melodie in Moll

Im PIANO-ROLL-Fenster schalten Sie zunächst ganz rechts Akkorde an, und zwar MOLL. Die Folge ist, dass Sie bei jedem Klick ins Preset-Raster gleich drei Noten bekommen: Die Grundnote, die Sie spielen, wird automatisch zu einem darauf basierenden Moll-Akkord erweitert. Setzen Sie jetzt vier ganze Noten, beginnend bei A1 (Abbildung 6.5). Wenn Sie PLAY drücken, hören Sie Bass und Warm Stack gleich zusammen. Justieren Sie im Beat-Editor die Lautstärke etwas. Setzen Sie dann im Song-Editor Ihre Beat/Baseline 0 ein, und ziehen Sie die Länge auf 16 Takte auf, so dass Ihre Geräuschkulisse viermal wiederholt wird.

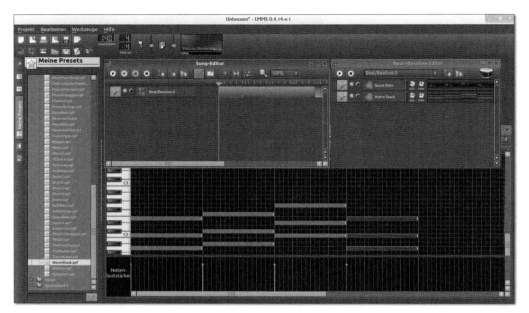

Abbildung 6.5 Vier Akkorde, fertig ist der Hintergrundsong. Die Charts entern Sie voraussichtlich aber nicht damit.

Höchste Zeit, das erschaffene Kunstwerk zu speichern: zunächst im LMMS-eigenen Format, um es weiterbearbeiten zu können. Danach wählen Sie im Menü EXPORTIEREN. Der passende Dateityp ist *OGG*, ein Format, das ähnlich wie *mp3* verlustbehaftet komprimiert, aber den Vorteil hat, komplett lizenzfrei zu sein.

Setzen Sie bei den Qualitätseinstellungen die Bitrate auf 128 KBit/s runter, das genügt für Handylautsprecher völlig und verringert die Dateigröße. Der optimale Aufbewahrungsort für die Musikdatei ist das Verzeichnis *res/raw*, das Sie vermutlich anlegen müssen, weil es standardmäßig nicht existiert.

Übrigens unterstützt Android neben OGG auch das unkomprimierte PCM-Format (*wav*), *mp3*, *flac* (verlustfrei komprimiert) und ein paar andere.

Bevor Sie die Musik jetzt ins Spiel einbauen, basteln Sie noch einen Soundeffekt für das Treffen eines Blob.

6.2 Soundeffekte erzeugen

Natürlich benötigen Sie für die Untermalung von Spieleffekten weder Noten noch Multitrack-Mixer. Die Software der Wahl ist daher eine andere: *Audacity*.

6.2.1 Effekte mit Audacity

Auch Audacity gibt's gratis für alle Plattformen. Das Programm erlaubt es Ihnen auf einfache Weise, vorhandene Sounddateien zu bearbeiten, sei es mit Effekten oder Schneidewerkzeugen. Außerdem enthält Audacity mehrere Tongeneratoren, und derer werden Sie sich jetzt bedienen. Starten Sie also Audacity.

Im oberen Bereich des Hauptfensters finden Sie alle möglichen Bedienelemente, darunter einen leeren Bereich, den Sie gleich mit einem Geräusch füllen werden. Wählen Sie im Menü ERZEUGEN • TONGENERATOR (1). Es erscheint ein Dialog, in dem Sie als WELLENFORM Sägezahn einstellen, als FREQUENZ 440 Hz (das entspricht dem Ton A1), als AMPLITUDE 0,8 und als DAUER eine Sekunde. Wenn Sie das Resultat abspielen, klingt es nicht besonders erträglich.

Stellen Sie sicher, dass der gesamte Sound ausgewählt ist ([Strg]+[A]); dann wählen Sie den Effekt AUSBLENDEN. Lassen Sie schließlich den Wahwah-Effekt auf den Sound los (Abbildung 6.6).

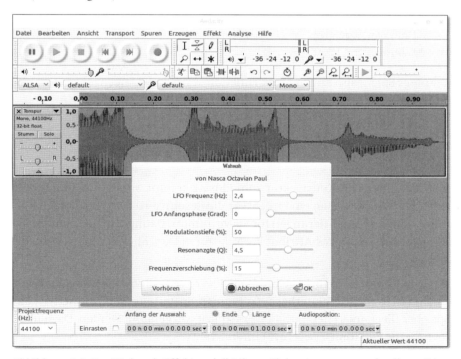

Abbildung 6.6 Der Wahwah-Effekt verleiht Ihren Blobs eine unverwechselbare Stimme.

Experimentieren Sie mit den Parametern; Sie können jederzeit mit [Strg]+[Z] den Effekt rückgängig machen. Wenn Sie zufrieden sind, speichern Sie Ihr Projekt im Audacity-Format *AUP*, und exportieren Sie den Sound unter dem Namen *blob.ogg* ins Verzeichnis *res/raw*, wo auch schon Ihr Musikstück liegt. Audacity fragt Metadaten ab, die können Sie aber leer lassen.

6.3 Android-Audiofunktionen

Egal ob Sie in den letzten beiden Abschnitten die Sounds selbst gebastelt oder aus dem Download-Paket kopiert oder irgendwo runtergeladen haben: Als Nächstes steht die Aufgabe an, sie ins Spiel einzubinden.

6.3.1 Androids MediaPlayer

Die Schaltzentrale für Sounds aller Art heißt bei Android *MediaPlayer*.

Jedes MediaPlayer-Objekt zeichnet für einen Sound verantwortlich. Sie brauchen also zwei: eines für die Hintergrundmusik und ein zweites für den Effekt beim Treffen eines Blobs.

Fangen wir mit der Musik an. Fügen Sie Ihrer MainActivity als Erstes die beiden MediaPlayer als Attribute hinzu:

```
private MediaPlayer mpMusic;
private MediaPlayer mpEffect;
```

Beim Start des Spiels, also am Ende der Funktion startGame(), erzeugen und starten Sie Ihre Musik:

```
mpMusic = MediaPlayer.create(this, R.raw.music);
mpMusic.setLooping(true);
mpMusic.start();
```

Sie sehen, dass hier kein Konstruktor zum Einsatz kommt, sondern eine statische Funktion create(), die neben einem Context die Resource-ID der OGG-Datei entgegennimmt und alle Initialisierungen für Sie vornimmt. Damit die Musik endlos abgespielt wird, setzen Sie das Attribut looping auf true, schließlich starten Sie die Wiedergabe.

Aber Vorsicht: Damit ist es nicht getan. MediaPlayer verwalten speicherschluckende Daten, daher ist es wichtig, hinterher aufzuräumen. Spätestens, wenn die Activity aus dem Speicher fliegt, muss der MediaPlayer explizit weggeräumt werden. Dazu überschreiben Sie die Funktion onDestroy() Ihrer Activity:

```
@Override
protected void onDestroy() {
    if(mpMusic!=null) {
        mpMusic.release();
    }
    super.onDestroy();
}
```

Die `null`-Abfrage ist notwendig, weil jemand auf die komische Idee kommen könnte, die App zu beenden, bevor er das Spiel überhaupt gestartet hat – dann wäre `mpMusic` nämlich `null`.

Wenn das Spiel endet, weil die App vom Bildschirm verschwindet, sollte die Musik nicht weiterlaufen. Also stoppen Sie die Wiedergabe in der Funktion `onPause()`:

```
@Override
protected void onPause() {
    ...
    if(mpMusic!=null) {
        mpMusic.stop();
    }
}
```

Probieren Sie das Spiel jetzt aus. Sie werden sehen – beziehungsweise hören –, dass ein Handylautsprecher nicht viel von Ihrem dramatischen Bassrhythmus übrig lässt. Aber vielleicht spielt der eine oder andere Nutzer ja mit hochwertigen Kopfhörern oder schließt ein Tablet an die Stereoanlage an ...

6.3.2 Effekte abspielen

Die Blob-Effekte abzuspielen, ist ein wenig komplizierter. Das liegt daran, dass Sie freizügig bestimmen möchten, wann der Sound ertönt. Sie müssen davon ausgehen, dass der `create()`-Aufruf des MediaPlayers einen Moment dauert, daher sollten Sie ihn tunlichst frühzeitig absetzen, nämlich in der `onCreate()`-Funktion der Activity:

```
mpEffect = MediaPlayer.create(this, R.raw.blob);
```

Beim Abspielen kommt es möglicherweise zu einem Konflikt: Was passiert, wenn der `MediaPlayer` bereits damit beschäftigt ist, Ihren Soundeffekt abzuspielen? Dazu müssen Sie nur schnell hintereinander zwei Blobs antippen, nämlich den zweiten, solange der Sound des ersten noch zu hören ist.

Jetzt müssen Sie sich die möglichen Zustände des MediaPlayers vor Augen halten:

- Untätig (Idle)
- Initialisiert (Initialized)
- In Vorbereitung (Preparing)
- Vorbereitet (Prepared)
- Spielt ab (Started/Playing)
- Pausiert (Paused)
- Gestoppt (Stopped)
- Beendet (PlaybackCompleted)

Nach dem `create`-Aufruf ist der `MediaPlayer` im Zustand »Prepared«. Nachdem er gestartet wurde, ist er »Started« und etwa eine Sekunde später »PlaybackCompleted«.

Falls also `mpEffect.isPlaying()==true` ist, müssen Sie die Wiedergabe pausieren. Nicht stoppen, denn aus diesem Zustand gibt es kein Entrinnen, außer über ein erneutes »Prepare«, das wir uns sparen möchten.

Erschwerend kommt hinzu, dass der `MediaPlayer` so ähnlich funktioniert wie ein altertümlicher Kassettenrekorder: Er befindet sich immer an einer Stelle des Sounds, und wenn Sie ihm nicht mitteilen, dass er zurückspulen soll, tut er das auch nicht.

Beim Antippen eines Blobs müssen Sie also Folgendes tun:

- Eine eventuell laufende Wiedergabe pausieren
- Zurückspulen
- Abspielen

Im Code sieht das dann so aus:

```
@Override
public void onBurst(Blob b) {
    if(mpEffect.isPlaying()) {
        mpEffect.pause();
    }
    mpEffect.seekTo(0);
    mpEffect.start();
    ...
}
```

Natürlich müssen Sie bei `onPause()` und `onDestroy()` dem `mpEffect` dieselbe Behandlung zuteilwerden lassen wie dem `mpMusic`.

6.3.3 Die Lautstärke regeln

Jetzt ist die Blob-Jagd eröffnet – und für den Fall, dass Ihnen irgendwelche Leute in der S-Bahn sonderbare Blicke zuwerfen, fügen Sie Ihrer Activity folgende Zeilen hinzu:

```
@Override
public boolean onKeyDown(int keyCode, KeyEvent event) {
    switch (keyCode) {
        case KeyEvent.KEYCODE_VOLUME_UP:
            audio.adjustStreamVolume(
                AudioManager.STREAM_MUSIC,
                AudioManager.ADJUST_RAISE, 0);
            return true;
        case KeyEvent.KEYCODE_VOLUME_DOWN:
            audio.adjustStreamVolume(
                AudioManager.STREAM_MUSIC,
                AudioManager.ADJUST_LOWER, 0);
        return true;
      }
    return super.onKeyDown(keyCode,event);
}
```

Die Funktion `onKeyDown()` behandelt Tastendrücke, in dieser Implementierung aber nur für die externen Tasten zur Lautstärkeregelung. Normalerweise ändern die die Lautstärke des Klingeltons. Ein Aufruf von `adjustStreamVolume()` mit dem Parameter `STREAM_MUSIC` leitet diese Funktionen auf den Musikkanal um, den die `MediaPlayer` in Ihrer App verwenden. Die letzte Zeile der Funktion sorgt dafür, dass alle anderen Tastendrücke ([Home], [Back]) behandelt werden wie üblich.

Das verwendete `audio`-Attribut deklarieren Sie in der Activity wie folgt:

`private AudioManager audio;`

Die Initialisierung findet wie gewohnt in `onCreate()` statt:

`audio = (AudioManager) getSystemService(Context.AUDIO_SERVICE);`

Wenn Sie möchten, können Sie natürlich für die Blobs verschiedener Farben unterschiedliche Soundeffekte einbauen. Beachten Sie aber, dass zu viele `MediaPlayer` zu Speicherproblemen führen können. Weniger ist mehr. Aber auf die Sprachausgabe wollen Sie doch sicher nicht verzichten, oder?

6.4 Sprechende Blobs?

Bevor Sie jetzt das Smartphone zum Sprechen bringen, sollten Sie erst einmal einen Anlass finden. Das Spiel hat ja bisher nicht einmal einen Punktezähler, von »Game Over« gar nicht zu reden.

Machen wir es uns doch leicht und probieren gleichzeitig etwas Neues aus: Für jeden Blob bekommt man 50 Punkte, aber dieser Wert verdoppelt sich für jeden gleichfarbigen Blob, der direkt im Anschluss getroffen wird.

6.4.1 Bunte Blobs

Natürlich müssen Sie sich die »Farbe« im Blob merken, erweitern Sie daher die Klasse um ein `type`-Attribut:

```
private int type;
...
public Blob(FrameLayout container, float vMax,
        float sizeMax, Random rnd, Drawable drawable,
        OnBurstListener listener, int type) {
    ...
    this.type=type;
}
...
public int getType() {
    return type;
}
```

Lagern Sie das Erzeugen eines Blobs in der Activity in eine Funktion aus:

```
private void addBlob() {
    int type = rnd.nextInt(DRAWABLE_RESIDS.length);
    bubbles.add(new Blob((FrameLayout) container,
        scale(V_MAX), scale(SIZE_MAX), rnd,
        blobDrawable[type], this, type));
}
```

Als `type` verwenden die Blobs also nichts anderes als den Array-Index ihres Bildes.

6.4.2 Punkte verwalten

Beim Treffen eines Blobs gibt es nun zusätzliche Aufgaben zu erledigen: Der Typ muss mit dem letzten verglichen und die Punktzahl erhöht werden; hier der Übersicht halber die ganze Funktion in ihrer neuen Version:

```java
@Override
public void onBurst(Blob b) {
    if(mpEffect.isPlaying()) {
        mpEffect.pause();
    }
    mpEffect.seekTo(0);
    mpEffect.start();
    if(b.getType()==lastType) {
        multi*=2;
    } else {
        multi=1;
    }
    lastType = b.getType();
    points += multi * 50;
    updatePoints();
    bubbles.remove(b);
    addBlob();
}
```

Um die Punkte zu verwalten, führen Sie drei `int`-Attribute ein:

```java
private int points;
private int multi;
private int lastType;
```

Setzen Sie diese Attribute beim Starten des Spiels:

```java
private void startGame() {
    ...
    points=0;
    multi=1;
    lastType=-1;
}
```

Sie müssen `lastType` hier auf −1 und nicht etwa auf 0 setzen, weil der Typ des Blobs 0-basiert ist. Der erste Vergleich muss immer fehlschlagen.

Erweitern Sie schließlich das Layout um die Anzeige der Punktzahl:

activity_main.xml

```xml
<FrameLayout xmlns:android="http://schemas.android.com/apk/res/android"
    android:id="@+id/root"
    android:layout_width="match_parent"
    android:layout_height="match_parent" >
    <FrameLayout
```

```xml
            android:id="@+id/container"
            android:layout_width="match_parent"
            android:layout_height="match_parent" >
        </FrameLayout>
    <TextView android:id="@+id/points"
            android:layout_gravity="center_horizontal|bottom"
            android:textColor="@color/brown"
            android:textSize="32sp"
            android:layout_width="wrap_content"
            android:layout_height="match_parent" />
</FrameLayout>
```

Dass Sie eine Funktion schreiben sollten, um die Punktzahl anzuzeigen, konnten Sie schon anhand einer Codezeile weiter oben erraten. So sieht die Funktion aus:

```
private void updatePoints() {
    tvPoints.setText(Integer.toString(points));
}
```

Vergessen Sie nicht, das zugehörige Attribut einzuführen und in `onCreate()` zu setzen sowie den `TextView` mit der richtigen Schrift zu versehen:

```
private TextView tvPoints;
...
tvPoints = (TextView) findViewById(R.id.points);
setTypeface(tvPoints, TYPEFACE_TITLE);
```

Damit das Ende der Lebensdauer eines Blobs dem Spieler keine Punkte gutschreibt, darf in dem Fall nicht mehr die `burst()`-Funktion aufgerufen werden. Es genügt, wenn der Blob einfach nur verschwindet.

Ändern Sie die Funktion `burst()` wie folgt:

```
private void burst() {
    removeSelf();
    burstListener.onBurst(this);
}
```

Die neue Funktion `removeSelf()` tut wirklich nur genau das:

```
private void removeSelf() {
    ViewGroup parent = (ViewGroup) view.getParent();
    if(parent!=null) parent.removeView(view);
}
```

Während `onClick()` weiterhin `burst()` aufruft, darf am Ende der Lebensdauer jetzt nur noch stehen:

```
if(lifetime<=0) removeSelf();
```

6.4.3 Sprachausgabe hinzufügen

Jetzt können Sie eine Sprachausgabe einbauen: Immer wenn der Spieler zwei, drei oder mehr gleichfarbige Blobs hintereinander trifft, soll ihm eine Stimme gratulieren mit »double strike«, »great« oder »wow!«.

Legen Sie dazu die nötigen Strings in der *strings.xml* an:

```xml
<string name="multi2">double strike</string>
<string name="multi4">great</string>
<string name="multi8">wow!</string>
<string name="multi16">impossible!</string>
```

Zuständig für die Stimme ist die Android-Klasse `TextToSpeech`. Erzeugen Sie ein Objekt dieser Klasse als Attribut in Ihrer Activity, und rufen Sie den Konstruktor am Ende von `onCreate()` auf:

```java
private TextToSpeech tts;
...
tts = new TextToSpeech(this,this);
```

Der erste Parameter des Konstruktors ist wie üblich ein `Context`, der zweite ein `OnInitListener`, den die Activity implementieren muss:

```java
public class MainActivity extends BaseGameActivity
        implements TextToSpeech.OnInitListener, ...
...
@Override
public void onInit(int i) {
}
```

Die `TextToSpeech`-Instanz ruft `onInit()` auf, wenn sie sprechbereit ist. Es ist nicht möglich, ihr vorher ein Wort zu entlocken. Auch die gewünschte Sprache darf erst jetzt gesetzt werden.

Sorgen Sie also an dieser Stelle dafür, dass die Sprach-Engine nicht versucht, unsere englischen Freudenbekundungen auf Deutsch auszusprechen (»Duhble Schtrieke«):

```java
tts.setLanguage(Locale.ENGLISH);
```

Wenn Sie die Strings übersetzen würden, müssten Sie sicherstellen, dass die TextTo-Speech-Engine über die Wortbibliothek der fraglichen Sprache verfügt, aber diese Komplikation ersparen wir uns in diesem Beispiel.

Da die Sprachausgabe einiges an Ressourcen verbraucht, dürfen Sie nicht vergessen, am Ende des Spiels aufzuräumen. Ergänzen Sie daher unbedingt in der Funktion onDestroy():

```
tts.shutdown();
```

Lassen Sie jetzt die entscheidende Funktion doSpeech() das Licht der Welt erblicken:

```
private void doSpeech() {
    if(multi==2) {
        tts.speak(getString(R.string.multi2),
            TextToSpeech.QUEUE_FLUSH, null);
    } else  if(multi==4) {
        tts.speak(getString(R.string.multi4),
            TextToSpeech.QUEUE_FLUSH, null);
    } else if(multi==8) {
        tts.speak(getString(R.string.multi8),
            TextToSpeech.QUEUE_FLUSH, null);
    } else if(multi==16) {
        tts.speak(getString(R.string.multi16),
            TextToSpeech.QUEUE_FLUSH, null);
    }
}
```

Sie sehen, dass die Funktion speak() neben dem gewünschten String noch zwei weitere Parameter erwartet. Die Konstante QUEUE_FLUSH sorgt dafür, dass die Sprachausgabe sofort beginnt. Sie könnten stattdessen mehrere Worte sammeln und erst am Ende eines Satzes ausgeben lassen.

Der letzte Parameter darf eine Map sein, die es ermöglicht, Platzhalter im auszusprechenden String zu füllen.

Die richtige Stelle, um doSpeech() aufzurufen, ist das Ende von onBurst():

```
@Override
public void onBurst(Blob b) {
    ...
    doSpeech();
}
```

Freilich kann man nicht behaupten, dass die freundliche Frauenstimme, die Ihre Leistungen feiert, eine besondere Begeisterung ausstrahlt. Aber das TextToSpeech-

Framework erlaubt es, alternative Engines und damit Stimmen zu installieren. Bei nur vier auszusprechenden Worten wäre es aber sicher einfacher, sie mit angemessener Stimmlage selbst ins Mikro zu brüllen – abspielen würden Sie solche Aufnahmen dann wiederum über den `MediaPlayer`.

6.5 Zusammenfassung

Sie haben in diesem Kapitel ein Actionspiel gebastelt, das durch Musik und Soundeffekte auffällt. Natürlich bedarf es der Arbeit eines Audioexperten, um wirklich ansprechende Klänge zu generieren. Aber wie sie in eine App eingebaut werden, das wissen Sie jetzt.

Versehen Sie ruhig die anderen im Buch besprochenen Beispiele mit Sounds, und Sie werden sehen (und hören), dass sie dadurch deutlich gewinnen.

Vergessen Sie daher bei Ihren eigenen Spielprojekten nie, etwas für die Ohren der Spieler zu tun. Bieten Sie aber zum Spielen in empfindlichen Umgebungen auf jeden Fall eine Möglichkeit an, die Geräuschkulisse zu unterbinden. Die dazu nötigen Tasten besitzt jedes Android-Gerät, und Ihre App sollte sie nutzen.

Kapitel 7
Location-based Gaming

»*In kosmologischen Maßstäben betrachtet ist alles in der Nähe.*«
(Septimus Signus, in: »The Elder Scrolls V – Skyrim«)

Kennen Sie *Foursquare*? Eigentlich eine Werbeplattform, gleichzeitig aber eine Art standortabhängiges Spiel: Wer sich in einer teilnehmenden Gaststätte innerhalb einer bestimmten Zeit am häufigsten angemeldet hat, wird dort der »Mayor«. Foursquare gibt es seit 2009 und war im Grunde eines der ersten »Location-based Games«. Heute sind es eher Spiele wie *Parallel Kingdom* oder *Ingress*, die die Fähigkeiten von Smartphones nutzen, um echte und virtuelle Welt zu verknüpfen.

Bevor Sie sich jetzt die genannten Spiele runterladen, schreiben Sie doch erst mal ein eigenes. Allzu schwer ist das nicht, im Gegenteil. Alles, was Sie brauchen, sind Geokoordinaten.

Okay, etwas komplizierter ist es schon … sobald mehrere Mitspieler interagieren sollen, brauchen Sie eine zentrale Serverkomponente, und es führt kaum ein Weg daran vorbei, eine Karte und jede Menge zusätzliche Grafiken auf den Bildschirm zu bringen.

Deshalb beschränken wir uns auf ein sehr einfaches Spielprinzip, das ein wenig an die gute alte Postkutsche erinnert: Sie erhalten Startkapital und können damit dort, wo Sie gerade stehen, eine Poststation bauen. Sobald Sie mindestens zwei gebaut haben, finden Sie beim Besuch einer solchen Station einen oder mehrere Briefe vor. Liefern Sie diese beim Bestimmungsort – einer Ihrer anderen Stationen – ab, erhalten Sie entfernungsabhängig Geld, so dass Sie weitere Poststationen bauen können und so weiter. Natürlich ist ein Mindestabstand zwischen den Stationen erforderlich, der für Entwicklungszwecke ruhig auf ein paar Meter verringert werden kann, damit Sie nicht ständig ins Auto steigen müssen, um eine neuen Version zu testen. Der Name des Spiels ist Programm: *Postman*.

Wie üblich gilt, dass ich Ihnen nicht nach und nach den vollständigen Quellcode der App Zeile für Zeile erkläre. Die Apps sind dazu einfach zu umfangreich und komplex, außerdem wiederholen sich viele Codestellen im Vergleich zu den bisherigen Projekten. Ich erkläre Ihnen immer die für Sie neuen Zeilen und Kniffe. Den Rest können Sie entweder nach meinen Hinweisen selbst zusammenzimmern (und sich dabei jede Freiheit nehmen) oder aus dem Download-Paket kopieren.

Auf geht's!

7.1 Wo bin ich und woher weiß das Handy das?

Wie Sie wissen, enthält so ziemlich jedes Android-Gerät einen GPS-Sensor. Ist der angeschaltet und ein Stück Himmel sichtbar, stehen die Chancen gut, dass Sie dank geostationärer Satelliten Ihre genaue Position erfahren. Aber das ist nicht die einzige Möglichkeit und kostet merklich Akkuladung.

Wenn Sie Ihr Android-Gerät zum ersten Mal installieren, bittet es Sie um Freigabe der *netzwerkbasierten Ortsbestimmung*. Dieses Feature grenzt ein bisschen an Schwarzmagie, denn es funktioniert nur, weil Google genau weiß, wo auf der Welt sich die WLANs befinden, die gerade in Reichweite sind. Zum Beispiel, weil irgendwann mal jemand in Reichweite dieses WLANs gleichzeitig sein GPS angeschaltet hatte. Eine Diskussion der Nachteile dieser Positionsbestimmung verschieben wir besser auf den nächsten Stammtisch der anonymen Datenschutz-Phobiker und halten den Vorteil fest: Auch ohne GPS verfügen Sie zumeist über eine recht genaue Ortskenntnis.

7.1.1 Der LocationManager

Um die aktuelle Position zu erfahren, müssen Sie den `LocationManager` bemühen:

```
lm = (LocationManager) getSystemService(LOCATION_SERVICE);
```

Die einfachste Variante ist, den `LocationManager` nach der letzten bekannten Position zu fragen:

```
l= lm.getLastKnownLocation(LocationManager.NETWORK_PROVIDER)
```

Der Rückgabewert ist eine Location, die geografische Breite und Länge in Grad enthält:

```
double latitude = l.getLatitude();
double longitude = l.getLongitude();
```

Sie erhalten zudem Höhe und Geschwindigkeit, soweit verfügbar, und die Genauigkeit. Die `Location`-Klasse kann ferner die Entfernung in Metern zu einer anderen `Location` berechnen, darauf kommen wir später noch zurück.

Damit Sie überhaupt auf die Location zugreifen dürfen, benötigen Sie die entsprechenden Genehmigungen, die Sie im Android-Manifest anmelden müssen:

```
<uses-permission android:name="android.permission.ACCESS_COARSE_LOCATION"/>
<uses-permission android:name="android.permission.ACCESS_FINE_LOCATION"/>
<uses-permission android:name="android.permission.ACCESS_WIFI_STATE" />
<uses-permission android:name="android.permission.ACCESS_NETWORK_STATE" />
<uses-permission android:name="android.permission.INTERNET" />
```

7.1.2 Location-Updates abonnieren

Wenn Sie nicht nur die letzte Position wissen möchten, sondern auch die aktuelle, müssen Sie den `LocationManager` damit beauftragen, Sie über Änderungen der Position zu informieren. Das geht so:

```
lm.requestLocationUpdates(LocationManager.NETWORK_PROVIDER, 0, 0, this);
```

Der letzte Parameter ist ein `LocationListener`-Interface. Wie üblich ist es praktikabel, die `MainActivity` dieses Interface implementieren zu lassen. Das gilt natürlich nicht, wenn Ihre App mehr als eine Activity besitzt – in dem Fall müssten Sie einen Service schreiben, der unabhängig von Activities leben kann. Auch wenn Positionsdaten im Hintergrund gesammelt werden sollen, kommt diese Lösung in Frage.

Der Listener verfügt über vier Funktionen, von denen die entscheidende diese ist:

```
@Override
public void onLocationChanged(Location loc) {
}
```

Was jetzt noch fehlt ist eine Logik, die GPS verwendet, falls es eingeschaltet ist, und sonst die WLAN-basierte Ortsbestimmung.

Das geht so:

```
if(locationManager.isProviderEnabled(
                LocationManager.GPS_PROVIDER)) {
    locationManager.requestLocationUpdates(
            LocationManager.GPS_PROVIDER,0,0,this);
} else {
    locationManager.requestLocationUpdates(
        LocationManager.NETWORK_PROVIDER,0,0,this);
}
```

Jetzt müssen Sie nur noch etwas mit der gefundenen Position anstellen – zum Beispiel ein Männchen (den Postboten) auf einer Karte anzeigen.

7.2 Eine Karte anzeigen

Wenn es um Landkarten auf einem Smartphone geht, denken Sie sicher zuerst an *Google Maps*. In der Tat ist es möglich, Maps mit der eigenen App zu verknüpfen. Allerdings kann ich Ihnen in diesem Buch leider nicht die komplizierten Lizenzbedingungen auseinandersetzen, die damit verbunden sind – sonst müssten wir locker 500 Seiten mehr drucken.

Deshalb verwenden wir eine offene Alternative, die Sie vielleicht kennen: OpenStreetMaps (OSM). Sie finden diese frei zugängliche Karte auf *openstreetmaps.org*, es gibt darauf basierende Apps wie *OsmAnd*, und man kann die Karte in eigene Apps einbinden.

7.2.1 OpenStreetMaps einbinden

Obligatorisch ist dafür eine Programmbibliothek namens *osmdroid* (*http://code.google.com/p/osmdroid/*). Wir werden diese Bibliothek jetzt in ein neues Projekt einbinden und den aktuellen Standort darauf anzeigen.

Legen Sie also ein neues Projekt an, löschen Sie unnötigen Ballast, fügen Sie das Tools-Package hinzu, und basteln Sie ein einfaches Layout, das einen Titelschriftzug mit der ID R.id.title und ein großes FrameLayout namens R.id.container enthält. In den Container werden wir gleich programmatisch die Karte schrauben.

Zunächst aber müssen Sie dem Projekt die *osmdroid*-Bibliothek hinzufügen. Das funktioniert so ähnlich wie bei der Simple-XML-Bibliothek (Abschnitt 5.5), allerdings gibt es eine kleine Hürde: *osmdroid* hat leider seinerseits eine Abhängigkeit, nämlich von der Logging-Bibliothek SLF4J. Sie müssen also die zugehörige Bibliothek ebenfalls dem Projekt hinzufügen (von *http://www.slf4j.org/android/* oder aus dem Download-Paket).

Beachten Sie, dass Sie die JARs nicht nur ins Verzeichnis libs packen, sondern auch in die Datei *build.gradle* eintragen:

```
dependencies {
    compile 'com.android.support:appcompat-v7:18.0.0'
    compile files('libs/slf4j-android-1.5.8.jar')
    compile files('libs/osmdroid-android-3.0.10.jar')
}
```

Klicken Sie auf das Icon zum Übernehmen des Gradle-Skripts, und führen Sie über das Menü den Befehl BUILD • REBUILD PROJECT aus, bevor Sie fortfahren.

7.2.2 Den MapView anzeigen

Erstellen Sie dann in der onCreate()-Funktion Ihrer MainActivity das MapView-Objekt:

mapView = new MapView(this, 256, new DefaultResourceProxyImpl(this));

Die Parameter für den Konstruktor sind ein Context, eine Bitmap-Größe (256 Pixel) und eine ResourceProxy-Implementierung, die der Karten-Engine erlaubt, auf Ressourcen Ihres Projekts zuzugreifen (Strings, Drawables und Bitmaps). In diesem Fall verwenden wir DefaultResourceProxyImpl, die in *osmdroid* enthalten ist.

Jetzt können Sie der Karte ein paar Attribute zuweisen:

```
mapView.setBuiltInZoomControls(true);
mapView.setMultiTouchControls(true);
mapView.getController().setZoom(16);
```

Glücklicherweise verraten schon die Funktionsnamen, was hier passiert, ich muss es also nicht weiter erklären. Eins nur: `mapView.getController()` liefert eine Referenz auf eine `MapController`-Instanz, die für die Navigation auf der Karte zuständig ist. Deshalb geht der Aufruf, die Zoomstufe zu setzen, an den Controller, nicht an den `View`.

Fügen Sie den `MapView` jetzt Ihrem Container hinzu:

```
ViewGroup container = (ViewGroup) findViewById(R.id.container);
container.addView(mapView);
```

7.2.3 Die eigene Position anzeigen

Sie können eigene Zeichenobjekte auf der Karte in Form sogenannter Overlays einblenden. Diese Möglichkeit werden wir später noch ausführlicher nutzen, zunächst einmal schalten Sie nur ein vorgegebenes Overlay ein, das die aktuelle Position anzeigt:

```
myLocationOverlay = new MyLocationOverlay(
    getApplicationContext(), mapView);
myLocationOverlay.enableMyLocation();
mapView.getOverlays().add(myLocationOverlay);
```

Jetzt kommt der Clou an der Sache: Das `myLocationOverlay` kümmert sich selbst um die Positionsbestimmung! Wenn Sie *osmdroid* verwenden, können Sie also darauf verzichten, wie im vorangegangenen Kapitel beschrieben den `LocationManager` zu bemühen, es sei denn, Sie möchten einen schlaueren Algorithmus implementieren, als *osmdroid* das tut.

> **Die beste Location von allen**
>
> Nein, ich will Ihnen hier keine besonders gemütliche Gaststätte empfehlen. Stellen Sie sich folgende Frage: Sobald der Nutzer meine App startet, muss ich möglichst schnell eine möglichst genaue Location finden. Aber wie?
>
> Natürlich ist GPS genauer als die WLAN-basierte Location. Allerdings ist GPS möglicherweise abgeschaltet oder benötigt, falls nicht, die eine oder andere Minute, um die Satelliten zu finden.

Es empfiehlt sich folgende Reihenfolge:

- Starten Sie das `LocationListener`-Abonnement für GPS und WLAN.
- Sofort danach holen Sie sich die letzte WLAN-basierte Ortsangabe.
- Nach einigen Sekunden erhalten Sie die erste Meldung vom `LocationManager` über die aktuelle WLAN- oder mobilfunkbasierte Ortsangabe.
- Noch mal deutlich später erhalten Sie (wenn überhaupt) die genaue Angabe via GPS.
- Sind die Satelliten einmal erfasst, erhalten Sie im Abstand weniger Sekunden immer genauere Ortsangaben.

Das Overlay zeigt dabei nicht nur Ihre Position, sondern auch einen blauen Kreis, der die Genauigkeit illustriert. Wenn Sie sich bewegen, stellt das Overlay einen Pfeil dar, der in die Bewegungsrichtung des Handys zeigt.

Das Resultat (Abbildung 7.1) ist wahrlich beeindruckend: Sie sehen nicht nur, wo Sie sich gerade befinden, sondern an dieser Stelle auch noch ein gelbes Männchen, wie geschaffen für das Postspiel! Diese farbliche Übereinstimmung ist allerdings nur ein glücklicher Zufall.

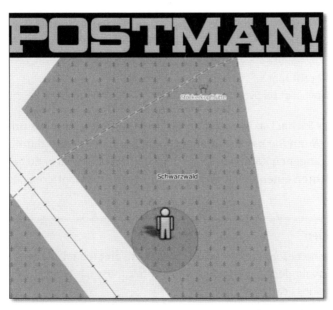

Abbildung 7.1 Was will der Postbote nur mitten im Wald?

Im nächsten Schritt werden wir dem Spieler ermöglichen, per Knopfdruck Poststationen zu bauen, die auf der Karte angezeigt werden. Dazu müssen Sie strukturierte Daten speichern.

7.3 Inventar mit SQLite

Bevor Sie die grafische Darstellung der Poststationen in Angriff nehmen können, müssen Sie sich Gedanken darüber machen, wie Sie die nötigen Daten organisieren.

7.3.1 Datenstrukturen festlegen

Halten Sie sich vor Augen, mit welchen Daten das Spiel hantieren muss:

- aktuelle Position (dynamisch, geliefert vom `LocationManager`)
- Liste aller gebauten Poststationen mit ihrer Position
- Liste der Briefe, die der Spieler bei sich trägt, inklusive Zielstation und Gelderlös bei Auslieferung
- aktuelles Kapital

Abgesehen vielleicht vom Kapital sind diese Daten komplex und nicht dafür geeignet, in einer `SharedPreference` verewigt zu werden, die wir in Kapitel 3 für einen simplen Highscore verwendet haben.

Glücklicherweise bringt Android eine eigene Datenbank mit: *SQLite*. Wenn Sie schon SQL-Datenbanken kennen, erzähle ich Ihnen nicht viel Neues, wenn ich Ihnen sage, dass ein solches Gerät genau dafür geschaffen wurde, um strukturierte Daten abzulegen.

Jede Android-App kann in ihrem privaten, persistenten Speicherbereich SQLite-Datenbanken anlegen und darauf zugreifen. Diese Datenbanken überleben sowohl einen Neustart der App als auch ein Update, bloß eine Neuinstallation nicht. Zum Glück funktioniert der Zugriff einfach und schnell. Jede SQLite-Datenbank besteht wie gewohnt aus Tabellen mit Spalten und Zeilen.

Aus obiger Liste können Sie leicht ableiten, welche Tabellen erforderlich sind:

- Tabelle `poststation` mit Name und der zugehörigen Location
- Tabelle `letter` mit dem Namen der Zielstation und dem Gelderlös
- Tabelle `player` mit dem aktuellen Kapital und der zuletzt besuchten Station (diese Tabelle wird nur eine Zeile enthalten, da es nur einen Mitspieler gibt)

Spätere Verfeinerungen wie zum Beispiel ein Verfallsdatum für die Zustellung von Briefen oder Erfahrungspunkte für den Spieler lassen sich leicht hinzufügen.

Da SQLite von Haus aus jeder Zeile eine eindeutige ID (`ROWID`) zuweist, müssen wir dafür übrigens keine eigenen Spalten erfinden.

7.3.2 Die SQLite-Datenbank verwalten

Um eine SQLite-Datenbank zu verwalten, bietet es sich an, eine eigene Klasse zu schreiben. Da diese in unserem Fall den größten Teil des Spielmaterials verwalten wird, soll sie GameStorage heißen.

Die Arbeit mit einer SQLite-Datenbank ist zwar nicht besonders kompliziert, aber Sie müssen einen Sonderfall beachten: Beim ersten Start existiert die Datenbank noch gar nicht und muss angelegt werden. Diese Logik nimmt Ihnen die Android-Klasse SQLiteOpenHelper ab, von der Ihre GameStorage-Klasse der Einfachheit halber erben sollte.

Dann können Sie eine Funktion onCreate() überschreiben, die automatisch nur dann aufgerufen wird, wenn die Datenbank erzeugt werden muss. Innerhalb der Funktion führen Sie dann die nötigen SQL-Befehle aus, um Tabellen anzulegen. Das geht für die Postman-App so:

```
@Override
public void onCreate(SQLiteDatabase db) {
    try {
        db.execSQL(TABLE_CREATE_POSTSTATION);
        db.execSQL(TABLE_CREATE_LETTER);
        db.execSQL(TABLE_CREATE_PLAYER);
        db.execSQL(TABLE_INSERT_PLAYER,
            new Object[]{ Integer.valueOf(defaultCash) });
    } catch(Exception e) {
        Log.e("postman", "db creation exception: ", e);
    }
}
```

Sie sehen, dass Sie für jede der drei Tabellen ein create-Statement ausführen müssen. Diese sind der Übersicht halber als Konstanten definiert:

```
private static final String TABLE_CREATE_POSTSTATION
    = "create table " + TABLE_POSTSTATION
    + " (name text, longitude real, latitude real);";
private static final String TABLE_CREATE_LETTER
    = "create table " + TABLE_LETTER
    + " (target text, value integer);";
private static final String TABLE_CREATE_PLAYER
    = "create table " + TABLE_PLAYER
    + " (cash integer, laststation text);";
```

Innerhalb dieser Konstanten kommen wieder Konstanten für die Namen der zuständigen Tabellen zum Einsatz:

```
private static final String TABLE_POSTSTATION = "poststation";
private static final String TABLE_LETTER = "letter";
private static final String TABLE_PLAYER = "player";
```

Auf den ersten Blick sieht es gehörig umständlich aus, für die Tabellennamen immer Konstanten verwenden zu müssen. Aber so vermeiden Sie Tippfehler. Streng genommen müssten Sie auch die Spaltennamen als Konstanten definieren, aber das überlasse ich Ihnen.

Die vierte SQL-Anweisung in der Funktion onCreate() fügt den Spieler-Datensatz ein. Dazu wird das Anfangskapital benötigt, das ein ?-Argument füllt:

```
private static final String TABLE_INSERT_PLAYER
    = "insert into " + TABLE_PLAYER + " (cash) values (?);";
```

Woher kommt das Anfangskapital? Natürlich könnten Sie es hier einfach hinschreiben. Aber GameStorage ist nur für die Datenverwaltung zuständig. Die eigentliche GameEngine ist die MainActivity, also gehört die Konstante mit dem Anfangskapital dorthinein und wird an den Konstruktor von GameStorage übergeben:

```
public GameStorage(Context context, int defaultCash) {
    super(context, DATABASE_NAME, null, DATABASE_VERSION);
    this.defaultCash=defaultCash;
}
```

Übrigens darf jeder execSQL()-Aufruf nur eine SQL-Anweisung enthalten. Kommen Sie nicht auf die Idee, in den einen String mehrere durch Semikolon getrennte Create Table-Anweisungen zu schreiben, wie Sie es von anderen Datenbanken kennen – nur die erste wird ausgeführt.

Der SQLiteOpenHelper weiß nicht nur, ob eine Datenbank existiert oder nicht, sondern auch, in welcher Version diese vorliegt. Wenn Sie DATABASE_VERSION erhöhen, wird automatisch eine überschriebene Funktion onUpgrade() aufgerufen. Darin können Sie beispielsweise Spalten hinzufügen, wenn eine neuere Version des Spiels das erfordert.

Nun zu den eigentlichen Daten, die Sie einfach als *Plain Old Java Objects* innerhalb der GameStorage-Klasse definieren:

```
class PostStation {
    String name;
    double longitude;
    double latitude;
}
class Letter {
    long id;
```

```
    String target;
    int value;
}
class Player {
    int cash;
}
```

Jetzt fehlen nur noch die Funktionen, um Datensätze aus der Datenbank auszulesen und hineinzuschreiben. Das einfachste Beispiel ist der Spieler:

```
public Player findPlayer() {
    SQLiteDatabase db = getReadableDatabase();
    Player p = new Player();
    Cursor res = db.rawQuery("select * from " + TABLE_PLAYER,null);
    if(res.moveToNext()) {
        p.cash = res.getInt(0);
        p.lastStation = res.getString(1);
    }
    res.close();
    db.close();
    return p;
}
```

Diese Funktion holt sich zunächst eine Nur-Lesen-Referenz auf die Datenbank, indem sie `getReadableDatabase()` aufruft, eine Funktion, die in der Basisklasse `SQLiteOpenHelper` definiert ist.

Die Datenbank wiederum bietet eine Funktion `rawQuery()` an, der Sie eine SQL-Anweisung übergeben können. In diesem Fall ist das `select * from player`, um an alle Player-Datensätze zu kommen.

Rückgabewert von `rawQuery()` ist ein Cursor, mit dem Sie sich mit `moveNext()` zeilenweise durch das Ergebnis hangeln können. Wir wissen, dass nur eine Zeile in der Spielertabelle steht, also ist hier keine Schleife nötig. Das Attribut `Player.cash` wird aus Spalte Nummer 0 des Cursors kopiert, der Rest sind Aufräumarbeiten.

Poststationen lesen Sie analog aus, bloß wird hier eine `ArrayList` fällig, um alle Ergebnisse zu fassen:

```
public List<PostStation> findPostStations() {
    List<PostStation> list = new ArrayList<PostStation>();
    SQLiteDatabase db = getReadableDatabase();
    Cursor res = db.rawQuery("select * from "
                      + TABLE_POSTSTATION,null);
```

```
        while(res.moveToNext()) {
            PostStation ps = new PostStation();
            ps.name = res.getString(0);
            ps.longitude = res.getDouble(1);
            ps.latitude = res.getDouble(2);
            list.add(ps);
        }
        res.close();
        db.close();
        return list;
}
```

Sicher ist Ihnen schon aufgefallen, dass das Spiel genau genommen nur die Stationen in der Umgebung einer bestimmten Position benötigt. Eine optimierte Funktion würde also Position und Radius als Parameter entgegennehmen und mit einer schlauen SQL-Bedingung dafür sorgen, dass nur die gewünschten Stationen zurückgegeben werden.

Da wir hier nicht von tausenden oder noch mehr Datensätzen sprechen, können wir guten Gewissens den Datenbankcode einfach halten und dem Java-Code das Filtern nach Entfernung überlassen. Wenn Sie SQL-Experte sind, können Sie den Code gerne nach Wunsch verbessern.

Hier die Java-Variante:

```
public PostStation findPostStationNear(double longitude,
                   double latitude, double distance) {
    List<PostStation> list = findPostStations();
    for(PostStation ps : list) {
        float res[] = new float[1];
        Location.distanceBetween(latitude,longitude,
                        ps.latitude,ps.longitude,res);
        if(res[0]<distance) {
            return  ps;
        }
    }
    return null;
}
```

Diese einfache Funktion gibt nur die erstbeste im gewünschten Umkreis liegende Station zurück. Das genügt, um festzustellen, ob der Spieler eine neue Station bauen darf (geht nur, wenn noch keine andere im Umkreis steht) und welche Station in der Nähe ist, um Briefe abzuholen oder abzuliefern.

Bevor wir zu den Briefen kommen, schreiben wir eine Funktion, um das Kapital des Spielers zu ändern. Sie kommt zum Einsatz, wenn eine Station gebaut wird und wenn ein Brief ausgeliefert wird.

```
public void addCash(int cash) {
    SQLiteDatabase db = getWritableDatabase();
    db.execSQL("update " + TABLE_PLAYER
        + " set cash=cash+?",
                new Object[] {Integer.valueOf(cash)});
}
```

Warum Sie nicht einfach schreiben `"update player set cash=cash+" + cash`?

Weil dergleichen (zumindest im Fall von String-Parametern) ein beliebtes Einfallstor für SQL-Injection ist, also für Angriffe von Schadsoftware. Die obige Variante mit dem ?-Platzhalter sorgt mittels interner Mechanismen dafür, dass nichts schiefgehen kann.

Schreiben Sie als Nächstes eine Funktion, um eine Poststation zu speichern:

```
public void addPostStation(String name, double longitude,
    double latitude) {
    SQLiteDatabase db = getWritableDatabase();
    ContentValues values = new ContentValues();
    values.put("name",name);
    values.put("longitude", longitude);
    values.put("latitude", latitude);
    db.insert(TABLE_POSTSTATION,"",values);
}
```

Hier kommt ein ähnlicher Mechanismus zum Einsatz wie die ?-Platzhalter: ein `ContentValues`-Objekt. Dahinter verbirgt sich nichts anderes als eine Zuordnung von Schlüsseln und Werten (Key/Value), ganz ähnlich wie eine `Map`.

Dazu gehört diesmal kein `execSQL()`-Aufruf, sondern eine Funktion namens `insert()`. Der geben Sie den Namen der Tabelle sowie die `ContentValues` für den Datensatz: Die Spaltennamen sind die Schlüssel, die gewünschten Spalteninhalte die Werte. Um den Rest kümmert sich SQLite.

Bevor wir die Funktionen hinzufügen, um Briefe zuzustellen, wird es Zeit, ein paar Poststationen in die Landschaft zu pflanzen, denn dafür sind die Vorarbeiten abgeschlossen.

7.4 Zeichenobjekte hinzufügen

Um der Karte eigene Icons hinzuzufügen, bietet *osmdroid* einen sehr übersichtlichen Mechanismus in Form des `ItemizedIconOverlay`.

Legen Sie ein solches in der `onCreate()`-Funktion Ihrer Activity an:

```
postStationsOverlay =
    new ItemizedIconOverlay<OverlayItem>(items,
        getResources().getDrawable(R.drawable.poststation),
        null, new DefaultResourceProxyImpl(this));
```

7.4.1 Ein Icon-Overlay

Die `OverlayItems`, von denen hier die Rede ist, schrauben Sie als Attribut in die Activity:

```
private List<OverlayItem> items = new ArrayList<OverlayItem>();
```

Jedes `OverlayItem` in der Liste wird später einer Poststation entsprechen. Bevor Sie die Liste füllen, schauen Sie sich noch mal den länglichen Konstruktor-Aufruf des Overlays an: Dort wird ein `Drawable` für die Icons übergeben (die praktischerweise alle gleich aussehen), ein Listener zum Anklicken (erst mal `null`) und ein `ResourceProxy`, den Sie schon vom `MapView`-Konstruktor kennen.

Fügen Sie das Overlay der Karte hinzu, aber das ganze *vor* dem `MyLocationOverlay`, damit der Positionsmarker nicht hinter Poststationen verschwindet:

```
mapView.getOverlays().add(postStationsOverlay);
mapView.getOverlays().add(myLocationOverlay);
```

Sie müssen später nach jedem Bau einer Station eine frische `OverlayItem`-Liste an das Overlay übergeben, schreiben Sie dafür also eine eigene Funktion `updateStationItems()`:

```
private void updateStationItems() {
    postStationsOverlay.removeAllItems();
    for(GameStorage.PostStation station :
                    gameStorage.findPostStations()) {
        postStationsOverlay.addItem(new OverlayItem(
            station.name,"",
            new GeoPoint(station.latitude, station.longitude)));
    }
}
```

Wie Sie sehen, löscht diese Funktion zunächst alle eventuell noch vorhandenen Items, um dann die vom `gameStorage` gelieferten Stationen der Reihe nach hinzuzufügen.

Rufen Sie diese Funktion am Ende von `onCreate()` und beim Bau einer neuen Station auf. Das ist noch nicht implementiert, sagen Sie? Völlig richtig.

7.4.2 Stationen bauen

Schummeln Sie also schnell einen passenden Button namens `poststation_new` ins Layout, und verpassen Sie diesem einen Listener:

```
setAnimatedClickListener(R.id.poststation_new, R.anim.pulse,this);
```

Die Funktion `setAnimatedClickListener()` versteckt sich in der `BaseGameActivity`. Sie hängt einen anonymen `OnClickListener` an den View mit der angegebenen Resource-ID, der beim `onClick()`-Aufruf zunächst eine Animation abspielt (zweiter Parameter) und dann den eigentlichen `OnClickListener` startet (dritter Parameter). Die genaue Implementierung erspare ich Ihnen an dieser Stelle, da Sie deren Einzelteile sicher längst auswendig kennen.

Tippt der Spieler den Button an, kommt `onClick()` zum Einsatz:

```
@Override
public void onClick(View view) {
    if(view.getId()==R.id.poststation_new) {
        Location location = myLocationOverlay.getLastFix();
        buildPostStation(location);
    }
}
```

Zunächst wird dem `myLocationOverlay` die letzte bekannte Position entlockt, dann werden die Bauarbeiter gerufen:

```
private void buildPostStation(Location location) {
    if(gameStorage.findPlayer().cash < POSTSTATION_COST) {
        Toast.makeText(this,
            getString(R.string.msg_not_enough_cash)
                + POSTSTATION_COST,Toast.LENGTH_SHORT).show();
        return;
    }
  ...
}
```

7.4 Zeichenobjekte hinzufügen

Hier sehen Sie zum ersten Mal richtig viel Spiellogik: Falls des Spielers Kasse nicht genug Münzen enthält, werden die Bauarbeiter wieder nach Hause geschickt.

Danach müssen Sie sicherstellen, dass keine zwei Stationen zu nah beieinanderstehen:

```
GameStorage.PostStation station =
    gameStorage.findPostStationNear(location.getLongitude(),
            location.getLatitude(), MIN_DISTANCE_STATIONS);
if(station!=null) {
    Toast.makeText(this,
        getString(R.string.msg_station_exists)
                + station.name,Toast.LENGTH_SHORT).show();
    return;
}
```

Auch hier erfährt der Spieler von seinem Fehlversuch durch einen einfachen `Toast`. Ich überlasse es Ihnen, den durch einen hübschen Dialog mit Warnfinger zu ersetzen.

Jetzt steht dem Bau aber endlich nichts mehr im Wege:

```
gameStorage.addPostStation(et.getText().toString(), location.getLongitude(),
    location.getLatitude());
gameStorage.addCash(-POSTSTATION_COST);
gameStorage.setLastStation(et.getText().toString());
updateStationItems();
update();
```

Die Station landet dank `gameStorage` in der Datenbank, die Kosten werden eingezogen, und das Overlay wird auf den aktuellen Stand gebracht. Die Funktion `update()` aktualisiert den Kontostand auf dem Bildschirm, für den Sie sicher schon einen `TextView` eingeplant haben.

```
private void update() {
    GameStorage.Player p = gameStorage.findPlayer();
    setText(R.id.cash, String.format("%05d",p.cash));
}
```

Natürlich sollten Sie `update()` auch am Ende von `onCreate()` aufrufen. Die Funktion `setText()` ist mal wieder eine Hilfsfunktion in unserer Basisklasse.

Die Funktion `addPostStation()` erhält jetzt noch einen festen Stationsnamen. Das genügt für einen ersten Test, aber nicht fürs Spiel. Erlauben Sie dem Spieler, einen Namen zu vergeben, indem Sie einen Dialog mit Eingabefeld anzeigen.

7.4.3 Ein Dialog für den Namen

Die passende Lösung ist der *AlertDialogBuilder*, der auf einfache Weise einen Dialog mit nahezu beliebigem Inhalt aufbaut und anzeigt:

```
AlertDialog.Builder builder = new AlertDialog.Builder(this);
final EditText et = new EditText(this);
builder.setView(et)
    .setTitle(R.string.enter_station_name)
    .setCancelable(true)
    .setPositiveButton(android.R.string.ok,
        new DialogInterface.OnClickListener() {
            @Override
            public void onClick(DialogInterface id, int i) {
                ...
            }
        });
builder.create().show();
```

Der `AlertDialog.Builder` kennt eine Reihe `set`-Funktionen, die sich verketten lassen, weil sie alle den Builder wieder zurückgeben. Deshalb können Sie mit `setView()` einen zuvor erzeugten `EditText` einfüttern, danach mit `setTitle()` einen Titel festlegen und mit `setCancelable()` und `setPositiveButton()` Bedienelemente hinzufügen.

Der »positive Button« schließt den Dialog und ruft gleichzeitig einen `DialogInterface.OnClickListener` auf, den Sie hier einfach anonym erzeugen.

Beachten Sie, dass Sie häufig benötigte Button-Texte wie »Ja«, »Nein« oder »Okay« nicht extra in Ihre *strings.xml* aufnehmen müssen: Android kennt sie schon von Haus aus unter Resource-IDs wie `android.R.string.ok`.

Nutzen Sie die Syntaxvervollständigung in Android Studio, um nach passenden Strings zu suchen: Tippen Sie einfach »android.R.string.« ein, und Sie sehen, welche Strings bereits existieren. Der Vorteil: Diese Strings liegen auch in der auf dem Gerät eingestellten Sprache vor. Da unser Spiel bisher nur englisch spricht, führt das zu einer »denglischen« Mischung, aber in einem marktreifen Spiel müssten Sie sowieso eigene, gestylte Dialoge verwenden und nicht jene im Standard-Theme des Geräts, wie sie der `AlertDialog.Builder` erzeugt.

In der `onClick()`-Funktion des anonymen Listeners findet dann der eigentliche Bau statt, dessen Code schon weiter oben steht.

Und jetzt machen Sie einen Spaziergang, und pflanzen Sie ein paar Poststationen in die Landschaft!

7.5 Briefe erzeugen

Immer wenn der Spieler die Station antippt, in deren unmittelbarer Nähe er sich gerade befindet, kann er einen Brief mitnehmen, um ihn anderswo zuzustellen. Einschränkung: Wenn es noch keine andere Station gibt, kann das nicht funktionieren. Außerdem soll nur ein Brief pro Station erzeugt werden, sonst könnte man unendlich viele Briefe einsammeln, ohne einen Schritt zu tun.

7.5.1 Klickbare Overlay-Items

Fügen Sie zunächst eine Klick-Behandlung für die Overlay-Items ein, indem Sie die `MainActivity` den zugehörigen Listener implementieren lassen:

```
public class MainActivity extends BaseGameActivity
    implements View.OnClickListener,
    ItemizedIconOverlay.OnItemGestureListener<OverlayItem>
```

Die zugehörigen Interface-Funktionen sind:

```
public boolean onItemSingleTapUp(int i, OverlayItem overlayItem)
public boolean onItemLongPress(int i, OverlayItem overlayItem)
```

Der Rückgabewert verrät dem aufrufenden Programm, ob die Funktion das Ereignis behandelt hat oder nicht. Wir benötigen zunächst nur die erste Funktion, die zweite erhält nur eine Zeile:

```
return false;
```

Das Geschehen in der `onItemSingleTapUp`-Funktion beginnt mit dem Vergleich mit dem Namen der zuletzt besuchten Station:

```
if(overlayItem.getTitle().equals(
    gameStorage.findPlayer().lastStation)) return false;
```

Sie erinnern sich daran, dass wir den Namen der Station als `title` des Overlay-Items festgelegt haben. Entspricht dieser der zuletzt besuchten Station, können wir uns alles Weitere sparen. Wenn Sie möchten, können Sie an dieser Stelle natürlich einen Hinweis anzeigen.

7.5.2 Die nächste Station finden

Als Nächstes gilt es, das zugehörige `PostStation`-Objekt ausfindig zu machen:

```
GameStorage.PostStation station =
 gameStorage.findPostStationByName(overlayItem.getTitle());
```

Die nötige `find`-Funktion in der `GameStorage`-Klasse benötigt nur vier Zeilen, weil sie es sich einfach macht und auf die existierende Funktion `findPostStations()` zurückgreift:

```
public PostStation findPostStationByName(String name) {
    for(PostStation s : findPostStations()) {
        if(name.equals(s.name)) return s;
    }
    return null;
}
```

Befindet sich der Spieler in Reichweite dieser Station? Er könnt ja auch irgendeine auf der anderen Seite der Welt angeklickt haben, aber dann kann er dort keinen Brief mitnehmen. Holen Sie sich also die aktuelle Position, und vergleichen Sie sie mit jener der Station:

```
Location location = myLocationOverlay.getLastFix();
float res[] =new float[1];
Location.distanceBetween(location.getLatitude(),
    location.getLongitude(),
    station.latitude,station.longitude,res);
if(res[0]< POSTSTATION_VISIT_MIN_DISTANCE) {
    ...
}
```

Die Funktion `distanceBetween()` ist leider etwas umständlich, weil sie die Entfernung nicht als Funktionsergebnis liefert, sondern in ein extra zu übergebendes `float`-Array schreibt. Hintergrund ist, dass die Funktion zusätzliche Entfernungsinformationen liefern kann, wenn Sie ein größeres Array übergeben.

Wenn der Spieler nahe genug an der Station steht (sagen wir: 10 Meter), erzeugen Sie einen Brief, aber der Übersicht halber in einer eigenen Funktion:

```
generateLetter(station);
```

Außerdem merken Sie sich die letzte besuchte Station und signalisieren der aufrufenden Funktion, dass Sie den Klick behandelt haben:

```
gameStorage.setLastStation(station.name);
return true;
```

7.5.3 Einen Brief erzeugen

Um einen Brief zu erzeugen, brauchen Sie zwei Dinge: die Zielstation und die Belohnung für die Lieferung.

7.5 Briefe erzeugen

Die Zielstation soll eine zufällige sein, aber natürlich nicht die aktuelle. Kopieren Sie dazu alle in Frage kommenden Stationen in eine temporäre Liste:

```
List<GameStorage.PostStation> possibleTargets =
    new ArrayList<GameStorage.PostStation>();
for(GameStorage.PostStation s : gameStorage.findPostStations()) {
    if(!s.equals(station)) {
        possibleTargets.add(s);
    }
}
```

Falls keine Stationen in Frage kommen, tun Sie nichts weiter:

```
if(possibleTargets.isEmpty()) {
    return;
}
```

Ansonsten schnappen Sie sich einen zufälligen Eintrag in der Liste:

```
final GameStorage.PostStation target =
    possibleTargets.get(rnd.nextInt(possibleTargets.size()));
```

Den zugehörigen Zufallsgenerator definieren Sie als Attribut der `MainActivity`:

```
private Random rnd = new Random();
```

Berechnen Sie als Nächstes den Wert der Lieferung:

```
float[] distance=new float[1];
Location.distanceBetween(station.latitude,station.longitude,
                target.latitude,target.longitude,distance);
final int value = Math.round(distance[0] * LETTER_CASH_PER_METER);
```

Bauen Sie jetzt einen Dialog, um dem Spieler den Brief anzubieten:

```
String msg = getString(R.string.msg_new_letter, target.name, value);
```

Diese Zeile erzeugt einen Hinweistext. Sie kennen vielleicht diese Variante von `getString()` noch nicht – sie ermöglicht den Einsatz von Platzhaltern. Der zugehörige Eintrag in der *strings.xml* sieht wie folgt aus:

```
<string name="msg_new_letter">This station has a letter to
        %1$s. Do you want to deliver it for %2$d?</string>
```

Die beiden Platzhalter beginnen mit %-Zeichen und sind durchnummeriert, weil sie in anderen Sprachen durchaus in umgekehrter Reihenfolge auftreten könnten. Hinter dem $ steht der erwartete Datentyp: s für String und d für Dezimalzahl. Die getString()-Funktion ersetzt diese Platzhalter also durch den Namen der Zielstation respektive den Wert der Lieferung.

Werfen Sie jetzt den `AlertDialog.Builder` an:

```
AlertDialog.Builder builder = new AlertDialog.Builder(this);
builder.setTitle(station.name)
.setMessage(msg).setCancelable(true)
.setPositiveButton(android.R.string.yes,new DialogInterface.OnClickListener()
{
    @Override
    public void onClick(DialogInterface dialogInterface, int i) {
        gameStorage.addLetter(target.name, value);
    }
});
builder.create().show();
```

Die nötige Funktion `addLetter()` in der `GameStorage`-Klasse ist ziemlich übersichtlich:

```
public void addLetter(String target, int value) {
    SQLiteDatabase db = getWritableDatabase();
    ContentValues values = new ContentValues();
    values.put("target",target);
    values.put("value", value);
    db.insert(TABLE_LETTER,"",values);
}
```

Behalten Sie im Hinterkopf, dass die `insert()`-Funktion stillschweigend eine unsichtbare Datenbankspalte namens `ROWID` mit einem eindeutigen Wert füllt. Diesen werden wir später verwenden, um einen ausgelieferten Brief zu löschen.

7.5.4 Alle Briefe finden

Schreiben Sie aber zunächst eine Funktion, die alle Briefe ausliest:

```
public List<Letter> findLetters() {
    List<Letter> list = new ArrayList<Letter>();
    SQLiteDatabase db = getReadableDatabase();
    Cursor res = db.rawQuery("select ROWID,* from "
                             + TABLE_LETTER,null);
    while(res.moveToNext()) {
        Letter l = new Letter();
        l.id = res.getLong(0);
        l.target = res.getString(1);
        l.value = res.getInt(2);
```

```
        list.add(l);
    }
    res.close();
    db.close();
    return list;
}
```

Sie sehen an der SQL-Anweisung `select ROWID,* from`, dass wir die geheime Spalte `ROWID` explizit mit abrufen. Die `while`-Schleife füllt dann die Letter-list mit den gefundenen Briefen.

7.5.5 Einen Brief löschen

Schreiben Sie schließlich die `delete`-Funktion:

```
public void deleteLetter(long id) {
    SQLiteDatabase db = getWritableDatabase();
    db.delete(TABLE_LETTER,"ROWID=?",
                    new String[] {Long.toString(id)});
}
```

Hier kommt dann die `ROWID` als Erkennungsmerkmal zum Einsatz. Der zweite Parameter der `delete()`-Funktion ist die `where`-Bedingung, die den zu löschenden Datensatz identifiziert. Solche Bedingungen akzeptieren Fragezeichen-Platzhalter, die mit dem String-Array im letzten Parameter gefüttert werden – abgesichert gegen SQL-Injection, wie es sich gehört.

7.6 Briefe zustellen

Um einen Brief zustellen zu können, muss der Spieler ihn auswählen können. Was das Spiel also braucht, ist eine Liste der Briefe im Inventar.

7.6.1 Liste der Briefe anzeigen

Diese Liste werden wir auf Knopfdruck an Stelle der Karte einblenden. Dazu dient ein einfacher Layouttrick:

```
<FrameLayout android:id="@+id/container"
        android:layout_width="fill_parent"
        android:layout_height="0dp"
        android:layout_weight="1"
        />
```

```xml
<ListView android:id="@+id/letters"
    android:layout_width="fill_parent"
    android:layout_height="0dp"
    android:layout_weight="1"
    android:visibility="gone"
    />
```

Der zusätzliche `ListView`, der die Briefe anzeigen wird, ist standardmäßig unsichtbar. Beachten Sie den Unterschied der beiden Sichtbarkeitswerte:

▶ `invisible`: Der View ist nicht sichtbar, nimmt aber den vereinnahmten Platz ein.
▶ `gone`: Der View ist verschwunden, als wäre er gar nicht da.

Im Fall von `gone` kann also der `container`-View mit dem darin befindlichen `MapView` den gesamten Raum einnehmen. Möchte der Spieler in sein Inventar schauen, geschieht Folgendes:

```java
private void showLetters() {
    hideView(R.id.container);
    showView(R.id.letters);
}
```

Umgekehrt bei `showMap()`:

```java
private void showMap() {
    hideView(R.id.letters);
    showView(R.id.container);
}
```

Sie ahnen sicher schon, dass die beiden Funktionen `showView()` und `hideView()` in der `BaseGameActivity` implementiert sind:

```java
protected void hideView(int resid) {
    View v = findViewById(resid);
    if(v!=null) v.setVisibility(View.GONE);
}
protected void showView(int resid) {
    View v = findViewById(resid);
    if(v!=null) v.setVisibility(View.VISIBLE);
}
```

Wie füllen Sie die Liste mit den Briefen? Der `ListView` zeigt untereinander einzelne, gleiche Views an, einen pro Eintrag. Diese Views können einfache `TextViews` sein oder aus einem eigenen Layout-XML erzeugt werden.

7.6.2 Ein ListView und sein Adapter

Hinter einem `ListView` steht ein *Adapter*. Der vermittelt zwischen den sichtbaren Elementen und der dahinterliegenden Datenmenge. Letztere ist nichts anderes als eine `List<Letter>`. Android bietet eine Basisklasse, die Ihnen die meiste Arbeit schon abnimmt, den `ArrayAdapter`. Schreiben Sie eine Ableitung namens `LetterAdapter`, und zwar als lokale Klasse in der `MainActivity`, weil das einiges vereinfacht:

```
public class LetterAdapter extends ArrayAdapter<GameStorage.Letter>
```

`ArrayAdapter` verwendet *Generics*, um die Verwaltung der dahinterliegenden Datensätze zu vereinfachen. Implementieren Sie einen Konstruktor:

```
public LetterAdapter(Context context, int resource,
int textViewResourceId, List<GameStorage.Letter> objects) {
    super(context, resource, textViewResourceId, objects);
}
```

Diesen verwenden Sie in `onCreate()`, um den Adapter zu erzeugen:

```
adapter = new LetterAdapter(this,0,0,gameStorage.findLetters());
```

Immer wenn sich der Spieler seine Briefe anschaut, aktualisieren Sie die Daten im `ListView` wie folgt:

```
private void showLetters() {
    hideView(R.id.container);
    adapter.clear();
    for(GameStorage.Letter l : gameStorage.findLetters()) {
        adapter.add(l);
    }
    adapter.notifyDataSetChanged();
    showView(R.id.letters);
}
```

Die `for`-Schleife ist umständlich, aber leider gibt es die Funktion `adapter.addAll(Collection)` erst ab Android 3.0 (API-Level 11), und unser Spiel soll auch auf älteren Androiden funktionieren.

Die Funktion `notifyDataSetChanged()` sorgt dafür, dass der `ListView` wenn nötig neu gezeichnet wird.

Zurück zum Adapter: Da jeder Eintrag in der Liste aus einem kleinen, bunten Layout bestehen soll, müssen Sie ein zugehöriges XML schreiben. Es bietet sich ein horizontales `LinearLayout` als Basiselement an.

Hier ist mein Layout für einen einzelnen Brief:

letter.xml
```xml
<?xml version="1.0" encoding="utf-8"?>
<LinearLayout xmlns:android="http://schemas.android.com/apk/res/android"
    android:id="@+id/delivery"
    android:orientation="horizontal"
    android:layout_width="match_parent"
    android:layout_height="wrap_content">
    <ImageView android:layout_width="50dp"
        android:layout_height="50dp"
        android:src="@drawable/letter"
        android:scaleType="centerInside"/>
    <TextView android:id="@+id/target"
        android:layout_width="0dp"
        android:layout_height="wrap_content"
        android:layout_gravity="center_vertical"
        android:layout_weight="1"
        android:textSize="21sp"
        android:text="target"
        android:textColor="@color/yellow"  />
    <ImageView android:layout_width="50dp"
        android:layout_height="50dp"
        android:src="@drawable/cash"
        android:scaleType="centerInside"/>
    <TextView android:id="@+id/value"
        android:layout_width="wrap_content"
        android:layout_height="wrap_content"
        android:layout_gravity="center_vertical"
        android:textSize="21sp"
        android:textColor="@color/yellow"  />
</LinearLayout>
```

Beachten Sie in diesem XML, dass auch das Wurzelelement eine ID erhält, um es später beim Anklicken identifizieren zu können.

Abgesehen von den Icons für Brief und Cash stellt dieses Layout zwei `TextViews` dar: die *Zielstation* und den *Lieferwert*. Erstere erhält das Privileg, die meiste zur Verfügung stehende Breite auszufüllen, indem das Attribut `width` auf 0 gesetzt wird bei gleichzeitigem Setzen eines *Layout-Gewichts* (`layout_weight`) von 1. Alles, was folgt, wird dann automatisch rechtsbündig angezeigt, weil es weniger Gewicht hat (nämlich keines).

Der Adapter ist jetzt dafür zuständig, für jede Zeile dieses Layout korrekt zu füllen. Die dazu zu überschreibende Funktion `getView()` arbeitet immer nach dem gleichen Entwurfsmuster:

```
@Override
public View getView(int position, View convertView, ViewGroup parent) {
    if(convertView==null) {
        View v = getLayoutInflater().inflate(R.layout.letter, null);
        fillView(v,position);
        return v;
    }
    fillView(convertView,position);
    return convertView;
}
```

Es wäre zu kostspielig, für jede einzelne Darstellung einer jeden einzelnen Zeile den `LayoutInflater` zu bemühen. Deshalb übergibt das Framework dieser Funktion ab dem zweiten Aufruf pro Zeile den schon vorhandenen `view` als sogenannten `convertView`, der nur noch neu befüllt werden muss. Nur wenn `convertView == null` ist – zumeist beim ersten Aufruf –, muss er mittels Inflater erzeugt werden.

7.6.3 Briefdetails eintragen

Die `fillView()`-Funktion muss jetzt nur noch die Briefdetails eintragen:

```
private void fillView(View view, int position) {
  TextView t = (TextView) view.findViewById(R.id.target);
  t.setText(getItem(position).target);
  TextView c = (TextView) view.findViewById(R.id.value);
  c.setText(Integer.toString(getItem(position).value));
  view.setTag(getItem(position));
  view.setOnClickListener(MainActivity.this);
}
```

Achten Sie darauf, dass Sie an dieser Stelle nicht die praktische Funktion `setText()` der `BaseGameActivity` verwenden können, denn die sucht im Hauptlayout, nicht im Zeilenlayout namens `view`.

Die beiden abschließenden Zeilen hängen den Letter als *Tag* an die Zeile, damit die `onClick()`-Funktion später identifizieren kann, welchen Brief der Spieler angetippt hat. Für die zugehörige Verknüpfung mit `onClick()` sorgt die letzte Zeile. Sie müssen hier `MainActivity.this` schreiben, weil `this` den Adapter meinen würde.

7.6.4 Einen Brief zustellen

Jetzt können Sie onClick() um die Behandlung des Briefklicks erweitern:

```
if(view.getId()==R.id.delivery) {
    GameStorage.Letter letter = (GameStorage.Letter) view.getTag();
    deliverLetter(letter);
}
```

Der fragliche Brief wird dem Tag entnommen, den Rest erledigt die neue Funktion deliverLetter(). Die muss natürlich als Erstes prüfen, ob der Brief überhaupt am Bestimmungsort angekommen ist:

```
private void deliverLetter(GameStorage.Letter letter) {
    GameStorage.PostStation station = targetStationReached(letter);
    if(station!=null) {
        ...
    }
}
```

Die Funktion targetStationReached() gibt die Zielstation zurück, wenn der Spieler in deren Nähe steht. Dazu holt sie sich die PostStation in unmittelbarer Nähe und vergleicht ihren Namen mit dem Bestimmungsort des Briefes:

```
private GameStorage.PostStation targetStationReached(
                            GameStorage.Letter letter) {
    Location location = myLocationOverlay.getLastFix();
    GameStorage.PostStation station =
    gameStorage.findPostStationNear(location.getLongitude(),
    location.getLatitude(), POSTSTATION_VISIT_MIN_DISTANCE);
    if(station!=null && letter.target.equals(station.name))
        return station;
    return null;
}
```

Sie können diese Funktion übrigens dazu verwenden, um die auslieferbaren Einträge in der Briefliste farblich hervorzuheben. Ergänzen Sie dazu fillView():

```
if(targetStationReached(getItem(position))!=null) {
    t.setTextColor(getResources().getColor(R.color.green));
    c.setTextColor(getResources().getColor(R.color.green));
} else {
    t.setTextColor(getResources().getColor(R.color.yellow));
    c.setTextColor(getResources().getColor(R.color.yellow));
}
```

Diese Zeilen färben die `TextViews` für Bestimmungsort und Lieferwert grün, wenn der Spieler sie ausliefern kann.

Zurück zu `deliverLetter()`! Falls das Ziel erreicht ist, teilen Sie dem Spieler das mit und verbuchen seinen Lohn:

```
Toast.makeText(this,getString(R.string.msg_delivered)
                + letter.value,Toast.LENGTH_SHORT).show();
gameStorage.addCash(letter.value);
```

Außerdem ist es jetzt Zeit, den Brief aus der Datenbank zu löschen und die Anzeige zu aktualisieren. Dazu können Sie die existierenden `update()`-Funktionen aufrufen:

```
gameStorage.deleteLetter(letter.id);
showLetters();
update();
```

Das war's schon! Dann wünsche ich Ihnen jetzt viel Spaß beim Austragen der Briefe.

7.7 Zusammenfassung

Sie haben in diesem Kapitel ein Spiel geschrieben, das in mehrfacher Hinsicht anders ist als die bisherigen: Es hat eine vergleichsweise umfangreiche Engine (die `Main-Activity` kommt auf knapp 300 Zeilen) und hantiert nicht nur mit einer Sorte Spielmaterial (wie die Seifenblasen). Noch dazu müssen Spieldaten strukturiert gespeichert werden, was mit einer SQLite-Datenbank geschieht. Außerdem haben Sie mit *osmdroid* eine Drittbibliothek für Onlinekarten und Ortsbestimmung eingebaut.

Natürlich blieben mal wieder Design und Sound auf der Strecke – wie ich Ihnen zuvor erklärt habe, würde es zu weit führen, die hier im Buch bei jedem Spiel redundant zu erläutern.

Sicher finden geschickte Spieler Lücken in den Regeln, und wer einmal einen Brief von Wassersleben (bei Flensburg) nach Bankholzen (bei Radolfzell am Bodensee) transportiert hat (972 km), hat genug Geld, um mehr Poststationen zu bauen als die echte Deutsche Post.

Sicher vermissen Sie auch ein Multiplayer-Feature: Wie lustig wäre es, wenn Sie auch Briefe zu von anderen Leuten gebauten Stationen transportieren könnten ...

Einstweilen aber halten wir fest: *Location-based Gaming* ist kein Hexenwerk, und da es das noch nicht sehr lange gibt, ist es ein lohnenswertes Experimentierfeld für neue Ideen.

Kapitel 8
Schnelle 2D-Spiele

»Captain, da kommen Asteroiden. Sie fliegen direkt auf uns ...«
(Blackbox, gefunden in Raumschifftrümmern nahe Proxima Centauri)

Sie haben bereits eine ganze Menge wichtiger Konzepte der Spieleentwicklung kennengelernt, aber erst jetzt geht es ans Eingemachte. Denn mit den bisherigen Mitteln – Views, Layouts – kommen Sie nicht weit, wenn Sie ein anspruchsvolles Actionspiel programmieren wollen.

Ein Beispiel dafür werden Sie in diesem Kapitel kennenlernen: *Flaschen fangen*. Sie werden mit einem Bierkasten, den Sie in der Horizontalen bewegen können, durchs Weltall fliegen und Flaschen einsammeln, die Ihnen entgegenkommen. Es ist ein bisschen das Gegenteil eines klassischen Asteroiden-Spiels, bei dem es gilt, Hindernissen auszuweichen.

Natürlich ließe sich auch dieses Beispiel beliebig erweitern oder abwandeln: »Böse« Giftflaschen, andere Bierkästen, die den Ihren mit eingebauten Bordkanonen beschießen, Boss-Bierfässer ... der Fantasie sind keine Grenzen gesetzt, dem Umfang dieses Buches aber schon. Da anspruchsvolle 2D-Game-Programmierung nicht in ein paar Zeilen erledigt ist, beschränken wir uns auf ein einfaches Spielprinzip. Jede eingesammelte Flasche bringt Punkte und löscht ein bisschen »Durst«. Durst wächst aber ständig mit einer festen Rate, und wenn er nicht gestillt wird, d.h. einen bestimmten Höchstwert erreicht, heißt es: »Game Over«.

Wie schon bei den letzten Beispielen gilt, dass ich Ihnen nicht jeden einzelnen Arbeitsschritt im Detail erkläre, sondern nur das, was noch nicht vorgekommen ist. Natürlich können Sie den Code im Download-Paket nachvollziehen, statt ihn selbst nach und nach zusammenzubauen – aber ich garantiere Ihnen: Letzteres ist lehrreicher, gerade bei einer komplizierten Technologie.

8.1 Views verschieben ist zu langsam

Immer wenn Sie Android dazu zwingen, mit Views und Layouts zu hantieren, erzeugen Sie eine Menge Overhead. Bevor sich auf dem Bildschirm etwas tut, muss das Android-System interne Daten umherschieben, sich durch Layoutbäume hangeln und über seinen Handler-Mechanismus den Bildschirm ganz oder teilweise neu zeichnen. Wenn Sie gesteuert über einen `Executor` oder `Handler` Views bewegen, indem sie deren Ränder ändern, geschieht intern noch eine ganze Menge mehr.

Das Resultat: Die Bewegung ruckelt. Spätestens, wenn Sie eine größere Zahl Views bewegen wollen.

Daher bleibt Ihnen nichts anderes übrig, als zu härteren Bandagen zu greifen: Sie müssen den Bildschirm direkt kontrollieren, vorbei an Androids Layoutverwaltung. Und damit profitieren Sie direkt von dem eingebauten *Grafik-Beschleuniger* (GPU).

Das bedeutet leider auch, dass Ihnen eine Menge Komfort verlorengeht: Sie können eine Highscore-Liste nicht einfach mit einem `ListView` und einem Adapter darstellen oder Layouts bequem im Layout-Editor zusammenstöpseln. Selbst das Basteln von Layouts in purem XML wird Ihnen in Kürze wie der reine Luxus vorkommen.

Sie sehen schon: In gewisser Weise treiben Sie den Teufel mit dem Beelzebub aus, wenn Sie schnelle Grafik wollen und dafür deutlich mehr Aufwand in die Entwicklung der Oberfläche stecken müssen. Aber es führt kein Weg daran vorbei.

Machen Sie die Probe aufs Exempel: Wenn Sie genau hinschauen, können Sie erahnen, ob ein Spiel aus Google Play auf Layouts basiert oder nicht. Sie werden sehen: Die allermeisten – vor allem die erfolgreichen, die grafisch besonders ansprechend aussehen – kontrollieren den Bildschirmaufbau komplett selbst, und zwar durch Verwendung von *OpenGL ES*.

8.2 Schnelle 2D-Grafik mit libgdx

Die direkte Kontrolle des Bildschirminhalts ist zwar schneller, aber auch aufwändiger als das Herumschieben von einigen Views. Glücklicherweise müssen Sie nicht jeden Pixel einzeln ansprechen. Das tut eine Programmschicht, die zwischen Ihnen und der Hardware (dem Display) liegt: OpenGL. Das ist ein komplexer Befehlssatz, den die Grafikeinheit eines Geräts versteht.

8.2.1 Was ist OpenGL ES?

OpenGL gibt es schon ziemlich lange: seit 1992. Im Jahr 2004 folgte Version 2.0, die eine Shader-Sprache einführte. Shader können bestimmte grafische Effekte erzeugen, beispielsweise Reflexionen, Wellen oder Farbänderungen. Das größte Konkurrenzprodukt ist übrigens DirectX von Microsoft, das eine sehr ähnliche Rolle spielt.

Auf Mobilgeräten kommt eine abgespeckte, optimierte Version von OpenGL zum Einsatz: OpenGL ES (Embedded Systems), in Android seit API-Level 8 in der Version 2.0, die übrigens zum Teil inkompatibel mit Version 1.0 ist. Deshalb erfordern alle modernen OpenGL-Spiele mindestens Android 2.2 (Froyo).

Android 4.3 unterstützt OpenGL ES 3.0, das aber nur zu Ihrer Information – da diese Version nicht flächendeckend verbreitet ist, beschäftigen wir uns nicht damit.

Falls Sie auf die Idee kommen sollten, sich direkt mit Androids OpenGL-Funktionen zu unterhalten, konsultieren Sie die zugehörige Dokumentation:

http://developer.android.com/guide/topics/graphics/opengl.html

Das ist aber nur für ausgemachte Experten und Bastel-Fetischisten zu empfehlen.

Glücklicherweise haben fleißige Entwickler Arbeitserleichterungen entwickelt, auf die Sie zurückgreifen können.

8.2.2 libgdx verwenden

Für dieses Kapitel habe ich eine Bibliothek ausgewählt, die sich (zumindest im 2D-Bereich) ausgezeichnet bewährt hat: *libgdx*.

Sie finden aktuelle Versionen von *libgdx* sowie die komplette Dokumentation in Form einer recht übersichtlichen Wiki unter *https://github.com/libgdx/libgdx/*. Achten Sie darauf, keine ältere Version als 0.9.9 zu verwenden, da es darin entscheidende Änderungen gab.

libgdx hat gegenüber anderen einen bedeutenden Vorteil: Sie funktioniert *plattformübergreifend*. Das bedeutet, dass Sie ohne erheblichen Zusatzaufwand dasselbe Spiel direkt auf dem PC oder gar im Browser laufen lassen können. Wie das konkret funktioniert, erkläre ich Ihnen am Ende des Kapitels, denn natürlich steht Android im Fokus.

Allerdings hat die Grundüberlegung einige Konsequenzen für die Projektstruktur. Ihr Projekt wird nämlich aus zwei Modulen bestehen: dem Android-Modul und dem Core-Game-Modul. Ersteres tut nicht viel mehr, als mittels *libgdx* Letzteres zu starten. Wenn Sie das Spiel auf weiteren Plattformen zum Laufen bringen wollen, bleibt das Core-Modul unverändert, und Sie müssen nur ein neues, sehr kleines plattformabhängiges Modul hinzufügen.

Leider macht diese Projektstruktur das Anlegen des Projekts in Android Studio nicht gerade einfacher.

Nur der erste Schritt ist gleich: Sie legen ein neues Android-Projekt an. Danach fügen Sie ein Modul hinzu (FILE • NEW MODULE), und zwar vom Typ Java Library (Abbildung 8.1).

8 Schnelle 2D-Spiele

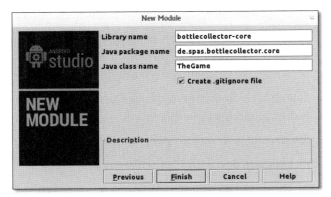

Abbildung 8.1 Fügen Sie für den eigentlichen Game-Code ein Java-Library-Modul hinzu.

Holen Sie sich als Nächstes die aktuelle Version von *libgdx* für Android (von *http:// libgdx.badlogicgames.com* oder aus dem Download-Paket). Extrahieren Sie aus dem Archiv die Core-Bibliothek *gdx.jar*, und legen Sie sie in einem Verzeichnis *libs* innerhalb des gerade erzeugten Core-Moduls ab. Erweitern Sie die Datei *build.gradle* wie folgt:

```
apply plugin: 'java'
sourceCompatibility = 1.6
dependencies {
    compile fileTree(dir: 'libs', include: '*.jar')
}
```

Während die Konfiguration der `sourceCompatibility` notwendig ist, damit später Androids `dex`-Compiler den erzeugten `core`-Code schluckt, macht die `dependencies`-Angabe die Bibliothek *gdx.jar* als Abhängigkeit bekannt.

Das *java*-Plugin von *Gradle* erzeugt übrigens beim Bau eine *jar*-Bibliothek und legt sie in ein Verzeichnis namens *build*.

Nun aber zunächst zum Android-Modul. Auch hier benötigen Sie ein *libs*-Verzeichnis. Kopieren Sie auch dort *gdx.jar* hinein, außerdem noch *gdx-backend-android.jar*.

libgdx für Android bringt *native Bibliotheken* mit, die Maschinencode enthalten, und zwar für zwei verschiedene Architekturen, daher gibt es die Dateien doppelt. Auch die müssen Sie dem Projekt hinzufügen. Dabei handelt es sich um vier Dateien, die Sie wie folgt in ein Verzeichnis *native* und ein Unterverzeichnis *lib* innerhalb des Android-Modulverzeichnisses legen:

native/lib/armeabi/libandroidgl20.so
native/lib/armeabi/libgdx.so
native/lib/armeabi-v7a/libandroidgl20.so
native/lib/armeabi-v7a/libgdx.so

Danach packen Sie mit einem ZIP-Tool Ihrer Wahl das Verzeichnis *zip* samt Inhalt zu einer Datei namens *native-gdx-libs.jar* und verschieben diese ins *libs*-Verzeichnis, wo schon die beiden gdx-jars liegen. Nur so ist es möglich, Android Studio die nativen Bibliotheken unterzujubeln.

Das geschieht jetzt im letzten Schritt durch folgende Ergänzung in der Datei build-gradle des Android-Moduls:

```
dependencies {
    compile 'com.android.support:appcompat-v7:18.0.0'
    compile fileTree(dir: 'libs', include: '*.jar')
    compile project(':bottlecollector-core')
    compile files('../bottlecollector-core/
                    build/libs/bottlecollector-core.jar')
}
```

Sie sehen, dass hier alle jars im *libs*-Verzeichnis eingebunden werden (also auch die nativen Bibliotheken), außerdem das Core-Projekt. Wählen Sie dann im Menü von Android Studio TOOLS • ANDROID • SYNC PROJECT WITH GRADLE FILES. Das sorgt dafür, dass das Studio die Einstellungen aus den Buildfiles übernimmt und auch zur Entwicklungszeit die eingestellte Abhängigkeit des Android-Projekts vom Core-Projekt kennt.

Beachten Sie, dass Sie an dieser Stelle ein- bis zweimal BUILD • REBUILD PROJECT ausführen müssen, damit alles wie gewünscht funktioniert.

8.2.3 Die libgdx-Activity

Das Android-Modul fällt minimalistisch aus, weil es nichts anderes ist als eine ziemlich leere Hülle um das eigentliche Spiel, das im core-Projekt verwirklicht wird.

Schauen Sie sich die MainActivity an:

MainActivity.java
```
public class MainActivity extends AndroidApplication {
    @Override
    protected void onCreate(Bundle savedInstanceState) {
        try {
            super.onCreate(savedInstanceState);
            AndroidApplicationConfiguration config =
                    new AndroidApplicationConfiguration();
            config.useAccelerometer = false;
            config.useCompass = false;
            config.useWakelock = true;
```

```
                config.useGL20 = true;
                initialize(new TheGame(), config);
        } catch(Exception e) {
            Log.e(getClass().getSimpleName(),
                "Exception: ",e);
        }
    }
}
```

Sie sehen, dass die `onCreate()`-Funktion lediglich ein Konfigurationsobjekt zusammenstöpselt und dies an die `initialize()`-Funktion der Basisklasse `AndroidApplication` übergibt.

Außerdem wird der Einsprungpunkt des Spiels festgelegt, nämlich die Klasse The-Game, die Sie in Kürze im Core-Modul implementieren werden.

Eine Spezialität gibt es noch zu beachten: Die `AndroidApplication` möchte standardmäßig sicherstellen, dass sich der Bildschirm nicht abschaltet, wenn der Nutzer das Spiel eine Weile aus der Hand legt. Damit das funktioniert, müssen Sie die betreffende Erlaubnis beantragen, und zwar im Android-Manifest:

```
<uses-permission android:name="android.permission.WAKE_LOCK" />
```

Alles Weitere geschieht nun im Core-Modul.

8.3 Sprites

Alle grafischen Objekte, beweglich oder nicht, sind *Sprites*. Ähnlich wie `ImageViews` benötigen Sie für jedes Sprite eine Grafik, allerdings gibt es ein paar Unterschiede:

- Grafiken für Sprites heißen Texturen.
- Alle Texturen müssen anfangs einmal geladen werden.
- Die zugehörigen Grafikdateien sollen im Verzeichnis assets liegen, nicht in res/drawable, da keine unterschiedlich hohen Auflösungen unterstützt werden.

Das ist jetzt ein guter Zeitpunkt, um die grafischen Elemente des Spiels zu malen. Greifen Sie dazu wieder zu *Inkscape*.

8.3.1 Game-Texturen erstellen

Sie benötigen die folgenden Texturen:

- Game-Logo
- Start-Button

- Mehrere Flaschen
- Bierkasten

Für Game-Logo und Start-Button benötigen Sie eine Schriftart. Suchen Sie sich eine aus; ich habe in den folgenden Beispielen »Plain Cred« verwendet.

Beachten Sie: Breite und Höhe aller Texturen müssen Potenzen von 2 sein, also beispielsweise 16, 32, 64, 128, 256 und so weiter.

Das Game-Logo besteht der Einfachheit halber aus den beiden flaschengrünen Worten »BOTTLE« und »COLLECTOR«. Damit der Schriftzug nicht zu banal aussieht, versehen Sie ihn mit einem Filter aus dem Vorrat von Inkscape: Besonders passend ist der Filter »Gefrorenes Glas« (FILTER • ÜBERSTEIGERTE SCHATTIERUNGEN • GEFRORENES GLAS). Sie können übrigens die genauen Einstellungen der Filter justieren, indem Sie das zugehörige Panel anzeigen (FILTER • FILTER BEARBEITEN). Exportieren Sie das Logo mit einer Größe von 256 × 128 Pixeln im PNG-Format. Nennen Sie die Zieldatei *logo.png* (Abbildung 8.2).

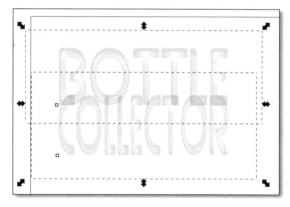

Abbildung 8.2 Schriftzug, Filter, fertig ist das Game-Logo.

Filter funktionieren wie alles andere in einem Vektorzeichenprogramm nicht-destruktiv. Sie können den Filter jederzeit wieder entfernen, und die Schrift sieht so aus wie vorher.

Als Nächstes produzieren Sie den Start-Button. Er soll aussehen wie ein Kronkorken. Dazu verwenden Sie das Sterne/Vielecke-Tool (Abbildung 8.3).

Auch für den Kronkorken gibt es einen passenden Filter: Emaille-Schmuck (zu finden im Untermenü MATERIALIEN). Sie müssen allerdings in den Filtereinstellungen die Basisfrequenz der Turbulenz auf 0 setzen (Abbildung 8.4).

Setzen Sie einen Start-Schriftzug auf den Kronkorken, und exportieren Sie ihn als *start.png* in der Größe 128 × 128.

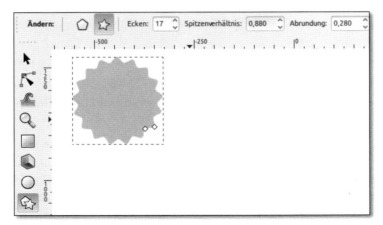

Abbildung 8.3 Ein Kronkorken entsteht. Wenn Ihnen eine Bierflasche begegnet, können Sie ja mal die Zacken nachzählen.

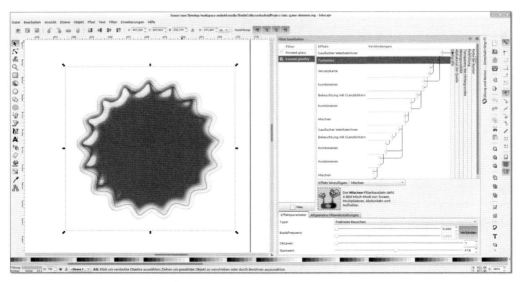

Abbildung 8.4 Der Materialeffekt »Emaille-Schmuck« alias »Enamel Jewelry« produziert einen glaubwürdigen Kronkorken.

Als Nächstes kommen wir zu den Flaschen. Beginnen Sie mit einem Rechteck, das Sie in einen Pfad umwandeln (PFAD • OBJEKT IN PFAD UMWANDELN). Verwenden Sie das Knoten-Tool, um zu den vier Eckpunkten weitere Knoten hinzuzufügen, und verschieben Sie sie so lange, bis das Ergebnis einer Flasche ähnelt (Abbildung 8.5). Dazu ist ein bisschen Geduld und Fingerspitzengefühl nötig.

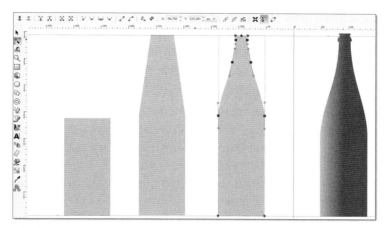

Abbildung 8.5 Verfeinern Sie nach und nach ein Rechteck zu einer Flasche.

Wählen Sie zum Füllen einen linearen Gradienten von hellbraun nach braun. Für die Flaschenvarianten kopieren Sie den Gradienten und ändern braun zu grün. Die Verlaufsrichtung des Gradienten stellen Sie ein, indem Sie bei aktivem Füllen-Panel erneut das Knoten-Tool aktivieren. Dann erscheint in der Mitte eine Linie mit einem Anfasser an jedem Ende, die die Verlaufsrichtung steuert. Setzen Sie den quadratischen Punkt in die Mitte der Flasche und den runden, der das »helle« Ende des Verlaufs markiert, an den Rand (Abbildung 8.6).

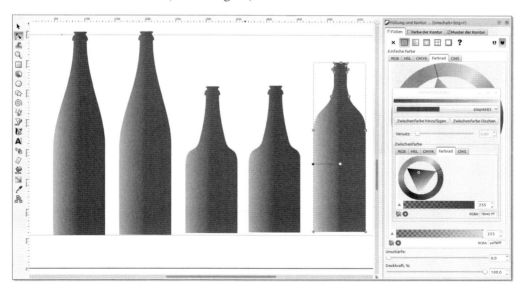

Abbildung 8.6 Verpassen Sie den Flaschen einen hübschen Gradienten. Wenn Sie möchten, können Sie Aufkleber Ihrer Lieblingssorten abfotografieren und aufkleben, denn Inkscape kann auch Pixelgrafiken importieren.

Exportieren Sie die Flaschen einzeln als *bottle1.png* bis *bottle6.png* mit einheitlicher Breite von 32 Pixeln. Im Spiel sollen alle Texturen der Einfachheit halber die gleiche Höhe haben. Verpassen Sie kleineren Flaschen also leere Pixel über dem Hals, damit alle Bilder gleichermaßen 128 Pixel hoch werden. Das geht am einfachsten mit GIMP (Menü BILD • LEINWANDGRÖSSE).

Fehlt nur noch der Bierkasten. Beginnen Sie mit einem dunkelgrünen Rechteck. Ein frisch aufgezogenes Rechteck besitzt rechts oben zwei runde Anfasser, mit denen Sie die Ecken abrunden können. Ziehen Sie ein zweites, kleineres Rechteck auf, und legen Sie es über das erste. Wählen Sie im Menü PFAD • DIFFERENZ, um das kleine aus dem größeren Rechteck auszustanzen. Benutzen Sie dann das Knoten-Tool, um den Ausschnitt realitätsgetreu zu gestalten. Aktivieren Sie den Filter DIFFUSES LICHT, zu finden unter FILTER • ABCs, und setzen Sie den Parameter STANDARDABWEICHUNG auf einen Wert von ungefähr 2, um eine hübsche Beleuchtungskante zu erhalten. Setzen Sie einen Schriftzug »BEER« auf den Kasten, und verformen Sie ihn mit dem wirklich praktischen Verformungs-Tool, so dass er genau auf die abgerundete Seite passt (Abbildung 8.7). Exportieren Sie den Kasten als *beercrate.png* mit einer Breite und Höhe von 128 Pixeln, indem Sie über dem Kasten Freiraum produzieren.

Abbildung 8.7 Zwei Rechtecke, etwas Fummelei, fertig ist der Bierkasten. Natürlich können Sie auch das Logo Ihrer Lieblingssorte anbringen oder ganz jugendfrei »LIMO« draufschreiben.

8.3.2 Pixelfonts erzeugen

Bevor Sie die Grafiken auf den Bildschirm bringen können, ist noch ein kleiner Schritt erforderlich. *libgdx* unterstützt nämlich keine TrueType-Schriftarten. Das wäre viel zu langsam. Sie müssen daher mit einem kleinen Tool einen *BMFont*-Pixelzeichensatz erzeugen. Der besteht aus einem Bild, in dem sich alle Buchstaben befinden, sowie einer Datei, in der steht, wo sich welches Zeichen befindet und wie groß es ist. Natürlich bedeutet das, dass Sie mehrere BMFonts verwenden müssen, wenn Sie unterschiedliche Schriftgrößen oder -farben verwenden wollen. Die drastisch höhere Performance entschädigt für diesen Aufwand.

Ein Tool namens *Hiero* bietet sich für dieses Prozedere an: Es ist in Java geschrieben und läuft daher auf jedem PC oder Mac. Hiero erlaubt es sogar, die Buchstaben mit einem Farbverlauf zu versehen – das ist genau der Arcade-Style, den wir gut gebrauchen können. Sie finden Hiero hier:

https://github.com/libgdx/libgdx/wiki/Hiero

Suchen Sie sich Ihren Lieblingszeichensatz aus, stellen Sie die gewünschten Farben ein, und wählen Sie im Menü FILE • SAVE BMFONT FILES (Abbildung 8.8). Legen Sie die beiden Dateien ins Verzeichnis *assets*.

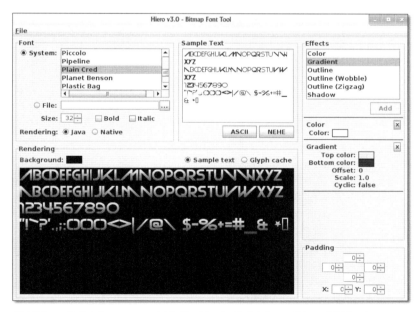

Abbildung 8.8 Hiero erzeugt für Ihr libgdx-Spiel den nötigen BMFont.

Genug den Pinsel geschwungen, jetzt wird gecodet!

8.4 Die UI implementieren

Alles, was bisher Activity hieß, heißt jetzt *Screen*. Jeder Screen benötigt einen Renderer, der den Bildschirm bemalt.

So könnte man vereinfacht das Konzept ausdrücken, das es jetzt zu bewältigen gilt. Die Grafik-Engine wird dann immer genau einen Screen anzeigen. Der eine Screen wird der StartScreen sein, der andere der GameScreen.

8.4.1 Die Game-Klasse

Die Fäden in der Hand hält die zentrale Klasse TheGame, die von der *libgdx*-Klasse Game erbt und wie folgt aussieht:

TheGame.java
```java
public class TheGame extends Game {
    private int lastScore;

    public void onGameOver(int score) {
        lastScore = score;
        showStartScreen();
    }

    @Override
    public void create() {
        showStartScreen();
    }

    private void startGame() {
        setScreen(new GameScreen(this));
    }

    private void showStartScreen() {
        setScreen(new StartScreen(lastScore,
                            new InputListener() {
            public boolean touchDown (InputEvent event,
                float x, float y, int pointer, int button) {
                    getScreen().dispose();
                    startGame();
                    return true;
                }
            }));
    }
}
```

Sie sehen, dass sich `TheGame` den letzten Punktestand merkt und ansonsten nur über zumeist recht übersichtliche Funktionen verfügt.

Der Einsprungpunkt für *libgdx* ist `create()`. Diese Funktion tut nichts anderes, als `showStartScreen()` aufzurufen, und genau dasselbe tut `onGameOver()`. Letztere Funktion wird später vom `GameScreen` aufgerufen, wenn das Spiel verloren ist. Wie aber gelingt die Umschaltung vom `StartScreen` zum `GameScreen`?

Schauen Sie sich die letzte Funktion der Klasse an. Sie erzeugt ein neues `StartScreen`-Objekt, dessen Konstruktor einen anonymen `InputListener` übergeben bekommt. Dieser `InputListener` reagiert auf ein Touch-Event, entsorgt den aktuellen Screen (den `StartScreen` also) und schaltet durch Aufruf von `startGame()` zum `GameScreen` um. Wie dieser Listener mit dem Start-Button verdrahtet ist, sehen Sie im nächsten Schritt.

8.4.2 Eine Bühne für Buttons

Der `StartScreen` ist die nächste Baustelle. Jeder `Screen` muss das gleichnamige Interface implementieren. Die entscheidende Funktion des Interfaces heißt `render()`. Die ruft *libgdx* so oft auf, wie es die Prozessorpower zulässt, um den Bildschirminhalt neu zu zeichnen – zu »rendern«. Üblicherweise programmiert man für diese zentrale Aufgabe je eine `Renderer`-Klasse pro `Screen`.

Glücklicherweise müssen Sie keinen eigenen Renderer schreiben, der Logo und Start-Button pixelgenau auf den Bildschirm bringt. Denn *libgdx* bringt für derart statische Bildschirme eine *Bühne* (*Stage*) mit, auf der grafische Objekte wie Buttons agieren können. Die zugehörige Klasse heißt wenig überraschend: `Stage`. Die `render()`-Funktion wird dadurch äußerst übersichtlich:

```
@Override
public void render(float v) {
    Gdx.gl.glClear(GL10.GL_COLOR_BUFFER_BIT);
    stage.act(Gdx.graphics.getDeltaTime());
    stage.draw();
}
```

Die Funktion löscht zunächst den Bildschirm und befiehlt am Ende der `Stage`, sich selbst zu zeichnen. Die mittlere Zeile übergibt der `Stage` die vergangene Zeit seit dem letzten Aufruf in Sekunden (der Parameter ist ein `float`) und ermöglicht ihr so, beispielsweise Animationen zu verarbeiten.

8.4.3 Bühne frei für die Tabelle

Unsere Stage soll eine Table enthalten, die wiederum in ihren Zellen grafische Objekte positioniert. Das funktioniert so ähnlich wie in Excel oder HTML: Sie können Objekte zentrieren oder anders positionieren, Sie können die Anzahl der Spalten und Zeilen festlegen. Tabellenzellen können sich sogar über mehrere Spalten erstrecken, wenn nötig.

Es bietet sich an, die Tabelle im Konstruktor des StartScreen-Objekts zusammenzubauen und dann der Stage hinzuzufügen.

Das sieht dann wie folgt aus:

```
public StartScreen(int lastScore, InputListener listener) {
    super();
    this.listener = listener;
    stage = new Stage();
    Gdx.input.setInputProcessor(stage);
    Table table = new Table();
    table.setFillParent(true);
    ...
    stage.addActor(table);
}
```

Hier treffen Sie wieder den InputListener, der von TheGame implementiert wird. Er wird hier zunächst nur in einem Attribut gespeichert, verdrahtet wird er später.

Ansonsten legt der Konstruktor die Stage an, weist sie *libgdx* als InputProcessor zu, damit Touch-Events bei der Stage landen, und schraubt eine Table in die Stage. Zunächst ist diese Tabelle leer, aber Sie ahnen sicher schon, wozu die drei Punkte im Listing stehen.

8.4.4 Styles für Tabelleninhalte

Bevor Sie die Tabelle mit ihren Inhalten erzeugen, brauchen Sie einen LabelStyle. Der dient dazu, dem grafischen Objekt, das den Score darstellen soll, ein hübsches Aussehen zu verpassen. Genau genommen ist es der bereits vorbereitete Zeichensatz, der hier zur Anwendung kommt. Denn der LabelStyle erhält nichts anderes als ein BitmapFont-Objekt:

```
Label.LabelStyle skin = new Label.LabelStyle();
skin.font = new BitmapFont(
            Gdx.files.internal("plaincred.fnt"),
            Gdx.files.internal("plaincred.png"), false);
```

Anzugeben sind hier die Dateinamen der Font-Metadaten (*.fnt*) und der Bitmap mit den Buchstaben drin (*.png*).

Sie brauchen einen weiteren Style für den Start-Button. Für den haben Sie ja bereits eine Grafik vorbereitet, die dem ButtonStyle als »up«-Style zugewiesen wird:

```
Button.ButtonStyle buttonStyle = new Button.ButtonStyle();
buttonStyle.up = new TextureRegionDrawable(
    new TextureRegion(
        new Texture(Gdx.files.internal("start.png"))));
```

Jetzt können Sie endlich damit beginnen, die Tabelle zu füllen. Beginnen Sie mit dem Textobjekt (Label) für den Score:

```
Label labelScore = new Label(String.format("%07d",lastScore), skin);
table.add(labelScore).center();
table.row();
```

Der Konstruktor der Klasse Label nimmt den Inhalt als String und den LabelStyle entgegen. Falls Sie den ersten Parameter der Funktion String.format() nicht kennen: Dabei handelt es sich um eine Formatierungsanweisung (daher das %-Zeichen) für eine Dezimalzahl (daher das d). Die Ziffern 0 und 7 sorgen dafür, dass die übergebene Zahl auf sieben Stellen erweitert wird, und zwar mit führenden Nullen.

Fügen Sie das Label der Tabelle hinzu, und zentrieren Sie es. Praktischerweise liefert jeder Aufruf – egal ob add() oder center() – das Objekt wieder zurück, so dass Sie die Funktionen leicht verketten können. Schließlich beendet table.row() die Zeile.

Die nächste Zeile der Tabelle soll das Spiel-Logo zeigen und den größten Teil des Bildschirms in Anspruch nehmen. Produzieren Sie dazu ein Image-Objekt:

```
Image imageLogo = new Image();
imageLogo.setDrawable(new TextureRegionDrawable(
    new TextureRegion(
        new Texture(Gdx.files.internal("logo.png")))));
table.add(imageLogo).expand().fillX();
table.row();
```

Verwechseln Sie nicht die libgdx-Drawables mit Android-Drawables!

Die Aufrufe expand() und fillX() sorgen dafür, dass Tabellenzelle und Image so groß wie möglich werden.

Fehlt nur noch der Start-Button:

```
buttonStart = new Button(buttonStyle);
buttonStart.addListener(listener);
table.add(buttonStart).center().padBottom(50);
```

Der Button ist schnell erzeugt. Hier kommt auch endlich der Listener zum Einsatz. Der allerletzte Aufruf `padBottom()` sorgt für 50 Pixel Abstand nach unten.

Es gibt noch zwei Stolperfallen, die Sie jetzt beachten müssen. Erstens kennt die Stage bisher ihre eigene Größe in Pixeln noch nicht. Sie müssen ihr diese verraten. Dazu implementieren Sie die Funktion `resize()` des Screens, die mindestens einmal aufgerufen wird.

```
@Override
public void resize(int width, int height) {
    stage.setViewport(width, height, true);
}
```

Die Funktion erfüllt ihren Zweck, indem sie die Größenangabe an die Stage weiterreicht.

Fehlen noch gewisse Aufräumarbeiten. Implementieren Sie dazu die Funktion `dispose()`:

```
@Override
public void dispose() {
    buttonStart.removeListener(listener);
    stage.dispose();
}
```

Wenn der `StartScreen` entfernt wird, müssen Sie den Listener vom Button entfernen, da der Ihnen ansonsten fleißig weiter Ereignisse liefert, selbst wenn Screen oder Stage gar nicht mehr zu sehen sind. Die Stage selbst wird bei dieser Gelegenheit gleich komplett entsorgt.

Damit Sie bei der Formatierung von Tabellen nicht im Dunkeln tappen, gibt es ein praktisches Debug-Feature, das Ihnen die Begrenzungslinien der Zellen zeigt. Fügen Sie dazu in der Render-Funktion folgende Zeile ein:

```
Table.drawDebug(stage);
```

Schalten Sie das Debug-Feature am Ende des Konstruktors an:

```
table.debug();
```

Das Resultat zeigt Ihnen Abbildung 8.9.

Damit ist der `StartScreen` fertig – Zeit, sich endlich um das eigentliche Spiel zu kümmern.

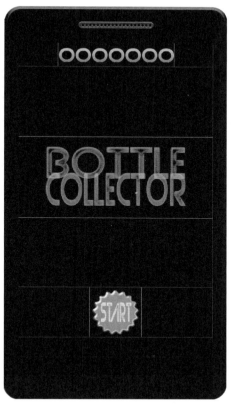

Abbildung 8.9 »Table.drawDebug()« zaubert hilfreiche Linien auf die Bühne.

8.5 Der GameScreen

Wie nicht anders zu erwarten, wird der GameScreen die umfangreichste Klasse des Spiels. Natürlich sollten Sie bei komplexeren Spielen die anstehenden Aufgaben aufteilen. Beispielsweise eignet sich für Spiele mit umfangreichen Inhalten ein Model-View-Controller-Entwurfsmuster, in dem die Spieldaten (Model), die Ansicht (Screen bzw. Renderer) sowie die eigentliche Spielmechanik (Controller und Game-Engine) strikt voneinander getrennt sind. In unserem einfachen Beispiel soll sich aber eine Klasse um alles kümmern.

8.5.1 Eine Flaschen-Klasse

Auch die Klasse GameScreen implementiert das Interface Screen, und zwar die Funktionen render(), resize() und dispose(). Zusätzliche Funktionen sind für die Spielmechanik vonnöten, außerdem brauchen Sie eine Klasse, um die Eigenschaften der fallenden Flaschen zu speichern. Fangen Sie damit an:

```
class Bottle {
    float x, y;
    float vx,vy;
    int type;
    int value;
}
```

Das ist eine sehr simple, funktionslose Klasse (ein *POJO*, *Plain Old Java Object*), die Position (x, y), Geschwindigkeit (vx, vy), Typ und Wert (in Punkten) speichert.

Übrigens kommt auch der `GameScreen` nicht ohne eine `Stage` aus, denn es gibt keine einfachere Möglichkeit, Dinge wie Punktzahl oder verbleibenden Durst anzuzeigen, als mit `Labels`. Diese Stage wird in der `render()`-Funktion später einfach als Letztes über den eigentlichen Spielelementen gezeichnet.

Da Sie schon wissen, wie so eine `Stage` funktioniert, werde ich der Übersicht halber auf den zugehörigen Code nicht eingehen. Stattdessen sind jetzt ein paar Vorüberlegungen fällig.

8.5.2 Elemente der Spielwelt

Woraus besteht die Welt in unserem Spiel?

- Unsere Bierkiste, die sich an einer bestimmten Stelle auf dem Bildschirm befindet
- Eine (nahezu) beliebige Anzahl unterschiedlicher Flaschen, die sich jeweils mit einer gewissen Geschwindigkeit von oben nach unten bewegen und die verschiedene Punktzahlen bringen und den Durst mehr oder weniger stark löschen
- Eine Punktzahl
- Ein Durst-Anzeiger in Form eines Balkens

Sie sehen sofort, welche Bilder Sie benötigen: Flaschen und Bierkasten. Außerdem brauchen Sie natürlich eine Schriftart und ein paar Texte.

Überlegen Sie als Nächstes, welche Interaktionen es innerhalb des `GameScreens` gibt:

- Touch: Der Bierkasten soll dem Finger in horizontaler Richtung folgen, ohne zu teleportieren, d. h., er bewegt sich Richtung Finger, aber mit einer bestimmten Höchstgeschwindigkeit.
- Wenn der Bierkasten eine Flasche berührt, gilt die Flasche als gefangen. Der Spieler erhält Punkte, und sein Durst verringert sich.
- Wenn eine Flasche nicht gefangen wird und den Bildschirm nach unten hin verlässt, wird sie entfernt.
- Ständig werden neue Flaschen generiert.
- Regelmäßig wird der Durst erhöht. Überschreitet er das vorgegebene Maximum, ist das Spiel zu Ende.

Der allerletzte Punkt dieser Aufzählung verrät Ihnen, dass der GameScreen eine Referenz auf TheGame benötigt, um darin die Funktion onGameOver() aufzurufen. Nach diesen Vorüberlegungen können Sie damit beginnen, die Klasse GameScreen zu schreiben.

8.5.3 Den GameScreen implementieren

Überreichen Sie dem Konstruktor die Referenz auf TheGame:

```
public GameScreen(TheGame theGame) {
    this.theGame = theGame;
```

Bereiten Sie als Nächstes die Texturen für die Flaschen und den Bierkasten (englisch: *crate*) vor:

```
texture = new Texture[BOTTLE_TYPES];
for(int i=0; i<BOTTLE_TYPES; i++) {
    texture[i] = new Texture(Gdx.files.internal("bottle"
        + Integer.toString(i+1)+".png"));
}
texCrate = new Texture(Gdx.files.internal("beercrate.png"));
```

Die Anzahl der Flaschenvarianten ist eine Konstante. Die Texturen sucht die Funktion unter vorgegebenen Dateinamen beginnend mit *bottle1.png*.

Zum Zeichnen der Flaschen und des Kastens – also der Sprites – benötigen Sie ein SpriteBatch-Objekt, das Sie jetzt anlegen müssen:

```
batch = new SpriteBatch();
```

Jetzt brauchen Sie nur noch eine Kamera:

```
camera = new OrthographicCamera();
camera.setToOrtho(false, VIEWPORT_WIDTH, VIEWPORT_HEIGHT);
```

Die Konstanten sind:

```
public static final int VIEWPORT_WIDTH = 800;
public static final int VIEWPORT_HEIGHT = 1280;
```

Damit sind aber keine Pixel gemeint!

An dieser Stelle kommen nämlich virtuelle Koordinaten ins Spiel, die später beim Zeichnen auf Pixelkoordinaten umgerechnet werden. Auf diese Weise kann die Spielmechanik unabhängig von der Bildschirmauflösung arbeiten. Der Einfachheit halber werden hier verschiedene Seitenverhältnisse außen vor gelassen, so dass das Spiel auf einem länglichen Bildschirm gestreckt aussieht.

Schließlich initialisieren Sie den Durst:

```
thirst = START_THIRST;
```

Und ein Trinkgeräusch darf nicht fehlen:

```
sound = Gdx.audio.newSound(Gdx.files.internal("gulp.ogg"));
```

Unter *libgdx* funktionieren Soundeffekte etwas anders als bisher besprochen. Sie erzeugen einfach ein Soundobjekt und spielen es bei Bedarf ab.

Jetzt kommen wir zur Render-Funktion. Die `render()`-Funktion wird von *libgdx* so oft wie möglich aufgerufen, um den Bildschirm neu zu zeichnen. Je öfter das pro Sekunde möglich ist, umso höher ist die Framerate und umso gleichmäßiger wirken Bewegungen.

8.5.4 Bierflaschen zeichnen

Entscheidend für die Bewegung der Bierflaschen ist es, die Zeit seit dem letzten Render-Vorgang zu kennen. Diesen Wert beschaffen Sie sich als Erstes:

```
@Override
public void render(float v) {
    float t = Gdx.graphics.getDeltaTime();
```

Die Einheit von `t` ist eine Sekunde.

Zeichnen Sie die Flaschen wie folgt:

```
Gdx.gl.glClear(GL10.GL_COLOR_BUFFER_BIT);
batch.begin();
for(Bottle bottle : bottles) {
    batch.draw(texture[bottle.type], bottle.x, bottle.y,
        BOTTLE_WIDTH, BOTTLE_HEIGHT);
}
batch.draw(texCrate, crateX, crateY, CRATE_WIDTH, CRATE_HEIGHT);
batch.end();
```

Die erste Zeile kennen Sie schon vom `StartScreen`: Sie löscht den Bildschirm. Es folgt das Zeichnen des `SpriteBatch`, markiert durch ein `batch.begin()`. Jede Flasche wird mit der zugehörigen Textur gezeichnet. Die angegebenen Koordinaten sind Pixelkoordinaten. Wie diese berechnet werden, diskutieren wir im Anschluss. Zunächst ist noch der Bierkasten zu zeichnen und das Batch zu beenden.

Über die ganzen Flaschen wird jetzt noch die `Stage` gezeichnet. Natürlich müssen Sie zunächst den Inhalt der `Labels` aktualisieren:

```
labelScore.setText(String.format("%07d",score));
String s="THIRST ";
for(int i=0; i<thirst/10; i++) s+="=";
labelThirst.setText(s);
stage.act(Gdx.graphics.getDeltaTime());
stage.draw();
```

Jetzt kommt der fehlende Part: die eigentliche Spielmechanik.

8.5.5 Bewegungen implementieren

Da die Render-Funktion dauernd aufgerufen wird, erübrigt es sich, einen Scheduler laufen zu lassen, wie das in anderen Beispielen geschah. Verwenden Sie einfach die verstrichene Zeit seit dem letzten Render-Aufruf, um die Bewegung der Flaschen zu steuern, indem Sie an den Anfang von render() Folgendes setzen:

```
float t = Gdx.graphics.getDeltaTime();
moveBottles(t);
moveCrate(t);
time += t;
if(time-lastBottleStartTime > BOTTLE_START_INTERVAL) {
    createBottle();
    lastBottleStartTime = time;
}
thirst += t*(THIRST_PER_SECOND + time*THIRST_INCREMENT_PER_SECOND);
```

Sowohl Flaschen als auch Bierkasten werden in eigenen Funktionen bewegt, dann wird die Gesamtzeit aufaddiert und alle BOTTLE_START_INTERVAL Sekunden eine neue Flasche erzeugt. Schließlich wird der Spieler immer durstiger – wobei der letzte Summand in der Klammer bewirkt, dass der Durst beschleunigt ansteigt.

Das ist wichtig, weil jedes Spiel mit der Zeit immer schwieriger werden muss. In diesem Fall wird es sogar unmöglich, das Spiel endlos zu spielen, weil der Durst immer schlimmer wird, aber immer gleich viele Flaschen generiert werden.

Fügen Sie bei dieser Gelegenheit die Bedingung für »Game Over« ein:

```
if(thirst>MAX_THIRST) gameOver();
```

Jetzt müssen Sie nur noch die drei oben aufgerufenen Funktionen mit Leben füllen. Beginnen Sie mit der einfachsten:

```
private void moveCrate(float t) {
    if(Gdx.input.isTouched()) {
        if(Gdx.input.getX() < crateX+CRATE_WIDTH/2)
            crateX -= CRATE_SPEED * t;
```

```
            if(Gdx.input.getX() > crateX+CRATE_WIDTH/2)
                crateX += CRATE_SPEED * t;
        }
    }
```

Die Funktion, die den Bierkasten bewegt, tut nur etwas, wenn ein Finger den Bildschirm berührt (isTouched()). Falls der Finger links vom Bierkasten ist, wird dessen horizontale Position verringert, sonst erhöht. Die Änderung ist das Produkt aus der konstanten Geschwindigkeit des Bierkastens und der verstrichenen Zeit t.

Beachten Sie, dass crateX den linken Rand des Bierkastens meint, daher muss zum Vergleich mit der Fingerposition die halbe Breite des Kastens CRATE_WIDTH addiert werden.

Schreiben Sie als Nächstes createBottle():

```
private void createBottle() {
    Bottle b = new Bottle();
    b.type = rnd.nextInt(BOTTLE_TYPES);
    b.x = rnd.nextInt(Math.round(width-BOTTLE_WIDTH));
    b.y = height;
    int add = rnd.nextInt(Math.round(BOTTLE_VY_RND
                    + BOTTLE_VY_RND_PER_SECOND*time));
    b.value = add;
    b.vy = -scaleY(BOTTLE_VY+ add);
    b.vx = 0;
    bottles.add(b);
}
```

Diese Funktion erzeugt ein neues Bottle-Objekt und initialisiert es mit mehr oder weniger zufälligen Werten. Der Zufallswert add wird zu Punktzahl und Geschwindigkeit hinzugefügt, so dass schnellere Flaschen mehr Punkte gewähren.

Achten Sie auf das Minus-Zeichen: Bei *libgdx* ist der Nullpunkt links unten, die Flaschen bewegen sich also mit negativer Y-Komponente der Geschwindigkeit. Apropos Bewegung:

```
private void moveBottles(float t) {
    Iterator<Bottle> i = bottles.iterator();
    while(i.hasNext()) {
        Bottle b = i.next();
        b.x += b.vx*t;
        b.y += b.vy*t;
        if(b.x >= crateX
            && b.x+scaleX(BOTTLE_WIDTH)<=crateX+CRATE_WIDTH
            && b.y<crateY+CRATE_HEIGHT/4) {
```

```
            ...
        } else {
            if(b.y < 0) {
                i.remove();
            }
        }
    }
}
```

Hier passiert der Rest. In einer Schleife über einen Iterator wird jede Flasche bewegt. Obwohl vx derzeit immer 0 ist, die Flaschen also nur senkrecht fallen können, berücksichtigen wir die Horizontale hier mit. Man weiß ja nie, wann jemand auf die Idee kommt, Flaschen schräg zu werfen.

Die beiden if-Abfragen ermitteln den Fang mit dem Kasten und das Verlassen des Bildschirms nach unten (y < 0). Damit Sie innerhalb der Schleife einen Eintrag aus der Flaschensammlung löschen dürfen, brauchen Sie den Iterator und können keine einfache for-Schleife verwenden.

Der Fang-Fall besteht im obigen Listing der Übersicht halber nur aus drei Auslassungspunkten, hier der zugehörige Code:

```
sound.play();
score += b.value;
thirst -= THIRST_DEC_PER_BOTTLE;
if(thirst<0) thirst=0;
i.remove();
```

Keine komplizierte Sache: Der Sound wird abgespielt, die Punkte werden addiert, der Durst wird verringert (aber höchstens bis runter auf 0) und die Flasche entfernt.

So gut wie fertig!

Zur Umrechnung von virtuellen Koordinaten auf Pixelkoordinaten benötigen Sie die Bildschirmgröße in Pixeln, die Ihnen bei resize() von *libgdx* geliefert wird:

```
@Override
public void resize(int width, int height) {
    this.width= width;
    this.height= height;
    init();
}
```

Die Funktion init() setzt den Bierkasten in die Mitte und die verstrichene Zeit zurück:

```
private void init() {
    crateX = width/2 - CRATE_WIDTH/2;
    crateY = CRATE_Y;
    time = 0;
}
```

Bleiben die nötigen Aufräumarbeiten:

```
@Override
public void dispose() {
    batch.dispose();
}
```

Und schließlich der Rückruf an `TheGame`, wenn das Spiel zu Ende ist. Dabei ist die erreichte Punktzahl mitzugeben:

```
private void gameOver() {
    theGame.onGameOver(score);
}
```

Insgesamt kommt die Klasse mit 230 Zeilen aus und das ganze Spiel mit drei Klassen (zuzüglich der `MainActivity` im Android-Modul). Das ist nur möglich, weil Ihnen *libgdx* eine Menge Arbeit abnimmt.

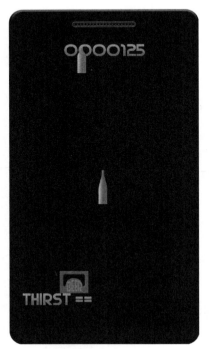

Abbildung 8.10 Die Flaschensammlung kann beginnen.

Besonders beeindruckend sieht das Spiel freilich noch nicht aus (Abbildung 8.10). Ich zeige Ihnen an einem einfachen Beispiel, wie Sie das ändern können.

8.6 Partikelsysteme

Sicher ist Ihnen schon aufgefallen, dass Ihnen viele Spiele ein kleines Feuerwerk zeigen, wenn Sie erfolgreich eine Aufgabe gelöst haben. Fast jeder Mensch liebt Feuerwerk. Also spielt er weiter, um mehr Feuerwerk zu sehen. Eine ziemlich simple Methode, aber sie funktioniert. Was liegt also näher, als Ihrem Flaschensammler ein Feuerwerk zu präsentieren, immer wenn er eine Flasche senkt? Klare Sache: gelbe Blubberbläschen und Bierschaum.

Egal ob Feuerwerk, Feuer, eine Explosion, Seifenblasen oder eben die Bläschen: All das funktioniert mit Partikelsystemen.

8.6.1 Ein Partikelsystem entsteht

Partikelsysteme sind kleine Grafik-Engines, die eine Vielzahl von Bildern auf bestimmte Weise bewegen. Üblicherweise gibt es mindestens einen Partikel-Emitter, der die Bildchen mit einer gewissen Startgeschwindigkeit ausspuckt. Dann lässt man die Bildchen über ihre Lebensdauer hinweg verblassen, verkleinern und die Richtung ändern. Mit diesen recht einfachen Regeln lassen sich überzeugende Effekte darstellen.

Leider hat die Dokumentation von *libgdx* in dieser Hinsicht etwas Nachholbedarf. Aber Sie haben ja dieses Buch gekauft, das Ihnen jetzt alles Nötige erklären wird.

Partikelsysteme werden nicht programmatisch zusammengebaut, sondern mit einem praktischen Editor. Der ist aber erst nutzbar, wenn man es geschafft hat, ihn zu starten, was nicht ganz so einfach ist. Der Particle Editor steckt nämlich tief in den *libgdx*-Bibliotheken, und Sie brauchen eine etwas kompliziertere Java-Kommandozeile, um ihn aufzurufen. Um die Sache zu vereinfachen, habe ich dem Download-Paket ein passendes *.bat*-File und ein *.sh*-File (für Linux/Mac OS) hinzugefügt. Sie finden das zugehörige Verzeichnis unter dem Namen *libgdx*.

Starten Sie den Partikel-Editor mit der für Ihr PC-System passenden Kommandozeile. Sofort werden Sie mit einer Art Freudenfeuer begrüßt, aber Feuer ist nicht das, was wir brauchen. Wie gut, dass wir eine Blubberblase aus dem Seifenblasen-Projekt haben. Färben Sie sie einfach gelb ein, und speichern Sie sie in einer Größe von 32 × 32 Pixeln in den *assets* des aktuellen Projekts. Dann laden Sie sie in den Partikel-Editor, indem Sie auf den OPEN-Button drücken. Stellen Sie die Parameter ungefähr so ein wie in Abbildung 8.11.

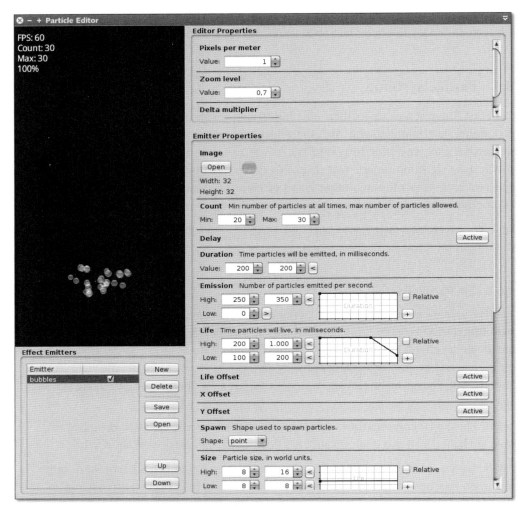

Abbildung 8.11 Einen hübschen Blubberbläschen-Effekt liefert der Partikel-Editor. Achten Sie auf die Größe und Lebensdauer.

Speichern Sie den Effekt mit dem SAVE-Button unter dem Namen *bubbles.pe* im *assets*-Verzeichnis, in dem auch das *PNG* des Bläschens liegt.

Wenn Sie auf die neue Datei in Android Studio doppelklicken, sehen Sie, dass sie in einem durchaus lesbaren Format vorliegt. Kleine Änderungen können Sie also leicht machen, ohne den Partikel-Editor anwerfen zu müssen, der zudem manchmal etwas hakelig läuft.

Prüfen Sie in der letzten Zeile, ob die Referenz auf die Bilddatei korrekt ist: Sie darf keine Pfadangabe enthalten.

8.6.2 Bläschen im GameScreen

Jetzt können Sie das Partikelsystem in den `GameScreen` einbauen. Legen Sie das nötige Objekt als Attribut an:

```
private ParticleEffect particleEffect;
```

Erzeugen und laden Sie das Objekt im Konstruktor:

```
particleEffect = new ParticleEffect();
particleEffect.load(Gdx.files.internal("bubbles.pe"),
    Gdx.files.internal(""));
```

Der zweite Parameter der `load()`-Funktion ist ein optionaler anderer Pfad für die Bilddatei. In einem umfangreicheren Projekt ist es nämlich sinnvoll, für Bilder, Effekte, Schriftarten usw. je ein Unterverzeichnis in *assets* anzulegen.

Da der Effekt im Hintergrund der anderen Spielobjekte dargestellt werden soll, schreiben Sie folgende Zeile direkt hinter `batch.begin()`:

```
particleEffect.draw(batch, t);
```

Der Effekt soll beim Fangen einer Flasche ablaufen, also schreiben Sie folgende zwei Zeilen in den entsprechenden `if`-Zweig:

```
particleEffect.setPosition(crateX+CRATE_WIDTH/2,
    crateY+CRATE_HEIGHT/4);
particleEffect.start();
```

Vergessen Sie nicht, in der `dispose()`-Funktion aufzuräumen:

```
particleEffect.dispose();
```

Fertig ist der Bubble-Effekt (Abbildung 8.12). Natürlich können Sie nach Lust und Laune den Effekt modifizieren oder weitere hinzufügen, bis auch der letzte Spieler immer durstiger wird. Viel Spaß dabei!

8 Schnelle 2D-Spiele

Abbildung 8.12 Zum Wohl! Die Blubberbläschen steigern die Attraktivität des Spiels deutlich.

8.7 Flaschenfang auf dem Desktop

Ich hatte Ihnen ja versprochen, das *libgdx*-Spiel ohne großen Aufwand auf andere Plattformen zu portieren. Sie werden staunen, wie einfach das geht. Zunächst lassen wir das Spiel unter Java auf dem Desktop laufen.

8.7.1 Eine Java-Bibliothek

Dazu fügen Sie Ihrem Projekt ein neues Modul hinzu. Wählen Sie als Typ *Java-Bibliothek*, und geben Sie im zweiten Schritt die gewünschten Parameter ein (Abbildung 8.13).

Abbildung 8.13 Erzeugen Sie das Desktop-Modul als Java Library.

Legen Sie ein Verzeichnis *libs* an, und kopieren Sie aus der *libgdx*-Distribution drei Bibliotheken hinein:

- *gdx-backend-lwjgl.jar*
- *gdx-backend-lwjgl-natives.jar*
- *gdx-natives.jar*

Kopieren Sie das Verzeichnis *assets* aus dem Android-Modul herüber, und zwar ins Verzeichnis *main*. Wenn Sie unter einem Unix-artigen Betriebssystem arbeiten, können Sie stattdessen einen symbolischen Link setzen, da wir an den Dateien nichts ändern werden.

8.7.2 Die Gradle-Datei manipulieren

Etwas komplizierter gestaltet sich die Datei *build.gradle*:

build.gradle
```
apply plugin: 'java'
apply plugin: 'application'

sourceCompatibility = 1.6
```

```
dependencies {
    compile fileTree(dir: 'libs', include: '*.jar')
    compile project(':bottlecollector-core')
    compile files('../bottlecollector-core/build/libs/
                            bottlecollector-core.jar')
}

sourceSets {
    main {
        java {
            srcDir 'src/main/java'
        }
        resources {
            srcDir 'src/main/assets'
        }
    }
}

mainClassName = "de.spas.bottlecollector.Main"
```

Die dependencies-Deklaration sorgt dafür, dass core und jars berücksichtigt werden.

Das Plugin application ermöglicht es, eine Java-Anwendung zu erzeugen. Die sourceSets-Definition macht *Gradle* den Aufenthaltsort von Quellcode und assets bekannt, die letzte Zeile legt die auszuführende Main-Klasse fest.

8.7.3 Die Main-Klasse für die Desktop-Version

Die zentrale Klasse der Desktop-Version des Spiels müssen Sie natürlich noch implementieren. Android Studio hat Ihnen eine leere Klasse bereits erzeugt, füllen Sie sie wie folgt mit der nötigen main()-Funktion:

```java
public class Main {
    public static void main(String[] args) {
        LwjglApplicationConfiguration cfg =
                    new LwjglApplicationConfiguration();
        cfg.title = "Bottle Collector";
        cfg.width = 480;
        cfg.height = 800;
        new LwjglApplication(new TheGame(), cfg);
    }
}
```

Sie sehen, dass hier nicht viel mehr passiert als in der Android-Version: Ein Konfigurationsobjekt wird erstellt und gefüllt, in diesem Fall mit der gewünschten Fenstergröße und dem Fenstertitel. Schließlich wird die `LwjglApplication` erzeugt, unter Angabe der `TheGame`-Klasse aus dem `core`-Projekt und der vorbereiteten Konfiguration.

Zum Starten des Spiels verwenden Sie die Kommandozeile. Wechseln Sie ins Wurzelverzeichnis Ihres Projekts, und tippen Sie:

`./gradlew run`

In weniger als einer Sekunde öffnet sich das Fenster, und Sie können sofort spielen. Grafik, Sound, Partikeleffekt – alles da!

Wenn Sie das Spiel auf einem weiteren Rechner installieren wollen, müssen Sie zunächst ein Distributionsarchiv erstellen:

`./gradlew distZip`

Resultat ist eine ZIP-Datei, die auf jedem Rechner leicht entpackt werden kann. Es gibt ein *bin*-Verzeichnis mit einem Unix-Startskript und einem für die Windows-Welt. Ein Doppelklick genügt, um das Spiel zu starten, einzige Voraussetzung ist eine vorhandene Java-Installation.

8.8 Flaschenfang als Browser-Game

Sowohl die Desktop-Version als auch so gut wie jede Steuererklärung sind leichter gemacht als die Browser-Version eines *libgdx*-Spiels.

Nun, diese Aussage ist vielleicht etwas übertrieben. Auf jeden Fall geht es nicht ohne Hilfe von Google, genauer: dem *Google Web Toolkit*, *GWT*. Dabei handelt es sich um eine Sammlung aus Bibliotheken und Tools, die nichts weniger tut, als simplen Java-Code in eine Web-Applikation umzuwandeln, die aus einer serverseitigen Komponente und *JavaScript* besteht, das später vom Browser ausgeführt wird. Wenn Sie sich vor Augen halten, dass *GWT* dazu nicht nur Ihren, sondern auch Teile des *libgdx*-Codes in JavaScript umwandeln muss und dass Android Studio leider (im Gegensatz zum Stammvater *IntelliJ*) keine komfortable GWT-Unterstützung mitbringt, verstehen Sie schnell, warum die ganze Angelegenheit ein bisschen kompliziert ist.

8.8.1 Ein GWT-Modul

Funktionen, die JavaScript nicht beherrscht, muss GWT emulieren, und dem sind Grenzen gesetzt.

Eine dieser Grenzen ist die Funktion `String.format()`, die im Spiel an zwei Stellen verwendet wird. Es gibt zwar Möglichkeiten, das anderweitig nachzubauen, aber wir wählen den Weg des geringsten Widerstands und ersetzen die formatierte Ausgabe durch ein einfaches Integer.toString():

```
String formatted = Integer.toString(score);
labelScore.setText(formatted);
```

So viel zu den Vorarbeiten am vorhandenen Programmcode.

Jetzt müssen Sie ein weiteres Modul anlegen. Dessen Name soll lauten: BottleCollectorGWT. Auch dieses Modul wird eine Java Library. Allerdings wird nach dem Anlegen des Moduls kein Stein auf dem anderen bleiben, weil GWT einige Besonderheiten erfordert. Löschen Sie daher das automatisch erzeugte *src*-Verzeichnis.

Sicher ist Ihnen klar, dass Sie nicht nur die GWT-spezifischen *libgdx*-Bibliotheken benötigen, sondern auch deren Sourcecode, denn GWT muss den ja nach JavaScript übersetzen.

Glücklicherweise enthält die *libgdx*-Distribution alles, was Sie benötigen. Kopieren Sie also *gdx-sources.jar* ins *libs*-Verzeichnis des Core-Projekts sowie *gdx-backend-gwt.jar* und *gdx-backend-gwt-sources.jar* in ein neues *libs*-Verzeichnis des GWT-Moduls.

Dorthin gehören außerdem die GWT-Bibliotheken *gwt-dev.jar* und *gwt-user.jar*. Beide finden Sie in der GWT-Distribution unter *http://www.gwtproject.org/download.html* – und natürlich im Download-Paket.

Legen Sie jetzt direkt im Verzeichnis des neuen Moduls nacheinander den folgenden Verzeichnisbaum an:

src/de/spas/bottlecollector/client

GWT erfordert es, dass der Einsprungpunkt in einem Package namens client liegt, das wiederum unterhalb des Packages der Applikation hängt.

Deklarieren Sie das Verzeichnis *src* in Android Studio als Java-Code-Verzeichnis, indem Sie mit F4 die Modul-Settings aufrufen, auf der Seite SOURCES *src* markieren und den SOURCES-Button am oberen Rand drücken. Fügen Sie bei den Dependencies wie schon bei der Desktop-Version das *bottlecollector-core.jar* hinzu sowie die Bibliotheken *gdx* und *gdx-backend-gwt*. Die GWT-Bibliotheken müssen Sie wohlgemerkt nicht hinzufügen, da sie vom vorhandenen Code nicht referenziert werden.

8.8.2 Die Main-Klasse der GWT-Version

Jetzt können Sie die Main-Klasse im Package de.spas.bottlecollector.client schreiben, die den Core für GWT bereitstellt:

```
public class Main extends GwtApplication {
    @Override
    public GwtApplicationConfiguration getConfig () {
        GwtApplicationConfiguration config =
            new GwtApplicationConfiguration(480, 800);
        return config;
    }

    @Override
    public ApplicationListener getApplicationListener () {
        return new TheGame();
    }
}
```

Ganz schön übersichtlich, oder? Bis auf die Konfiguration der gewünschten Größe des Spielfelds in Pixeln passiert hier bisher nichts Überraschendes oder Komplizierteres. Zu Letzterem kommen wir allerdings jetzt unausweichlich.

Zunächst müssen wir zwei sogenannte *GWT-Modul-Definitionen* erzeugen: eine für das GWT-Modul und eine für das Core-Modul, das als einziges ebenfalls verwendet wird. Sowohl das Android-Modul als auch das Desktop-Modul benötigen natürlich keine GWT-Definition.

GWT-Definitionsdateien werden in XML formuliert und müssen das Postfix *.gwt.xml* tragen. Legen Sie also eine Datei namens *BottleCollector.gwt.xml* an, und zwar im Verzeichnis *src/de/spas/bottlecollector*. Schreiben Sie Folgendes hinein:

```
<?xml version="1.0" encoding="UTF-8"?>
<!DOCTYPE module PUBLIC
    "-//Google Inc.//DTD Google Web Toolkit trunk//EN"
    "http://google-web-toolkit.googlecode.com/svn/trunk/
    distro-source/core/src/gwt-module.dtd">
<module>
    <inherits name="com.badlogic.gdx.backends.gdx_backends_gwt" />
    <inherits name="com.google.gwt.typedarrays.TypedArrays" />
    <inherits name="core" />
    <set-configuration-property name="gdx.assetpath"
        value="../BottleCollectorAndroid/src/main/assets"/>
    <entry-point class='de.spas.bottlecollector.client.Main' />
</module>
```

Die drei `<inherits>`-Nodes definieren Abhängigkeiten. Während die beiden ersten von *libgdx* zur Verfügung gestellt werden, ist die dritte, core, nichts anderes als das Core-Modul des Spiels. Bevor dies seine eigene XML-Datei erhält, werfen Sie einen

8 Schnelle 2D-Spiele

Blick auf die beiden restlichen XML-Knoten: Dort wird zum einen der Pfad zu den *assets* des Spiels definiert und zum anderen die Main-Klasse, die Sie gerade geschrieben haben, als Entry-Point festgelegt.

Im Modul `bottlecollector-core` legen Sie ins Verzeichnis *src/main/java* eine deutlich einfachere GWT-XML-Datei namens *core.gwt.xml*:

```
<?xml version="1.0" encoding="UTF-8"?>
<!DOCTYPE module PUBLIC
    "-//Google Inc.//DTD Google Web Toolkit trunk//EN"
    "http://google-web-toolkit.googlecode.com/svn/trunk/
    distro-source/core/src/gwt-module.dtd">
<module>
    <source path="de/spas/bottlecollector/core" />
</module>
```

Diese Datei muss nur erklären, wo sich der Java-Code des Moduls befindet, und zwar relativ zum Aufenthaltsort der XML-Datei selbst.

8.8.3 Die Gradle-Datei erweitern

Jetzt fehlt nur noch die *build-gradle*-Datei. Die gestaltet sich ein bisschen kompliziert, weil sie einen neuen Task definieren muss, der den GWT-JavaScript-Compiler aufruft. Wichtig ist es, diesem Compiler die richtigen Pfade zu allen Sourcecodes zu übergeben. Dazu zählt wohlgemerkt nicht nur Ihr eigener Code (GWT- und Core-Modul), sondern auch die relevanten Sources von *libgdx*.

Schauen Sie sich das fertige Build-Skript an:

build.gradle
```
apply plugin: 'war'

configurations { gwtCompile }

dependencies {
    compile project(':bottlecollector-core')
    compile files('../bottlecollector-core/build/libs/
                                bottlecollector-core.jar')
    compile files('../bottlecollector-core/libs/
                                gdx-sources.jar')
    compile files('libs/gdx-backend-gwt.jar')
    compile files('libs/gdx-backend-gwt-sources.jar')
    compile files('libs/gwt-dev.jar')
    compile files('libs/gwt-user.jar')
```

```
}

sourceSets {
    main {
        java {
            srcDir 'src'
        }
        resources {
            srcDir 'src'
        }
    }
}

gwtBuildDir = 'war'

task gwtCompile << {
    created = (new File(gwtBuildDir)).mkdirs()
    ant.java(classname:'com.google.gwt.dev.Compiler',
                   failOnError: 'true', fork: 'true')
           {
                jvmarg(value: '-Xmx384M')
                arg(line: '-logLevel INFO')
                arg(line: '-style PRETTY')
                arg(line: '-localWorkers '
          + Runtime.getRuntime().availableProcessors());
                arg(value:
                    'de.spas.bottlecollector.BottleCollector')
                classpath {
                    pathElement(location: 'src')
                    pathElement(location:
                        '../bottlecollector-core/src/main/java')
                    pathElement(path:
                        configurations.compile.asPath)
                }
           }
}

war.dependsOn gwtCompile

war {
    baseName = 'BottleCollector'
    archiveName = "${baseName}.${extension}"
    from gwtBuildDir
}
```

Ich kann Ihnen hier nicht jedes Detail dieser Datei erklären, ohne so tief in *Gradle* einzutauchen, dass man ohne Sauerstoffflasche nicht lange überlebt. Daher nur ein kurzer Überblick.

Sie sehen an der ersten Zeile, dass dieses Skript ein `war` (Web Application Archive) baut. Die `dependencies` sind die erwähnten JARs und Quellcode-Pfade. Der Task `gwt-Compile` ruft den GWT-Compiler auf und übergibt ihm alles Nötige. Dieser Vorgang verbraucht eine unheimliche Menge Rechenzeit und -power. Und Speicher. Deshalb müssen Sie der Java-VM 384 MB Speicher (oder mehr) gönnen, damit sie den Vorgang abschließen kann. Der Parameter `-localWorkers` aktiviert alle vorhandenen Prozessorkerne, was die Sache deutlich beschleunigt. Je nach Power Ihres Rechners müssen Sie trotzdem ein paar Minuten Geduld haben, bis der Befehl zum Bauen des WAR mit »Build Successful« endet:

```
./gradlew war
```

Achten Sie darauf, dass Sie den Befehl im Unterverzeichnis des GWT-Moduls aufrufen. Der Vorgang hat im Erfolgsfall ein Verzeichnis namens *war* erzeugt und ziemlich gut gefüllt. Um das Spiel jetzt auszuprobieren, müssen Sie zwei Dinge tun: Erstens brauchen Sie noch eine Datei *index.html*, die das aus JavaScript bestehende Spiel ausführt. Zweitens müssen Sie sie und die erzeugten Dateien auf einen Webserver legen, weil die meisten Browser normalerweise keine Skript-Ausführung in lokal geöffneten Dateien zulassen.

Die *index.html* sieht wie folgt aus:

index.html
```html
<!doctype html>
<html>
   <head>
      <title>BottleCollector</title>
      <meta http-equiv="content-type"
                   content="text/html; charset=UTF-8">
      <style>
         canvas {
            cursor: default;
            outline: none;
         }
      </style>
   </head>

   <body>
      <div align="center"
        id="embed-de.spas.bottlecollector.BottleCollector">
```

```
    </div>
    <script type="text/javascript"
        src="de.spas.bottlecollector.BottleCollector/
    de.spas.bottlecollector.BottleCollector.nocache.js">
    </script>
</body>

<script>
    function handleMouseDown(evt) {
        evt.preventDefault();
        evt.stopPropagation();
        evt.target.style.cursor = 'default';
    }

    function handleMouseUp(evt) {
        evt.preventDefault();
        evt.stopPropagation();
        evt.target.style.cursor = '';
    }

    document.getElementById(
        'embed-de.spas.bottlecollector.BottleCollector').
        addEventListener('mousedown', handleMouseDown, false);
    document.getElementById(
        'embed-de.spas.bottlecollector.BottleCollector').
        addEventListener('mouseup', handleMouseUp, false);
</script>
</html>
```

Legen Sie diese Datei direkt ins Verzeichnis *war*.

Wenn Sie keinen eigenen Webspace haben, können Sie sich einfach auf Ihrem Rechner den Apache-Webserver installieren; Sie finden ein Installationspaket unter *http://httpd.apache.org/download.cgi*.

Legen Sie so oder so ein Verzeichnis namens *BottleCollector* an, und kopieren Sie die *index.html* sowie die Verzeichnisse *assets* und *de.spas.bottlecollector.BottleCollector* hinein. Das Verzeichnis *WEB-INF* brauchen Sie nicht, denn das Spiel verfügt über keinerlei serverseitige Funktion – und um eine solche zur Mitarbeit zu überreden, bräuchten Sie ohnehin einen Application Server und nicht nur einen Webserver.

Öffnen Sie das Spiel im Browser, indem Sie die URL eintippen, die zu dem von Ihnen angelegten Ordner führt (Abbildung 8.15).

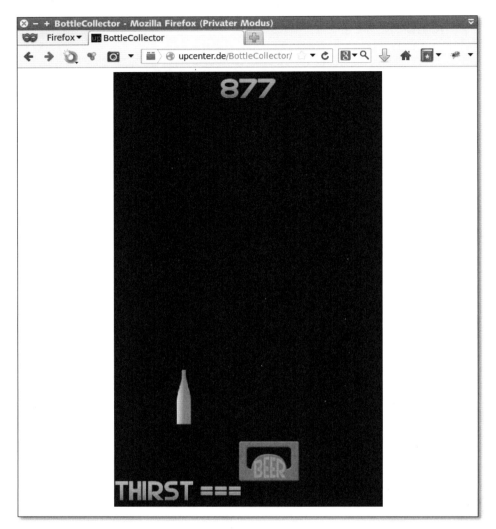

Abbildung 8.14 Die Belohnung für eine etwas umständliche Bastelei: der Flaschenfang als Browser-Game.

8.9 Zusammenfassung

In diesem Kapitel haben Sie eine relativ mächtige Grafik-Engine kennengelernt und Ihr erstes schnelles 2D-Spiel programmiert. Das funktioniert völlig anders als die bisher verwendeten Techniken, ist teilweise einfacher, teilweise aber auch deutlich komplizierter.

Dafür lassen sich mit entsprechendem Aufwand hübsche visuelle Effekte erzielen, und das dank eigenem Partikel-Editor sogar im WYSIWYG-Modus. Die Aufteilung in Game-Core und plattformabhängigen Code hat es Ihnen außerdem ermöglicht, nicht nur auf Android zu spielen.

Sie haben sicher festgestellt, dass das Spiel auch in HTML 5 so aussieht wie die beiden anderen Varianten, es macht sogar Geräusche. Bloß der Partikeleffekt verursacht abhängig von Ihrer Hardware mehr oder weniger starkes Ruckeln. Aber was soll's, hier geht's ums Prinzip: Sie haben das Spiel einmal geschrieben, können es beliebig weiterentwickeln und ohne weiteren Aufwand auf drei völlig verschiedenen Plattformen laufen lassen!

Kleine Korrektur: *vier* Plattformen sogar, wenn Sie einen Mac besitzen. Denn mit *XCode* und *libgdx* können Sie das Spiel sogar nach *iOS* portieren. Wie das genau funktioniert, können Sie in der Wiki von *libgdx* nachlesen – hier im Buch hat der Flaschenfang jetzt genug Platz verbraucht, und wir wenden uns neuen Themen zu.

Kapitel 9
3D-Spiele

»Aufgrund von Umständen potenziell apokalyptischer Ausmaße außerhalb unserer Kontrolle erleben wir derzeit technische Schwierigkeiten.«
(Ansage, in: »Portal 2«)

Wir nähern uns dem Höhepunkt des Buches, der Königsdisziplin: Heutzutage ist so gut wie jedes Fullprice-Game ein 3D-Spiel, und Android-Entwickler nehmen sich daran ein Vorbild – zumindest für Tablets gibt es schon eine ganze Reihe 3D- oder Pseudo-3D-Spiele, zumeist Ballerspiele, Fantasy-MMOs oder Tower-Defense-Klone (Abbildung 9.1).

Abbildung 9.1 Dreidimensionale Helden erobern Android-Tablets, hier im Spiel »Heroes of Dragon Age«.

Pseudo-3D-Spiele sind ein Spezialfall, weil lediglich perspektivisch gestaltete Grafiken auf einer flachen Ebene positioniert werden. Andere Spiele zeigen mehrere Hintergrundebenen, die versetzt verschoben werden, so dass ein 3D-Eindruck entsteht.

Die Kamera kann nicht stufenlos bewegt werden, im Klartext: Man kann der Elfenzauberin nicht unter den Rock schauen. Wir werden im Gegensatz dazu zwar ein »echtes« 3D-Spiel basteln, allerdings unter Verzicht auf jegliche Elfen mit oder ohne Röcke.

Sie werden sich nicht wundern, wenn ich Ihnen jetzt mitteile, dass ein World-of-Warcraft-Nachfolger den Rahmen dieses Buches bei weitem sprengen würde. Aber keine Sorge: Sie werden die wesentlichen Methoden eines richtigen 3D-Spiels kennenlernen und am Ende ein wirklich vorzeigbares Resultat in Händen halten. Das Gelernte kann dann die Basis für Ihr eigenes Spiel sein – auf das ich sehr gespannt bin. Also, ölen Sie Maus und Tastatur, es geht los!

9.1 libgdx 3D

Sie haben im letzten Spiel bereits *libgdx* verwendet, und glücklicherweise müssen Sie sich jetzt nicht umgewöhnen, denn *libgdx* verfügt auch über 3D-Funktionen. Die sind zwar nach aktuellem Stand noch nicht allzu mächtig, da die Programmierer erst im Laufe des Jahres 2013 ernsthaft damit begonnen haben, die 3D-Funktionen überhaupt brauchbar zu gestalten. Trotzdem eignet sich *libgdx* mehr als andere Engines für 3D-Spiele: Sie kostet nichts, ist Open Source, und es gibt eine aktive Community, die auch knifflige Fragen beantwortet. 3D-Spiele sind deutlich schwieriger zu basteln als 2D-Spiele. Gründe dafür liegen auf der Hand:

- Räumliches Vorstellungsvermögen ist gefordert.
- Physik ist in drei Dimensionen mathematisch komplizierter als in zwei.
- Deutlich mehr grafische Daten sind erforderlich, nämlich die seitlichen und hinteren Flächen von Objekten, die in einem 2D-Spiel immer nur von einer Seite zu sehen sind.
- Die OpenGL-3D-Funktionen sind allgemein komplizierter.

Davon lassen wir uns aber nicht abschrecken – allerdings nehmen wir einige Vereinfachungen vor.

9.1.1 Hinein ins Labyrinth

Als Beispiel für ein 3D-Spiel habe ich eine Art Labyrinth ausgewählt, aus dem Sie den Ausgang finden müssen, der sich in manchen Levels gemeinerweise bewegt. Natürlich werden Sie dann bloß ins nächste, schwierigere Labyrinth transferiert. Sie spielen gegen die Uhr und erhalten Bonuspunkte für Schnelligkeit. Um die zu berechnenden Bewegungen zu vereinfachen, sitzen Sie in einem unsichtbaren Fahrzeug, das reibungsfrei über den Boden gleitet. Daher der Name: *MazeGlider*.

Sie steuern den Gleiter mit dem Beschleunigungssensor, d. h., Sie halten das Gerät im Querformat und neigen es zum Lenken nach links oder rechts, zum Beschleunigen nach hinten und zum Bremsen nach vorn.

Da der Gleiter nie seine Höhe über dem Fußboden ändert und auch nur um seine vertikale Achse rotieren kann, vereinfacht sich die ganze 3D-Mathematik drastisch.

Für die Beschreibung der Labyrinthe (Levels) wird die *SimpleXML*-Engine zum Einsatz kommen, die Sie schon aus Kapitel 5 vom Spiel mit der Silberkugel kennen.

Aus den XML-Beschreibungen wird eine eigene kleine Engine die eigentlichen Szenen zusammenbauen. Der Einfachheit halber verwenden wir dazu ausschließlich Quader und eine große Kugel (für den Himmel).

Grafik und Sound werden wir natürlich auch einbauen, so dass sich das Resultat durchaus sehen lassen kann, auch wenn wie bei jedem Spiel in diesem Buch gilt: Wenn Sie daraus einen Hit machen wollen, müssen Sie noch kräftig selbst Hand anlegen.

Natürlich finden Sie das Projekt samt aller Dateien im Download-Paket. Ich empfehle Ihnen jedoch, das Spiel selbst nachzubauen und nur die Assets zu kopieren, soweit Sie die nicht selbst basteln möchten.

9.1.2 Das Projekt aufbauen

Wie Sie ein *libgdx*-Projekt in Android Studio anlegen, wissen Sie schon vom letzten Kapitel. Erzeugen Sie also ein Core- und ein Android-Projekt mit den entsprechenden Abhängigkeiten.

Zur besseren Wiederverwendbarkeit kommt allerdings noch ein Modul hinzu, nämlich eine *GdxSceneEngine*, die sich darum kümmern wird, aus XML-Beschreibungen 3D-Modelle zu bauen. Dieses Modul ist nur von *SimpleXml* abhängig, dessen JAR Sie hinzufügen müssen, und beide anderen Module hängen ihrerseits von *GdxSceneEngine* ab.

9.1.3 Die MainActivity

Das Android-Projekt besteht wiederum nur aus einer Klasse, nämlich der `MainActivity`. Im Vergleich zur Version aus dem letzten Kapitel kommt eine Schnittstelle hinzu, die es ermöglicht, auf die lokalisierte *Strings.xml* zuzugreifen. Schauen Sie sich das Listing an:

MainActivity.java

```java
public class MainActivity extends AndroidApplication
                         implements ResourceProvider {

    @Override
    public String getString(String key, String def) {
        int id = getResources().getIdentifier(key,
            "string", getClass().getPackage().getName());
        if(id==0) return def;
        return getString(id);
    }

    @Override
    protected void onCreate(Bundle savedInstanceState) {
        try {
            super.onCreate(savedInstanceState);
            AndroidApplicationConfiguration config =
                    new AndroidApplicationConfiguration();
            config.useAccelerometer = true;
            config.useCompass = false;
            config.useWakelock = true;
            config.useGL20 = true;
            initialize(new TheGame(this), config);
        } catch(Exception e) {
            Log.e(getClass().getSimpleName(), "Exception: ", e);
        }
    }
}
```

Die Funktion `getString()` implementiert das unter dem Namen `ResourceProvider` definierte Interface und gibt, falls vorhanden, den gewünschten String zurück oder den mitgegebenen Default-Wert.

Die `onCreate()`-Funktion unterscheidet sich in einer wichtigen Zeile von der im letzten Spiel:

```
config.useAccelerometer = true;
```

Logisch: Ohne diese Zeile könnte das Spiel später nicht auf den Beschleunigungssensor zugreifen.

Der zentralen Klasse `TheGame`, die sich wie üblich im Core-Modul befinden wird, übergibt die Activity das `ResourceProvider`-Interface, um die zugehörige Funktionalität zur Verfügung zu stellen. Das war's schon im Android-Bereich!

Beachten Sie, dass Sie nicht ohne weiteres eine Desktop- oder Browser-Version erstellen können, da diese nicht über einen Beschleunigungssensor verfügen. Wenn Sie möchten, können Sie natürlich später eine alternative Steuerung einbauen, ich verzichte der Übersicht halber in diesem Kapitel darauf.

9.2 Die Klasse TheGame

Wie schon bei Flaschenfang benötigt auch der MazeGlider mehrere Screens, und zwar zwei: den StartScreen und den GameScreen.

Der StartScreen ist für Sie nichts Neues, wenn Sie das Flaschenfangspiel durchgearbeitet haben: Es ist eine Tabelle mit Bedienelementen, der zusätzlich ein hübsches Bild hinterlegt wird. Verwaltet werden die Screens von der Klasse TheGame.

Die Klasse TheGame verwaltet den Highscore, spielt Übermittler für die lokalisierten Strings und zeigt den jeweils richtigen Screen. Das Ergebnis ist höchst übersichtlich:

TheGame.java
```java
public class TheGame extends Game {

    private ResourceProvider resourceProvider;
    private int highscore=0;

    public TheGame(ResourceProvider rp ) {
        resourceProvider = rp;
    }

    public String getString(String key, String def) {
        return resourceProvider.getString(key, def);
    }

    @Override
    public void create() {
        showStartScreen();
    }

    public void showStartScreen() {
        setScreen(new StartScreen(this, highscore));
    }

    public void showGameScreen() {
        setScreen(new GameScreen(this));
    }
```

```
    public void gameOver(int score) {
        if(score>highscore) {
            highscore=score;
        }
        showStartScreen();
    }
}
```

Sie sehen schon, dass es für jeden Screen einen Konstruktor gibt, der die Referenz auf `TheGame` erhält. Damit erhalten die Screens Zugriff auf die `ResourceProvider`-Weiterleitung `getString()` und auf die Steuerung des Spiels durch das Anzeigen der jeweiligen Screens.

9.2.1 Der StartScreen

Der `StartScreen` bekommt zusätzlich den Highscore übergeben, damit er ihn anzeigen kann. Der `GameScreen` wird später `gameOver()` aufrufen und den erreichten Score übergeben. Die Funktion vergleicht mit dem aktuellen Highscore und zeigt dann den Startbildschirm an.

Apropos Startbildschirm: Der tut im Konstruktor nichts anderes, als seine `Stage` aufzubauen. Die besteht diesmal aus zwei Labels. Eines davon wird als Start-Button missbraucht, das andere zeigt den Highscore an.

Schauen Sie sich das Ergebnis an:

```
public StartScreen(final TheGame theGame, int highscore) {
        stage = new Stage();
        Gdx.input.setInputProcessor(stage);
        Label.LabelStyle skin = new Label.LabelStyle();
        skin.font = new BitmapFont(
                Gdx.files.internal("fonts/plaincred.fnt"),
                Gdx.files.internal("fonts/plaincred.png"),
                false);
        Table table = new Table();
        table.setFillParent(true);
        final Label label = new Label(
                theGame.getString("start","start"), skin);
        table.add(label).left().expand();
        table.row();
        Label hi = new Label("", skin);
        if(highscore>0) {
            hi.setText( Integer.toString(highscore) );
```

```
        }
        table.add(hi).right();
        table.row();
        stage.addActor(table);
}
```

Sie sehen, dass ich der Einfachheit halber die gleiche Schriftart verwendet habe wie im letzten Spiel. Natürlich können Sie eine andere nehmen; erzeugen Sie dazu mit *Hiero* die Dateien *fnt* und *png*, und legen Sie sie ins Verzeichnis *assets/fonts*.

Ich empfehle Ihnen, Assets gleicher Art in Unterverzeichnisse zu sortieren, denn typische 3D-Spiele verfügen über eine ganze Reihe dieser Dateien, so dass mehr Übersicht nicht schaden kann. Dafür dürfen Sie natürlich nicht vergessen, beim Laden dieser Dateien den Ordner voranzustellen – übrigens auch auf Windows-Systemen mit Vorwärts-Schrägstrich, nicht mit Backslash, denn Android verwendet nur Ersteren.

Komponieren Sie mit dem LMM einen weiteren futuristischen Song, und speichern Sie ihn ebenfalls in den Assets. Laden Sie den Song diesmal nicht als Sound, sondern als Music. Der Unterschied ist, dass Sound-Objekte komplett in den Speicher geladen werden. Das könnte auf untermotorisierten Geräten bei einem umfangreichen Spiel problematisch werden. Die Klasse Music streamt dagegen die Audiodatei. Das Laden funktioniert ganz einfach:

```
music = Gdx.audio.newMusic(Gdx.files.internal("sound/music.ogg"));
```

Ergänzen Sie diese Zeile am Ende des Konstruktors. Sie dürfen die Musik bloß an dieser Stelle noch nicht starten, weil das Audiosystem noch nicht bereit sein könnte. Daher verschieben wir das auf später.

Um den Bildschirm mit einem hübschen Hintergrund zu versehen, benötigen Sie das Bild als Texture-Objekt. Laden Sie es wie vom 2D-Spiel gewohnt, und legen Sie ein SpriteBatch an, das das Bild später zeichnen wird:

```
backgroundImage = new Texture(
            Gdx.files.internal("textures/title.png"));
batch = new SpriteBatch();
```

Es fehlt noch die Render-Funktion:

```
@Override
public void render(float v) {
    float t = Gdx.graphics.getDeltaTime();
    Gdx.gl.glClear(GL10.GL_COLOR_BUFFER_BIT);
    batch.begin();
```

```
        batch.draw(backgroundImage, 0, 0, stage.getWidth(),
                                          stage.getHeight());
        batch.end();
        stage.act(t);
        stage.draw();
}
```

Spannend ist in dieser Funktion nur der Aufruf an die draw()-Funktion, der das Hintergrundbild malt.

Vergessen Sie nicht, resize() zu füllen, sonst hat die Stage für immer die unerfreulichen Ausmaße 0,0:

```
@Override
public void resize(int width, int height) {
    stage.setViewport(width, height, true);
}
```

Wenn Sie dem Modul eine leere Klasse GameScreen hinzufügen, können Sie die App jetzt zum ersten Mal ausprobieren (Abbildung 9.2). Natürlich tut sie noch nichts, darum kümmern wir uns später.

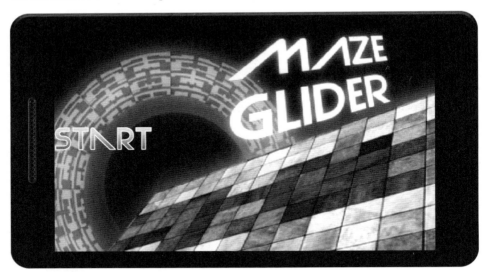

Abbildung 9.2 Der StartScreen zeigt Hintergrundbild und Start-Button, der in Wirklichkeit ein Label ist. Solange kein Highscore feststeht, bleibt dieser unsichtbar. Und ich will Ihnen meinen bescheidenen Wert lieber nicht verraten …

Sicher ist Ihnen aufgefallen, dass Sie noch keine Musik hören. Kein Wunder, Sie haben sie noch nicht gestartet. Das können Sie am Ende der render()-Funktion tun:

```
if(music!=null && !music.isPlaying()) {
    music.setLooping(true);
    music.play();
}
```

Die `if`-Bedingung sorgt dafür, dass die Musik nur einmal gestartet wird, und zwar in Endlosschleife. Früher oder später wird der Mensch vor dem Bildschirm das nicht mehr ertragen können und auf START drücken – aber es passiert nichts.

9.2.2 Zum GameScreen wechseln

Jetzt müssen Sie dem Label noch einen `InputListener` verpassen. Am einfachsten geht das mit einer anonymen Klasse:

```
label.addListener(new InputListener() {
    public boolean touchDown (InputEvent event, float x,
                    float y, int pointer, int button) {
        theGame.showGameScreen();
        return true;
    }
});
```

Wenn Sie diese Variante ausprobieren würden, würden Sie allerdings eine Enttäuschung erleben. Denn der Wechsel von einem Screen zum anderen kann durchaus einige Sekunden dauern. Bis die `render()`-Funktion des neuen Screens zum ersten Mal aufgerufen wird, bleibt der alte Bildschirminhalt bestehen. Für den Spieler sieht es so aus, als würde rein gar nichts passieren, wenn er auf START tippt.

Nutzerfreundlichkeit sieht anders aus – eine visuelle Rückmeldung ist unausweichlich. Ich zeige Ihnen jetzt eine recht simple Variante: Ändern Sie einfach den Text des Labels in »loading«:

```
label.setText(theGame.getString("loading", "loading"));
```

Kleiner Haken: Sie müssen gewährleisten, dass danach mindestens einmal die `render()`-Funktion aufgerufen wird, damit der Nutzer die Änderung sieht. Deshalb darf der Screen-Wechsel nicht unmittelbar danach erfolgen. Eine einfache Lösung ist der Umweg über ein `Runnable`-Objekt, das Sie an dieser Stelle setzen und das in der Render-Funktion gestartet wird, wenn es gesetzt ist. Das sieht dann so aus:

```
runnable = new Runnable() {
                @Override
                public void run() {
                    dispose();
                    theGame.showGameScreen();
```

```
            }
        };
countdown=1;
```

Der Countdown wird für eine Verzögerung von einer Sekunde bis zum Aufruf des Runnables sorgen. Zunächst sollten Sie aber dafür sorgen, dass nicht mehr als ein Startereignis ausgelöst wird. Entfernen Sie dazu den Listener:

```
label.removeListener(this);
```

All das muss im anonymen `InputListener` des Labels geschehen.

Wechseln Sie nun ans Ende der Render-Funktion. Fügen Sie Code hinzu, der ein eventuell gesetztes `Runnable`-Attribut nach abgelaufenem Countdown startet:

```
if(runnable != null) {
    countdown -= t;
    if(countdown <= 0) {
        runnable.run();
        runnable = null;
    }
}
```

Der Ordnung halber wird das `Runnable` nach dem Aufruf zurückgesetzt.

Bis hierher haben Sie noch keinen Hinweis auf die dritte Dimension bemerkt, oder? Kein Wunder: Die gibt's nur im `GameScreen`, und um den kümmern wir uns ein bisschen später. Zunächst sorgen wir für den Unterbau. Davor führt allerdings kein Weg an ein paar Grundbegriffen vorbei.

9.3 3D-Koordinaten

In *libgdx* ist das *Koordinatensystem* so ausgerichtet, dass die x-Achse nach rechts zeigt, die y-Achse nach oben und die z-Achse aus dem Bildschirm heraus, also auf den Betrachter zu (Abbildung 9.3). Der Nullpunkt befindet sich in der linken unteren Ecke.

Wann immer in *libgdx* von einem *Vertex* die Rede ist, ist ein Eckpunkt eines *Primitivs* gemeint. Ein Primitiv wiederum ist in den allermeisten Fällen eine dreieckige Fläche im 3D-Raum. Jeder Gegenstand ist aus solchen Primitiven aufgebaut, ein Würfel beispielsweise aus zwölf Dreiecken, zwei auf jeder Seite.

Ein *Vektor* bezeichnet eine Koordinate im Raum. Der Vektor (0;0;0) beispielsweise meint den Nullpunkt des Koordinatensystems, (1;0;0) ist ein Punkt, der auf der x-Achse liegt, und zwar eine Einheit rechts vom Nullpunkt.

9.3 3D-Koordinaten

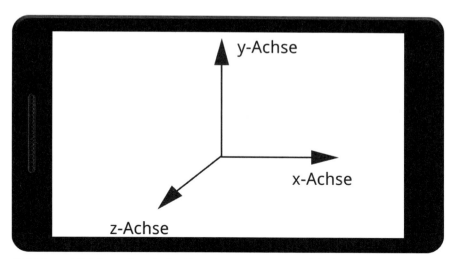

Abbildung 9.3 Ich merke mir das Koordinatensystem von libgdx wie folgt: Wenn ich das Auge nicht zumache (zu mit »z«), piekt mir die gleichnamige Achse mitten rein.

Wenn Sie sich einen Pfeil vom Nullpunkt zur Koordinate des Vektors vorstellen, dann hat dieser Pfeil eine *Richtung*. Diese Richtung ergibt sich auch durch Drehung um die Achsen des Koordinatensystems. Zum Beispiel erhalten Sie aus dem Vektor (1;0;0) bei einer Drehung um −90° um die vertikale Achse (y) den Vektor (0;0;1). Positive Winkel meinen Drehungen gegen den Uhrzeigersinn, und in diesem Beispiel müssen Sie den Vektor (1;0;0) in die andere Richtung drehen, damit er in Richtung der z-Achse zeigt – daher der negative Wert −90°.

Wenn Sie einen Vektor mit einer Zahl größer als eins multiplizieren (Fachbegriff: *Skalarmultiplikation*), verlängern Sie den Vektor entsprechend. Aus (1;0;0) × 2 wird beispielsweise (2;0;0). Ein Faktor kleiner eins verkürzt einen Vektor. Bei Skalarmultiplikation wird einfach jede einzelne Koordinate eines Vektors mit demselben Wert multipliziert.

9.3.1 Die Physik des Gleiters

Halten Sie sich vor Augen, dass die Koordinatenachsen x und z die Ebene des Fußbodens bilden. Alle Vektoren mit y = 0 liegen also auf dem Boden, alle mit y > 0 darüber.

In der einfachen Physik, die der Gleiter braucht, gibt es vier wichtige Größen:

- der Ort des Gleiters bzw. der Kamera (ein Vektor, dessen vertikale Koordinate y aber immer gleich ist, weil der Gleiter sich nie nach oben oder unten bewegt)
- die Geschwindigkeit des Gleiters (ein Vektor, dessen vertikale Koordinate y immer 0 ist)

- die Blickrichtung der Kamera (ein Vektor, dessen vertikale Koordinate y immer 0 ist)
- die Beschleunigung des Gleiters, die der Einfachheit halber immer in Blickrichtung geht (d. h., der Vektor hat die gleiche Richtung)

Die aktuelle Beschleunigung werden wir aus der Neigung des Geräts mittels Sensor ermitteln. Ist das Gerät nicht geneigt, ist die Beschleunigung 0. Neigt der Spieler es vorwärts, ist die Beschleunigung größer als 0, neigt er es rückwärts, kleiner als 0 (aber glauben Sie mir, das passiert selten). Je stärker die Neigung, umso größer die Beschleunigung.

Nun bedeutet eine Beschleunigung eine Veränderung der Geschwindigkeit pro Zeit. Sie müssen also nur die Beschleunigung mit der vergangenen Zeit multiplizieren und zur aktuellen Geschwindigkeit addieren, dann haben Sie die neue Geschwindigkeit.

Betrag der Geschwindigkeitsänderung = Beschleunigung × Zeit

Geschwindigkeit ihrerseits bedeutet eine Veränderung der Position pro Zeit. Sie müssen nur die Geschwindigkeit mit der vergangenen Zeit multiplizieren und zur aktuellen Position addieren, schon haben Sie die neue Position.

Betrag der Positionsänderung = Geschwindigkeit × Zeit

Zwar reden wir hier von Vektoren, die zu addieren sind, aber *libgdx* wäre keine brauchbare 3D-Bibliothek, wenn keine einfachen Vektorfunktionen vorhanden wären. Zuständig ist die Klasse Vector3. Sie verfügt über Funktionen wie:

- add(Vector3 v): addiert einen Vektor
- scl(float factor): Skalarmultiplikation mit einem Faktor
- len(): errechnet die Länge des Vektors
- nor(): ändert die Länge des Vektors auf eins unter Beibehaltung der Richtung (*Normalisieren*)

Es gibt außerdem eine Klasse Vector2, die wir ebenfalls verwenden werden, nämlich für Geschwindigkeit und Blickrichtung. Sie verfügt beispielsweise über eine Funktion angle(), die den Drehwinkel des Vektors in der Ebene ermittelt.

Ein bisschen aufpassen müssen Sie, weil unsere Vector2-Objekte alle in der x-z-Ebene liegen werden. Während die x-Koordinate von Vector2 und Vector3 das Gleiche meint, entspricht die y-Koordinate von Vector2 der z-Koordinate von Vector3, während dessen y-Koordinate konstant bleibt (Abbildung 9.4).

Beachten Sie, dass die oben genannten Funktionen das jeweilige Vektorobjekt *verändern*. Schreiben Sie also:

```
vector.add(other);
```

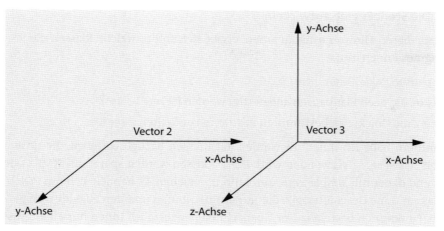

Abbildung 9.4 Unsere wichtigste Gleichung lautet Vector2.y = Vector3.z.

Wenn Sie den vorhandenen Vektor nicht verändern möchten, sondern ein neues Objekt mit den Änderungen darin erhalten möchten, schreiben Sie:

newVector = vector.cpy().add(other);

Die Funktion cpy() erzeugt also eine Kopie, mit der Sie dann weiterarbeiten können, ohne das Original zu beschädigen.

Jetzt, wo Sie über die Grundlagen der drei Dimensionen Bescheid wissen, können Sie darangehen, die Spielwelten aufzubauen.

9.4 Das Bühnenbildner-Modul

Ich erwähnte bereits, dass *libgdx* leider über keine besonders mächtigen 3D-Funktionen verfügt. Es ist zwar alles da, was man braucht, aber sehr vieles muss der Programmierer aufwändig zu Fuß erledigen. Umso sinnvoller ist es, Teile des nötigen Codes wiederverwendbar zu gestalten. Das ist der Hintergedanke bei der Arbeit am Bühnenbildner-Modul namens *GdxSceneEngine*.

Stellen Sie sich die Engine tatsächlich vor wie einen Bühnenbildner. Der Regisseur sagt ihm, an welchen Stellen in jeder Szene die Kulissen stehen sollen und worum es sich dabei handelt: »Ein Teppich auf dem Fußboden, die Wände mit 70er-Jahre-Tapeten, in der Ecke ein Schrank und zwei Stühle an einem Holztisch. Nein, keine Lichtschwerter, tut mit leid.«

Dieses Beispiel mag albern klingen, aber ich möchte Sie auf eine Feinheit hinweisen: *zwei* Stühle. Aus Sicht von *libgdx* gibt es nur *eine* Beschreibung, wie ein Stuhl aussieht, aber es kann *mehrere* identisch aussehende Stuhlobjekte in der Szene geben.

9.4.1 Die SceneEngine entwickeln

Wenn Sie diesen Hinweis ernst nehmen, ergibt sich sofort, welche Klassen die Szenen-Engine kennen muss:

- Blaupausen (`ModelDescriptor`)
- Objekte, die nach Blaupausen angefertigt werden (`SceneElement`)
- Szenen, die Objekte an bestimmten Positionen enthalten (`SceneDescriptor`)

In Klammern habe ich Ihnen die Namen der Klassen dazugeschrieben, die unsere einfache `SceneEngine` verwenden wird. Diese Klassen werden später aus XML-Code befüllt und daher mit *simple-xml*-Annotations versehen. Es handelt sich um *POJOs*, also Klassen ohne Geschäftslogik, die nur aus Attributen und den zugehörigen get- und set-Funktionen bestehen. Der Übersicht halber zeige ich Ihnen nur einen Ausschnitt der jeweiligen Klasse, angefangen mit dem `ModelDescriptor`:

```
@Root(name = "model")
public class ModelDescriptor {
    private String type;
    private String name;
    private float sizeX;
    private float sizeY;
    private float sizeZ;
    private String texture;
    @Attribute(required = false)
    private boolean collision=true;
    ...
}
```

Ebenfalls der Übersicht halber habe ich bei allen Attributen mit Ausnahme des letzten die Annotation `@Attribut` weggelassen. Beim Attribut `collision` steht die Zeile, weil sie eine Besonderheit aufweist: Der Parameter `required=false` sorgt dafür, dass *simple-xml* sich beim Laden nicht beschwert, wenn das Attribut im XML fehlt. Es wird dann stillschweigend der Standardwert `true` verwendet, mit dem die Deklaration das Attribut initialisiert. Sie ahnen sicher schon, dass dieses Attribut bestimmen wird, ob das betreffende Objekt eine Kollision verursachen kann oder nicht. Wir kommen später darauf zurück.

Der `ModelDescriptor` verfügt über Name, Größe, Typ und Textur. Als Typ werden wir nur "box" und "skysphere" implementieren. Später werden Sie eine Klasse schreiben, die aus einem `ModelDescriptor` ein *libgdx*-Objekt der Klasse `Model` erzeugt – eine dieser erwähnten Blaupausen eben.

Die zweite mit Annotationen zu versehende Klasse ist `ModelList`. Das ist dem Umstand geschuldet, dass eine Liste in *simple-xml* eine eigene Klasse erfordert:

```
@Root(name="modellist")
public class ModelList {
    @ElementList(name="models")
    private List<ModelDescriptor> models;
    ...
}
```

Es folgt das `SceneElement`, das tatsächliche Objekte im 3D-Raum repräsentiert, die nach Blaupausen gebaut werden:

```
@Root(name="element")
public class SceneElement {
    private String name;
    private String model;
    private float posX;
    private float posY;
    private float posZ;
    @Attribute(required = false)
    private float sizeX=1.0f;
    private float sizeY=1.0f;
    private float sizeZ=1.0f;
    private float rotateX;
    private float rotateY;
    private float rotateZ;
    private boolean collision=true;
    ...
}
```

Auch hier habe ich die Annotations bis auf eine weggelassen. Den Parameter `required=false` erhalten alle Attribute in der unteren Hälfte.

Sie sehen, dass das `SceneElement` einen `ModelDescriptor` über das Attribut `model` referenziert, selbst aber auch einen eigenen Namen besitzt. Außerdem darf das `SceneElement` beliebig im dreidimensionalen Raum skaliert, rotiert und verschoben werden (in dieser Reihenfolge).

Bleibt die Szene selbst:

```
@Root(name = "scene")
public class SceneDescriptor {
    @Attribute
    private String name;
    @ElementList(name="elements")
    private List<SceneElement> sceneElements;
    ...
}
```

Zugegeben: SceneDescriptor ist nicht viel mehr als eine Liste von SceneElements, bloß noch mit einem Namen, um sie später identifizieren zu können.

9.4.2 Model-Beschreibungen in XML

Wie sieht nun das zugehörige XML aus?

Entscheidend ist: Es kann sich auf verschiedene Dateien verteilen. Es spricht überhaupt nichts dagegen, die ModelDescriptors in einer Datei zu verwalten, die Szenen aber in einer oder mehreren weiteren.

Schauen Sie sich die Datei *models.xml* an, die alle für das Labyrinth-Spiel verwendeten Blaupausen definiert:

```
models.xml
<modellist>
    <models>
        <model type="box" name="ground" sizeX="100"
               sizeY="1" sizeZ="100" texture="ground" />
        <model type="box" name="wall1" sizeX="20"
               sizeY="16" sizeZ="2" texture="bricks" />
        <model type="box" name="wall2" sizeX="1" sizeY="1"
                          sizeZ="1" texture="steel" />
        <model type="box" name="wall" sizeX="100"
               sizeY="18" sizeZ="2" texture="steel" />
        <model type="skysphere" name="skysphere"
               sizeX="512" sizeY="512" sizeZ="512"
               texture="sky" collision="false" />
        <model type="box" name="pillar" sizeX="1"
               sizeY="30" sizeZ="1" texture="metal" />
        <model type="box" name="portal" sizeX="20"
               sizeY="20" sizeZ="0.2" texture="portal" />
    </models>
</modellist>
```

Es gibt da einen Boden, verschiedene Wände, die Himmelskugel und das Portal. Die Texturen sind hier namentlich referenziert und gehören zu gleichnamigen PNG-Dateien im Verzeichnis *assets/textures*.

Beachten Sie, dass die skysphere die Angabe collision="false" trägt, denn alle Objekte befinden sich in ihrem Inneren und sollen nicht ununterbrochen Kollisionen auslösen.

9.4.3 Blaupausen laden

Um diese XML-Datei zu laden, benötigen Sie endlich eine Klasse im SceneEngine-Modul, die so was wie Programmcode enthält. Nennen Sie sie SceneEngine, und implementieren Sie die erste Funktion:

```
public class SceneEngine {
    private ModelList modelList;
    public void loadModels(FileHandle xml) {
        Gdx.app.log(getClass().getSimpleName(),
            "loading models from " + xml.file().getName());
        try {
            InputStream source = xml.read();
            Serializer serializer = new Persister();
            modelList = serializer.read(ModelList.class, source);
        } catch (Exception e) {
            Gdx.app.log(getClass().getSimpleName(),
                "loading models threw exception", e);
        }
    }
}
```

Dieser kurze Code lädt den Inhalt der übergebenen Datei in das Attribut modelList. Der Aufruf wird später lauten:

```
sceneEngine.loadModels(Gdx.files.internal("scene/models.xml"));
```

Natürlich bringt es noch nicht viel, die ModelDescriptors zu laden. Sie müssen auch noch *libgdx*-Objekte daraus erstellen. Dafür ist eine eigene Funktion zuständig, die die Blaupausen-Typen kennt:

```
private Model buildModel(ModelDescriptor md) {
    if("box".equals(md.getType())) {
        ModelBuilder mb = new ModelBuilder();
        Model m = mb.createBox(md.getSizeX(),
            md.getSizeY(), md.getSizeZ(), new Material(),
            VertexAttributes.Usage.Position |
            VertexAttributes.Usage.Normal |
            VertexAttributes.Usage.TextureCoordinates);
        return m;
    }
    if("skysphere".equals(md.getType())) {
        ModelBuilder mb = new ModelBuilder();
        Model m = mb.createSphere(md.getSizeX(),
            md.getSizeY(), md.getSizeZ(), 16, 16,
```

```
            new Material(),
            VertexAttributes.Usage.Position |
            VertexAttributes.Usage.Normal |
            VertexAttributes.Usage.TextureCoordinates);
        m.materials.get(0).set(
            new IntAttribute(IntAttribute.CullFace, 0));
        return m;
    }
    Gdx.app.log(getClass().getSimpleName(),
        "unknown model type " + md.getType());
    return null;
}
```

Diese Funktion `buildModel()` nimmt ein `ModelDescriptor`-Objekt entgegen und ruft die zuständigen Funktionen der *libgdx*-Klasse `ModelBuilder` auf, um darauf *libgdx*-`Model`-Objekte zu machen. Ich erkläre Ihnen diese Funktion nicht Zeile für Zeile, sondern verweise nur auf zwei Besonderheiten.

Erstens achten Sie darauf, dass schon hier je ein `Material`-Objekt erzeugt wird, das die Models mit sich tragen, aber die `Texture` wird noch nicht festgelegt.

Zweitens müssen Sie bei der Skysphere das *Face Culling* abschalten, das normalerweise dafür sorgt, dass ein Objekt nur von außen sichtbar ist. Die Himmelskugel soll natürlich (auch) von innen erkennbar sein.

Die zuerst geschriebene Funktion `loadModels()` kann nun `buildModel()` verwenden, um aus allen `ModelDescriptors` im XML *libgdx*-Models zu machen:

```
for(ModelDescriptor md : modelList.getModels()) {
    Model model = buildModel(md);
    modelManager.addModel(md.getName(), model);
    Gdx.app.log(getClass().getSimpleName(), "loaded model "
        + md.getName() + " ("+md.getType()+", tex="
        + md.getTexture()+")");
}
```

9.4.4 Ein ModelManager

Um die `Models` später wiederzufinden, werden sie unter dem Namen des zugehörigen `ModelDescriptors` in einem `ModelManager` abgelegt. Das ist nicht viel mehr als eine `Map`, allerdings mit einer kleinen Zusatzfunktion, die alle Objekte ordentlich aufräumt – das ist angesichts des begrenzt vorhandenen Speichers von großer Wichtigkeit.

ModelManager.java
```java
public class ModelManager {

    private Map<String,Model> models = new HashMap<String,Model>();

    public void addModel(String key, Model m) {
        models.put(key, m);
    }

    public Model findModel(String key) {
        return models.get(key);
    }

    public void disposeAll() {
        for(String key : models.keySet()) {
            models.get(key).dispose();
        }
        models.clear();
    }
}
```

Sie haben übrigens sicher schon bemerkt, dass der Code deutlich mehr Logging-Ausgaben enthält als in den früheren Kapiteln. Sie werden es vermutlich selbst schnell merken, aber glauben Sie mir: Es hilft ungemein, wenn Sie im Logcat-Fenster sehen können, was gerade passiert, während der Handy-Bildschirm komplett schwarz bleibt ...

Bis hierher verfügt die SceneEngine nur über die Blaupausen. Als Nächstes müssen daraus 3D-Objekte werden.

9.5 Eine Szene aufbauen

Auch die Szenenbeschreibungen kommen aus XML-Dateien. Aber das wäre zu statisch: Es gibt unterschiedliche Levels, die spielspezifische Eigenschaften aufweisen, die die SceneEngine nichts angehen. Deshalb muss die SceneEngine beides können: eine Szene aus XML aufbauen und dynamisch weitere Objekte (aus vorhandenen Blaupausen) hinzufügen.

9.5.1 Szenenbeschreibung in XML

Zunächst die XML-Variante:

```
public Scene buildScene(FileHandle xml) {
    Gdx.app.log(getClass().getSimpleName(),
        "loading scene data from " + xml.file().getName());
    try {
        InputStream source = xml.read();
        Serializer serializer = new Persister();
        SceneDescriptor sceneDescriptor =
            serializer.read(SceneDescriptor.class, source);
        addElements(sceneDescriptor.getSceneElements());
    } catch (Exception e) {
        Gdx.app.log(getClass().getSimpleName(),
            "loading screen threw exception", e);
    }
    return scene;
}
```

Wie *simple-xml* Java-Objekte aus einer Datei deserialisiert, wissen Sie ja schon, daher hält dieser Code nichts Neues bereit. Der eigentliche Aufbau der Szene ist ausgelagert in die Funktion addElements() – und das ist just diejenige, die auch dynamisches Hinzufügen von Elementen erlaubt und daher die Sichtbarkeit public erhalten muss. In Wirklichkeit ist aber auch sie bloß eine simple Hilfsfunktion:

```
public void addElements(Collection<SceneElement> elements) {
    for(SceneElement se : elements) {
        addElement(se);
    }
}
```

9.5.2 Modelle in der Szene platzieren

Die 3D-Magie geschieht in addElement(), die wir ebenfalls für den Zugriff von außen freischalten. Und jetzt wird's endlich richtig dreidimensional:

```
public void addElement(SceneElement se) {
    Model m = modelManager.findModel(se.getModel());
    ModelDescriptor modelDescriptor =
                    findModelDescriptorByName(se.getModel());
    if(m!=null && modelDescriptor!=null) {
        ModelInstance modelInstance = new ModelInstance(m);
```

```
        String filename = "textures/"
                + modelDescriptor.getTexture() + ".png";
        Texture tex = new Texture(Gdx.files.internal(filename), true);
        m.manageDisposable(tex);
        modelInstance.userData = modelDescriptor;
        modelInstance.materials.get(0).set(
            new TextureAttribute(
                TextureAttribute.Diffuse, tex));
        modelInstance.materials.get(0).set(
            new BlendingAttribute(GL20.GL_SRC_ALPHA,
                GL20.GL_ONE_MINUS_SRC_ALPHA));
        modelInstance.transform.setToTranslation(
                se.getPosX(), se.getPosY(), se.getPosZ());
        modelInstance.transform.scale(se.getSizeX(),
            se.getSizeY(), se.getSizeZ());
        modelInstance.transform.rotate(1, 0, 0, se.getRotateX());
        modelInstance.transform.rotate(0, 1, 0, se.getRotateY());
        modelInstance.transform.rotate(0, 0, 1, se.getRotateZ());
        scene.addModelInstance(se.getName(), modelInstance);
        Gdx.app.log(getClass().getSimpleName(),
                "added model instance " + se.getName()
                + " (model " + se.getModel()+")");
    } else {
        Gdx.app.log(getClass().getSimpleName(),
            "unknown model " + se.getModel()
            + " for scene element " + se.getName());
    }
}
```

Diese Funktion beschafft sich zunächst `Model` und `ModelDescriptor`, die im `Scene-Element` als Blaupause angegeben sind.

Dann wird endlich eine `ModelInstance` erzeugt, also das *libgdx*-Objekt, das später auf dem Bildschirm als sichtbarer Gegenstand erscheint. Die Textur wird geladen und die im `SceneElement` gewünschte 3D-Transformation angewendet (Translation, Skalierung, Rotation). Beachten Sie hier die Reihenfolge, um unerwünschte Effekte zu vermeiden.

9.5.3 Modelle aufräumen

Auf einige wichtige Zeilen muss ich Sie dringend hinweisen:

```
m.manageDisposable(tex);
```

Diese Funktion befiehlt dem Model m, die Textur tex freizugeben, wenn es selbst gelöscht wird. Das erspart Ihnen Code, um das selbst zum richtigen Zeitpunkt zu erledigen.

Die nächste Zeile stellt sicher, dass Sie zu einem Gegenstand in der 3D-Welt die zugehörige Blaupause identifizieren können:

```
modelInstance.userData = modelDescriptor;
```

Das userData-Attribut der *libgdx*-Klasse ModelInstance ist als Objekt deklariert und genau für solche Zwecke gedacht.

Falls Sie durchscheinende Texturen verwenden – also PNGs mit Alpha-Kanal –, müssen Sie das Alpha-Attribut setzen. Wir tun das sicherheitshalber einfach für alle Materialien in der folgenden Zeile:

```
modelInstance.materials.get(0).set(new BlendingAttribute(GL20.GL_SRC_ALPHA,
    GL20.GL_ONE_MINUS_SRC_ALPHA));
```

Schließlich muss die ModelInstance noch zwecks späterer Bearbeitung in der aktuellen Szene gespeichert werden:

```
scene.addModelInstance(se.getName(), modelInstance);
```

9.5.4 Kollisionen prüfen

Damit wären wir schon bei der nächsten Klasse: Scene, die Szene. Auf den ersten Blick muss diese Klasse lediglich eine Map mit ModelInstance verwalten:

```
public class Scene {
    private Map<String,ModelInstance> modelInstances =
        new HashMap<String,ModelInstance>();
    public void addModelInstance(String key, ModelInstance m) {
        modelInstances.put(key, m);
    }
    ...
}
```

Auf den zweiten Blick eignet sich diese Klasse aber hervorragend, um Kollisionen zu prüfen. Dazu dient eine einfache Funktion, die alle ModelInstances durchgeht und prüft, ob sich ein gegebener Punkt im 3D-Raum in ihrem Inneren befindet:

```
public Collection<ModelInstance> getModelInstancesAt(Vector3 pos) {
    Collection<ModelInstance> coll = new ArrayList<ModelInstance>();
    BoundingBox bb = new BoundingBox();
    for(ModelInstance mi : modelInstances.values()) {
```

```
            ModelDescriptor md = (ModelDescriptor) (mi.userData);
            if(md.isCollision()) {
                mi.calculateBoundingBox(bb);
                bb = bb.mul(mi.transform);
                if(bb.contains(pos)) {
                    Gdx.app.log(getClass().getSimpleName(),
                        "collision: " + md.getName() + " bb "
                        + bb + " at " + pos);
                    coll.add(mi);
                }
            }
        }
    }
    return coll;
}
```

Sie sehen, dass hier die `userData`-Referenz hilfreich ist, um herauszufinden, ob das `collision`-Attribut der Blaupause gesetzt ist. Wenn nicht, wird die zugehörige `ModelInstance` komplett ignoriert.

Ansonsten berechnet die Funktion die `BoundingBox`, also einen Quader, der das 3D-Objekt komplett umschließt. Beachten Sie, dass diese Funktion langsam ist, wenn das 3D-Objekt sehr viele Punkte enthält. In dem Fall wäre es angebracht, die `BoundingBox` nur einmal zu berechnen und zu speichern.

Um die eigentliche Kollision festzustellen, muss die `BoundingBox` genauso transformiert werden, wie es die zugehörige `ModelInstance` ist:

```
bb.mul(mi.transform);
```

Keine Angst, ich werde Sie jetzt nicht mit den Details zu der Matrixmultiplikation belästigen, die die Funktion `mul()` ausführt. Sie müssen nur verstehen, dass das Attribut `transform` alle Informationen über Verschiebung, Skalierung und Rotation enthält. Mit der Matrixmultiplikation `mul()` wenden Sie diese Transformation auf ein anderes Objekt an (hier die `BoundingBox`).

An einer Stelle im Raum können sich mehrere Objekte befinden, deshalb gibt die Funktion `getModelInstancesAt()` eine `Collection` zurück und nicht nur ein Objekt. Falls keine Kollision vorliegt, bleibt diese `Collection` leer.

9.5.5 Die Szene rendern

Die Klasse `Scene` erhält aber noch eine entscheidende Funktion: `render()`.

```
public void render(ModelBatch modelBatch, Environment environment) {
    for(String key : modelInstances.keySet()) {
```

```
        modelBatch.render(modelInstances.get(key), environment);
    }
}
```

Diese einfache Variante nimmt sich der Reihe nach alle `ModelInstances` und bringt sie auf den Bildschirm. Die dazu nötigen Objekte `ModelBatch` und `Environment` werden Sie in Kürze kennenlernen.

Denn die `SceneEngine` ist damit fertig. Beachten Sie, dass ich einige enthaltene, eher triviale Hilfsfunktionen hier nicht erklärt habe. Schauen Sie also unbedingt im Download-Paket nach, wenn Sie den Eindruck haben: Da fehlt doch was?

9.6 Arena mit Hindernissen

Wir nähern uns dem kompliziertesten Teil: dem `GameScreen`, der den eigentlichen Spielablauf steuert und auf den Bildschirm bringt.

Ähnlich wie in der entsprechenden Klasse des 2D-Spiels verfügt auch diese Version über zwei entscheidende Codeblöcke:

- Initialisieren des Spiels bzw. Levels (Konstruktor)
- Rendern und Steuern (in der `render()`-Funktion)

Der Konstruktor wird einmal aufgerufen und muss alles vorbereiten. Die `render()`-Funktion wird von *libgdx* so oft wie möglich aufgerufen und zeichnet nicht nur die aktuelle Szene, sondern kümmert sich auch um die Bewegung aller beteiligten Objekte.

Die Level-Struktur fügt eine weitere Codekomponente hinzu: eine Funktion `loadLevel()`, die für ein gegebenes Level die Szenerie aufbaut und nötige Vorkehrungen für den Level-Beginn trifft.

Wenn der Spieler das Portal des Labyrinths erreicht, wird ein `level`-Zähler erhöht und erneut `loadLevel()` aufgerufen – so lange, bis einmal der Timeout in einem Level bei 0 ankommt und Zeit für `gameOver()` ist. In dem Fall erfolgt via `TheGame` der Rücksprung zum `StartScreen`.

9.6.1 Das Labyrinth aufbauen

Das Labyrinth wird immer aus zwei Bauabschnitten bestehen:

- Eine quadratische Arena mit der Seitenlänge 100 Einheiten, passendem Fußboden, dem Ausgangsportal sowie der Himmelskugel mit Durchmesser 512 Einheiten. Dieser Bauabschnitt ist für jedes Level gleich.
- Eine Anzahl Hindernisse – je nach Level unterschiedlich.

Sie können als Erstes eine XML-Datei schreiben, welche die Arena beschreibt:

arena.xml
```xml
<scene name="arena">
    <elements>
        <element name="ground" model="ground" posX="0"
            posY="0" posZ="-1"/>
        <element name="portal" model="portal" posX="10"
            posY="5" posZ="-47.9" />
        <element name="wall_west" model="wall" posX="0"
            posY="8" posZ="50"/>
        <element name="wall_east" model="wall" posX="0"
            posY="8" posZ="-50"/>
        <element name="wall_north" model="wall" posX="50"
            posY="8" posZ="0" rotateY="90"/>
        <element name="wall_south" model="wall" posX="-50"
            posY="8" posZ="0" rotateY="90"/>
        <element name="sky" model="skysphere" posX="0"
            posY="0" posZ="0"  />
    </elements>
</scene>
```

Diese Datei lädt die SceneEngine mit ihrer dafür zuständigen Funktion buildScene(). Das Portal befindet sich bei der z-Koordinate −47,9, also unmittelbar vor der Mauer, die sich bei −50 befindet. Aus der *models.xml* wissen Sie, dass die Mauer 2 Einheiten dick ist, also von z = −49 bis −51 reicht. Das Portal ist 0,2 Einheiten dünn und reicht von −47,8 bis −48,0, liegt also deutlich vor der Mauer.

9.6.2 Labyrinth-Levels in XML definieren

Die Hindernisse, Wände und gegebenenfalls weitere Objekte, die Ihnen für die Labyrinthe einfallen, kommen aus einer anderen Quelle, nämlich aus einer Level-Definition. Wie schon im Spiel mit der Silberkugel gibt es ein LevelPack und Levels:

```java
@Root(name="levelpack")
public class LevelPack {
    @ElementList(name="levels")
    List<Level> levels;
    ...
}
```

Jedes Level verfügt über eine Reihe Attribute – einen Namen, einen Start- und Zielpunkt, die zur Verfügung stehende Zeit, die erreichbaren Bonuspunkte und natürlich die Liste der Elemente in der Szene.

```
@Root(name="level")
public class Level {
    private String name;
    @ElementList(name="elements")
    private List<SceneElement> sceneElements;
    @Element(name="start")
    private Start start;
    @Element(name="goal")
    private Goal goal;
    private int time;
    private int bonus;
    ...
}
```

Entscheidend für den Aufbau des Labyrinths sind die `SceneElements`. Um ein Level vorzubereiten, wird also zunächst das ganze *arena.xml* in die `SceneEngine` gefüttert und anschließend die `SceneElements` des aktuellen Levels.

`Start` und `Goal` sind ganz simple POJOs:

```
@Root(name="start")
public class Start {
    private float x;
    private float y;
    private float directionX;
    private float directionY;
    ...
}
@Root(name="goal")
public class Goal {
    private float x;
    private float y;
    @Attribute (required = false)
    private float directionX;
    @Attribute (required = false)
    private float directionY;
    @Attribute (required = false)
    private float maxX;
    @Attribute (required = false)
```

```
    private float maxY;
    ...
}
```

Beachten Sie, dass ich auch in diesen Codeausschnitten die trivialen Annotations sowie *getter* und *setter* weggelassen habe. Bei X und Y sind hier die zweidimensionalen, ebenen Koordinaten der Klasse Vector2 gemeint, da die vertikale Koordinate hierbei immer gleich ist.

Die Attribute sind ansonsten selbsterklärend, lassen Sie mich bloß darauf hinweisen, dass ich es mir beim Portal sehr einfach gemacht habe: Es wandert immer nur seitlich hin und her, und zwar nach links genauso weit wie nach rechts, daher genügen Maximalwerte als jene Entfernung vom Nullpunkt, wo das Portal seine Richtung umkehrt.

Ein Level-XML könnte beispielsweise wie folgt aussehen:

levels.xml
```xml
<levelpack>
    <levels>
        <level name="1" bonus="3000" time="30">
            <elements>
            </elements>
            <start x="30" y="30" directionX="0" directionY="-1" />
            <goal x="-10" y="-47.9" directionX="0"
                    directionY="0" maxX="50" maxY="50" />
        </level>
    </levels>
</levelpack>
```

Sie sehen, dass das erste Level keine Elemente enthält – die Arena ist leer bis auf Portal und Gleiter (also die Kamera). Startpunkt ist in der Ecke (30;30), Blickrichtung ist (0;–1), also gegenüber jener Wand, vor der sich das Portal befindet, und zwar bei (–10;–47,9). Im ersten Level steht das Portal still, die Direction-Werte von 0 verraten es.

Schauen Sie sich ein weiteres Level an:

```xml
<level name="2"  bonus="4000" time="30">
    <elements>
        <element name="pillar1" model="pillar" posX="0"
                    posY="14" posZ="0" sizeX="2" sizeZ="2" />
        <element name="wall1_0" model="wall1" posX="0"
                                    posY="7" posZ="-20" />
```

```xml
            <element name="wall1_1" model="wall1" posX="-20"
                                    posY="7" posZ="-20" />
            <element name="wall1_2" model="wall1" posX="-40"
                                    posY="7" posZ="-20" />
            <element name="wall2_0" model="wall1" posX="0"
                                    posY="0" posZ="20" />
            <element name="wall2_1" model="wall1" posX="20"
                                    posY="0" posZ="20" />
            <element name="wall2_2" model="wall1" posX="40"
                                    posY="0" posZ="20" />
    </elements>
    <start x="30" y="30" directionX="-1" directionY="0" />
    <goal x="10" y="-47.9" directionX="0.5" directionY="0"
                                    maxX="40" maxY="50"/>
</level>
```

Dieses Level verspricht dem Spieler mehr Punkte. Dafür enthält es Hindernisse. In der Mitte steht eine Säule, die mehr zur Zierde dient. Die zweimal drei Wände stehen in zwei Reihen nebeneinander in x-Richtung, also von links nach rechts. Die Blaupause namens `wall1` hat eine Breite von 20 Einheiten, deshalb sind die drei Einzelteile um je 20 Einheiten gegeneinander verschoben. Der Spieler muss ganz links um die erste Wand fahren (`wall2_0` bis `wall2_2`) und dann rechts um die zweite, höhere.

Er schaut anfangs gleich in die richtige Richtung (`directionX` ist –1). Die vordere Wand besitzt keine vertikale Verschiebung (`posY=0`), schaut also unten aus der Landschaft heraus, was der Spieler natürlich nicht sieht – für ihn wirkt die Mauer niedriger. Eine solche absichtliche Überschneidung vermeidet sichtbare Lücken oder Fugen.

Warum setzt dieses Level eine längere Mauer aus drei Einzelteilen zusammen? Alternativ würde eine einzelne, in die Länge gezogene Mauer denselben Zweck erfüllen. Aber weniger gut aussehen, weil die Steine der Mauer arg länglich dargestellt werden würden.

Diesmal bewegt sich das Portal, allerdings mit nur 0,5 Einheiten pro Sekunde sehr langsam.

Wie das Level aus der Perspektive eines virtuellen Zuschauers auf einer unsichtbaren Tribüne aussieht, zeigt Abbildung 9.5.

So können Sie sich austoben und beliebig viele weitere Levels erfinden, auch über die in der *levels.xml* im Download-Paket definierten hinaus. Später können Sie sogar bewegliche Wände, Laserbatterien oder Fallbeile einbauen, wenn Sie möchten, Sie müssen nur das Konzept der Beweglichkeit auf die bisher statischen Elemente ausdehnen. Aber eins nach dem anderen.

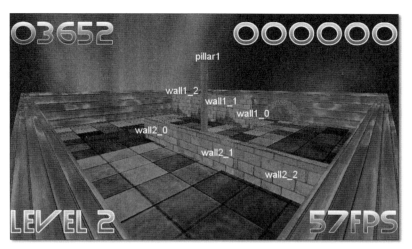

Abbildung 9.5 Level 2 im Überblick. Für diesen Screenshot habe ich die Kamera an eine feste Stelle über der Szene montiert.

9.7 Den GameScreen implementieren

Jetzt wird es langsam Zeit, alles zusammenzubauen. Als Erstes ist der Konstruktor des GameScreen dran, in dem eine ganze Reihe Vorbereitungen zu treffen sind. Als da wären:

```
public GameScreen(final TheGame theGame) {
    this.theGame = theGame;
    modelBatch = new ModelBatch();
    sceneEngine = new SceneEngine();
```

Die Referenz auf TheGame wird in einem Attribut abgelegt (ich führe hier nicht extra jede Attributdeklaration auf, soweit sie keine Besonderheiten aufweisen). Ein Model-Batch wird erzeugt, um später das Rendering zu ermöglichen. Außerdem ist eine Instanz der SceneEngine aus dem wiederverwendbaren Modul gefragt.

```
loadLevelPack(Gdx.files.internal("scene/levels.xml"));
```

Das Level-Pack wird aus dem XML geladen. Die Funktion loadLevelPack() führt nur die üblichen Schritte durch, um mittels *simple-xml* eine Datei zu deserialisieren:

```
private void loadLevelPack(FileHandle xml) {
    try {
        InputStream source = xml.read();
        Serializer serializer = new Persister();
        levelPack = serializer.read(LevelPack.class, source);
    } catch (Exception e) {
```

```
        Gdx.app.log(getClass().getSimpleName(),
            "loading levelPack threw exception", e);
    }
}
```

9.7.1 Kamera und Environment

Als Nächstes erzeugen Sie die Kamera, die gleichzeitig den unsichtbaren Gleiter darstellt:

```
cam = new PerspectiveCamera(67, Gdx.graphics.getWidth(),
    Gdx.graphics.getHeight());
cam.near = 0.1f;
cam.far = 600f;
```

Die Konstruktor-Parameter sind das Sichtfeld von 67° sowie das Seitenverhältnis, das vom *libgdx*-System geliefert wird. Die Attribute `near` und `far` legen das Sichtfeld in Richtung der Kamera-Achse fest. Eine beliebte Fehlerquelle ist es, Objekte in größerer Entfernung zu positionieren und sich dann zu wundern, dass sie unsichtbar sind. Bei manchen Spielen wird daraus allerdings ein wichtiges Feature: Wenn es zu viele Gegenstände zu zeichnen gibt, wird das Spiel vielleicht langsam, also lässt man die in der Ferne weg.

Es folgt die Beleuchtung:

```
environment = new Environment();
environment.set(new ColorAttribute(
    ColorAttribute.AmbientLight, 0.6f, 0.6f, 0.6f, 1f));
environment.add(new DirectionalLight().set(1, 1, 1, 0f, 40f, 0f));
```

Das `Environment` erhält ein allgegenwärtiges Licht (`AmbientLight`) mit der Intensität 0,6 und eine zweite, hellere Lichtquelle, die senkrecht nach unten scheint (`DirectionalLight`).

Es folgt die altbekannte `Stage`, um Punkte, Countdown und das aktuelle Level anzuzeigen:

```
stage = new Stage();
Table table = new Table();
table.setFillParent(true);
Label.LabelStyle skin = new Label.LabelStyle();
skin.font = new BitmapFont(
    Gdx.files.internal("fonts/plaincred.fnt"),
    Gdx.files.internal("fonts/plaincred.png"), false);
Label.LabelStyle skinRed = new Label.LabelStyle();
```

```
skinRed.font = new BitmapFont(
    Gdx.files.internal("fonts/plaincred_red.fnt"),
    Gdx.files.internal("fonts/plaincred_red.png"), false);
labelLevel = new Label("", skin);
labelBonus = new Label("000000", skinRed);
labelScore = new Label("000000", skin);
label4 = new Label("", skinRed);
table.add(labelBonus).left();
table.add(labelScore).right();
table.row();
table.add().expand();
table.row();
table.add(labelLevel).left();
table.add(label4).right();
stage.addActor(table);
```

Die Labels für Bonus und Score erscheinen links oben bzw. rechts oben, das Level links unten und das Universal-Label namens `label4` rechts unten. Normalerweise bleibt Letzteres leer, aber es ist praktisch, dynamische Werte wie die Framerate oder die aktuelle Geschwindigkeit während der Entwicklung leicht auf den Bildschirm bringen zu können.

Wie Sie sehen, habe ich zur Abwechslung eine rote Version der Schriftart als zweites Skin hinzugefügt.

Die nächsten beiden Zeilen sind für den Sound zuständig:

```
crash = Gdx.audio.newSound(Gdx.files.internal("sound/crash.ogg"));
glider = Gdx.audio.newSound(Gdx.files.internal("sound/glider.ogg"));
```

Der Crash-Sound wird später im Fall einer Kollision abgespielt. Der Glider-Sound läuft die ganze Zeit, und seine Tonhöhe wird abhängig von der Geschwindigkeit dynamisch erhöht. Das klingt in Wahrheit nicht ganz so toll, wie Sie jetzt vielleicht denken, aber ich möchte Ihnen das Prinzip nicht verheimlichen. Möglicherweise finden Sie einen Sound, der sich besser für diese Spielerei eignet.

9.7.2 Ein Level laden

Kommen wir zu drei viel wichtigeren Zeilen:

```
score=0;
level=1;
loadLevel();
```

Die Funktion `loadLevel()` müssen Sie sich natürlich genauer ansehen.

Sie beginnt wie folgt:

```
private void loadLevel() {
    if(level > levelPack.getLevels().size()) {
        gameOver();
        return;
    }
    ...
}
```

Klare Sache: Wenn kein Level mehr vorhanden ist, ist das Spiel leider vorbei. Ansonsten kann das Level aufgebaut werden. Dazu dient natürlich die `SceneEngine`:

```
sceneEngine.newScene();
sceneEngine.loadModels(Gdx.files.internal("scene/models.xml"));
scene = sceneEngine.buildScene(Gdx.files.internal("scene/arena.xml"));
```

Während `newScene()` den internen Speicher der Engine sicherheitshalber erst mal leert, fügt `loadModels()` die Blaupausen hinzu, und `buildScene()` erzeugt den Grundaufbau der Arena.

Als Nächstes geht es an die Level-spezifischen Teile der Szene:

```
Level l = levelPack.getLevels().get(level-1);
sceneEngine.addElements(l.getSceneElements());
```

Das ist die wichtige Stelle, auf die ich einige Seiten zuvor verwiesen habe: Die `SceneEngine` liest nicht nur XML, sie erlaubt es auch, dynamisch Elemente hinzuzufügen. In diesem Fall stehen die in der Level-Definition.

Es folgen die restlichen Attribute des Levels:

```
bonus = l.getBonus();
time = l.getTime();
pos.set(l.getStart().getX(), l.getStart().getY());
direction.set(l.getStart().getDirectionX(), l.getStart().getDirectionY());
velocity.set(0,0);
```

Position des Gleiters, Blickrichtung und Geschwindigkeit sind Attribute vom Typ `Vector2`:

```
private Vector2 pos = new Vector2();
private Vector2 direction = new Vector2();
private Vector2 velocity = new Vector2();
```

Als Nächstes ist das Portal an der Reihe:

```
portal = scene.findModelInstance("portal");
```

Um das Portal später zu positionieren, fragen Sie die Szene nach der `ModelInstance` des entsprechenden Namens und merken sich das Ergebnis. Außerdem merken Sie sich die Attribute des Portals in diesem Level, namentlich dessen Startposition und Richtung. Im Gegensatz zu den zuvor genannten Vektoren kommen jetzt `Vector3`-Objekte zum Einsatz:

```
goal = l.getGoal();
posGoal = new Vector3(goal.getX(), CAM_HEIGHT, goal.getY());
directionGoal= new Vector3(goal.getDirectionX(), 0, goal.getDirectionY());
```

Fehlt nur noch die Anzeige des Levels:

```
labelLevel.setText(theGame.getString("level","level") + " " + l.getName());
```

Statt der langweiligen Level-Nummer wird hier der Name aus dem XML angezeigt. Sie können ein Level also auch römisch »X« oder »Klaus« nennen, ganz wie Sie wollen.

Die letzte Zeile der Funktion lautet wie folgt:

```
soundTime = 0;
```

Dieser Timer dient später dazu, die Tonhöhe des Gleiter-Sounds zu ändern. Wir kommen demnächst darauf zurück.

Denn jetzt ist das Level erfolgreich geladen. Es fehlen nur noch zwei Dinge: die Physik und das Rendern.

9.7.3 Mechanik in 3D

Auf einer Bühne stehen Schauspieler. Im Fall unseres Spiels ist das hauptsächlich der Gleiter des Spielers, und der ist auch noch unsichtbar. Nichtsdestotrotz nennen wir die zentrale Physikfunktion der Klasse `act()` (genau wie `Stage.act()`).

Lassen Sie mich vorweg eines sagen: Sobald Sie mehr interagierende Elemente in Ihrem Spiel haben als die zwei oder drei in unserem Labyrinth, sollten Sie sehr ernsthaft erwägen, die Physik in eine eigene Klasse auszulagern. Die bessere Übersicht wird ein angemessener Lohn für die nötige Umbauarbeit sein.

Die Funktion `act()` wird später vor jedem Render-Vorgang aufgerufen, also zigmal pro Sekunde. Natürlich ist es entscheidend für jede anstehende Berechnung, wie viel Zeit seit dem letzten Frame vergangen ist, daher bekommt `act()` diesen Wert übergeben. Und da sind wir auch schon beim ersten Haken:

```
private void act(float t) {
    if(t > MIN_FRAMETIME) {
        t=0;
```

```
    }
    ...
}
```

Vor dem ersten Frame vergeht ziemlich viel Zeit. Jedenfalls laut *libgdx*. In Wirklichkeit vergeht da aber gar keine Zeit, weil der erste Frame der Anfang der ganzen Geschichte ist. Deshalb müssen Sie unbedingt sicherstellen, dass Ihre ganze schöne Physik nicht von einem sinnlosen Parameterwert über den Haufen geworfen wird: Der Gleiter würde gegen die nächste Wand donnern oder vielleicht sogar aus der Arena. Also fangen Sie zu hohe Zeitwerte ab. Eine Grenze von 0,3 Sekunden hat sich bei mir bewährt. Probieren Sie's auf Ihrem Gerät aus, vielleicht müssen Sie den Wert verringern oder erhöhen. Zu niedrige Werte können bei langsamen Geräten zu Aussetzern führen, wenn t fälschlicherweise genullt wird.

Der nächste Codeabschnitt ist wieder ein harmloser:

```
bonus -= t* BONUS_COUNTDOWN_PER_SECOND;
time -= t;
if(time <= 0) {
    gameOver();
    return;
}
String bt = Integer.toString((int) Math.floor(bonus));
while(bt.length()<5) bt="0"+bt;
labelBonus.setText(bt);
```

Bonus und Zeit werden runtergezählt. Ist die Zeit verbraucht, heißt es »Game Over«. Die verbleibenden Bonuspunkte landen im `labelBonus`. Beachten Sie, dass der Wert mit führenden Nullen auf fünf Stellen erweitert wird, und zwar mit einer simplen `while`-Schleife. Falls Sie sich nicht mehr erinnern: Grund ist, dass eine gleichwertige Verwendung eines simplen `format`-Strings nicht nach GWT portabel ist. Und man weiß ja nie, ob man das Spiel nicht doch irgendwann mal im Browser ausprobieren möchte ...

9.7.4 Die Steuerung implementieren

Jetzt kommt der Spieler ins Spiel, genauer: der Beschleunigungssensor, also die Frage, wie der Spieler das Gerät gerade in der Hand hält.

```
float accelY = Gdx.input.getAccelerometerY(); // tilt
if(accelY>MAX_TILT) accelY=MAX_TILT;
if(accelY<-MAX_TILT) accelY=-MAX_TILT;
float accelZ = Gdx.input.getAccelerometerZ(); // accel
```

Da das Accelerometer ein anderes Koordinatensystem verwendet als *libgdx*, muss man hier genau hinschauen. Eine Drehung um die y-Achse bedeutet das Kippen des Geräts nach links oder rechts (also Steuern des Gleiters), der Wert für Z entspricht der Neigung vor oder zurück, die wir für die Beschleunigung verwenden werden.

Die Beschleunigung berechnen wir mit einem konstanten Faktor:

```
float accel = accelZ * ACCEL_FACTOR;
```

Ich habe als Wert für die Konstante 0.2f gewählt, aber probieren Sie selbst aus, was Ihnen am geeignetsten erscheint.

Jetzt zur Lenkung. Hier rechnen wir zum ersten Mal mit Vektoren:

```
direction.rotate(accelY*TILT_FACTOR);
```

Diese Zeile verdreht den zweidimensionalen Vector2 direction umso mehr, je größer der Kippwinkel des Geräts ist. Als geeigneten Faktor habe ich 0.25f eingestellt – auch hier gilt: Spielen Sie ruhig mit dem Wert.

Als Nächstes kommt der schwierigste Teil, nämlich die Bewegung des Gleiters. Sie besteht aus mehreren Berechnungen.

Erstens müssen Sie den Geschwindigkeitsvektor der Blickrichtung folgen lassen. Das heißt, dass Sie den Vector2 velocity um einen Teil der Differenz von direction und velocity rotieren müssen:

```
velocity.rotate((direction.angle()-velocity.angle())
    *FOLLOW_DIRECTION_FACTOR);
```

Je kleiner die verwendete Konstante, umso träger reagiert die Lenkung. Ich habe 0.1f als Wert eingestellt. Wenn Sie ein Stückchen weiterdenken, dann stellen Sie sich einen Shop vor, in dem der Spieler seinen Gleiter aufrüsten kann. In dem Fall würden Sie hier keine Konstante einsetzen, sondern ein Attribut des Gleiters heranziehen. Aber bleiben wir erst mal bei der Version 1.0 des Spiels, okay?

Jetzt müssen Sie die Geschwindigkeit erhöhen oder verringern, je nach Beschleunigung. Die nötige Formel lautet:

```
velocity.add(direction.cpy().nor().scl(accel * t));
```

Sieht kompliziert aus? Lesen Sie von innen nach außen. Wir nehmen eine Kopie des Blickrichtung-Vektors direction.cpy(). (Eine Kopie, weil wir nicht ihn ändern wollen, sondern die Geschwindigkeit.)

Wir normalisieren den Richtungsvektor mit nor(), so dass seine Länge 1 wird, und skalieren ihn dann auf eine Länge, die proportional zur aktuellen Beschleunigung ist, multipliziert mit der Zeit. Das Resultat wird zur aktuellen Geschwindigkeit addiert.

Das ist nichts anderes als die Bewegungsformel, die Sie in Abschnitt 9.3 kennengelernt haben:

Geschwindigkeitsänderung = Beschleunigung × Zeit

Als Nächstes gibt es einen weiteren Anhaltspunkt für die Einführung eines Aufrüstungsshops:

```
if(velocity.len() > VELOCITY_MAX) {
    velocity.nor().scl(VELOCITY_MAX);
}
```

Natürlich ist die Höchstgeschwindigkeit abhängig davon, ob man ein Raketentriebwerk oder einen Plasmabooster installiert hat ... für den Moment aber ist das Tempolimit konstant 10 Einheiten pro Sekunde.

Angewendet wird die Geschwindigkeitsbegrenzung, indem die Länge des `velocity`-Vektors zu Rate gezogen wird. Ist sie höher als erlaubt, wird der Vektor mit `nor()` runterskaliert auf 1 und verlängert auf die zulässige Geschwindigkeit. Wie bei jeder Skalarmultiplikation bleibt die Richtung des Vektors erhalten.

Endlich darf sich der Gleiter bewegen, genauer: Er darf es *versuchen*.

```
Vector2 newPos = pos.cpy().add(velocity.cpy().scl(t));
```

Die neue Position entsteht aus der Kopie der alten plus der Geschwindigkeit, skaliert mit der Zeit. Ich muss Sie sicher jetzt nicht mehr darauf hinweisen, dass Sie hier die zweite Bewegungsformel aus Abschnitt 9.3 vor sich haben:

Positionsänderung = Geschwindigkeit × Zeit

Warum aber dürfen Sie nicht direkt `pos` ändern, sondern müssen erst mal mit einer `newPos` hantieren?

9.7.5 Kollisionen ermitteln

Der Grund sind die Kollisionen. Sie müssen die *mögliche* neue Position auf eine Kollision hin prüfen und im Fall des Falles reagieren. Würden Sie direkt mit der Position arbeiten, würde sich der Gleiter jetzt schon in einer Mauer befinden – das sollten Sie vermeiden.

Fragen Sie jetzt also nach Kollisionen:

```
if(checkCollisions(newPos.x, CAM_HEIGHT, newPos.y)) {
    velocity.scl(-1*BUMP_DAMP);
    newPos = pos.cpy().add(velocity.cpy().scl(t));
}
```

Beachten Sie, dass die Funktion `checkCollisions()` dreidimensionale Koordinaten erhält, wohingegen wir uns bis hierher mit `Vector2`-Objekten begnügen konnten.

Falls eine Kollision geschehen würde, erfolgt eine Art Rückprall, d. h., die Geschwindigkeit wird auf einen negativen, verringerten Wert gesetzt, was natürlich eine sehr grobe Abbildung der Realität ist, für die Zwecke dieses Spiels aber genügt. Unter Verwendung dieser neuen Geschwindigkeit wird dann die neue Position erneut berechnet.

Erst dann wird die alte Position zur neuen:

```
pos = newPos;
```

Jetzt können Sie die Kamera setzen:

```
cam.position.set(pos.x, CAM_HEIGHT, pos.y);
cam.lookAt(pos.x+direction.x, CAM_HEIGHT, pos.y+direction.y);
cam.update();
```

Auch hier müssen Sie den Übergang vom zweidimensionalen Vektor `pos` auf die dreidimensionalen Koordinaten der Kameraposition beachten.

Die Kamera wird ausgerichtet auf einen Punkt, der sich aus der Addition der Position und der Blickrichtung ergibt. Die vertikale 3D-Koordinate `y` ist auch hier konstant `CAM_HEIGHT`.

Vergessen Sie nicht den Aufruf `update()`! Sonst passiert hier rein gar nichts.

Einen Schritt müssen Sie noch mal zurück, denn ich habe bisher die Bewegung des Portals weggelassen, damit Sie sich auf jene des Gleiters konzentrieren konnten. Fügen Sie folgende Zeilen vor der Kollisionsabfrage ein:

```
posGoal.add(directionGoal.cpy().scl(t));
```

Die Bewegung des Portals funktioniert analog zu der des Gleiters, bloß gibt es hier keine Beschleunigung zu berücksichtigen. Dafür aber die Grenzen der Bewegung:

```
if(goal.getMaxX()!=0 && posGoal.x > goal.getMaxX())
    directionGoal.scl(-1);
if(goal.getMaxX()!=0 && posGoal.x < -goal.getMaxX())
    directionGoal.scl(-1);
if(goal.getMaxY()!=0 && posGoal.y > goal.getMaxY())
    directionGoal.scl(-1);
if(goal.getMaxY()!=0 && posGoal.y < -goal.getMaxY())
    directionGoal.scl(-1);
portal.transform.setToTranslation(posGoal);
```

Diese Zeilen sorgen dafür, dass das Portal umkehrt, wenn es die im Level eingestellten Maximalkoordinaten erreicht.

Tja, und was wäre ein rundes Portal, wenn es nicht rotieren würde?

```
portalRotation += t*ROTATE_SPEED;
portal.transform.rotate(new Vector3(0, 0, 1), portalRotation);
```

Klarer Fall: So sieht's besser aus.

Ich habe Ihnen bisher die Funktion vorenthalten, die die Kollisionen prüft. Allzu kompliziert ist die auch nicht, aber sie muss natürlich prüfen, ob der Gleiter das Portal erreicht hat:

```
private boolean checkCollisions(float x, float y, float z) {
    Collection<ModelInstance> collision =
            scene.getModelInstancesAt(new Vector3(x,y,z));
    if(collision.isEmpty()) return false;
    for(ModelInstance mi : collision) {
        if(mi.userData instanceof ModelDescriptor) {
            ModelDescriptor md =
                (ModelDescriptor) mi.userData;
            Gdx.app.log(getClass().getSimpleName(),"bump "
                + md.getName());
            if("portal".equals(md.getName())) {
                levelSolved();
                return true;
            }
        }
    }
    crash.play();
    return true;
}
```

Die Funktion bedient sich natürlich der passenden Funktion der Szene, um sich die im Weg stehenden Objekte zu beschaffen. Falls es keine gibt, kehrt die Funktion sofort zurück.

Ansonsten prüft sie, ob der `ModelDescriptor` den Namen des Portals trägt. In dem Fall ist das Level gelöst, und auch hier endet der Codestrang.

An dieser Stelle könnten Sie leicht »tödliche« Objekte wie Säureregen oder Lavapfützen berücksichtigen, die natürlich sofortiges »Game Over« bedeuten würden. Es sei denn, der Gleiter verfügt über ein Schutzschild, womit wir wieder beim Aufrüstungsshop wären ...

Hat der Gleiter einen »normalen« Gegenstand erwischt, spielt die Funktion den Crash-Sound ab, bevor sie zurückkehrt.

9.7.6 Sound-Pitch justieren

Bleibt der Sound des Gleiters, dessen Tonhöhe in der Funktion `act()` angepasst wird:

```
if(gliderSoundId==0) {
    gliderSoundId = glider.loop();
}
```

Diese Zeilen starten, falls noch nicht geschehen, den Sound in Endlosschleife und merken sich die zurückgegebene Sound-ID. Die ist wiederum erforderlich, um die Tonhöhe (*Pitch*) einzustellen:

```
soundTime += t;
if(soundTime > SOUND_LENGTH) {
    soundTime=0;
    int i = Math.round(velocity.len());
    if(i<0) i=0;
    glider.setPitch(gliderSoundId, 1f + 0.1f * i);
}
```

Die `if`-Bedingung sorgt dafür, dass diese Änderung nur ungefähr alle 0,8 Sekunden geschieht. Diese Zeitspanne sollte in Relation stehen zur Länge des Soundclips, keinesfalls darf sie länger sein.

Der Sound muss verklingen, wenn das Portal erreicht ist. Das bringt uns endlich zur letzten Unterfunktion:

```
private void levelSolved() {
    glider.pause();
    gliderSoundId=0;
    score += bonus;
    level++;
    String bt = Integer.toString((int) Math.floor(score));
    while(bt.length()<7) bt="0"+bt;
    labelScore.setText(bt);
    loadLevel();
}
```

Über diese Funktion muss ich sicher nicht viele Worte verlieren, denn Sie möchten so bald als möglich das Spiel ausprobieren.

Also nur so viel: Der Sound wird pausiert (nicht gestoppt, dann kann man ihn nicht wieder starten) und seine ID zurückgesetzt, damit er wieder gestartet werden kann.

Der Rest der Zeilen ist zuständig für die Punktzahl und den Fortschritt zum nächsten Level. Natürlich könnten Sie an dieser Stelle einen netten Soundeffekt starten. Oder ein Feuerwerk (mit Partikeleffekt).

Das überlasse ich Ihrer Kreativität. Schnell weiter zum Finale!

9.7.7 Die Szene rendern

Für den Abschluss der Arbeiten habe ich Ihnen eine ganz einfache Funktion verwahrt. Der komplizierte Teil ist tatsächlich längst geschafft. Das Rendern funktioniert ähnlich wie im 2D-Spiel mit den Bierflaschen:

```
@Override
public void render(float v) {
    float t = Gdx.graphics.getDeltaTime();
    act(t);
    ...
}
```

Ermitteln Sie die seit dem letzten Frame vergangene Zeit in Sekunden. Rufen Sie dann die Physik-Engine auf, und übergeben Sie diesen Zeitwert.

Es folgt die eigentliche Zeichenfunktion:

```
Gdx.gl.glClear(GL10.GL_COLOR_BUFFER_BIT | GL10.GL_DEPTH_BUFFER_BIT);
```

Wie gehabt wird der Bildschirm zunächst gelöscht. Dann überlassen Sie es einfach der Szene, sich selbst zu zeichnen:

```
modelBatch.begin(cam);
scene.render(modelBatch, environment);
modelBatch.end();
```

Beachten Sie, dass Sie der `begin()`-Funktion durchaus eine andere Kamera übergeben könnten, um eine andere Perspektive zu ermöglichen. So können Sie beispielsweise leicht zwischen Ego- und Third-Person-Ansicht umschalten.

Obendrauf zeichnen Sie wie gehabt die Stage, um Punktzahl, Level und Countdown einzublenden:

```
stage.act(t);
stage.draw();
```

9.8 Zusammenfassung

Geschafft! Sie haben soeben Ihr erstes 3D-Spiel fertiggestellt.

Na ja – was heißt »fertig«? Fertig ist dieses Spiel genauso wenig wie die anderen in diesem Buch. Mit den Details, die Ihnen vermutlich auf Anhieb als Verbesserungspotenzial einfallen, könnte man noch hunderte weitere Seiten füllen. Dank der bisher kennengelernten Mechaniken und mit Hilfe der zumeist sehr aufschlussreichen Dokumentation von *libgdx* gelingt es Ihnen sicher, die weiteren Schritte selbst in die Hand zu nehmen. Ich wünsche Ihnen dabei viel Spaß. Und vergessen Sie nicht, mir Ihr erstes selbstgebautes 3D-Spiel zu zeigen (via Twitter: @uwepost) – ich bin sehr gespannt!

Dieses Kapitel war gewissermaßen der Höhepunkt des Buches – denn 3D ist die Königsdisziplin. Für ein verhältnismäßig einfaches Spiel war schon gehörig viel Aufwand nötig, aber das Ergebnis kann sich sehen lassen, zumal es auf einer soliden Technik aufbaut, die leicht ausgebaut oder weiterverwendet werden kann. Damit meine ich nicht nur *libgdx* selbst, sondern auch die `SceneEngine`, die erst der Anfang für eine komplexe Software sein könnte, die später einmal beispielsweise Spielfiguren steuert und animiert.

Natürlich ist die angewendete Physik nur eine grobe Näherung – wenn Sie jetzt anfangen wollen, komplexe Gegenstände aufeinanderprallen zu lassen, in der Hoffnung, dass die sich dabei realistisch verhalten, dann haben Sie so einiges vor sich. Aber die meisten Spiele kommen prima mit einfachen Bewegungen aus und simulieren den Rest mehr oder weniger überzeugend.

Ich möchte es nicht versäumen, darauf hinzuweisen, dass *libgdx* sowohl im 2D- als auch im 3D-Bereich eine Menge mehr Features bietet, als ich Ihnen in diesem Beispiel zeigen konnte. Sie können Shader programmieren (wenn Ihr Gerät OpenGL ES 2.0 unterstützt), Bumpmaps einsetzen und von 3D-Modelliersoftware erzeugte Modelle importieren.

Und vergessen Sie nicht, dass Sie ohne weiteres *libgdx*-Spiele plattformübergreifend laufen lassen können. Möglichkeiten gibt es viele – fangen Sie an, sie zu nutzen.

Die beiden abschließenden Kapitel drehen sich um *Nice-to-haves* – Sie können sich jetzt mit voller Kraft auf das Spielprojekt stürzen, das Ihnen bestimmt im Kopf herumspukt, und später weiterlesen, wenn Sie bereit sind, Social Gaming hinzuzufügen oder – ja, wirklich! – mit dem fertigen Spiel Geld zu verdienen.

Kapitel 10
Social Gaming

»Du glaubst, du hast Freunde? Weißt du überhaupt,
wie die aussehen? Und was passiert, wenn man sie ... anfasst?«
(Holger F., Familienvater)

Alleine spielen ist langweilig. Was für Schach und Skat schon seit Jahrhunderten gilt, ist für Smartphone-Spiele zum Teil ebenfalls zutreffend. Natürlich sind die meisten Spiele darauf ausgelegt, stundenlang Spaß für einen einzelnen Spieler zu bieten. Aber schnell ist der Moment erreicht, in dem man einen Erfolg mit anderen vergleichen oder teilen will. Der Clou für den Hersteller des Spiels: Das ist kostenlose Werbung und damit unbezahlbar.

Deshalb bauen Spieleschmieden schon längst die Möglichkeit ein, Erfolge auf Facebook zu posten, um dort neue Mitspieler zu akquirieren und vorhandene bei der Stange zu halten. Seit Frühjahr 2013 hat auch Google die eigene Plattform *Google+* für dieses Social Gaming geöffnet.

Klarer Fall: Das ist für uns die Plattform der Wahl, denn über einen Google-Account verfügt so gut wie jeder Android-Besitzer. Und die neuen Features sind schnell in ein vorhandenes Spiel eingebaut. Aber auch auf das nicht ganz unbedeutende *andere* Social Network gehe ich in diesem Kapitel ein: Facebook.

Als Beispiel wird Postman, die App aus Kapitel 7, dienen. Im Laufe der nächsten Seiten erkläre ich Ihnen, wie Sie Erfolge und Bestenlisten via Google+ in das Locationbased Game einbauen.

Im Download-Paket finden Sie dazu ein separates Projekt, *PostmanPlayProject*. Wie üblich gilt, dass Sie den Code übernehmen oder nachvollziehen können. Sie können natürlich auch Ihre Variante des Postman-Spiels aufbohren. Ob Sie dazu das vorhandene Projekt kopieren oder nicht, überlasse ich Ihnen.

10.1 Google Play Game Services

Da die Google Play Game Services irgendwo in der Cloud stationiert sind, muss Ihr Spiel darauf vorbereitet werden, mit ihnen zu kommunizieren. Es führt kein Weg daran vorbei, die App in die Google Play Developer Console hochzuladen. Veröffentlichen müssen Sie sie zum Testen allerdings nicht zwingend. Spätestens jetzt ist aber der Zeitpunkt gekommen, an dem Sie ohne einen Entwickler-Account nicht weiterkommen.

10.1.1 Die Developer Console

Besuchen Sie also die Developer Console:

https://play.google.com/apps/publish/

Wenn Sie sich dort anmelden, müssen Sie nicht nur 25 US-Dollar bereithalten, sondern auch Lizenzbedingungen akzeptieren, mit denen Sie mehrere Zimmer tapezieren könnten, wenn Sie alles ausdrucken würden.

Wenn Sie die Developer Console vor sich haben, finden Sie zunächst eine leere Liste von Apps. Das wird nicht lange so bleiben. Erzeugen Sie eine signierte APK (siehe Kasten) der aktuellen Version des Spiels (also noch ohne Social Gaming), und laden Sie sie hoch. Beachten Sie, dass Sie nicht den Paketnamen de.spas.postman verwenden dürfen, weil der durch meine Version geblockt ist. Sie müssen mindestens einen Titel, eine Beschreibung und ein App-Icon in der Größe 512 × 512 hinterlegen, um das Spiel als Entwurf speichern zu können. *Veröffentlichen Sie es nicht!*

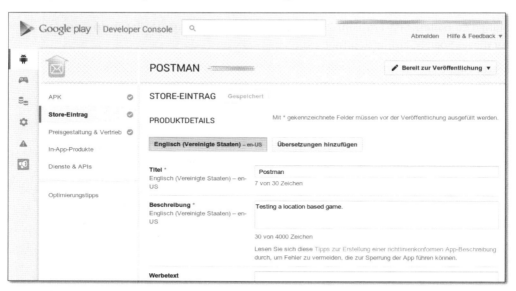

Abbildung 10.1 Die Developer Console verwaltet Ihre Apps.

Signierte APK

Wenn Sie in Android Studio eine App bauen und ausprobieren, wird sie immer digital signiert, allerdings nur mit einem Debug-Key, den das Studio automatisch erzeugt und auf Ihrem Rechner hinterlegt (im Verzeichnis *.android*). Apps, die derart signiert sind, verweigert die Developer Console aus naheliegenden Gründen den Weg in die Öffentlichkeit. Sie müssen einen eigenen Schlüssel erzeugen und die App damit signieren.

Wählen Sie im Android Studio den Menüpunkt BUILD • GENERATE SIGNED APK. Dort haben Sie die Gelegenheit, einen neuen Keystore anzulegen, der Ihren Schlüssel enthält.

Achtung: Behandeln Sie die erzeugte Datei und die Passwörter für Keystore und Key wie Ihre EC-Karte und die PIN! Verwahren Sie beides fern vom Zugriff Dritter (also keinesfalls in irgendeiner Cloud!), und passen Sie auf, dass Sie nichts davon verlieren. Denn einmal veröffentlichte Apps können nur durch Versionen aktualisiert werden, die mit dem gleichen Schlüssel signiert wurden. Verlieren Sie den Schlüssel, können Sie Ihre App nie wieder updaten!

Im nächsten Schritt verschaffen Sie sich und Ihrer App Zugriff auf die *Spieldienste*. Wählen Sie dazu in der Developer Console links das Icon mit dem Game-Controller. Klicken Sie auf NEUES SPIEL HINZUFÜGEN, und geben Sie den Namen und die Kategorie des Spiels an. Beides sollte mit dem Namen und der Kategorie der eigentlichen App übereinstimmen. Daraufhin müssen Sie ungefähr hundert weitere Lizenzbedingungen lesen und akzeptieren.

Wenn Sie damit fertig sind, können Sie im gesunden Alter von vielleicht 99 Lenzen fortfahren. Klicken Sie das angelegte Spiel an, und führen Sie Schritt 2 aus: Verknüpfen Sie das Spiel mit der zuvor hochgeladenen App (Abbildung 10.2).

Abbildung 10.2 Verknüpfen Sie App und Spiel.

Die Konsole führt Sie dabei durch einen Autorisierungsprozess, der später gewährleisten soll, dass sich andere Apps nicht mit den Funktionen der Ihren verbinden können. Notieren Sie die zwölfstellige ID, die in der Mitte rechts vom Namen des Spiels erscheint. Später wird diese ID in der App hinterlegt.

10.1.2 Das Spieldienste-Quartett

Die Spieldienste stellen insgesamt vier einzelne Dienste zur Verfügung:

- Erfolge (Medaillen, Achievements). Stand Ende 2013 werden Erfolge nicht automatisch auf Google+ gepostet, und es gibt keine einfache Möglichkeit, dies zu tun. Erfolge bleiben also nur für den einzelnen Spieler sichtbar. Es liegt allerdings nahe, zu vermuten, dass Google eine solche Möglichkeit einbauen wird.
- Bestenlisten (Leaderboards). Pro Bestenliste gibt es einmal die Gesamt-Bestenliste und zweitens eine Bestenliste, die auf Spieler in den eigenen Google+-Kreisen beschränkt ist.
- Spielstand geräteübergreifend in der Cloud speichern (Cloud Save). So kann jemand unterwegs auf dem Handy spielen und auf dem Sofa auf dem Tablet an gleicher Stelle weitermachen, ebenso nach De- und Neuinstallation.
- Freunde zu einem Echtzeit-Multiplayer-Spiel einladen.

In diesem Kapitel werde ich Ihnen zunächst die beiden wichtigsten Dienste erklären, nämlich die ersten beiden. Die sind für das Postman-Spiel ohnehin die einzig sinnvollen. Geräteübergreifende Spielstände erkläre ich im Anschluss anhand eines anderen Spiels. Multiplayer-Spiele würden den Rahmen dieses Kapitels, ja sogar dieses Buches bei weitem sprengen. Wenn Sie sich damit beschäftigen möchten, lesen Sie die Dokumentation bei Google:

https://developers.google.com/games/services/android/multiplayer

Sowohl Erfolge als auch Bestenlisten definieren Sie online in der Developer Console. Google generiert dann jeweils eine alphanumerische ID, die Sie in Ihrer App verdrahten müssen. Zunächst aber müssen Sie Ihrer App die grundlegende Kommunikation mit den Spieldiensten beibringen.

10.2 Mit den Spieldiensten verbinden

Google vereinfacht Ihnen das Leben und stellt eine Bibliothek für den Zugriff auf die Spieldienste zur Verfügung. Starten Sie den Android SDK Manager, und suchen Sie unter EXTRAS die Google Play Services. Installieren Sie sie, indem Sie den Haken setzen. Falls Sie Ihre App für Geräte mit Android 2.2 oder älter anbieten möchten, müssen Sie außerdem ein weiteres Extra installieren.

10.2.1 Das Build-Skript erweitern

Erweitern Sie in Ihrem Projekt die Datei *build.gradle*, indem Sie die Play-Services als Abhängigkeit hinzufügen:

```
dependencies {
    compile 'com.android.support:appcompat-v7:18.0.0'
    compile 'com.google.android.gms:play-services:4.0.30'
    compile files('libs/slf4j-android-1.5.8.jar')
    compile files('libs/osmdroid-android-3.0.10.jar')
}
```

Denken Sie daran, den Button SYNC PROJECT WITH GRADLE FILES zu drücken, damit Android Studio die Änderung kapiert.

Sie müssen in Ihrer App nicht direkt auf irgendwelche Google-Server zugreifen, daher benötigen Sie auch nicht die Internet-Permission im Android-Manifest. Alles läuft über die gerade eingebundene Bibliothek, und auch deren vergleichsweise komplizierte Funktionalität wird noch weiter kaschiert: Google empfiehlt ausdrücklich, Code aus den eigenen Beispielen zu verwenden, um sich das Leben zu vereinfachen.

So ähnlich machen wir es dann auch. Tatsächlich übernehmen Sie eine Klasse aus den Google-Beispielen, nämlich GameHelper. Sie finden die Klasse im Projekt *PostmanPlayProject* im Download-Paket. Ich werde sie Ihnen nicht weiter erklären, wir betrachten sie vielmehr als Blackbox, von der wir annehmen dürfen, dass sie wie gewünscht funktioniert. Lediglich die nach außen sichtbaren Funktionen sind von Interesse.

Auch die sollen so flexibel wie möglich verfügbar gemacht werden. Sie erinnern sich noch an unsere BaseGameActivity? Da setzen wir jetzt einen obendrauf und schreiben eine BaseGameServicesActivity. Die MainActivity des Spiels erbt dann davon und ist ertüchtigt für die Kommunikation mit den Spieldiensten.

10.2.2 Die BaseGameServicesActivity

Da die Kommunikation mit GameHelper asynchron erfolgt, muss die neue Activity einen zugehörigen Listener implementieren. Das sieht dann wie folgt aus:

```
public class BaseGameServicesActivity
    extends BaseGameActivity
    implements GameHelper.GameHelperListener
```

Innerhalb der Klasse benötigen Sie eine GameHelper-Instanz:

```
protected GameHelper gameHelper;
```

Erzeugen Sie diese Instanz in `onCreate()`:

```
@Override
protected void onCreate(Bundle savedInstanceState) {
    super.onCreate(savedInstanceState);
    gameHelper = new GameHelper(this);
    gameHelper.setup(this, GameHelper.CLIENT_GAMES, "");
}
```

Der `GameHelper` soll nur aktiv sein, wenn das auch die Activity ist. Überschreiben Sie daher `onStart()` und `onStop()`:

```
@Override
protected void onStart() {
    super.onStart();
    gameHelper.onStart(this);
    if (!inSignInFlow && !explicitSignOut) {
        getGamesClient().connect();
    }
}

@Override
protected void onStop() {
    super.onStop();
    gameHelper.onStop();
}
```

Die Funktion `onStart()` verrät bereits etwas über die Komplikationen, die Ihnen bevorstehen. Der Spieler muss sich in die Spieldienste explizit einloggen, um sie zu nutzen. Sie müssen dazu einen Button anbieten (dazu kommen wir noch), aber Sie möchten nicht, dass Ihre Spieler dies nach jedem Start erneut tun müssen. Deshalb implementiert `onStart()` ein automatisches Einloggen. Während der Spieler bei der ersten Anmeldung noch sein Einverständnis erklären muss, erfolgen weitere Anmeldungen ohne Interaktion, es erscheint nur ein Willkommen-Toast.

Zwei `boolean`-Variablen merken sich, ob gerade ein Login-Vorgang läuft (währenddessen wäre es sinnlos, einen weiteren zu starten) oder ob der Spieler sich explizit ausgeloggt hat (dazu können Sie einen Button anbieten).

Da die `MainActivity` von der `BaseGameServicesActivity` erbt, muss sie sich nicht mehr um die Details wie die automatische Anmeldung kümmern.

Ansonsten dient die Basis-Activity hauptsächlich dazu, den `GameHelper` vor der `MainActivity` zu verstecken. Wichtigste Funktionen sind diese:

```
protected GamesClient getGamesClient() {
    return gameHelper.getGamesClient();
}
protected boolean isSignedIn() {
    return gameHelper.isSignedIn();
}
protected void beginUserInitiatedSignIn() {
    gameHelper.beginUserInitiatedSignIn();
}
protected void signOut() {
    gameHelper.signOut();
    explicitSignOut = true;
}
```

Sie sehen, dass diese Funktionen nicht viel mehr tun, als das entsprechende Gegenstück des `GameHelpers` aufzurufen.

10.2.3 Soziale Buttons

Jetzt müssen Sie nur noch auf dem Bildschirm ein paar Buttons hinzufügen:

- Anmelden-Button
- Erfolge-Button
- Bestenliste-Button

Die beiden letzteren Buttons werden anfangs unsichtbar sein und erst freigeschaltet, wenn das Login erfolgreich war. In dem Fall verschwindet der Einloggen-Button.

Was die Gestaltung angeht, haben Sie im Fall des Anmelden-Buttons keine Freiheit, denn der wird von Google geliefert. Schreiben Sie Folgendes an geeigneter Stelle in Ihr Layout-XML:

```
<com.google.android.gms.common.SignInButton
        android:id="@+id/sign_in_button"
        android:layout_width="wrap_content"
        android:layout_height="wrap_content" />
```

Verbinden Sie die neuen Buttons mit der `onClick()`-Funktion wie gehabt:

```
setAnimatedClickListener(R.id.sign_in_button,
    R.anim.buttonpress,this);
setAnimatedClickListener(R.id.achievements,
    R.anim.buttonpress,this);
setAnimatedClickListener(R.id.leaderboards,
    R.anim.buttonpress,this);
```

Die Anmeldung stoßen Sie mit einem Einzeiler in onClick() an:

```
if (view.getId() == R.id.sign_in_button) {
    beginUserInitiatedSignIn();
}
```

10.2.4 Erfolge und Bestenliste anzeigen

Die Anzeige der Erfolge und der Bestenliste übernimmt ebenfalls der GamesClient. Es genügen zwei einfache if-Bedingungen, um die zugehörigen Buttons zu verdrahten:

```
if(view.getId()==R.id.achievements) {
    startActivityForResult(getGamesClient().
            getAchievementsIntent(), REQUEST_ACHIEVEMENTS);
}
if(view.getId()==R.id.leaderboards) {
    startActivityForResult(getGamesClient().
    getLeaderboardIntent(
        getString(R.string.leaderboard_cash)), REQUEST_LEADERBOARD);
}
```

Sie haben theoretisch auch die Möglichkeit, bloß die Metadaten der Erfolge und Bestenlisten abzurufen und die Darstellung selbst zu organisieren. Das ist vor allem dann wichtig, wenn Sie Wert auf eine geschlossen wirkende Bildschirmdarstellung des gesamten Spiels legen.

10.2.5 Bei den Spieldiensten anmelden

Zum Speichern von Erfolgen und Bestenlisten-Einträgen kommen wir später. Zunächst müssen Sie noch das Ergebnis des Anmeldeprozesses verarbeiten. Der findet asynchron statt, und die Basisklasse (genauer: der GameHelper) wird beizeiten die zugehörigen Funktionen aufrufen:

```
@Override
public void onSignInSucceeded() {
    findViewById(R.id.sign_in_button).setVisibility(View.GONE);
    findViewById(R.id.leaderboards).setVisibility(View.VISIBLE);
    findViewById(R.id.achievements).setVisibility(View.VISIBLE);
}
@Override
public void onSignInFailed() {
    findViewById(R.id.sign_in_button).setVisibility(View.VISIBLE);
    findViewById(R.id.sign_out_button).setVisibility(View.GONE);
}
```

Wenn Sie möchten, können Sie den Spieler noch mit einem Hinweis beglücken, falls die Anmeldung fehlgeschlagen ist. Wenn gerade keine Netzwerkverbindung besteht, kann das durchaus passieren.

Zum Schluss müssen Sie die ID aus der Developer Console in der App unterbringen. Das geschieht über das Android-Manifest, allerdings indirekt. Ergänzen Sie im Manifest innerhalb des `application`-Tags folgende Zeilen:

```
<meta-data
    android:name="com.google.android.gms.games.APP_ID"
    android:value="@string/app_id" />
<meta-data
    android:name="com.google.android.gms.version"
    android:value="@integer/google_play_services_version" />
```

Die erste Zeile ist für die Spiel-ID zuständig, die zweite ist erforderlich, um Abwärtskompatibilität zu gewährleisten. Den referenzierten `@integer`-Wert stellt der `Games-Client`, Sie müssen ihn im Gegensatz zu der ID nirgendwo eingeben.

Legen Sie eine neue Resources-Datei namens *ids.xml* im Verzeichnis *values* an, die alle relevanten IDs aufnimmt, nicht nur die Spieldienste-ID:

```
<resources>
    <string name="app_id">111111111111</string>
</resources>
```

Die grundlegende Anbindung der Spieldienste an die App ist damit perfekt. Jetzt kommen wir zu den interessanten Einzelheiten.

10.3 Erfolge feiern

Sie müssen die erreichbaren Erfolge zunächst in der Developer Console definieren. Jeder erhält einen Namen, eine Beschreibung, eine Punktzahl und ein Bild, und das alles in verschiedenen Sprachen, wenn Sie wollen.

10.3.1 Erfolge definieren

Über die Attribute von Erfolgen gibt es einiges zu sagen.

Die Punktzahl dient dazu, dem Spieler den Gesamtfortschritt anzuzeigen. Sie können jedem Erfolg eine Punktzahl von 1 zuordnen oder »wertvolleren« größere Zahlen. Entscheidend hierbei ist, dass Sie diese Zahlen nicht nachträglich ändern können.

Zum Testen genügt es, lediglich den Namen zu erfassen, freischalten können Sie die App allerdings erst, wenn Sie auch Bilder und Beschreibungen mindestens in Englisch hinterlegt haben. Die Konsole weist jedem angelegten Achievement eine ID zu (Abbildung 10.3).

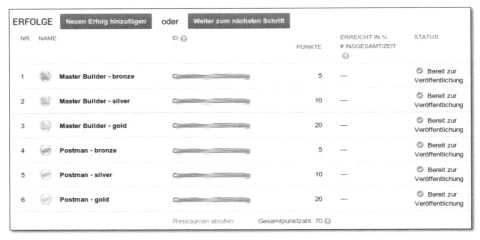

Abbildung 10.3 Legen Sie alle Erfolge in der Developer Console an.

Versehen Sie die Erfolgs-IDs in Ihrer Datei *ids.xml* mit passenden Schlüsseln:

```
<resources>
...
<string name="achievement_build_3_stations">...</string>
<string name="achievement_build_33_stations">...</string>
<string name="achievement_build_333_stations">...</string>
<string name="achievement_deliver_1_letter">...</string>
<string name="achievement_deliver_11_letter">...</string>
<string name="achievement_deliver_111_letter">...</string>
</resources>
```

Es gibt übrigens auch »inkrementelle Erfolge«, die mehrere Schritte erfordern, um sie endgültig freizuschalten. Diese Sorte lassen wir beim Postman allerdings links liegen.

10.3.2 Erfolge freischalten

Bevor Sie anfangen, mit Ihrer App diese Achievements freizuschalten, müssen Sie sich vor Augen halten, dass die Spieldienste möglicherweise gerade nicht erreichbar sind.

Das Postman-Spiel funktioniert ohne weiteres ohne Datenverbindung; selbst wenn Sie Ihre Poststationen nicht im ewigen Eis oder mitten auf dem Ozean bauen, kann es also passieren, dass im Moment des Baus der dritten Poststation der Erfolg nicht freigeschaltet werden kann.

Zwar behauptet Google von der von uns eingebundenen Bibliothek, dass sie Verbindungsprobleme abfedert, aber die Erfahrung hat gezeigt, dass Erfolge eben nicht freigeschaltet werden, wenn die Netzwerkverbindung um den entscheidenden Zeitpunkt herum lange genug getrennt war.

Andererseits verbietet Google explizit, die Spieldienste mit Anfragen zu fluten, und droht in dem Fall mit Drosselung des Zugriffs. Sie können also nicht einfach einmal pro Minute versuchen, einen bereits erspielten Erfolg per Brute-Force-Attacke freizuschalten. An einer entspannteren Variante dieser Vorgehensweise führt allerdings kein Weg vorbei. Aus Sicht des Programmcodes bedeutet das vor allem zwei Dinge:

- Er darf sich nicht darauf verlassen, dass der Spieldienst zur Verfügung steht.
- Die Bedingungen für Erfolge müssen regelmäßig, aber nicht zu häufig geprüft und an die Spieldienste weitergereicht werden.

Schreiben Sie also eine Funktion checkAchievements():

```
private void checkAchievements() {
    if(isSignedIn()) {
        int c = gameStorage.findPostStations().size();
        if(c>=3) getGamesClient().unlockAchievement(
            getString(R.string.achievement_build_3_stations));
        if(c>=33) getGamesClient().unlockAchievement(
            getString(R.string.achievement_build_33_stations));
        if(c>=333) getGamesClient().unlockAchievement(
            getString(R.string.achievement_build_333_stations));
        GameStorage.Player p = gameStorage.findPlayer();
        if(p.deliveredletters>=111) {
            getGamesClient().unlockAchievement(
                getString(R.string.achievement_deliver_111_letter));
        } else if(p.deliveredletters>=11) {
            getGamesClient().unlockAchievement(
                getString(R.string.achievement_deliver_11_letter));
        } else if(p.deliveredletters>=1) {
            getGamesClient().unlockAchievement(
                getString(R.string.achievement_deliver_1_letter));
        }
    }
}
```

Die Funktion unlockAchievement() erhält als einzigen Parameter via *ids.xml* die in der Konsole erzeugte ID.

Die neue Funktion rufen Sie an drei Stellen auf, damit Erfolge frühestmöglich (also sofort, aber im Fall von Verbindungsproblemen nach einer gewissen Wartezeit) freigeschaltet werden:

- beim erfolgreichen Bau einer Poststation (also in `buildPostStation()`)
- beim Ausliefern eines Briefs (also in `deliverLetter()`)
- nach erfolgreicher Anmeldung bei den Spieldiensten (also in `onSignInSucceeded()`)

Natürlich kann diese Methode dazu führen, dass ein Erfolg mehrfach freigeschaltet wird. Keine Sorge: Die Spieldienste schlucken diesen Fall anstandslos und erzeugen nicht einmal eine Fehlermeldung.

10.3.3 Die Datenbank erweitern

Mehr oder weniger stillschweigend habe ich Ihnen gerade eine tiefgreifende Codeänderung untergejubelt. Haben Sie's gemerkt?

```
GameStorage.Player p = gameStorage.findPlayer();
if(p.deliveredletters>=111) { ...
```

Nun, bisher gibt es ein Attribut `deliveredletters` noch gar nicht in der Player-Klasse. Geschweige denn in der Datenbank. Die ist aber nun einmal angelegt, wie kriegen Sie die neue Spalte hinein?

Darauf hat der `SQLiteOpenHelper` glücklicherweise eine Antwort parat. Setzen Sie zunächst die aktuelle Datenbankversion hoch, die Sie dem super-Konstruktor der GameStorage übergeben:

```
private static final int DATABASE_VERSION = 6;
...
public GameStorage(Context context, int defaultCash) {
  super(context, DATABASE_NAME, null, DATABASE_VERSION);
  ...
}
```

Die interne Datenbank-Engine kennt ihre aktuelle Version und versteht, dass sich die vorhandene von der neuen Version unterscheidet. Als Folge ruft der SQLiteOpenHelper die Funktion `onUpgrade()` auf. Dort können Sie jetzt ergänzen:

```
@Override
public void onUpgrade(SQLiteDatabase db, int from, int to) {
  if(from<6) {
    String sql = "alter table "+ TABLE_PLAYER +
        " add column deliveredletters integer default 0;";
    db.execSQL(sql);
  }
}
```

Der `SQLiteOpenHelper` schickt also ein SQL-Statement an die Datenbank, das die fehlende Spalte hinzufügt, und setzt anschließend die Versionsnummer der Datenbank auf den neuen Wert. Das gewährleistet, dass die Änderung nur einmal stattfindet.

Jetzt können Sie die `Player`-Klasse leicht ergänzen:

```
class Player {
    int cash;
    String lastStation;
    int deliveredletters;
}
```

Natürlich müssen Sie die Funktion `findPlayer()` passend erweitern:

```
public Player findPlayer() {
    SQLiteDatabase db = getReadableDatabase();
    Player p = new Player();
    Cursor res = db.rawQuery("select * from " + TABLE_PLAYER,null);
    if(res.moveToNext()) {
        p.cash = res.getInt(0);
        p.lastStation = res.getString(1);
        p.deliveredletters = res.getInt(2);
    }
    res.close();
    db.close();
    return p;
}
```

Außerdem brauchen Sie eine Funktion, die die Anzahl der zugestellten Briefe erhöht:

```
public void incDeliveredLetters(int inc) {
    SQLiteDatabase db = getWritableDatabase();
    db.execSQL("update " + TABLE_PLAYER
        + " set deliveredletters=deliveredletters+?",
        new Object[] {Integer.valueOf(inc)});
}
```

Diese Funktion folgt dem Schema der Funktion `addCash()`. Im Moment stellen Sie zwar immer nur einen Brief zu, aber für mögliche zukünftige Erweiterungen unterstützt die neue Funktion bereits die Möglichkeit, die Zahl der zugestellten Briefe gleich um mehr als eins zu erhöhen.

Rufen Sie die neue Funktion an der geeigneten Stelle auf, und prüfen Sie die Achievements:

```
private void deliverLetter(GameStorage.Letter letter) {
    GameStorage.PostStation station = targetStationReached(letter);
    if(station!=null) {
        showToast(getString(R.string.msg_delivered) + " " + letter.value);
        gameStorage.addCash(letter.value);
        gameStorage.deleteLetter(letter.id);
        gameStorage.incDeliveredLetters(1);
        showLetters();
        update();
        checkAchievements();
    } else {
        showToast(getString(R.string.msg_not_near_station,
            POSTSTATION_VISIT_MIN_DISTANCE));
    }
}
```

Die ersten Erfolge sind leicht zu erringen, vielleicht haben Sie sogar schon Ihre drei Stationen mit der ursprünglichen Version fertiggestellt – in dem Fall wird das zugehörige Achievement gleich beim Start (genauer: nach Login bei Google) freigeschaltet.

Sie haben bereits im vorangegangenen Abschnitt gesehen, dass der GamesClient für die Darstellung der Erfolge zuständig ist und lediglich von Ihrem Button aufgerufen wird. Das Resultat zeigt Ihnen Abbildung 10.4.

Abbildung 10.4 Für die Anzeige der Erfolge ist der GamesClient zuständig. Wenn Sie die Beschreibungen in der Developer Console auf Deutsch hinterlegt haben, erscheinen sie automatisch übersetzt.

In dem Moment, in dem ein Erfolg zum ersten Mal bei den Spieldiensten freigeschaltet wird, erscheint am oberen Bildschirmrand automatisch ein grafischer Toast.

Was passiert, wenn Sie alle Erfolge errungen haben, verrate ich Ihnen nicht. Finden Sie's selbst heraus!

10.4   In Führung gehen

Jeder Spieler vergleicht seine eigene Leistung gern mit der von anderen. Bei den Google-Spieldiensten stehen dazu Bestenlisten zur Verfügung, die wir als Nächstes anbinden werden.

10.4.1   Bestenlisten definieren

Sie können mehrere Bestenlisten anlegen. Postman soll erst mal mit einer einzigen auskommen, nämlich einer Kapital-Bestenliste. Natürlich kann das Kapital auch wieder sinken, wenn jemand eine neue Poststation erbaut, ein Eintrag auf der Bestenliste ist daher immer nur eine Momentaufnahme. In anderen Spielen gibt es Attribute wie Erfahrungspunkte, die sich besser eignen.

Legen Sie zunächst in der Developer Console die Bestenliste an. Abgesehen von einem Namen können Sie die Formatierung der Punktzahl einstellen. Ein Bild in der Auflösung 512 × 512 Pixel ist zu empfehlen (Abbildung 10.5).

Abbildung 10.5   Bestenlisten gibt es in verschiedenen Varianten.

Sogar eine »je niedriger, desto besser«-Bestenliste können Sie hier anlegen, und auch Grenzwerte sind einstellbar. Falls Ihnen ein Anwendungsfall dafür einfällt, probieren Sie's aus.

Auch der Bestenliste fügt die Developer Console natürlich eine ID hinzu, die Sie in Ihrer *ids.xml* hinterlegen:

```
<string name="leaderboard_cash">...</string>
```

10.4.2 In die Bestenliste eintragen

Jetzt müssen Sie den aktuellen Kontostand nur noch an geeigneter Stelle an die Spieldienste weiterreichen. Da die Überlegungen in Bezug auf die Erfolge hier analog gelten, liegt es nahe, diesen Aufruf in die Funktion checkAchievements() zu integrieren:

```
private void checkAchievements() {
  if(isSignedIn()) {
    ...
    GameStorage.Player p = gameStorage.findPlayer();
    ...
    getGamesClient().submitScore(
        getString(R.string.leaderboard_cash), p.cash);
  }
}
```

Sie müssen sich nicht um die Frage kümmern, ob der Kontostand niedriger ist als bei einem vorangegangenen Eintrag, das erledigen die Spieldienste. Selbst wenn ein Spieler durch den Bau von Poststationen Geld verliert, bleibt sein Highscore bestehen.

Wie bei den Erfolgen übernehmen die Spieldienste auch bei den Bestenlisten die Darstellung. Im Gegensatz zu den Erfolgen können Sie Ihre Bestenlisten-Position per Knopfdruck auf Google+ veröffentlichen oder Personen in Ihren Kreisen zum Spielen einladen (Abbildung 10.6).

Sie sehen, dass Bestenlisten-Einträge besonders einfach zu handhaben sind. Im Vergleich zu den Erfolgen hat Google eine Menge Zusatzfunktionen eingebaut. Spieler können Bestenlisten sogar auf den Tag oder die laufende Woche beschränken.

Welches Ergebnis bei wem sichtbar wird, ist dementsprechend kompliziert. Es gibt eine eigene Seite in der Developer-Dokumentation dazu, auf die ich Sie verweisen möchte:

https://developers.google.com/games/services/common/concepts/ leaderboardsAdvanced

Abbildung 10.6 Ihre Bestenlisten-Position können Sie auf Google+ teilen.

Komplex, nicht wahr? Ob auf ähnliche Weise die Integration der Erfolge mit Google+ ausgebaut wird, bleibt abzuwarten. Wünschenswert wäre es und sicherlich nicht besonders kompliziert.

10.5 Spielstand in der Cloud

Denken Sie kurz darüber nach, was es bedeuten würde, wenn Sie den Spielstand des Postman-Games in der Cloud speichern könnten.

Der Spielstand entspricht in diesem Fall der Datenbank. Sie könnten also auf zwei Geräten die gleichen Poststationen und Briefe haben. Ein Nutzer muss sich bloß mit einem Google-Account auf beiden Geräten einloggen und eines einem Freund leihen, der gerade nach Australien jettet.

Dann würde der Freund eine Poststation in Australien errichten, einen Brief Richtung Heimat erzeugen, den der Mensch vor dem anderen Gerät Sekunden später ausliefert, nachdem der Spielstand abgeglichen ist, und so weiter.

Die Cloud verkleinert die Welt auf Stecknadelgröße. Daten sind millionenfach schneller als ein Airbus A380. Eine Binsenweisheit – aber ein K.-o.-Kriterium für ein *Location-based Game*.

Ohnehin speichert der *Cloud-Save*-Spieldienst ohne größere Verrenkungen maximal vier Slots mit je 256 KBytes, also nicht mehr als ein Megabyte. Selbst wenn die Postman-Datenbank auch im fortgeschrittenen Spiel irgendwie in dieses Volumen zu quetschen wäre, stünden wir vor gewissen Komplikationen.

Ein anderes Spiel eignet sich viel besser als Beispiel für Cloud Save, nämlich eines mit Level-Fortschritt. Da bietet sich auf Anhieb Silver Ball aus Kapitel 5 an. Das ist in überraschend wenigen Schritten erledigt!

10.5.1 Cloud Save integrieren

Sie können das vorhandene Projekt auf Ihrer Festplatte erweitern oder den vollständigen Code im Download-Paket unter dem Namen *SilverBallPlayProject* finden.

Der erste Schritt besteht darin, die `MainActivity` von der `BaseGameServicesActivity` erben zu lassen:

```
public class MainActivity extends de.spas.tools.BaseGameServicesActivity
```

Ergänzen Sie in der Basis-Activity einen Parameter beim Setup des `GameHelpers`:

```
gameHelper.setup(this, GameHelper.CLIENT_GAMES |
    GameHelper.CLIENT_APPSTATE, "");
```

Das ist nötig, weil Cloud Save aus technischer Sicht kein Spieldienst ist und einen eigenen Client benötigt, den `AppStateClient` eben.

Fügen Sie im Layout den Sign-in-Button hinzu, zum Beispiel links unten in der Ecke:

```
<com.google.android.gms.common.SignInButton
    android:id="@+id/sign_in_button"
    android:layout_width="wrap_content"
    android:layout_height="wrap_content"
    android:layout_gravity="bottom" />
```

Verbinden Sie in `onCreate()` den Button mit der `onClick()`-Funktion:

```
findViewById(R.id.sign_in_button).setOnClickListener(this);
```

Dort starten Sie den Anmeldeprozess:

```
if (view.getId() == R.id.sign_in_button) {
    beginUserInitiatedSignIn();
}
```

Im Erfolgsfall wird die Funktion onSignInSucceeded() aufgerufen. Dort schalten Sie den Sign-in-Button unsichtbar. Außerdem geben Sie den Befehl, den aktuellen Level-Fortschritt aus der Cloud zu laden:

```
@Override
public void onSignInSucceeded() {
    findViewById(R.id.sign_in_button).setVisibility(View.GONE);
    getAppStateClient().loadState(this, SAVEPOINT_KEY);
}
```

Dabei ist SAVEPOINT_KEY eine Konstante mit dem Wert 1, die die Nummer des zu verwendenden Speicher-Slots definiert.

10.5.2 Spielstand laden

Sie wundern sich sicher nicht, dass die Funktion loadState() nicht direkt den gewünschten Wert zurückliefert. Wie so oft läuft auch dieser Ladevorgang asynchron. Wie aber kommen Sie an das Ergebnis?

Die Antwort steckt im ersten Parameter, this. Dahinter verbirgt sich ein Interface, das Ihre Activity implementieren muss:

```
public class MainActivity ...
    implements ... OnStateLoadedListener;
```

Dieses Interface erfordert zwei Funktionen:

```
@Override
public void onStateLoaded(int stateKey, int versionId, byte[] appState) {
}
@Override
public void onStateConflict(int stateKey, String s,
    byte[] bytes, byte[] bytes2) {
}
```

Die zweite Funktion wird erforderlich, wenn ein Konflikt auftritt. Diesen Fall lassen wir außen vor. Interessant ist die erste Funktion, die die gewünschten Daten ausliefert. Sie befinden sich in einem byte[]-Array. In seinem ersten Element soll das bisher erreichte Level des Spielers stehen, also:

```
@Override
public void onStateLoaded(int stateKey, int versionId, byte[] appState) {
    if(appState!=null && stateKey==SAVEPOINT_KEY) {
        bestLevel = appState[0];
    }
}
```

Falls noch kein Spielstand gespeichert wurde, ist `appState` null, daher die Sicherheitsabfrage.

10.5.3 Einen Spielstand in der Cloud speichern

Einfacher ist das Speichern des erreichten Levels. Der richtige Ort dafür ist die Funktion `gameOver()`:

```
private void gameOver() {
    bestLevel = level;
    if(isSignedIn()) {
        byte[] appState = new byte[1];
        appState[0] = (byte) bestLevel;
        getAppStateClient().updateState( SAVEPOINT_KEY, appState );
    }
    ...
}
```

Beachten Sie, dass der `AppStateClient` die Daten asynchron in die Cloud schickt. Falls das Gerät gerade keine Internetverbindung hat, speichert der Client den `appState` kommentarlos auf dem Gerät zwischen und versucht später noch einmal, ihn hochzuladen. Diese Methode kann naturgemäß zu den Konflikten führen, die ich bereits angedeutet habe.

Damit das Spiel wirklich beim zuletzt erreichten Level beginnt, müssen Sie die Funktion `startGame()` ändern:

```
private void startGame() {
    ...
    level = bestLevel;
    ...
}
```

Wenn Sie das Spiel weiterentwickeln, bieten Sie dem Nutzer auf jeden Fall die Möglichkeit, wieder beim ersten Level anzufangen. Mehr noch: Sie können eine Liste der Levels anzeigen, die freigespielten (mit Nummer kleiner oder gleich `bestLevel`) klickbar machen und den Rest mit einem Schloss versehen. Nicht anders funktioniert die Level-Auswahl bei bekannten Spielen wie *Angry Birds*.

10.5.4 Cloud Save verdrahten

Natürlich müssen Sie noch einige administrative Vorkehrungen treffen, damit Cloud Save funktioniert: In der Developer Console müssen Sie das Spiel anlegen und sich selbst als Tester eintragen. Außerdem müssen Sie eine signierte Version des APK hochladen und die mindestens nötigen Einträge wie Name, Beschreibung und Icon speichern. Jetzt wissen Sie auch, warum Sie die Silberkugel seinerzeit mit einer Pixelgröße von 512 × 512 angelegt haben – diese Maße fordert die Developer Console nämlich von App-Icons.

Wie schon beim Postman erhält Ihr neues Spiel eine App-ID, die Sie in Ihr Android-Manifest eintragen müssen. Vorsicht, Falle: Für den `AppStateClient` gibt es einen eigenen Eintrag, der dem für die Spieldienste sehr ähnlich sieht:

```
<meta-data
    android:name="com.google.android.gms.games.APP_ID"
    android:value="@string/app_id" />
<meta-data
    android:name="com.google.android.gms.appstate.APP_ID"
    android:value="@string/app_id" />
<meta-data
    android:name="com.google.android.gms.version"
    android:value="@integer/google_play_services_version" />
```

Im Gegensatz zu Erfolgen oder Bestenlisten benötigt Cloud Save keine weitere ID. Sie können also ohne weitere Umstände zu ersten Tests schreiten.

10.6 Facebook integrieren

Die Anbindung der Google-Spieldienste ist recht überschaubar. Sie haben bloß einen kleinen Haken: Google+ ist nicht das soziale Netzwerk, in dem weltweit am meisten gespielt wird. Das ist *Facebook*.

Zwar verfügt Facebook nicht über so spezifische Funktionen für Spiele wie die Google-Spieldienste, aber Grundfunktionen wie das Veröffentlichen von Erfolgen als Statusmeldung sind hilfreich für die Verbreitung eines Spiels und relativ schnell angebunden.

Ich werde Ihnen diesen Fall erneut anhand des Postman-Spiels demonstrieren. Wir werden einfach bei Erreichen der bereits vordefinierten Erfolge fragen, ob der Spieler ihn als Facebook-Status posten möchte.

Voraussetzung für die Entwicklungsarbeit in diesem Kapitel ist – wenig überraschend – ein Facebook-Konto. Sie müssen sich als Entwickler outen, indem Sie folgende Adresse aufsuchen:

https://developers.facebook.com

An gleicher Stelle finden Sie übrigens auch die komplette Dokumentation der verfügbaren Dienste und den Download des Facebook-Android-SDK, den Sie benötigen, um loslegen zu können.

Den kompletten Code finden Sie im Download-Paket im Verzeichnis *PostmanPlayFacebookProject*. Natürlich können Sie einfach Ihren Stand des Postman-Projekts nehmen, egal ob mit oder ohne Google-Spieldienste.

10.6.1 Facebook-SDK integrieren

Wenn Sie das Facebook-Android-SDK entpackt haben, finden Sie darin ein Verzeichnis namens *facebook*. Dieses kopieren Sie in Ihr Projekt, parallel zum Modul Postman. Verwenden Sie im Android Studio den Menüpunkt FILE • PROJECT STRUCTURE, um die Projektstruktur aufzurufen. Klicken Sie auf den Plus-Button, und wählen Sie im Popup-Menü IMPORT MODULE. Bestimmen Sie das *facebook*-Verzeichnis, und beantworten Sie alle weiteren Fragen mit Ja.

Sie benötigen ein Build-Skript für Gradle, das der Facebook-Android-SDK leider nicht mitliefert. Kopieren Sie es daher am besten aus dem Download-Paket oder aus der Facebook-Seite über die Verwendung des SDK unter Android Studio.

Ergänzen Sie in der Datei *build.gradle* des Postman-Moduls die Abhängigkeit von Facebook:

```
dependencies {
  ...
  compile project(':facebook')
}
```

Ein Klick auf das Icon SYNC PROJECT WITH GRADLE FILES kümmert sich um den Rest.

10.6.2 Eine Facebook-App definieren

Ähnlich wie im Fall der Google-Spieldienste müssen Sie auch bei Facebook eine App anlegen und für eine Authentifizierung sorgen.

»Facebook-App« ist ein Sammelbegriff. Damit kann auch ein Browser-Game oder eine ganz andere Anwendung gemeint sein. Zunächst ist das, was Sie da anlegen, nicht mehr als ein abstrakter Begriff.

Besuchen Sie die Developer-Webseite. Wenn Sie bei Facebook eingeloggt sind, klicken Sie in der Kopfleiste auf APPS und dann auf den Button NEUE APP ERSTELLEN. Tragen Sie einen Namen und einen Namespace ein. Für Letzteres müssen Sie gegebenenfalls erfinderisch sein, weil Millionen von Begriffen bereits vergeben sind (Abbildung 10.7).

Abbildung 10.7 Erstellen Sie eine neue Facebook-App für Ihr Spiel.

Sobald die App angelegt ist, erfahren Sie ihre App-ID und das *App Secret*. Außerdem können Sie jetzt den Packagenamen und die Klasse der Activity eintragen. Schließlich müssen Sie den Fingerabdruck Ihres Signaturzertifikats bekanntmachen. Das betrifft genau genommen zwei Zertifikate: Ihr Debug-Zertifikat, das Android Studio automatisch anlegt, um APKs im Debug-Modus zu signieren, sowie Ihr Veröffentlichungszertifikat. Ermitteln Sie die Fingerabdrücke mit dem Java-Keytool wie folgt:

```
keytool -exportcert -alias androiddebugkey -keystore [pfad zum keystore] |
    openssl sha1 -binary | openssl base64
```

Der Debug-Keystore liegt üblicherweise im Verzeichnis *.android*.

Alternativ starten Sie Ihre App ohne einen eingetragenen Fingerabdruck. Werfen Sie einen Blick ins Logcat-Fenster. Dort steht als Teil der folgerichtigen Fehlermeldung genau die Zeichenfolge, die Sie bei Facebook eintragen müssen.

Damit ist die Facebook-App bereit (Abbildung 10.8). Wenn Sie nicht alleine entwickeln oder testen möchten, können Sie unter Nutzerrollen Facebook-Freunde hinzufügen, die ebenfalls die App benutzen dürfen. Erst wenn Sie den Sandbox-Modus ausschalten, ist die App für jedermann verfügbar.

10.6.3 Die App mit Facebook verbinden

Nun zurück zur App. Ähnlich wie für die Google-Spieldienste müssen Sie zunächst sicherstellen, dass sich App und Facebook unterhalten können. Die Client-Funktionen übernimmt in diesem Fall die Original-Facebook-App (mit dem Umweg über die Funktionen des SDK), die Sie auf dem Gerät installieren müssen. Fügen Sie dann im Android-Manifest Ihrer App die Facebook-App-ID hinzu:

```
<meta-data android:name="com.facebook.sdk.ApplicationId"
    android:value="@string/facebook_app_id"/>
```

Abbildung 10.8 Füllen Sie App-Formular 1a ordnungsgemäß aus, um keine Probleme mit der Gesichtsbuch-Sicherheit zu bekommen.

Da das Facebook-Login in einer eigenen Activity stattfindet, deren Code im SDK enthalten ist, müssen Sie diese Activity im Manifest anmelden:

```
<activity android:name="com.facebook.LoginActivity"
        android:theme="@android:style/Theme.Translucent.NoTitleBar"
        android:label="@string/app_name" />
```

Entnehmen Sie die ID Ihrer Facebook-Developer-Seite, und tragen Sie sie in die *ids.xml* ein:

```xml
<resources>
    <string name="facebook_app_id">...</string>
</resources>
```

Als Nächstes benötigen Sie einen Login-Button. Den können Sie an passender Stelle Ihrem Layout hinzufügen:

```xml
<com.facebook.widget.LoginButton
          android:id="@+id/faceboon_login_button"
          android:layout_width="wrap_content"
          android:layout_height="wrap_content"
          facebook:confirm_logout="false"
          facebook:fetch_user_info="true"
          />
```

Anders als im Fall von Google+ müssen Sie allerdings keinen `OnClickListener` installieren. Der Button kümmert sich selbst um diesen Fall und verwandelt sich nach erfolgreichem Login sogar automatisch in einen Logout-Button.

Das alles erfordert jedoch die Unterstützung durch eine Hilfsklasse namens `UiLifecycleHelper`. Legen Sie ein solches Objekt in `onCreate()` an:

```java
uiHelper = new UiLifecycleHelper(this, this);
```

Verdrahten Sie die Funktionen `onCreate()`, `onPause()`, `onResume()`, `onDestroy()` und `onActivityResult()` mit den entsprechenden Funktionen des `uiHelpers`, zum Beispiel:

```java
@Override
protected void onActivityResult(int requestCode,
                          int resultCode, Intent data) {
    super.onActivityResult(requestCode, resultCode, data);
    uiHelper.onActivityResult(requestCode, resultCode,
                          data, dialogCallback);
}
@Override
protected void onDestroy() {
    super.onDestroy();
    uiHelper.onDestroy();
}
```

Dabei ist der zweite Parameter, den Sie dem Konstruktor übergeben müssen, für die Verarbeitung von Änderungen des Client-Status zuständig. Das zugehörige Interface `Session.StatusCallback` erfordert eine Funktion `call()` in der Activity:

```
@Override
public void call(Session session, SessionState state, Exception exception) {
    if (state.isOpened()) {
        Log.i(LOG_TAG, "Logged in...");
        showView(R.id.shareButton);
    } else if (state.isClosed()) {
        Log.i(LOG_TAG, "Logged out...");
        hideView(R.id.shareButton);
    }
}
```

Sie sehen, dass Sie diese Funktion verwenden können, um einen Button sichtbar oder unsichtbar zu schalten. Die Rede ist natürlich von dem Button, der das Facebook-Posting erzeugt.

10.6.4 Auf Facebook teilen

Den Share-Button können Sie mit dem folgenden XML in Ihr Layout einbauen:

```
<ImageButton
android:id="@+id/shareButton"
android:layout_width="40dp"
android:layout_height="40dp"
android:textStyle="bold"
android:layout_gravity="center_vertical"
android:background="@drawable/com_facebook_button_blue"
android:textColor="@color/white"
android:visibility="visible"
android:src="@drawable/com_facebook_inverse_icon" />
```

Weder die Farbe noch das Facebook-Icon müssen Sie in Ihren eigenen Projektressourcen verfügbar machen – beides befindet sich im *facebook*-Modul aus dem SDK und ist ohne weiteres verwendbar, sofern das *res*-Verzeichnis im Android Studio als Sourcecode-Verzeichnis markiert wurde.

Den SHARE-Button müssen Sie wie alle anderen auch in `onCreate()` mit der `onClick()`-Funktion verbinden:

```
setAnimatedClickListener(R.id.shareButton, R.anim.buttonpress,this);
```

Für die Klickbehandlung schreiben Sie der besseren Übersicht halber eine eigene Funktion:

```
if(view.getId()==R.id.shareButton) {
    shareOnFacebook();
}
```

Die Facebook-Richtlinien erlauben es nicht, einfach so im Namen eines Nutzers einen von Ihnen festgelegten Text zu posten (Näheres hierzu: *https://developers.facebook.com/policy/*). Ein gangbarer Weg ist es, dem Spieler einen Dialog anzuzeigen, in dem er sein Statusupdate eingeben kann – und ihn vorauszufüllen. Basteln Sie also einen Dialog, der dem Dialog für neue Poststationen sehr ähnlich ist (*dlg_share_on_facebook.xml*). Erzeugen Sie einen String »Share on Facebook«, und verwenden Sie ihn für den Okay-Button. Verpassen Sie dem außerdem den blauen Hintergrund und die typische weiße, fette Schrift.

Setzen Sie dann in der Funktion shareOnFacebook() zunächst den Vorschlag für den zu postenden Text zusammen, indem Sie die Zahl der ausgelieferten Briefe in einen vorbereiteten String einsetzen.

Der String sieht so aus:

```
<string name="facebook_status_update">
    I delivered %d letters as Postman</string>
```

Und die Funktion fängt wie folgt an:

```
private void shareOnFacebook() {
  GameStorage.Player p = gameStorage.findPlayer();
  final String message = getString(
            R.string.facebook_status_update,
            p.deliveredletters);
```

Jetzt müssen Sie den Dialog erzeugen:

```
final Dialog dlg = new Dialog(this,
            android.R.style.Theme_Translucent_NoTitleBar);
View view = getLayoutInflater().inflate(
            R.layout.dlg_share_on_facebook,null);
setTypefaceRecursive(view,TYPEFACE_NAME);
dlg.setContentView(view);
```

Tragen Sie den vorbereiteten Text in den EditText-View ein:

```
final EditText et = (EditText) view.findViewById(R.id.editText);
et.setText(message);
```

Schließlich verknüpfen Sie den Okay-Button mit einer Funktion, die die eigentliche Veröffentlichung auf Facebook übernimmt.

```
final Button b = (Button) view.findViewById(R.id.button);
b.setOnClickListener(new View.OnClickListener() {
    @Override
    public void onClick(View view) {
```

```
        b.setOnClickListener(null);
        publishStory(et.getText().toString());
        dlg.dismiss();
    }
});
dlg.show();
```

Bleibt also die entscheidende Funktion `publishStory()` zu schreiben. Die Funktion beginnt mit einer Prüfung der aktuellen Session:

```
private void publishStory(String message) {
    Session session = Session.getActiveSession();
    if (session != null){
```

Jetzt müssen Sie sicherstellen, dass Sie die nötige Erlaubnis haben. Haben Sie normalerweise nämlich nicht. Der Login-Button fragt beim ersten Mal nach, ob der Nutzer Ihrer App Zugriff auf sein Profil und seine Freundesliste gewähren möchte. Das sind die Standardfreigaben (Abbildung 10.11).

Abbildung 10.9 Beim Login gewährt Facebook zunächst nur Zugriff auf Profil und Freundesliste.

10.6.5 Zusätzliche Erlaubnis einholen

Sie benötigen allerdings eine zusätzliche Erlaubnis, um im Namen des Nutzers an dessen Pinnwand zu posten. Sie prüfen also, ob diese Erlaubnis bereits erteilt wurde, und wenn nicht, fordern Sie sie an:

```
List<String> permissions = session.getPermissions();
if (!permissions.contains("publish_actions")) {
    Session.NewPermissionsRequest newPermissionsRequest =
        new Session.NewPermissionsRequest(this, "publish_actions");
```

```
    session.requestNewPublishPermissions(newPermissionsRequest);
    return;
}
```

Die Funktion `requestNewPublishPermissions()` wird dem Nutzer erneut einen entsprechenden Dialog zeigen. Das passiert asynchron, daher ist es nicht möglich, an dieser Stelle einfach fortzufahren. Sie müssten abwarten, bis der Nutzer zugestimmt hat, und dann erst weitermachen. Diese Komplikation erspare ich Ihnen hier; stattdessen muss der Nutzer eben ein zweites Mal den SHARE-Button drücken.

Dann aber geht's sofort weiter: Sie setzen ein `Bundle` aus Name-Wert-Paaren zusammen, das später an Facebook geschickt wird.

```
Bundle postParams = new Bundle();
postParams.putString("name", getString(R.string.app_name));
postParams.putString("caption", getString(R.string.app_name));
postParams.putString("description", message);
postParams.putString("link",
    "https://play.google.com/store/apps/details?id=" +
    getClass().getPackage().getName());
```

Für die Parameter `name` und `caption` verwendet dieser Code der Einfachheit halber jeweils den Namen des Spiels, die `description` ist der vorbereitete Text. Mit dem Posting verknüpft die letzte Zeile einen Link zu Google Play unter Verwendung des Packagenamens. Solange Ihre App unveröffentlicht ist, funktioniert dieser Link natürlich nicht.

Sie können sogar ein Bild mitgeben, allerdings ohne erheblichen Zusatzaufwand nur eines, das irgendwo im Internet erreichbar ist – eines aus den Spielressourcen hochladen können Sie hier nicht:

```
postParams.putString("picture", "http://url.to.a.picture.png");
```

Wenn Sie eigenen Webspace besitzen, können Sie das Icon des Spiels dort hochladen und in den Parametern darauf verweisen.

Jetzt setzen Sie einen Request zusammen und führen ihn asynchron aus:

```
Request request = new Request(session, "me/feed",
    postParams, HttpMethod.POST, callback);
RequestAsyncTask task = new RequestAsyncTask(request);
task.execute();
```

Entscheidend ist hierbei der Pfadparameter `"me/feed"`, der als Ziel des Postings in Facebooks Graph-Datenbank den eigenen Feed angibt, also die Pinnwand.

Das Ergebnis des Requests landet asynchron beim Parameter callback zwecks weiterer Verarbeitung. Im Fehlerfall sollten Sie den Nutzer auf das Problem hinweisen, im Erfolgsfall zeigen Sie einen kleinen Toast an. Als leichte Komplikation kommt hinzu, dass das Ergebnis im JSON-Format vorliegt, das Sie aber dank der Klasse JSONObject leicht zerlegen können, ohne seine Innereien zu kennen:

```java
Request.Callback callback = new Request.Callback() {
    public void onCompleted(Response response) {
        JSONObject graphResponse = response
                .getGraphObject()
                .getInnerJSONObject();
        try {
            String postId = graphResponse.getString("id");
        } catch (JSONException e) {
            Log.i(LOG_TAG, "JSON error "+ e.getMessage());
        }
        FacebookRequestError error = response.getError();
        if (error != null) {
            showToast(error.getErrorMessage());
        } else {
            showToast(getString(
                    R.string.facebook_status_update_posted));
        }
    }
};
```

Das war's schon. Selbstverständlich erlaubt die Facebook-API Unmengen weiterer Funktionen. So könnten Sie beispielsweise den aktuellen Standort einer gebauten Poststation posten und über die Freundesliste eine Art Multiplayer-Spiel aufbauen. Denkbar wäre sogar, den Nutzer ein Foto vom Bauplatz seiner Poststation anfertigen zu lassen, programmatisch eine Poststation hineinzumontieren und das Ergebnis dann in ein Fotoalbum auf Facebook hochzuladen.

Der Fantasie sind wie immer kaum Grenzen gesetzt.

10.7 Zusammenfassung

In diesem Kapitel habe ich Ihnen die Google Play Game Services nahegebracht. Sie haben gesehen, dass Sie dank der Spieldienste auf den Selbstbau von Programmteilen zur Verwaltung von Erfolgen oder Bestenlisten gut verzichten können. Auch das Speichern von Spielständen in der Cloud ist in bestimmten Fällen ungemein praktisch.

Schließlich habe ich Ihnen gezeigt, dass eine Facebook-Anbindung ebenfalls ohne unangenehme Krämpfe machbar ist. Denken Sie aber immer daran, dass solche Funktionen erfordern, dass der Nutzer ein Konto bei dem betreffenden sozialen Netzwerk haben muss. Bei Android-Geräten können Sie einen Google-Account ohne große Kopfschmerzen voraussetzen. Allerdings klickt nicht jeder auf »von mir aus«, wenn eine App ihn bittet, in seinem Namen auf Google+ posten zu dürfen. Kniffliger sieht es mit Facebook aus: Nicht jeder Android-Nutzer besitzt ein Facebook-Konto, und es soll sogar kritische Zeitgenossen geben, die das Auftauchen eines verdächtigen blauen Buttons in einer App mit sofortiger Deinstallation bestrafen. Wägen Sie ab, ob Sie solche Nachteile in Kauf nehmen können.

Sie werden sehen, dass die Einbindung von Social Networks den Erfolg Ihrer App durchaus maßgeblich beeinflussen kann, wenn Sie es geschickt anstellen und erst mal ein paar Spieler rekrutiert sind.

Wie Sie aus einem solchen Erfolg finanziellen Ertrag generieren können, zeige ich Ihnen nun im letzten Kapitel.

Kapitel 11
Monetarisieren

»*Gute Arbeit! Da es sich bei dieser Nachricht um eine Aufzeichnung handelt, beruhen alle Aussagen zu Ihrem Erfolg auf reiner Spekulation. Bitte ignorieren Sie unverdientes Lob.*«
(Ansager, in: Portal 2)

Nicht jeder hat die Absicht, Geld mit seinen Apps zu verdienen.

Wenn Sie sich ansehen, wie viele Apps in Google Play Werbung einblenden, Demoversionen von Kauf-Apps sind oder im Spiel Diamanten/Rubine/Goldstücke zum Kauf anbieten, muss Ihnen dieser Satz wie Hohn erscheinen. Aber werfen Sie mal einen Blick auf *f-droid.org*. Das ist ein alternativer Markt, der ausschließlich freie Open-Source-Apps anbietet. Nach aktuellem Stand gibt es dort sogar an die 100 Spiele, erwarten Sie aber keine Wunderwerke der Technik.

Wenn Sie mit Ihrem Spiel ernsthaft Geld verdienen möchten, geben Sie sich bitte keinen Illusionen hin. Sie haben drei Möglichkeiten:

- *Werbung einblenden*. Mit Googles Admob erhalten Sie ein paar Cent, immer wenn ein Nutzer eine eingeblendete Werbung *antippt* (und nur dann). Es gehört keine große Rechenkunst dazu, sich auszumalen, wie viele Nutzer man braucht, damit dabei interessante Beträge zusammenkommen. Denken Sie an Angry Birds, und Sie wissen, was ich meine.

- *Die App mit einem Preis* von 0,99 Euro oder mehr versehen. So gut wie niemand kauft heutzutage die Katze im Sack. Sie müssten zusätzlich eine Gratisversion anbieten. Erstens bedeutet das Aufwand, zweitens ist es keine Garantie, dass die Kaufversion erworben wird. Manche Nutzer werden mit dem Umfang der kostenlosen Version vollauf zufrieden sein, andere werden sie in einer Bewertung als »*Crippleware*« anprangern, und das ist nicht gerade verkaufsfördernd. Falls Ihre Kaufversion doch interessant genug ist, taucht sie garantiert nach kurzer Zeit auf Tauschbörsen auf, und Sie müssen sich den Kopf über Kopierschutzmaßnahmen zerbrechen. Dieses Duell mit den Crackern haben übrigens sogar Hersteller wie Microsoft nicht gewinnen können. Verschwenden Sie Ihre Zeit nicht damit.

- *In-App Payment*. Nicht ohne Grund verfolgen die meisten Spiele heutzutage diesen Ansatz, der bei Herstellern und Nutzern ziemlich beliebt ist. Sie sind sicher vor

Raubkopien, müssen nur eine Version pflegen und können darauf hoffen, dass Mundpropaganda Werbung für Sie macht. Bei einem guten Spiel können Sie Spielressourcen mehrfach kaufbar machen. Es soll Spieler geben, die ihrem Lieblingsgame über Jahre hinweg treu sind und weit mehr Geld hineinstecken, als beispielsweise ein Fullprice-Game für PCs oder Konsolen kostet.

Ich werde Ihnen in diesem Kapitel nur die dritte Option näher erklären. Wenn Sie unbedingt Werbung integrieren möchten, lesen Sie die Dokumentation bei Google:

http://developer.android.com/google/play-services/ads.html

Eine App mit einem Verkaufspreis zu versehen, ist in der Developer Console mit ein paar Klicks erledigt. Das muss ich Ihnen nicht groß erläutern. Anders sieht es mit In-App-Verkäufen aus, die eine direkte Einbindung in die App erfordern. Dazu kommen wir jetzt.

11.1 Google In-App Billing

Rein technisch spricht nichts dagegen, dass Sie in Ihrer App Ihre PayPal-E-Mail-Adresse hinterlegen und jemandem, der Ihnen auf diesem Weg Geld überweist, per E-Mail eine Datei senden, die, auf dem Smartphone gespeichert, die gekauften Inhalte freischaltet.

Erstens verbieten die Nutzungsbedingungen von Google Play aber dergleichen – Sie müssen zumindest als *primäre* Bezahlmethode die von Google einbinden – und zweitens geht es wirklich weniger umständlich.

11.1.1 Sinnvolle In-App-Artikel

Halten Sie sich vor Augen, was Sie Nutzern von Spielen grundsätzlich sinnvoll anbieten können:

- Komplette Freischaltung fortgeschrittener Spielfunktionen (Premium-Version)
- Unterdrücken von Werbung, die in der Gratisversion sichtbar ist
- Hinzufügen von kostenpflichtigen Extra-Levels
- In-Game-Ressourcen wie Heiltränke, Zauberschwerter, Helden-Upgrades oder Personalisierung (Kosmetika)
- Booster-Packs mit verschiedenen, mehr oder weniger zufällig zusammengestellten Inhalten
- Tipps, Tricks, Walkthrough-Anleitungen
- Premium-Währung, für die es im Spiel einen Item-Shop gibt

Jede dieser Optionen hat Vor- und Nachteile. Eine Premium-Version-Freischaltung können Sie beispielsweise nur einmal verkaufen. Spieler freuen sich immer über neue Levels, und wenn Sie es geschickt anstellen, können Sie ohne großen Aufwand in gewissen zeitlichen Abständen immer neue erfinden und anbieten. Eventuell müssen Sie dazu das Hauptspiel updaten. Das ist eine Komplikation, weil neuere Levels nicht mit alten Versionen funktionieren werden; Sie müssen also einen Zwangsupdate-Mechanismus implementieren.

Immer nützlich ist es, Nutzer an den Vorteilen schnuppern zu lassen, die sie für Käufe erhalten. Machen Sie innerhalb des Spiels abgespeckte Versionen von kostenpflichtigen Items verfügbar. Den »Einfachen Heiltrank« finden die Abenteurer gelegentlich in Schatztruhen, den »Mächtigen Heiltrank« gibt es nur gegen Geld.

Die Premium-Werbung (Diamanten, Rubine oder dergleichen) verschenken Sie sehr dosiert, z. B. einmal am Tag, so dass der Spieler das Spiel immer wieder öffnen muss, aber mächtige Items im In-Game-Shop kosten so viel, dass man zusätzliche Diamanten käuflich erwerben muss.

Unter uns gesagt: Heutzutage machen viele Spiele auf mich den Eindruck, als würde das komplette Spielprinzip nur aus verschiedenen Strategien bestehen, den Nutzer zum Einkauf zu bewegen. Die eigentliche Spielmechanik ist nachrangig und zumeist nicht mehr als eine wenig inspirierte Variante von Bekanntem: Hack-and-Slay-Abenteuer, Tower Defense, Sammelkartenspiele. Bei einem guten Spiel sollte es umgekehrt sein: Das Spielprinzip ist so fesselnd, dass die Nutzer gerne dafür bezahlen. Leider setzt die Industrie lieber auf bewährte Muster, weil auch im Android-Sektor die Entwicklungskosten inzwischen hoch sind und das Risiko eines Flops angesichts der Konkurrenz groß. Zudem müssen Mitspieler bei bekannten Mustern nicht groß nachdenken – und viele spielen rein zur Entspannung und finden es viel zu anstrengend, sich in ein für sie unbekanntes Spielprinzip einzufinden oder gar längere Anleitungen zu lesen. Das erklärt den durchaus beachtlichen Erfolg des x-ten Klons von *World of Warcraft* oder *Die Siedler*.

So oder so: Bevor Sie die Implementierung in Angriff nehmen, müssen Sie sich sorgfältig überlegen, wie Sie Ihre Bezahlinhalte strukturieren. Viele Entscheidungen in diesem Zusammenhang sind nämlich endgültig.

11.1.2 Bonus-Levels

Ich werde Ihnen am Beispiel des Silberkugel-Spiels erläutern, wie Sie In-App Billing einbauen. Es besitzt schon ein Level-Konzept, so dass es leichtfallen wird, ein beispielhaftes Pack mit Extra-Levels zu verwirklichen.

Das gilt grundsätzlich zwar auch für unser 3D-Labyrinth. Das hat jedoch einen kleinen Haken. Das *libgdx*-Core-Projekt weiß rein gar nichts über Androids In-App Billing, denn das ist nicht plattformübergreifend. Sie müssen den Billing-Code in das Android-Modul packen. Dazu bietet es sich an, eine `MainActivity` vorzuschalten, die (beispielsweise mit einer `ShopActivity`) zum einen die Bezahlmöglichkeiten implementiert und zum zweiten den Zugang zum eigentlichen *libgdx*-Spiel ermöglicht. Das ist offensichtlich ein bisschen kompliziert und würde den Rahmen dieses Kapitels sprengen. Bleiben wir also bei der Silberkugel.

Damit sich die Kauf-Levels deutlich von den im Grundspiel vorhandenen abheben, führen wir noch schnell eine neue Spielkomponente ein: Lavapfützen, in denen die Kugel schmilzt, was natürlich zu sofortigem Game Over führt.

Den zugehörigen Quellcode finden Sie im Download-Paket unter dem Verzeichnis *SilverBallPlayBillingProject*. Wie der Name schon sagt, basiert es auf dem *SilverBallPlayProject*. Das hat einen guten Grund: Wenn ein Spieler auf einem Gerät das Level-Pack gekauft hat, soll das auch auf einem weiteren Gerät verfügbar sein. Die zugehörige Cloud-Save-Funktionalität ist im *SilverBallPlayProject* vorhanden.

Natürlich können Sie eine Kopie dieses Projekts anlegen und den zusätzlichen Code anhand der kommenden Abschnitte selbst hinzufügen.

11.1.3 Lavapfützen

Das Spiel wird die neue Sorte Hindernisse ähnlich auf den Bildschirm bringen wie die Mauern. Natürlich brauchen Sie eine passende Textur. Sie können mal eben zu einem aktiven Vulkan jetten und ein Foto machen, Stubenhocker wie ich schnappen sich eine passende Bodentextur von *cgtextures.com* und ändern die Farben. Am besten geht das, wenn Sie mit GIMP im dunklen Bereich zwischen den Erdstücken die Rotkomponente anheben und alle hellen Bereiche abdunkeln. Verwenden Sie dazu die Farbkurven (Abbildung 11.1):

Fügen Sie der Ebene einen Alpha-Kanal hinzu (Rechtsklick im Ebenen-Fenster), und radieren Sie die Kanten der Lavafläche ein bisschen weg, um später vor dem Hintergrund einen weichen Übergang zu erzeugen. Speichern Sie die Textur als *lava.png* im Verzeichnis *drawable*.

11.1 Google In-App Billing

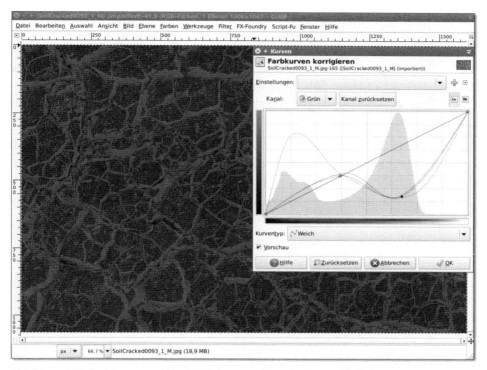

Abbildung 11.1 Farbkurven sei Dank wird aus rissigem Boden gefährliche Lava.

11.1.4 Kosmetik

Nutzen Sie die Gelegenheit, um dem Spiel ein ansprechenderes Logo zu verpassen. GIMP bietet ein paar hübsche Funktionen dazu. Wählen Sie im Menü NEU • ERSTELLEN • LOGO • CHROME, stellen Sie die richtige Schriftart ein, tippen Sie den Namen des Spiels ein, und schon haben Sie ein passendes Logo. Blenden Sie die dabei automatisch erzeugte Hintergrundebene aus, bevor Sie das Bild als *logo.png* in Ihrem *drawable*-Verzeichnis speichern. Ersetzen Sie einfach das Textlogo durch die neue Grafik:

```
<ImageView
    android:layout_height="wrap_content"
    android:layout_width="wrap_content"
    android:layout_gravity="center_horizontal"
    android:src="@drawable/logo"/>
```

Ferner sind ein paar Aufräumarbeiten unerlässlich. Sie erinnern sich vielleicht daran, dass wir einfach das Logo als Start-Button missbraucht und beim Start des Spiels unsichtbar geschaltet hatten, und den Score-Anzeiger gleich mit. Da Sie künftig die verfügbaren Level-Packs auch noch anzeigen wollen, wäre diese Vorgehensweise etwas umständlich. Deshalb schachteln Sie alle Bestandteile des Hauptmenüs in eine eigene `ViewGroup`, die insgesamt sichtbar und unsichtbar geschaltet wird. Es bietet sich ein vertikal ausgerichtetes `LinearLayout` an, das zwischen Logo und Score-Anzeige einen `HorizontalScrollView` enthält, der wiederum in einem horizontalen Layout die Namen der vorhandenen Level-Packs darstellen wird. Das Antippen eines Level-Packs soll dann entweder das Spiel im entsprechenden Level starten oder, falls erforderlich, den Kauf vorschlagen.

Für die Buttons, die die Liste der Level-Packs darbieten werden, benötigen Sie noch ein `Drawable` als Hintergrund. Als Beispiel verwende ich dafür einen einfachen weißen Rahmen mit runden Ecken:

round_box_background_frame.xml
```xml
<?xml version="1.0" encoding="utf-8"?>
<shape xmlns:android="http://schemas.android.com/apk/res/android">
    <stroke android:width="2dp"
            android:color="@android:color/white" />
    <solid android:color="#00ffffff"/>
    <corners android:bottomRightRadius="4dp"
            android:bottomLeftRadius="4dp"
            android:topLeftRadius="4dp"
            android:topRightRadius="4dp"/>
</shape>
```

11.1.5 Ein LevelPackManager

Irgendjemand muss sich um bedeutungsvolle Fragen kümmern wie:

- Welche Level-Packs gibt es?
- Welche Level-Packs hat der Nutzer freigeschaltet?
- Welches Level hat der Nutzer im jeweiligen Level-Pack erreicht?
- Freischalten eines Level-Packs
- Erreichtes Level in einem Level-Pack setzen
- Abgleich mit anderen Geräten über Cloud Save

Sicher sind Sie mit mir einer Meinung, wenn ich sage, dass diese Funktionen nicht in die `MainActivity` gehören. Dafür möge also ab sofort ein `LevelPackManager` zuständig sein.

Die Level-Packs wird er aus einem Verzeichnis in den Assets laden, als Speichermedium dienen ihm die App-Preferences. Zu beachten ist hier allerdings, dass dessen

Daten bei einer Neuinstallation verloren gehen. Konkret heißt das: Kauft der Nutzer ein Level-Pack und deinstalliert danach das Spiel, muss er bei einer Neuinstallation das Level-Pack erneut erwerben. Es sei denn, Sie sorgen dafür, dass die Daten nicht nur lokal, sondern via Cloud Save gespeichert und wiederhergestellt werden. Diesen Programmteil überlasse ich allerdings Ihnen, da er keine neuen Erkenntnisse benötigt oder erbringt.

Der LevelPackManager arbeitet mit Assets und Preferences, also muss der Konstruktor die nötigen Objekte erhalten und sich merken:

```
public class LevelPackManager {
    private List<LevelPack> levelPacks = Collections.emptyList();
    private AssetManager assets;
    private SharedPreferences preferences;
    public LevelPackManager(AssetManager assets,
                            SharedPreferences preferences) {
        this.assets = assets;
        this.preferences = preferences;
    }
```

Wie Sie sehen, speichert die Klasse die LevelPacks intern in einer Liste. Dann wollen wir die mal füllen:

```
public void loadLevelPacks(String folder) {
    levelPacks = new ArrayList<LevelPack>();
    try {
        String[] files = assets.list(folder);
        for(String f : files) {
            levelPacks.add(loadLevelPack(folder+"/"+f));
            Log.i(getClass().getSimpleName(),
                        "loaded level pack from " + f);
        }
    } catch (IOException e) {
        Log.e(getClass().getSimpleName(),
            "loading listing levelpacks in "+folder
            +" threw exception", e);
    }
}
```

Achten Sie auf die hervorgehobene Funktion: Sie dient dazu, die in einem Verzeichnis liegenden Dateinamen aufzulisten. Die folgende Schleife durchläuft diese Dateinamen und ruft jeweils eine Funktion auf, die das in der Datei definierte LevelPack hinzufügt. Und das geht so:

```
private LevelPack loadLevelPack(String filename) {
    try {
        InputStream source = assets.open(filename);
        Serializer serializer = new Persister();
        return serializer.read(LevelPack.class, source);
    } catch (Exception e) {
        Log.e(getClass().getSimpleName(),
            "loading levelpack "+filename
            +" threw exception", e);
    }
    return null;
}
```

Diese Funktion kennen Sie im Grunde schon; bisher fanden sich diese Zeilen in der `MainActivity`. Wir unterhalten uns in Kürze darüber, durch was sie dort ersetzt werden.

Zunächst schreiben Sie die nötigen Funktionen, um den Level-Fortschritt zu speichern und zu laden:

```
public boolean isLevelPackUnlocked(String name) {
    return preferences.getBoolean("levelunlocked_"+name, false);
}
```

Der letzte Parameter der `getBoolean()`-Funktion ist der Default-Wert. Für den Fall, dass der fragliche Preference-Wert fehlt, wird also `false` zurückgegeben.

Das Speichern einer Einstellung ist ein wenig aufwändiger:

```
public boolean unlockLevelPack(String name) {
    if(isLevelPackUnlocked(name)) return false;
    SharedPreferences.Editor e = preferences.edit();
    e.putBoolean("levelunlocked_"+name,true);
    e.commit();
    return true;
}
```

Beschreiben kann die `SharedPreferences` nur ein `Editor`-Objekt. Denken Sie immer daran, dass Änderungen abschließend mit `commit()` verfestigt werden müssen.

Unsere Funktion soll nur `true` zurückgeben, wenn tatsächlich ein `unlock`-Vorgang stattgefunden hat, nicht aber, wenn das `LevelPack` ohnehin schon verfügbar war. Daher die zusätzliche Abfrage in der ersten Zeile.

Dasselbe Prinzip wenden Sie für den Level-Fortschritt an:

```
public int getBestLevelInPack(String name) {
    return preferences.getInt("bestlevel_"+name,0);
}

public boolean setBestLevelInPack(String name, int level) {
    if(getBestLevelInPack(name)>=level) return false;
    SharedPreferences.Editor e = preferences.edit();
    e.putInt("bestlevel_" + name, level);
    e.commit();
    return true;
}
```

Bleibt noch die Notwendigkeit, die Level-Packs nach außen sichtbar zu machen:

```
public List<LevelPack> getLevelPacks() {
    return levelPacks;
}
```

Jetzt können Sie den `LevelPackManager` in der `MainActivity` verwenden.

Nehmen Sie die nötigen Initialisierungen in `onCreate()` vor:

```
levelPackManager = new LevelPackManager(getAssets(),
    getSharedPreferences("levels",0));
levelPackManager.loadLevelPacks("levelpacks");
levelPackManager.unlockLevelPack("Intro");
```

Die Funktion `getSharedPreferences()` liefert einen Einstellungen-Speicher unter dem angegebenen Namen. Sie können pro App mehrere solche Speicher verwenden.

Die dritte Zeile schaltet das erste Level frei. Dabei handelt es sich um das schon in Kapitel 5 gebastelte `LevelPack`, bloß unter neuem Namen.

Jetzt ist es an der Zeit, das Kauf-Level-Pack zu entwickeln. Ich zeige Ihnen den XML-Code nur für ein Beispiel-Level. Weitere können Sie sich in meiner Datei im Download-Paket ansehen oder selbst erfinden:

```xml
<levelPack name="Lava">
    <levels>
        <level number="1" points="2000" time="10">
            <ball startx="1" starty="1"/>
            <hole x="15" y="8"/>
            <obstacles>
<obstacle type="lava" x="4" y="2" w="3" h="2" />
<obstacle type="lava" x="4" y="5" w="3" h="2" />
```

```
        </obstacles>
    </level>
...
```

Die Hindernisse erhalten natürlich den Typ `lava`. Achten Sie darauf, dass Breite und Höhe ein Verhältnis haben, das zu den Abmessungen Ihrer Textur passt.

Damit die Level-Packs später in der Auswahl auf dem Hauptbildschirm in der gewünschten Reihenfolge erscheinen, können Sie der Einfachheit halber auf die alphabetische Sortierung setzen, die Android intern verwendet. Benennen Sie daher die XML-Dateien nach einem Schema wie dem folgenden:

- *01_intro.xml*
- *02_lava.xml*

Jetzt müssen Sie nur noch dafür sorgen, dass die `LevelPacks` vernünftig aufgelistet werden.

Der richtige Ort dafür ist die Funktion `gameOver()`, die vor und nach jeder Spielrunde aufgerufen wird. Leeren Sie zunächst das `LinearLayout` mit den `LevelPacks`:

```
ViewGroup levels = (ViewGroup)findViewById(R.id.levelpacks);
levels.removeAllViews();
```

Dann erzeugen Sie für jedes `LevelPack` im Manager programmatisch einen `Button` und fügen ihn der `ViewGroup` hinzu:

```
for(LevelPack lp : levelPackManager.getLevelPacks()) {
    Button b = new Button(this);
    b.setText(lp.getName());
    b.setBackgroundResource(R.drawable.round_box_background_frame);
    setTypeface(b, FONTNAME);
    levels.addView(b);
}
```

Das ist natürlich nur die halbe Wahrheit. Sicher fragen Sie sich, wo der `OnClickListener` verdrahtet wird. Sie benötigen an dieser Stelle eine Fallunterscheidung:

- Level-Pack ist bereits freigeschaltet – Klick startet das nächste Level
- Level-Pack ist noch nicht freigeschaltet – initiiere In-App-Einkauf

Die entsprechende `if`-Abfrage sieht wie folgt aus:

```
if(levelPackManager.isLevelPackUnlocked(lp.getName())) {
    b.setTag(lp);
```

```
    b.setTextColor(getResources().getColor(android.R.color.white));
    setAnimatedClickListener(b, R.anim.buttonpress, this);
} else {
    b.setTextColor(getResources().getColor(
                        android.R.color.darker_gray));
}
```

Um Ihre Lava-Levels ausprobieren zu können, können Sie sich übrigens einen Gott-Modus einbauen:

```
if( ... || GODMODE) {
```

Sie sehen, dass freigeschaltete `LevelPacks` eine weiße Beschriftung erhalten. Außerdem wird der `OnClickListener` mit der Activity verbunden. Werfen Sie einen Blick auf die hervorgehobene Zeile: Sie macht sich die Möglichkeit zunutze, `Views` beliebige Objekte als *Tags* hinzuzufügen. Die Funktion `onClick()` weiß damit, welches `LevelPack` sie starten muss:

```
if(view.getTag()!=null && view.getTag() instanceof  LevelPack) {
    levelPack = (LevelPack) view.getTag();
    startGame();
}
```

Der Hauptbildschirm sieht dann schon deutlich interessanter aus als früher (Abbildung 11.2).

Abbildung 11.2 Der Hauptbildschirm bietet im Gott-Modus sofortigen Zugriff auf alle Levels.

Den Kaufprozess habe ich Ihnen jetzt noch unterschlagen. Er gehört natürlich in den else-Zweig. Diese Episode präsentiere ich Ihnen in Kürze. Lassen Sie uns zunächst schnell die neuen Spielfunktionen fertigstellen.

11.1.6 Kugelschmelze

Natürlich müssen Sie dafür sorgen, dass die Lavapfützen tödlich sind. Dafür zuständig ist die GameEngine.

Fügen Sie dort ein neues Attribut hinzu:

```
private List<RectF> deadlyObstacles = new ArrayList<RectF>();
```

Die Funktion addObstacle() muss fürderhin den Typ eines Hindernisses genauer unterscheiden:

```
public void addObstacle(String type, float x, float y,
                                     float w, float h) {
    RectF r = new RectF(x, y, x + w, y + h);
    if("lava".equals(type)) {
        deadlyObstacles.add(r);
        gameView.addLavaRect(r);
    } else {
        obstacles.add(r);
        if("wood1".equals(type))
            gameView.addObstacle1Rect(r);
        if("wood2".equals(type))
            gameView.addObstacle2Rect(r);
    }
}
```

Bevor Sie sich darum kümmern, dass der GameView die Pfützen korrekt darstellt, bauen Sie schnell den Fall »Kugelschmelze« ein:

```
@Override
public void run() {
  ...
  float br = gameView.getBaseDimension()/2;
  for(RectF r : deadlyObstacles) {
    if(r.contains(ballX, ballY)) {
        stop();
        handler.post(new Runnable() {
            @Override
```

```
            public void run() {
                onGameOverListener.onGameOver();
            }
        });
        return;
    }
}
...
}
```

Die hervorgehobene Funktion `RectF.contains()` prüft, ob die angegebene Koordinate innerhalb des Rechtecks liegt. Das ist eine Vereinfachung, denn (ballX;ballY) ist natürlich der Mittelpunkt der Kugel. Ein Teil der Kugel dürfte also die Pfütze ohne Folgen berühren. Da die Lavafläche aber einen unscharfen Rand hat, können Sie das so lassen. Im Fall des Falles wird derselbe Code verwendet wie beim Ablauf der Rundenzeit. So weit also nichts Neues.

Fast fertig!

Im `GameView` ist reine Fleißarbeit zu erledigen. Führen Sie ein zusätzliches Attribut für die Lavapfützen ein:

```
private List<RectF> obstaclesLava = new ArrayList<RectF>();
```

Laden Sie die Lava, und ermitteln Sie das Rechteck für den späteren Zeichenvorgang:

```
lava = (BitmapDrawable) getResources().getDrawable(R.drawable.lava);
...
lavaRect.set(0, 0, lava.getBitmap().getWidth(),
                    lava.getBitmap().getHeight());
```

In `onDraw()` schließlich zeichnen Sie die Lavapfützen, und zwar vor den restlichen Hindernissen, da sich die Lava in Blickrichtung *unter* eventuellen anderen Objekten befinden soll:

```
for(RectF r : obstaclesLava) {
    canvas.drawBitmap(lava.getBitmap(), lavaRect, r,
                                    paintBitmap);
}
```

Das war's so weit. Ein paar Kleinigkeiten, die sich im Vergleich zur Ursprungsversion geändert haben, werden Sie selbst nachziehen können. Im Zweifelsfall wenden Sie sich vertrauensvoll an das Download-Paket. Bevor Sie an den Einbau des In-App Billing gehen, basteln Sie ruhig ein paar Levels (Abbildung 11.3).

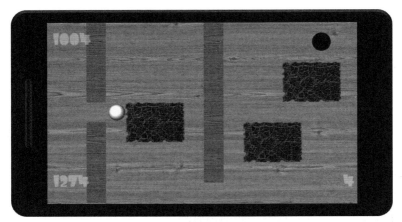

Abbildung 11.3 Sind Ihre Lava-Levels gemeiner als meine?

11.1.7 In-App-Artikel definieren

Kaufbare Artikel müssen Sie in der Developer Console einmalig anlegen. Sie erhalten dort eine eindeutige ID, die beim Kauf an die zuständige Stelle im Spiel weitergeleitet wird, um das zugehörige Level-Pack freizuschalten. Damit Sie damit beginnen können, muss die Developer Console allerdings zunächst verstehen, dass Ihre App In-App Billing unterstützen möchte, sonst sind die nötigen Funktionen gesperrt.

Fügen Sie Ihrem Android-Manifest die nötige Permission-Anforderung hinzu:

```
<uses-permission android:name="com.android.vending.BILLING" />
```

Dann beschaffen Sie sich mit dem Android SDK Manager die *Google Play Billing Library*, zu finden unter EXTRAS.

Suchen Sie im Verzeichnis *sdk/extras/google/play_billing* die Datei *IInAppBillingService.aidl*, erzeugen Sie in Android Studio einen Verzeichnisbaum *main/aidl/com/android/vending/billing*, und kopieren Sie die Datei hinein.

Bauen Sie dann eine signierte APK, und laden Sie sie in Ihre Konsole hoch. Klicken Sie dann auf IN-APP-PRODUKTE, und fügen Sie ein Produkt hinzu (Abbildung 11.4).

Es gibt drei Produkttypen:

▶ *Verwaltetes Produkt* – Google Play sorgt dafür, dass jeder Nutzer dieses Produkt höchstens einmal kaufen kann.

▶ *Nicht verwaltetes Produkt* – Google Play nimmt keinen Einfluss auf die Häufigkeit der Käufe. Wenn Sie eine Begrenzung einbauen wollen (zum Beispiel: ein Kauf pro Tag), müssen Sie das selbst erledigen.

Abbildung 11.4 Die Entscheidungen an dieser Stelle sind endgültig.

▶ *Abonnement* – Google Play kauft für den Nutzer in festzulegenden Intervallen automatisch immer das gleiche Produkt.

Für die Freischaltung eines Level-Packs eignet sich natürlich nur das *Verwaltete Produkt*. Als Produkt-ID können Sie der Einfachheit halber den Namen des Level-Packs verwenden, in diesem Fall also »lava« (Großbuchstaben sind nicht erlaubt).

Im Formular zum Produkt tragen Sie dann Titel, Beschreibung und Preis ein. Beachten Sie, dass 0,79 EUR der kleinstmögliche Preis ist, und 79,00 EUR wird niemand bezahlen (Abbildung 11.5).

Abbildung 11.5 Was Sie hier eintragen, wird dem Nutzer von Google angezeigt, wenn er das Produkt kaufen möchte.

Ungefähr 30 % der Einnahmen behält Google übrigens als Gebühren ein. Von irgendwas müssen die ja auch leben, nicht wahr?

Speichern Sie das Produkt, und aktivieren Sie es. Natürlich ist es noch nicht sichtbar, aber das gilt schließlich für die ganze App.

Um die App vernünftig testen zu können, muss sie auf Google Play veröffentlicht sein. Allerdings so, dass nur Sie (und vielleicht weitere Tester) sie sehen können. Kein Problem, laden Sie die APK einfach als Alpha-Test-Version hoch, und bestimmen Sie eine Google+-Community als Berechtigte. Die Developer Console unterstützt Sie dabei. Später können Sie die Alpha-Version zur Beta-Version oder gleich zur Produktiv-Version hochstufen.

11.1.8 Kaufvorgang starten

Als Nächstes müssen Sie aus dem Spiel heraus dem Nutzer ermöglichen, das Produkt zu erwerben.

Dazu muss sich die Activity zunächst mit dem Billing Service verbinden. Der Code dazu gehört in die Funktion `onCreate()` und ist ziemlich übersichtlich:

```
bindService(new Intent(
    "com.android.vending.billing.InAppBillingService.BIND"),
    mServiceConn, Context.BIND_AUTO_CREATE);
```

Dazu benötigen Sie noch eine innere Klasse `mServiceConn`, die die Verbindung zum Service verkapselt:

```
private ServiceConnection mServiceConn =
new ServiceConnection() {
    @Override
    public void onServiceDisconnected(ComponentName name) {
        mService = null;
    }
    @Override
    public void onServiceConnected(ComponentName name, IBinder service) {
        mService = IInAppBillingService.Stub.asInterface(service);
    }
};
```

Natürlich erfolgt die Bindung an den Service asynchron. Im Erfolgsfall wird `onServiceConnected()` aufgerufen und merkt sich das Service-Interface in einem Attribut `mService`, das Sie noch anlegen müssen:

```
private IInAppBillingService mService;
```

Über dieses Interface können Sie nun auf das Billing zugreifen.

> **Bezeichner-Präfixe**
>
> Google-Code folgt oft einer bestimmten Konvention, die ich in diesem Beispiel der Übersicht halber übernehme: Präfixe für Bezeichner.
>
> Das sind einzelne Kennbuchstaben, die an den Anfang von Bezeichnern gesetzt werden, um ihre Bedeutung auf den ersten Blick verständlich zu machen. So ist jedem Interface ein großes I vorangestellt (wie IBinder) und jedem Attribut ein kleines m (für *Member*).
>
> Es ist eine Geschmacksfrage, ob man dieser Konvention folgt. Da Sie sie jetzt kennen, wird sie Sie zumindest nicht mehr irritieren. Die Konvention ist angelehnt an die sogenannte *ungarische Notation*. Wenn Sie sich dafür interessieren, schauen Sie bei Wikipedia vorbei:
>
> *http://de.wikipedia.org/wiki/Ungarische_Notation*

Wie bereits weiter oben angedeutet, gehört der Start des Kaufvorgangs in den else-Zweig der if-Abfrage, ob ein LevelPack freigeschaltet ist. Der Übersicht halber basteln Sie eine zusätzliche innere Klasse für den neuen OnClickListener:

```
private class PurchaseClickListener implements View.OnClickListener {
    private final String name;
    public PurchaseClickListener(String name) {
        this.name = name;
    }
    @Override
    public void onClick(View view) {
    }
}
```

Eine Instanz einer solchen Klasse verdrahten Sie mit den Buttons der noch nicht freigeschalteten LevelPacks:

```
setAnimatedClickListener(b, R.anim.buttonpress,
    new PurchaseClickListener(lp.getName().toLowerCase()));
```

Beachten Sie das toLowerCase(). Wir verwenden die LevelPack-Namen als Bezeichner für die In-App-Produkte, aber die Developer Console erlaubt nur Kleinbuchstaben. Damit beides zusammenpasst, müssen Sie hier etwaige Großbuchstaben loswerden.

Die onClick()-Funktion im PurchaseClickListener erhält nun die ehrenvolle Aufgabe, den eigentlichen Bezahlvorgang anzustoßen:

```
@Override
public void onClick(View view) {
```

```
try {
    Bundle buyIntentBundle = mService.getBuyIntent(3,
            getPackageName(), name, "inapp", "");
    if(buyIntentBundle.getInt("RESPONSE_CODE")==0) {
        PendingIntent pendingIntent =
            buyIntentBundle.getParcelable("BUY_INTENT");
        startIntentSenderForResult(
            pendingIntent.getIntentSender(),
            42, new Intent(), Integer.valueOf(0),
            Integer.valueOf(0),
            Integer.valueOf(0));
    }
} catch (Exception e) {
    Log.e(MainActivity.this.getClass().getSimpleName(),
                                    "Exception:",e );
}
}
```

Denken Sie sich hier mal kurz die try-Konstruktion weg, die den Code etwas unübersichtlich macht. Was bleibt dann? Zunächst lassen Sie den Service ein Bundle erzeugen, das dann dazu dient, einen PendingIntent zu starten. PendingIntents können im Gegensatz zu normalen Intents Funktionen außerhalb der eigenen App in Gang setzen. Der erste Parameter von getBuyIntent(), die Zahl 3, bezeichnet die Version der Billing-API, die Sie verwenden möchten – es ist Version 3, die modernste.

Schließlich startet startIntentSenderForResult() den eigentlichen Vorgang. Dabei weist Sie ...ForResult() darauf hin, dass Ihnen das Ergebnis via onActivityResult() präsentiert werden wird. Dazu kommen wir im nächsten Abschnitt. Zunächst können Sie den Code bis zum ersten Schritt des Einkaufs bereits ausprobieren. Sie werden sehen, dass Sie als Alpha-Tester sogar kostenlos einkaufen können (Abbildung 11.6).

Abbildung 11.6 Das Level-Pack wird Ihnen zum Kauf angeboten. Drücken Sie den Kaufen-Button bitte erst, wenn Sie den nächsten Abschnitt umgesetzt haben.

11.1.9 Einkauf registrieren

Der letzte Schritt steht an: Sobald die Billing-Schnittstelle Ihnen meldet, dass der Nutzer das Produkt erworben hat, müssen Sie ihm das LevelPack im LevelPackManager freischalten.

Schreiben Sie dazu die Funktion onActivityResult():

```
@Override
protected void onActivityResult(int request, int response, Intent data) {
    if(request==42) {
        int responseCode = data.getIntExtra("RESPONSE_CODE", 0);
        String purchaseData =
                data.getStringExtra("INAPP_PURCHASE_DATA");
        String dataSignature =
                data.getStringExtra("INAPP_DATA_SIGNATURE");
        if (response == RESULT_OK) {
          try {
              JSONObject jo = new JSONObject(purchaseData);
              String productId = jo.getString("productId");
              levelPackManager.unlockLevelPack(sku);
              Toast.makeText(this,getString(
                  R.string.purchase_success,
                  productId),Toast.LENGTH_LONG).show();
              gameOver();
          }
          catch (JSONException e) {
              Log.e(getClass().getSimpleName(),
                  "JSONException",e);
          }
        }
    }
}
```

Hierzu gibt es ein paar wichtige Dinge zu sagen.

Erstens ist da diese obskure Zahl 42. Die stimmt überein mit dem Code, der zuvor bei startIntentSenderForResult() übergeben wurde. Anhand dieses willkürlichen Wertes können Sie an dieser Stelle ActivityResults unterscheiden, die aus verschiedenen Quellen kommen.

Die purchaseData ist mal wieder ein JSON-Objekt. Daraus extrahieren Sie die Produkt-ID des Einkaufs, in diesem Fall also nichts anderes als den Namen des gekauften Level-Packs.

Das wird in der Folgezeile umgehend freigeschaltet. Weil Sie dankbar für den Einkauf sind, geben Sie noch einen freundlichen `Toast` aus.

Schließlich bauen Sie durch ein simples `gameOver()` den Hauptbildschirm neu auf und schalten damit den Lava-Button auf Weiß.

11.1.10 Schutz vor Hackern

Ich hatte Ihnen bereits erläutert, dass Kauf-Apps nicht vor Schwarzkopierern sicher sind. Es genügt völlig, das APK der gekauften App von einem gerooteten Gerät zu kopieren, schon kann man sie frei im Netz verteilen. Und glauben Sie bitte nicht, dass ausgerechnet Ihre App von diesem Schicksal verschont wird.

Leider haben sich Cracker auch für In-App-Bezahlung einen Hack ausgedacht, der auf den in meinen Augen ziemlich unverschämten Namen *freedom* hört und – ohne Witz! – um Bitcoin-Spenden bittet.

Dieser Hack schiebt den Bezahlfunktionen eine virtuelle Kreditkarte unter und verursacht keine realen Kosten – und der Hersteller der App kassiert natürlich auch nichts. Glücklicherweise gibt es eine Möglichkeit, solche gefälschten Bezahlvorgänge zu identifizieren.

Sobald Sie den ersten regulären Einkauf in Ihrem Wallet-Account vorliegen haben (bitten Sie einen Freund, das zu tun, wenn es nicht von alleine passiert), schauen Sie sich den Eintrag an (Abbildung 11.7).

Abbildung 11.7 Die Details einer Bestellung im Wallet-Account verraten Ihnen eine Menge.

Jede Auftrags- bzw. Bestellnummer besteht aus zwei langen Zahlenfolgen, getrennt durch einen Punkt. Die vordere, zwanzigstellige Nummer ist bei jeder Bestellung identisch. Sie repräsentiert Ihr Händlerkonto.

Bezahlungen mit *freedom*-Hack können diese Nummer nicht kennen, die kennt nur Google, und die Kommunikation dorthin verhindert *freedom* ja gerade. Deshalb können Sie *freedom*-Bezahlungen daran erkennen, dass sie nicht mit Ihrer zwanzigstelligen Nummer anfangen.

Ändern Sie also die Reaktion auf eine erfolgte Bezahlung wie folgt:

```
if (response == RESULT_OK) {
    try {
        JSONObject jo = new JSONObject(purchaseData);
        String orderId = jo.getString("orderId");
        if(orderId.startsWith(MY_WALLET_ID)) {
            String productId = jo.getString("productId");
            levelPackManager.unlockLevelPack(productId);
            Toast.makeText(this,getString(
                R.string.purchase_success,productId),
                Toast.LENGTH_LONG).show();
            gameOver();
        }
    }
    catch (JSONException e) {
        Log.e(getClass().getSimpleName(),
            "JSONException",e);
    }
}
```

Die `orderId` holen Sie einfach aus dem zurückgegebenen JSON-Objekt, dann prüfen Sie ihre ersten zwanzig Zeichen. Falls sie nicht stimmen, tun Sie einfach gar nichts – eine genaue Fehlermeldung würde einen Hacker bloß auf dumme Ideen bringen.

Der Vollständigkeit halber nutze ich die Gelegenheit, Ihnen an dieser Stelle aufzulisten, welche Attribute das `purchaseData`-JSON-Objekt anbietet.

»purchaseData«-Attribute

- `orderId` – Bestell- bzw. Auftragsnummer
- `packageName` – Packagename Ihrer App
- `productId` – ID des In-App-Artikels
- `purchaseTime` – Kaufzeitpunkt in Millisekunden seit 1970

- `purchaseState` – 0: gekauft, 1: abgebrochen, 2: zurückgezahlt
- `developerPayload` – optionale Daten, die Sie bei `getBuyIntent()` angeben
- `purchaseToken` – eindeutige ID des Einkaufs

Google hat sich mit Version 3 der In-App-Billing-API bemüht, den Entwicklern das Leben noch einfacher zu machen. Natürlich verdient auch Google am meisten, wenn Ihre App viel Umsatz macht. Und das geschieht eben heutzutage über In-App Billing.

Auch für Nutzer ist diese Bezahlmethode die komfortabelste, zumindest soweit sie über eine Kreditkarte verfügen oder ihr Mobilfunkanbieter die Bezahlung per Rechnung an Google unterstützt.

Für den Rest müssen Sie sich etwas anderes ausdenken.

11.2 Andere Bezahlmethoden

Die Nutzungsbedingungen von Google Play erfordern es, dass jede App, die per In-App-Bezahlung virtuelle Artikel feilbietet, Googles eigenes Bezahlsystem verwendet. Andere Bezahlmethoden werden aber nicht ausdrücklich verboten. Das wäre auch tragisch, denn es gibt zahlreiche Multiplayer-Spiele, die schon vor der Veröffentlichung einer Android-App als Browser-Games samt Bezahlfunktion existierten. Selbstverständlich können sich Spieler, die sich unter Android registriert haben, in die Webversion des Games einloggen und im dortigen Webshop mit den dort vorhandenen Bezahlmethoden einkaufen.

Mehr noch: Wenn Sie Ihre App beispielsweise für Amazons Kindle Fire anbieten möchten, dann *darf* diese Version gar keine Google-Bezahlung enthalten, sondern nur die Amazon-eigene Bezahlmethode.

Die folgenden Seiten geben Ihnen einen kleinen Überblick über die Alternativen.

11.2.1 Amazon App Store

Der Aufbau des *Amazon App Stores* ähnelt jenem von Google. Für Finanzierung mit Werbung, Gratis-/Vollversionen und In-App-Artikeln gilt dasselbe.

Sie müssen sich bei *https://developer.amazon.com/iap/* registrieren und das Mobile App SDK runterladen. Die ausführliche Dokumentation und Beispiel-Apps unterstützen Sie bei der Implementierung, die nicht komplizierter ist als die von Google. Auch bei Amazon müssen Sie die In-App-Artikel in eine Weboberfläche einpflegen (Abbildung 11.8).

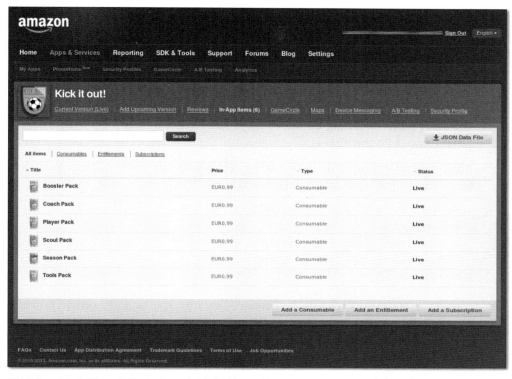

Abbildung 11.8 Bis auf die Farben sieht die Verwaltung von In-App-Produkten bei Amazon genauso aus wie bei Google.

Sie werden sich jetzt zu Recht die Frage stellen: Wie kann ich mit einer App-Version beide Shops unterstützen?

Die Antwort lautet: gar nicht. Aber Sie können sich das Leben trotzdem leichter machen, indem Sie beide Varianten aus dem gleichen Code erzeugen. Zu diesem Zweck unterstützt Gradle verschiedene *Geschmacksrichtungen* – sogenannte *Flavors*, die ich Ihnen an dieser Stelle kurz vorführe.

11.2.2 Gradle-Flavors

Öffnen Sie die Datei *gradle.build*, und ergänzen Sie innerhalb der android-Klammer folgende Zeilen:

```
android {
  ...
    productFlavors {
        google {
```

```
        }
        amazon {

        }
    }
}
```

Wie nach jeder Änderung an dieser Datei müssen Sie das Icon für SYNC PROJECT WITH GRADLE FILES drücken.

Anschließend erzeugen Sie in Ihrem *res*-Verzeichnis eine Datei namens *flavor.xml* (der Name ist frei wählbar) mit folgendem Inhalt:

```
<?xml version="1.0" encoding="utf-8"?>
<resources>
    <bool name="amazon">false</bool>
    <bool name="google">false</bool>
</resources>
```

Dies ist die Standarddatei. Jede der beiden »Geschmacksrichtungen« erhält nun eine eigene Version dieser Datei. Gradle wird dann pro Flavor eine eigene APK bauen und die zusätzlichen Dateien der Standardversion überlagern.

Der richtige Aufenthaltsort für die zusätzlichen Dateien ist jeweils ein dem Flavor-Namen entsprechendes Verzeichnis unterhalb von *src*, also *src/google* und *src/amazon* (Abbildung 11.9). Innerhalb dieser Verzeichnisse müssen die Dateien in einem Verzeichnisbaum liegen, der jenem der Standardversion entspricht, also zum Beispiel `src/amazon/res/values`.

Die Amazon-Geschmacksrichtung erhält die folgende XML-Datei:

```
<?xml version="1.0" encoding="utf-8"?>
<resources>
    <bool name="amazon">true</bool>
</resources>
```

Beachten Sie, dass Sie hier nicht extra das `google`-Attribut hinzufügen müssen. Da es fehlt, verwendet Gradle automatisch jenes aus der Standarddatei, und dort ist es `false`.

Die Google-Geschmacksrichtung sieht dann natürlich so aus:

```
<?xml version="1.0" encoding="utf-8"?>
<resources>
    <bool name="google">true</bool>
</resources>
```

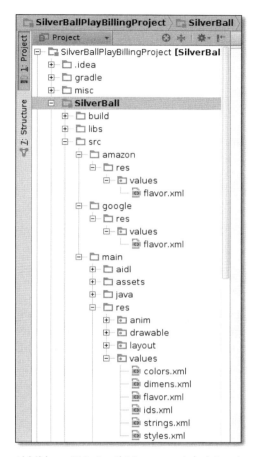

Abbildung 11.9 Es gibt insgesamt drei Geschmacksrichtungen der Datei »flavor.xml«: die Standardversion und die beiden Flavors »amazon« und »google«.

Jetzt können Sie im Programmcode die beiden `bool`-Attribute einfach abfragen und darauf reagieren. Beispielsweise müssen Sie in der Amazon-Version den Anmelde-Button für Google+ verstecken, und Sie dürfen nicht versuchen, den Nutzer bei den Game Services anzumelden. Führen Sie in der `MainActivity` entsprechende Attribute ein:

```
private boolean isAmazon;
private boolean isGoogle;
```

Initialisieren Sie beide einmalig in `onCreate()`:

```
isAmazon = getResources().getBoolean(R.bool.amazon);
isGoogle = getResources().getBoolean(R.bool.google);
```

Schließen Sie die automatische Anmeldung bei den Game Services aus:

```
@Override
protected void onResume() {
    super.onResume();
    if(isGoogle) {
        int res = GooglePlayServicesUtil.
                        isGooglePlayServicesAvailable(this);
        if(ConnectionResult.SUCCESS != res) {
            GooglePlayServicesUtil.getErrorDialog(res,
                this, 0);
        }
    } else {
        hideView(R.id.sign_in_button);
    }
}
```

Bei dieser Gelegenheit verstecken Sie den Google+-Button.

Dementsprechend dürfen Sie die Bezahlung via Google nicht starten, wenn der Spieler ein noch nicht gekauftes Level antippt und sich in der Amazon-Version befindet. In `onCreate()` starten Sie also gar nicht erst den Service, weil das sowieso nicht funktionieren würde:

```
if(isGoogle) {
  bindService(new Intent(
    "com.android.vending.billing.InAppBillingService.BIND"),
    mServiceConn, Context.BIND_AUTO_CREATE);
}
```

Im `PurchaseClickListener` starten Sie die zum Geschmack passende Bezahlmethode:

```
@Override
public void onClick(View view) {
  if(isGoogle) {
    ...
  } else if(isAmazon) {
    ...
  }
}
```

Um die verschiedenen Versionen auszuprobieren, können Sie das Tool-Fensterchen BUILD VARIANTS verwenden (Abbildung 11.10).

Wenn Sie danach im Android Studio den grünen Pfeil drücken, baut, installiert und startet *Gradle* die gewählte Variante.

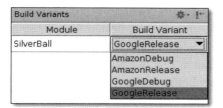

Abbildung 11.10 Suchen Sie sich die zu startende Geschmacksrichtung aus.

Ich hatte Ihnen allerdings versprochen, dass Sie alle Varianten auf einmal bauen können. Das geht allerdings nur von der Kommandozeile aus. Wechseln Sie ins Projektverzeichnis, und tippen Sie ein:

`./gradlew assemble`

Dabei ist `assemble` der Build-Task für Gradle. Er erzeugt alle Varianten, die sich aus der Matrix der Build-Types (normalerweise Debug und Release) und der Flavors ergeben. In diesem Fall sind das vier Stück, ebenjene nämlich, die Sie in der Auswahlbox der Build-Variants sehen.

Wenn Sie lediglich die Release-Versionen erzeugen möchten, schreiben Sie:

`./gradlew assembleRelease`

Sie finden die gebauten APK-Dateien im Verzeichnis *build/apk*. Gradle versieht sie mit Postfixes, damit Sie die Varianten unterscheiden können. In diesem Fall:

- *SilverBall-google-release.apk*
- *SilverBall-amazon-release.apk*
- *SilverBall-google-debug.apk*
- *SilverBall-amazon-debug.apk*

Ferner finden Sie im *apk*-Verzeichnis Dateien mit zusätzlichem Postfix *unaligned*. Das sind Zwischenprodukte, die Sie normalerweise nicht benötigen.

Die Gradle-Flavors können Sie natürlich auch verwenden, um eine Demo, eine Gratisversion, eine werbefinanzierte Version und eine Vollversion zu erzeugen. Dieses Feature kann Ihnen viel Arbeit ersparen.

11.2.3 PayPal, Paysafecard und Co.

Seit kurzer Zeit gibt es eine Android-Version von PayPal, mit der In-App-Bezahlung möglich ist. Allerdings erlaubt Google das nur für Leistungen, die nicht unter die Bedingungen von Google Play fallen. Deshalb können Sie beispielsweise mit PayPal per App einen Mietwagen bezahlen lassen, aber nicht den sprichwörtlichen Heiltrank im Fantasy-Spiel.

Das bedeutet, dass Sie alternative Bezahlmethoden – zu denen auch Paysafecard, Click and Buy und viele andere gehören – nur extern anbieten können. Falls Ihr Spiel über eine Serverkomponente verfügt, beispielsweise weil es sich um den x-ten World-of-Warcraft-Nachfolger handelt, dann besitzen Sie vielleicht eine Art Webshop, auf den Sie aus Ihrer App heraus verlinken können. Sie müssen dann nur irgendwie dafür sorgen, dass die Android-App von gekauften Artikeln erfährt.

Dazu gibt es eine Fülle von Möglichkeiten, auf die ich nicht alle eingehen kann. Vermutlich wird Ihre App ohnehin regelmäßig auf Ihren Server zugreifen – bei dieser Gelegenheit können Sie sie darüber informieren, dass ein erfolgreicher Kauf stattgefunden hat und das Inventar aktualisiert werden muss.

Dergleichen ist nicht Android-spezifisch und daher kein Thema, mit dem dieses Buch Sie belästigen sollte. Ohnehin lohnt es sich erst, eine solch aufwändige Implementierung in Erwägung zu ziehen, wenn Sie sich dadurch relevante Zusatzeinnahmen erhoffen. Ich habe bei meinen eigenen Spielen die Erfahrung gemacht, dass viele Nutzer Google Play nicht benutzen, andere Bezahlmethoden aber schon. Lohnen könnte es sich also durchaus.

11.2.4 Gesponsertes Payment

Die letzte Bezahlfunktionsvariante, die ich Ihnen kurz vorstellen möchte, ist von einer ganz anderen Beschaffenheit als die bisherigen. Im Gegensatz zu Google Play, Amazon und Co. ist es in diesem Fall nämlich gar nicht der Nutzer, der Sie bezahlt, sondern ein *Sponsor*. Einer der bekanntesten Anbieter eines solchen Systems ist *SponsorPay* (Abbildung 11.11).

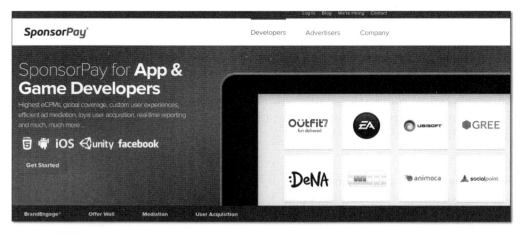

Abbildung 11.11 SponsorPay hat beste Kontakte und ermöglicht eine ganz andere Art der Monetarisierung.

Wie funktioniert SponsorPay?

Sie bieten Ihren Spielern innerhalb Ihrer App an, kostenlos In-App-Artikel zu erhalten. Dazu müssen die Spieler gewisse Aufgaben erledigen, beispielsweise ein Werbevideo anschauen oder ein anderes Spiel installieren, manchmal sogar darin ein gewisses Level erreichen.

Tut ein Spieler das, wird Ihre App darüber benachrichtigt, und dann geschehen zwei Dinge:

- Sie schalten dem Spieler die versprochenen Inhalte frei.
- Sie erhalten vom Sponsor eine Gutschrift über einen kleinen Geldbetrag.

Die Vorteile einer solchen Lösung gegenüber einfachen Anzeigen sind offensichtlich:

- Der Nutzer entscheidet selbst, ob er den Dienst nutzen möchte.
- Der Nutzer erhält ein Produkt, ohne auch nur einen Cent auszugeben (abgesehen vielleicht von Verbindungskosten) – insbesondere muss er keine Kreditkarte besitzen.
- Die Auszahlungsbeträge sind viel interessanter als jene bei Werbeanzeigen.

Natürlich entsteht für Sie ein gewisser Aufwand. Sie müssen:

- die *Offer Wall* einbauen, welche die Angebote darstellt, und
- Benachrichtigungen von SponsorPay verarbeiten und dem Nutzer die Inhalte freischalten.

Im Fall von SponsorPay funktioniert die Bezahlung mit einer virtuellen Währung. Je nach »Wert« des Sponsorings erhält der Nutzer eine Gutschrift in Höhe von mehr oder weniger *Coins*. Sie müssen einen Shop in Ihrer App anbieten, in dem der Spieler diese Coins gegen Artikel eintauschen kann. Das mag in Rollenspielen gut funktionieren, weil es dort ohnehin meist solche Shops gibt – die Coins sind dann einfach eine zusätzliche Währung.

Wenn Sie einem Spieler zusätzliche Levels freischalten müssen, brauchen Sie eine ähnliche Mechanik. Alternativ können Sie einmalig den Sponsoring-Weg gehen, um ein Premium-Feature freizuschalten.

Natürlich müssen Sie sich bei SponsorPay registrieren, um beginnen zu können. Das SponsorPay SDK in Version 5.0 enthält alles, was Sie für die Anbindung benötigen. Es enthält eine Beispiel-App, die Ihnen die entscheidenden Handgriffe zeigt. Da die Anbindung deutlich mehr Code erfordert als beispielsweise Googles In-App Payment, würde es den Rahmen des Buches sprengen, im Detail darauf einzugehen. Nachdem Sie weit über 300 Seiten in diesem Buch hinter sich gebracht haben, bin ich allerdings sicher, dass Sie das ohne meine Hilfe hinbekommen.

11.3 Zusammenfassung

Die meisten Spieleentwickler möchten Geld mit ihren Apps verdienen. Mindestens die Kosten für dieses Buch möchten Sie vielleicht irgendwann wieder reinholen, außerdem möchte der Grafiker, der Ihre App hübsch macht, nicht am Hungertuch nagen.

Dieses Kapitel hat Ihnen gezeigt, wie Sie Ihre App *grundsätzlich* vergolden können. Grundsätzlich, das heißt: Sie wissen jetzt, wie Sie In-App-Bezahlung einbauen, dass Sie andere als Googles Bezahlmethode anbinden können und sogar, wie Sie zu Geld kommen, ohne dass Ihre Spieler ihre Geldbörse öffnen müssen. Natürlich ist Ihnen klar, dass nur ein Bruchteil Ihrer Spieler grundsätzlich zu einer Investition in ein Spiel bereit ist, und auch nur dann, wenn es sie interessiert. Sie brauchen also *viele* Spieler. Ich verrate Ihnen kein Geheimnis, wenn ich Ihnen sage, dass die nicht vom Himmel fallen. Wenn Sie nicht das riesige Glück haben, dass Ihr Spiel rein zufällig von einem Multiplikator (Zeitschrift, TV o. Ä.) entdeckt und bekannt gemacht wird, werden Sie Werbung machen müssen, in welcher Form auch immer. Dafür sind vermutlich weder Sie noch ich Experten, daher müssen Sie sich diesbezüglich vertrauensvoll an ein anderes Buch wenden.

Wie man ein Android-Spiel mit allem Drum und Dran schreibt, wissen Sie jetzt. Also, setzen Sie sich hin, und basteln Sie Ihr eigenes Game. Viel Spaß dabei! Vergessen Sie nicht, mich zu informieren, wenn es fertig ist (z. B. über Twitter *@uwepost*) – ich bin äußerst neugierig auf das Ergebnis!

Anhang

A.1 Download-Paket

Im Download-Paket finden Sie die besprochenen Projekte als kompletten Quellcode: *http://www.galileocomputing.de/3537*. An gleicher Stelle erhalten Sie ein Paket mit den Spielen zum sofortigen Ausprobieren. Die verwendete Software können Sie direkt aus dem Internet herunterladen:

- *GIMP – http://gimp.org/*
- *Inkscape – http://inkscape.org/*
- *Audacity – http://audacity.sourceforge.net/?lang=de*
- *LMMS – http://lmms.sourceforge.net/*
- *Android Studio – http://developer.android.com/sdk/installing/studio.html*
- *Simple-XML-Bibliothek – http://simple.sourceforge.net*
- *OSMDroid – http://code.google.com/p/osmdroid/*
- *SLF4J – http://www.slf4j.org/android/*
- *libgdx – http://libgdx.badlogicgames.com*

A.2 API-Übersicht Google Play Game Services

- Homepage: *https://developers.google.com/games/services/*
- API: *https://developer.android.com/reference/gms-packages.html*

A.2.1 com.google.android.gms.ads

Klassen für *Google Ads*, also eingeblendete Anzeigen.

- `AdListener` – Interface für Ad-bezogene Ereignisse
- `AdRequest` – Request, um ein Ad anhand zielgruppenspezifischer Informationen anzufordern
- `AdRequest.Builder` – Factory für `AdRequest`-Objekte
- `AdSize` – Größe eines Werbebanners
- `AdView` – View, der ein Ad anzeigt
- `InterstitialAd` – Ad in Vollbildgröße

A.2.2 com.google.android.gms.ads.identifier

Hilfsklassen für Google Ads.

- `AdvertisingIdClient` – Anfordern von Advertising-IDs und zugehörigen Informationen
- `AdvertisingIdClient.Info` – Model-Klasse für oben genannte Informationen

A.2.3 com.google.android.gms.ads.mediation.admob

`AdMobExtras` – Interface für den AdMob-Mediation-Adapter.

A.2.4 com.google.android.gms.appstate

Klassen für AppState-Daten.

- `AppState` – Interface für AppState
- `OnSignOutCompleteListener` – Listener für Sign-out-Callback
- `OnStateDeletedListener` – Listener für das Löschen von AppState-Daten
- `OnStateListLoadedListener` – Listener für den Callback beim Laden einer Liste von AppState-Daten
- `OnStateLoadedListener` – Listener für den Callback beim Laden von AppStates
- `AppStateBuffer` – Datenstruktur für die Liste der AppStates
- `AppStateClient` – Haupteinstiegsklasse für die Verwaltung von AppStates
- `AppStateClient.Builder` – Builder-Klasse für den `AppStateClient`

A.2.5 com.google.android.gms.auth

Klassen für die Authentifizierung via Google-Account.

- `GoogleAuthUtil` – Anfordern und Invalidieren von Authentifizierungs-Tokens

A.2.6 com.google.android.gms.common

Hilfsklassen der Game Services.

- `GooglePlayServicesClient` – Basisklasse für Clients, die sich mit den Game Services verbinden möchten
- `GooglePlayServicesClient.ConnectionCallbacks` – Callbacks für Verbindungen mit dem Service
- `GooglePlayServicesClient.OnConnectionFailedListener` – Callback für fehlgeschlagene Verbindungen

- `AccountPicker` – Ermöglicht die Auswahl eines Accounts.
- `ConnectionResult` – Enthält Error-Codes.
- `GooglePlayServicesUtil` – Ermöglicht die Prüfung der Aktualität des Clients.
- `Scopes` – OAuth 2.0 Scopes für die Authentifizierung
- `SignInButton` – der Sign-in-Button für die UI

A.2.7 com.google.android.gms.common.data

Zugriff auf Daten der Game Services

- `Freezable<T>` – Interface für eingefrorene Daten
- `DataBuffer<T>` – Basisklasse für einen Datenpuffer
- `DataBufferUtils` – Hilfsklasse für Arbeit mit Datenpuffern

A.2.8 com.google.android.gms.common.images

Laden von Bildern mit Game Services.

- `ImageManager.OnImageLoadedListener` – Callback für erfolgreiches Laden eines Bildes
- `ImageManager` – Lädt ein Bild und verwaltet das Caching.

A.2.9 com.google.android.gms.games

Die GamesClient-Klassen.

- `Game` – Interface zum Abfragen von Spieldaten
- `OnGamesLoadedListener` – Callback für das erfolgreiche Laden von Spieldaten
- `OnPlayersLoadedListener` – Callback für das erfolgreiche Laden von Spielerdaten
- `OnSignOutCompleteListener` – Callback für das Ausloggen
- `Player` – Interface für Spielerdaten
- `GameBuffer` – Datenstruktur für eine Liste von Spielen
- `GameEntity` – Datenstruktur für Spieldaten
- `GamesActivityResultCodes` – Ergebniscodes für `startActivityForResult()`
- `GamesClient` – Haupteintrittsklasse für den GamesClient
- `GamesClient.Builder` – Builder-Klasse für `GamesClient`
- `PageDirection` – Konstanten für Navigationsrichtungen
- `PlayerBuffer` – Datenstruktur für Listen von Spielern
- `PlayerEntity` – Datenstruktur für Spielerdaten

A.2.10 com.google.android.gms.games.achievement

Klassen zum Verwalten von Achievements.

- ▶ Achievement – Interface für Achievements
- ▶ OnAchievementsLoadedListener – Callback für das Laden von Achievements
- ▶ OnAchievementUpdatedListener – Callback für durchgeführte Änderungen an Achievements
- ▶ AchievementBuffer – Datenstruktur für eine Liste von Achievements

A.2.11 com.google.android.gms.games.leaderboard

Klassen zum Verwalten von Bestenlisten (Leaderboards).

- ▶ Leaderboard – Interface für Bestenlisten-Informationen
- ▶ LeaderboardScore – Interface für einen Eintrag in einer Bestenliste
- ▶ LeaderboardVariant – Interface für eine Variante einer Bestenliste (Kombination aus öffentlich/Freundeskreis bzw. Zeitspanne)
- ▶ OnLeaderboardMetadataLoadedListener – Callback für das Laden von Bestenlisten-Informationen
- ▶ OnLeaderboardScoresLoadedListener – Callback für das Laden der eigentlichen Bestenliste
- ▶ OnScoreSubmittedListener – Callback für das Einreichen eines Punktestands
- ▶ LeaderboardBuffer – Buffer für Bestenlisten-Informationen
- ▶ LeaderboardScoreBuffer – Buffer für Bestenlisten-Einträge
- ▶ SubmitScoreResult – Ergebnis des Einreichens eines Punktestands
- ▶ SubmitScoreResult.Result – Ergebnis für eine Zeitspanne

A.2.12 com.google.android.gms.games.multiplayer

Klassen für Multiplayer-Spiele.

- ▶ Invitation – Interface für eine Einladung
- ▶ OnInvitationReceivedListener – Callback für das Entgegennehmen einer Einladung
- ▶ OnInvitationsLoadedListener – Callback für das Laden von Einladungen
- ▶ Participant – Interface für Teilnehmer an einem Multiplayer-Spiel
- ▶ Participatable – Interface für ein Spielelement, das Teilnehmer haben kann
- ▶ InvitationBuffer – Buffer für Einladungen
- ▶ InvitationEntity – Daten für eine Einladung

- `ParticipantBuffer` – Buffer für Teilnehmerdaten
- `ParticipantEntity` – Daten eines Teilnehmers
- `ParticipantUtils` – Hilfsklasse für die Verwaltung von Teilnehmern

A.2.13 com.google.android.gms.games.multiplayer.realtime

Klassen für Echtzeit-Multiplayer-Spiele.

- `RealTimeMessageReceivedListener` – Callback für das Empfangen einer Nachricht
- `RealTimeReliableMessageSentListener` – Callback für die erfolgreiche Zustellung einer gesendeten Nachricht
- `RealTimeSocket` – Interface für Echtzeitverbindungen zwischen Teilnehmern
- `Room` – Interface für Eigenschaften eines Multiplayer-Raums
- `RoomStatusUpdateListener` – Callback für Änderungen am Status des Raums oder seiner Teilnehmer
- `RoomUpdateListener` – Callback für Änderungen am Raum
- `RealTimeMessage` – Echtzeitnachricht
- `RoomConfig` – Konfigurationsobjekt für einen neuen Raum
- `RoomConfig.Builder` – Builder für obige Klasse
- `RoomEntity` – Daten für einen Raum

A.2.14 com.google.android.gms.gcm

Klasse für Cloud Messaging.

- `GoogleCloudMessaging` – Diese Klasse ermöglicht Cloud Messaging unter Android, also das Senden von Nachrichten an eine App auf einem Gerät.

A.2.15 com.google.android.gms.location

- `Geofence` – Repräsentiert eine geografische Region (*Geofence*).
- `LocationClient.OnAddGeofencesResultListener` – Callback für das Hinzufügen von Geofences
- `LocationClient.OnRemoveGeofencesResultListener` – Callback für das Entfernen von Geofences
- `LocationListener` – Callback für das Empfangen von Ortsänderungen
- `ActivityRecognitionClient` – Klasse zum akkuschonenden Abfragen von Nutzeraktivitäten wie zum Beispiel Bewegung zu Fuß oder mit dem Auto
- `ActivityRecognitionResult` – Ergebnis einer Nutzeraktivität

- `DetectedActivity` – die ermittelte Nutzeraktivität
- `Geofence.Builder` – Factory-Klasse für `Geofence`-Objekte
- `LocationClient` – zentrale Klasse für ortsbasierte Funktionen
- `LocationRequest` – Datenklasse für Informationen zur Qualität von Ortsangaben
- `LocationStatusCodes` – Statuscodes im Zusammenhang mit Ortsangaben

A.2.16 com.google.android.gms.maps

Ermöglicht Zugriff auf die Google-Maps-API.

- `GoogleMap.CancelableCallback` – Callback beim Beenden einer Aufgabe
- `GoogleMap.InfoWindowAdapter` – Interface zum Anzeigen von Infofenstern auf Karten
- `GoogleMap.OnCameraChangeListener` – Interface für Änderungen von Kamerakoordinaten
- `GoogleMap.OnInfoWindowClickListener` – Callback für das Antippen von Infofenstern von Markern auf Karten
- `GoogleMap.OnMapClickListener` – Callback für das Antippen der Karte
- `GoogleMap.OnMapLoadedCallback` – Callback, das nach dem Zeichnen der Karte aufgerufen wird
- `GoogleMap.OnMapLongClickListener` – Callback für langes Antippen der Karte
- `GoogleMap.OnMarkerClickListener` – Callback für das Antippen eines Markers auf der Karte
- `GoogleMap.OnMarkerDragListener` – Callback für das Verschieben von Markern auf der Karte
- `GoogleMap.OnMyLocationButtonClickListener` – Callback für den »My Location«-Button
- `GoogleMap.SnapshotReadyCallback` – Callback, das über das Erzeugen einer Bildkopie der Karte informiert
- `LocationSource` – Interface für ortsbezogene Funktionen
- `LocationSource.OnLocationChangedListener` – Callback für eine Ortsänderung
- `CameraUpdate` – Eine Kamerabewegung
- `CameraUpdateFactory` – Factory-Klasse für `CameraUpdate`-Objekte
- `GoogleMap` – Zentrale Klasse für Arbeit mit Google-Maps-Karten
- `GoogleMapOptions` – Konfiguration einer Karte
- `MapFragment` – ein Fragment, das eine Karte anzeigt
- `MapsInitializer` – Verwendet zum Initialisieren der Maps-API.

- `MapView` – ein View, der eine Karte anzeigt
- `Projection` – Umrechnung zwischen Bildschirm- und Geokoordinaten
- `SupportMapFragment` – ein Fragment, das eine Karte anzeigt
- `UiSettings` – Einstellungen für das Benutzerinterface einer Karte

A.2.17 com.google.android.gms.maps.model

Model-Klassen für die Google-Maps-API

- `TileProvider` – Interface für Klassen, die Kacheln für `TileOverlays` zur Verfügung stellen
- `BitmapDescriptor` – ein Maps-Bild
- `BitmapDescriptorFactory` – Factory-Klasse für `BitmapDescriptor`
- `CameraPosition` – Parameter der Kameraposition
- `CameraPosition.Builder` – Factory-Klasse für `CameraPosition`
- `Circle` – ein Kreis auf der Erdoberfläche
- `CircleOptions` – Optionen für die Klasse `Circle`
- `GroundOverlay` – ein Bild, das in einer Map eingeblendet wird
- `GroundOverlayOptions` – Optionen für `GroundOverlay`
- `LatLng` – Geokoordinaten in Grad
- `LatLngBounds` – Rechteck in Geokoordinaten
- `LatLngBounds.Builder` – Factory-Klasse für `LatLngBounds`, die aus einem `Set` von `LatLng` ein umschließendes Rechteck berechnen kann
- `Marker` – ein Marker, der in einer Karte an einer Geokoordinate angezeigt wird
- `MarkerOptions` – Optionen für die Klasse `Marker`
- `Polygon` – ein Polygon auf der Erdoberfläche
- `PolygonOptions` – Optionen für die Klasse `Polygon`
- `Polyline` – ein durch mehrere Geokoordinaten definierter Weg auf der Erdoberfläche
- `PolylineOptions` – Optionen für die Klasse `Polyline`
- `Tile` – Informationen zu einer Kartenkachel
- `TileOverlay` – ein gekacheltes Overlay für Karten
- `TileOverlayOptions` – Optionen für `TileOverlay`
- `UrlTileProvider` – eine `TileProvider`-Implementierung, die Bilder anhand einer URL lädt
- `VisibleRegion` – Enthält die vier Eckpunkte eines Polygons, das in einer Maps-Kamera sichtbar ist.

A.2.18 com.google.android.gms.plus

Klassen für den Zugriff auf *Google+*.

- `PlusClient.OnAccessRevokedListener` – Callback für Token-Widerruf-Requests
- `PlusClient.OnMomentsLoadedListener` – Callback für das vollständige Laden von `Moments`
- `PlusClient.OnPeopleLoadedListener` – Callback für das vollständige Laden von `People`
- `PlusClient.OrderBy` – Konstanten für Sortierung von `People`
- `PlusOneButton.OnPlusOneClickListener` – ein Listener für den +1-Button
- `PlusClient` – zentrale Klasse für Zugriff auf Google+
- `PlusClient.Builder` – Factory-Klasse für `PlusClient`
- `PlusOneButton` – der +1-Button zur Integration in Layouts
- `PlusOneButton.DefaultOnPlusOneClickListener` – ein `View.OnClickListener`, der Klicks an einen `PlusOneButton.OnPlusOneClickListener` weiterleiten kann oder eine Activity für eine Standardbehandlung startet
- `PlusOneButtonWithPopup` – wie `PlusOneButton`, aber mit einem Bestätigungs-Popup
- `PlusOneDummyView` – Klasse für Dummy-Views, falls der richtige +1-Button fehlt
- `PlusShare` – Hilfsklasse zum Hinzufügen von Ressourcen beim Posten auf Google+
- `PlusShare.Builder` – Factory-Klasse für `PlusShare`

A.2.19 com.google.android.gms.plus.model.people

- `Person` – Klasse für eine Person bzw. ein Google+-Profil
- `Person.AgeRange` – Altersbereich einer `Person`
- `Person.Cover` – das Cover (Startbildschirm) einer `Person`
- `Person.Cover.CoverInfo` – Informationen zum `Cover`
- `Person.Cover.CoverPhoto` – das primäre Cover-Bild einer `Person`
- `Person.Image` – Profilbild einer `Person`
- `Person.Name` – der Name einer `Person`, aufgeteilt in Komponenten
- `Person.Organizations` – Organisationen einer `Person`
- `Person.PlacesLived` – Wohnortsangaben einer `Person`
- `Person.Urls` – Links zu einer `Person`
- `Person.Cover.Layout` – Layout des `Cover`
- `Person.Gender` – Geschlecht der `Person`
- `Person.ObjectType` – Art der `Person` im Sinne von Google+

- `Person.Organizations.Type` – Typ einer Organisation
- `Person.RelationshipStatus` – Beziehungsstatus einer `Person`
- `Person.Urls.Type` – Typ eines Links zu einer `Person`
- `PersonBuffer` – Datenstruktur für den Zugriff auf `Person`-Objekte

A.2.20 com.google.android.gms.wallet

Der Client für *Google Wallet*, Googles digitale Geldbörse.

- `LineItem.Role` – Rolle eine `LineItem`
- `NotifyTransactionStatusRequest.Status` – Verarbeitungsstatus einer `ProxyCard`
- `NotifyTransactionStatusRequest.Status.Error` – Fehlerstatus
- `Address` – Repräsentiert eine Adresse.
- `Cart` – ein Einkaufswagen
- `Cart.Builder` – Factory-Klasse für `Cart`
- `EnableWalletOptimizationReceiver` – ein `BroadcastReceiver`, der zusammen mit einem `IntentFilter` mit der Action `ACTION_ENABLE_WALLET_OPTIMIZATION` bekanntgibt, dass Ihre App Google Wallet verwendet
- `FullWallet` – eine Wallet-Antwort
- `FullWalletRequest` – ein Wallet-Request
- `FullWalletRequest.Builder` – Factory-Klasse für `FullWalletRequest`
- `LineItem` – ein Eintrag im `Cart`
- `LineItem.Builder` – Factory-Klasse für `LineItem`
- `LoyaltyWalletObject` – eine Klasse für die Verwendung von Kundenkarten
- `MaskedWallet` – eine Antwort auf einen `MaskedWalletRequest`
- `MaskedWalletRequest` – ein (teilweise) maskierter Wallet-Request
- `MaskedWalletRequest.Builder` – Factory-Klasse für `MaskedWalletRequest`
- `NotifyTransactionStatusRequest` – Klasse für Transaktionsstatus-Requests
- `NotifyTransactionStatusRequest.Builder` – Factory für `NotifyTransactionStatusRequest`
- `OfferWalletObject` – Klasse für Sonderangebote
- `ProxyCard` – Klasse für Kreditkartendaten
- `WalletClient` – Hauptklasse für die Verwendung von Google Wallet
- `WalletConstants` – Konstanten, die von Google Wallet verwendet werden

A.3 API-Übersicht libgdx

Dieser Abschnitt erklärt Ihnen kurz alle Klassen in *libgdx*. Ausgenommen sind Klassen, die (noch) keine nennenswerte Funktion haben, sowie solche, die nur für interne Zwecke verwendet werden.

- Homepage: *http://libgdx.badlogicgames.com/*
- Entwickler-Wiki: *https://github.com/libgdx/libgdx/wiki*
- Javadoc: *http://libgdx.badlogicgames.com/nightlies/docs/api/*

A.3.1 com.badlogic.gdx

- Application – die zentrale Klasse einer App
- ApplicationListener – Callback für die verschiedenen Zustände im Lebenszyklus der Application
- Audio – Interface zur Behandlung von Soundobjekten
- Files – Ermöglicht Zugriff auf das Dateisystem.
- Graphics – Interface für den Grafikprozessor
- Input – Interface für Eingabegeräte
- Input.TextInputListener – Callback für Input.getTextInput()
- InputProcessor – Interface für Tastatur, Touchscreen oder Maus
- LifecycleListener – Callback für Lifecycle-Änderungen
- Net – Interface für Netzwerkfunktionen
- Net.HttpMethods – Zugriff auf HTTP-Methoden für Net.HttpRequest
- Net.HttpResponse – Interface, das bei HTTP-Antworten Zugriff auf die gelieferten Inhalte ermöglicht
- Net.HttpResponseListener – Callback für HTTP-Antworten
- Preferences – Interface für den Zugriff auf Einstellungen der Form Name-Wert
- Screen – Interface für eine Bildschirmdarstellung
- ApplicationAdapter – eine einfache Implementierung von ApplicationListener
- Game – ein ApplicationListener, der mit einem Screen verbunden ist
- Gdx – Enthält Referenzen auf Instanzen von Application, Graphics, Audio, Files und Input.
- Graphics.BufferFormat – Beschreibt die Beschaffenheit der Grafik (Bits pro Pixel usw.).
- Graphics.DisplayMode – Beschreibt einen Vollbildmodus.
- Input.Buttons – Klasse für Maustasten

- `Input.Keys` – Klasse für Tasten
- `InputAdapter` – Adapter für `InputProcessor`
- `InputMultiplexer` – ein `InputProcessor`, der Eingabe-Callbacks zu einer Liste anderer `InputProcessors` weiterleitet
- `InputProcessorQueue` – eine Warteschlange für Ereignisse, die von einem `InputProcessor` verarbeitet werden
- `Net.HttpRequest` – Klasse für HTTP-Anfragen
- `ScreenAdapter` – einfache Implementierung von `Screen`
- `Version` – Enthält die Versionsnummer von *libgdx*.
- `Application.ApplicationType` – ein `enum` der möglichen Applikationstypen
- `Files.FileType` – ein `enum` für die verschiedenen Möglichkeiten, den Pfad einer Datei zu finden
- `Graphics.GraphicsType` – ein `enum` der möglichen grafischen Plattformen wie Android, WebGL usw.
- `Input.Orientation` – ein `enum` zur Unterscheidung von Portrait- und Landscape-Modus
- `Input.Peripheral` – ein `enum` mit den möglicherweise vorhandenen Peripheriegeräten
- `Net.Protocol` – ein `enum` für Netzwerkprotokolle (enthält aber nur eines: `TCP`)

A.3.2 com.badlogic.gdx.assets

- `AssetErrorListener` – Callback für Fehlerfälle
- `AssetLoaderParameters.LoadedCallback` – Callback für das Laden eines Assets
- `AssetDescriptor<T>` – Beschreibung eines zu ladenden Assets
- `AssetLoaderParameters<T>` – Verkapselt ein `LoadedCallback`.
- `AssetManager` – Interface für den Zugriff auf Assets wie Texturen, Schriftarten, Sounds usw.
- `RefCountedContainer` – Interface für Klassen, die einen Referenzzähler implementieren

A.3.3 com.badlogic.gdx.assets.loaders

- `FileHandleResolver` – Interface für Klassen, die zu einem Dateinamen ein `FileHandle` liefern
- `AssetLoader<T,P extends AssetLoaderParameters<T>>` – Abstrakte Basisklasse für Klassen, die Assets laden

- `AsynchronousAssetLoader<T, P extends AssetLoaderParameters<T>>` – Basisklasse für Klassen, die asynchron Assets laden
- `BitmapFontLoader` – ein `AssetLoader` für Bitmap-Schriftarten
- `BitmapFontLoader.BitmapFontParameter` – Parameter für das Laden von Bitmap-Schriftarten
- `ModelLoader<P extends AssetLoaderParameters<Model>>` – Basisklasse für Klassen, die Models laden
- `MusicLoader` – ein `AssetLoader` für Music-Objekte
- `MusicLoader.MusicParameter` – Parameter für vorgenannte Klasse
- `ParticleEffectLoader` – ein `AssetLoader` für `ParticleEffect`-Objekte
- `ParticleEffectLoader.ParticleEffectParameter` – Parameter für vorgenannte Klasse
- `PixmapLoader` – ein `AssetLoader` für `Pixmap`-Objekte
- `PixmapLoader.PixmapParameter` – Parameter für vorgenannte Klasse
- `SkinLoader` – ein `AssetLoader` für Skin-Objekte
- `SkinLoader.SkinParameter` – Parameter für vorgenannte Klasse
- `SoundLoader` – ein `AssetLoader` für Soundobjekte
- `SoundLoader.SoundParameter` – Parameter für vorgenannte Klasse
- `SynchronousAssetLoader<T, P extends AssetLoaderParameters<T>>` – abstrakte Basisklasse für das synchrone Laden von Assets
- `TextureAtlasLoader` – ein `AssetLoader` für `TextureAtlas`-Objekte
- `TextureAtlasLoader.TextureAtlasParameter` – Parameter für vorgenannte Klasse
- `TextureLoader` – ein `AssetLoader` für Texture-Objekte
- `TextureLoader.TextureLoaderInfo` – Zusatzinformationen für das Laden von Texturen
- `TextureLoader.TextureParameter` – Parameter für den `TextureLoader`

A.3.4 com.badlogic.gdx.assets.loaders.resolvers

- `ExternalFileHandleResolver` – Implementierung von `FileHandleResolver` für externe Dateien
- `InternalFileHandleResolver` – Implementierung von `FileHandleResolver` für interne Dateien

- ResolutionFileResolver – Implementierung von FileHandleResolver für Dateien für verschiedene Bildschirmauflösungen anhand eines Suffixes
- ResolutionFileResolver.Resolution – Bildschirmauflösung (Breite, Höhe, Suffix)

A.3.5 com.badlogic.gdx.audio

- AudioDevice – ein Audiogerät
- AudioRecorder – ein Audiorecorder
- Music – ein Sound, der gestreamt abgespielt wird, d. h. nicht am Stück geladen wird
- Music.OnCompletionListener – Callback für das Ende des Abspielens eines Music-Streams
- Sound – ein Sound, der im Gegensatz zu Music ganz in den Speicher geladen und abgespielt wird. Eignet sich daher nur für kurze Soundeffekte.

A.3.6 com.badlogic.gdx.backends.android

- AndroidApplication – Implementierung von Application für Android-Apps
- AndroidApplicationConfiguration – Konfiguration vorgenannter Klasse

A.3.7 com.badlogic.gdx.backends.gwt

- GwtApplication – Implementierung von Application für *GWT* (Google Web Toolkit), z. B. für Browser-Games
- GwtApplication.AgentInfo – Information über den verwendeten Browser
- GwtApplicationConfiguration – Konfiguration für die Klasse GwtApplication

A.3.8 com.badlogic.gdx.backends.iosrobovm

- IOSApplication – Implementierung von Application für iOS mit *RoboVM* (*http://www.robovm.org/*)
- IOSApplication.Delegate – das für iOS erforderliche Delegate-Objekt
- IOSApplicationConfiguration – Konfiguration von IOSApplication

A.3.9 com.badlogic.gdx.backends.jglfw

- JglfwApplication – Implementierung von Application für *GLFW* (*http://www.glfw.org*), ein einfaches OpenGL-Framework, um *libgdx*-Anwendungen auf dem Desktop laufen zu lassen

A.3.10 com.badlogic.gdx.backends.lwjgl

- `LwjglApplet` – Implementierung einer OpenGL-Surface in einem Applet
- `LwjglApplication` – Implementierung einer OpenGL-Surface in einem Fenster
- `LwjglCanvas` – Implementierung einer OpenGL-Surface in einem AWT-Canvas für Swing-Applikationen

A.3.11 com.badlogic.gdx.files

Enthält plattformunabhängige Klassen für Datenbehandlung.

- `FileHandle` – Repräsentiert eine Datei oder ein Verzeichnis im Dateisystem, Classpath, der SD-Karte oder dem Assets-Verzeichnis.
- `FileHandleStream` – eine Ableitung von `FileHandle` zur Implementierung der Funktionen `read()` und `write()`

A.3.12 com.badlogic.gdx.graphics

- `GL10` – Interface für alle Funktionen von OpenGL ES 1.0
- `GL11` – Interface für alle Funktionen für OpenGL ES 1.1
- `GL20` – Interface für alle Funktionen von OpenGL ES 2.0
- `GLCommon` – Interface für Funktionen, die in GL10, GL11 und GL20 existieren
- `TextureData` – Ermöglicht das Laden von Pixeldaten in Texturen.
- `Camera` – Basisklasse für `OrthographicCamera` und `PerspectiveCamera`
- `Color` – Beschreibt eine Farbe im RGB-Format mit Alpha-Attribut im Wertebereich von jeweils 0 bis 1.
- `Cubemap` – eine OpenGL ES Cubemap
- `FPSLogger` – eine Hilfsklasse, die die Framerate loggt
- `GLTexture` – eine OpenGL-Textur
- `Mesh` – eine geometrische Figur aus Vertices
- `OrthographicCamera` – eine Kamera mit rechtwinkliger Projektion (für 2D-Darstellung)
- `PerspectiveCamera` – eine Kamera mit perspektivischer Projektion (für 3D-Darstellung)
- `Pixmap` – eine Pixelgrafik
- `PixmapIO` – Exporter für Pixelgrafik-Formate
- `Texture` – eine OpenGL ES-Textur
- `VertexAttribute` – Eigenschaft eines Vertex
- `VertexAttributes` – Eigenschaften eines Vertex in einem Mesh

- `VertexAttributes.Usage` – Verwendung eines Vertex-Attributs
- `Cubemap.CubemapSide` – ein enum, um die Seiten einer `Cubemap` zu identifizieren
- `Mesh.VertexDataType` – ein enum für Vertex-Datentypen
- `Pixmap.Blending` – ein enum für `Pixmap.setBlending()`
- `Pixmap.Filter` – ein enum für Filter, die benutzt werden von `Pixmap.drawPixmap()`
- `Pixmap.Format` – ein enum für Pixelformate
- `Texture.TextureFilter` – ein enum für Texture-Filter
- `Texture.TextureWrap` – ein enum für Texture-Wraps
- `TextureData.TextureDataType` – ein enum für `TextureData`-Typen

A.3.13 com.badlogic.gdx.graphics.g2d

- `Batch` – Interface zum Zeichnen von 2D-Rechtecken mit einer Textur
- `Animation` – Speichert eine Liste von `TextureRegions`, die eine Trickfilmsequenz ergeben.
- `BitmapFont` – eine Bitmap-Schriftart
- `BitmapFont.BitmapFontData` – Daten zu Bitmap-Schriftarten
- `BitmapFont.Glyph` – ein Zeichen einer Bitmap-Schriftart
- `BitmapFont.TextBounds` – Begrenzungen von Text
- `BitmapFontCache` – ein Cache für einen `BitmapFont`
- `Gdx2DPixmap` – eine Bitmap, in die gezeichnet werden kann
- `NinePatch` – Eine 3 × 3-Anordnung von `TextureRegions`. Nicht zu verwechseln mit Androids eigenem Ninepatch
- `ParticleEffect` – ein Partikeleffekt
- `ParticleEmitter` – Erzeugt bewegte Partikel entsprechend den Einstellungen in den folgenden Klassen:
    - `ParticleEmitter.GradientColorValue`
    - `ParticleEmitter.NumericValue`
    - `ParticleEmitter.Particle`
    - `ParticleEmitter.ParticleValue`
    - `ParticleEmitter.RangedNumericValue`
    - `ParticleEmitter.ScaledNumericValue`
    - `ParticleEmitter.SpawnShapeValue`
    - `ParticleEmitter.SpawnEllipseSide`
    - `ParticleEmitter.SpawnShape`
- `ParticleEmitterBox2D` – der Bereich, der Partikel absondert

- `PixmapPacker` – Erzeugt einen Atlas mit `Pixmaps`.
- `PolygonRegion` – ein Polygon innerhalb einer Textur
- `PolygonRegionLoader` – Lädt eine `PolygonRegion`.
- `PolygonSprite` – ein Sprite, das aus einer Textur mit Polygon besteht
- `PolygonSpriteBatch` – Verwendet zum Zeichnen von `PolygonSprites`.
- `Sprite` – Merkt sich Geometrie, Farbe und Texture zum Zeichnen in einem `SpriteBatch`.
- `SpriteBatch` – Zeichnet mehrere Sprites.
- `SpriteCache` – optimierter Speicher für Sprites
- `TextureAtlas` – Ein `TextureAtlas` ist eine Grafik, die mehrere Texturen an definierten Stellen enthält. So muss nur eine Grafik verwaltet werden. Beispielsweise verwendet für Trickfilmsequenzen.
- `TextureAtlas.AtlasRegion` – eine Region eines `TextureAtlas`
- `TextureAtlas.AtlasSprite` – ein Sprite in einem `TextureAtlas`
- `TextureAtlas.TextureAtlasData` – Beschreibung eines `TextureAtlas` mittels der beiden folgenden Klassen
- `TextureAtlas.TextureAtlasData.Page`
- `TextureAtlas.TextureAtlasData.Region`
- `TextureRegion` – ein rechteckiger Ausschnitt einer Textur
- `BitmapFont.HAlignment` – ein `enum` für die horizontale Ausrichtung von Texten

A.3.14 com.badlogic.gdx.graphics.g3d

- `RenderableProvider` – Interface zum Übergeben einer Liste von `Renderable`-Implementierungen an ein `ModelBatch` zum Rendern
- `Shader` – Interface für verschiedene Shader-Implementierungen
- `Attribute` – Basisklasse für Materialeigenschaften
- `Attributes` – Verwaltet `Attribute`-Objekte.
- `Environment` – Verwaltet Beleuchtung einer Szene.
- `Material` – Verwaltet das Material, mit dem ein 3D-Objekt dargestellt wird.
- `Model` – ein dreidimensionales grafisches Objektmodell
- `ModelBatch` – Verwaltet `Renderable`-Implementierungen, um sie zu zeichnen.
- `ModelInstance` – Die tatsächliche Instanz eines 3D-Objekts, die im virtuellen Raum positioniert werden kann. Auch das `Material` kann verändert werden, da es vom `Model` kopiert wird.
- `Renderable` – Verwaltet die zum Zeichnen eines 3D-Objekts erforderlichen Daten.

A.3.15 com.badlogic.gdx.graphics.g3d.attributes

- `BlendingAttribute` – Attribut für das Überblenden von Material (z. B. transparent oder nicht)
- `ColorAttribute` – Attribut für eine Farbe
- `CubemapAttribute` – Attribut für eine Cubemap
- `DepthTestAttribute` – Attribut für Tiefe
- `FloatAttribute` – Attribut für Oberflächeneigenschaften
- `IntAttribute` – Attribut für Culling
- `TextureAttribute` – Attribut für Texturen (Diffuse, Bump, Normal, Specular)

A.3.16 com.badlogic.gdx.graphics.g3d.decals

Die Klassen in diesem Paket betreffen *Decals*, also flache Sprites im 3D-Raum, zum Beispiel Fassaden, Schilder oder Sprechblasen.

- `GroupPlug` – Interface für Gruppierung von Decals
- `GroupStrategy` – Interface für Strategie für Gruppierung von Decals
- `CameraGroupStrategy` – einfache Implementierung von `GroupStrategy`
- `Decal` – ein flaches Sprite
- `DecalBatch` – Renderer für Decals
- `DecalMaterial` – Material eines Decal
- `DefaultGroupStrategy` – einfache Implementierung von `GroupStrategy`
- `PluggableGroupStrategy` – flexible Implementierung von `GroupStrategy` unter Verwendung von `GroupPlug`
- `SimpleOrthoGroupStrategy` – Implementierung von `GroupStrategy` für orthogonale Szenen

A.3.17 com.badlogic.gdx.graphics.g3d.environment

- `ShadowMap` – Interface für Schattenwurf. Hinweis: In Version 0.9.9 nicht verwendbar.
- `AmbientCubemap` – eine spezielle Szenenbeleuchtung
- `BaseLight` – abstrakte Basisklasse für Lampen
- `DirectionalLight` – Lampe, deren Licht eine bestimmte Richtung hat (ähnlich Sonnenlicht auf der Erde)
- `DirectionalShadowLight` – Lampe mit Schattenwurf. Hinweis: In Version 0.9.9 nicht verwendbar.
- `PointLight` – punktförmige Lampe ähnlich einer Glühbirne

- SphericalHarmonics – in Version 0.9.9 nicht verwendbar

A.3.18 com.badlogic.gdx.graphics.g3d.loader

- G3dModelLoader – Lädt ein Model im G3D-Format.
- ObjLoader – Lädt ein Model im OBJ-Format (*Wavefront*). Zahlreiche 3D-Applikationen können dieses Format speichern.
- ObjLoader.ObjLoaderParameters – Parameter für Loader

A.3.19 com.badlogic.gdx.graphics.g3d.model

- Animation – Verwaltet eine Animation bestehend aus NodeAnimation-Objekten.
- MeshPart – eine Untermenge eines Meshs
- Node – Knoten (Nodes) bilden gemeinsam eine knochengerüstähnliche Hierarchie beweglicher Teile in einem Mesh
- NodeAnimation – Definiert Keyframes für ein Node in einem Mode.
- NodeKeyframe – Definiert Zeit, Drehung, Skalierung und Translation.
- NodePart – Eigenschaften eines Nodes

A.3.20 com.badlogic.gdx.graphics.g3d.model.data

- ModelAnimation – eine Liste von ModelNodeAnimation-Objekten
- ModelData – die kompletten Daten eines Models, so wie ein ModelLoader sie liefert, bestehend aus den folgenden Klassen:
    - ModelMaterial
    - ModelMesh
    - ModelMeshPart
    - ModelNode
    - ModelNodeAnimation
    - ModelNodeKeyframe
    - ModelNodePart
    - ModelTexture
- ModelMaterial.MaterialType – ein enum für die Specular-Material-Typen Lambert und Phong

A.3.21 com.badlogic.gdx.graphics.g3d.shaders

- `BaseShader.Setter` – Interface für Shader-Implementierungen
- `BaseShader.Validator` – Interface für das Validieren eines Shaders
- `BaseShader` – abstrakte Basisklasse zur Verwaltung eines Shader-Programms inklusive Uniform und Validator
- `DefaultShader` – Implementierung eines Standard-Shaders
- `DefaultShader.Config` – Konfiguration eines `DefaultShaders`
- `DefaultShader.Inputs` – Uniform-Inputs für Shader
- `DefaultShader.Setters` – Setters für Shader

A.3.22 com.badlogic.gdx.graphics.g3d.utils

- `AnimationController.AnimationListener` – Callback für den Ablauf einer Animation
- `MeshPartBuilder` – Interface für Klassen, die `MeshParts` erzeugen
- `RenderableSorter` – Interface für das Festlegen der Reihenfolge von Renderables
- `ShaderProvider` – Interface für `Shader`
- `TextureBinder` – Interface für das Binden von Texturen
- `TextureProvider` – Interface für das Laden von Texturen
- `AnimationController` – Kontrolliert eine oder mehrere Animations von `ModelInstances`
- `AnimationController.AnimationDesc` – Konfiguration einer Animation
- `BaseAnimationController` – Basisklasse für `AnimationController`
- `BaseShaderProvider` – Basisklasse für `ShaderProvider`-Implementierung
- `CameraInputController` – eine `InputProcessor`-Implementierung, die eine bewegliche Kamera durch Nutzereingaben steuert
- `CameraInputController.CameraGestureListener` – eine `GestureListener`-Implementierung für vorgenannte Klasse
- `DefaultRenderableSorter` – eine Standardimplementierung von `RenderableSorter`
- `DefaultShaderProvider` – eine Standardimplementierung von `ShaderProvider`
- `DefaultTextureBinder` – eine Standardimplementierung von `TextureBinder`
- `DepthShaderProvider` – eine `ShaderProvider`-Implementierung für einen `DepthShader`
- `FirstPersonCameraController` – eine `InputProcessor`-Implementierung, die eine Kamera in Ego-Perspektive steuert

- GLES10ShaderProvider – eine ShaderProvider-Implementierung für GLES10Shader-
- MeshBuilder – Erzeugt und kombiniert einfache geometrische Meshes, zum Beispiel Quader, Kreis, Konus, Zylinder, Kugel usw. Verwenden Sie zunächst begin(), dann erzeugen Sie geometrische Gebilde und erhalten schließlich mit end() das fertige Mesh.
- MeshPartBuilder.VertexInfo – Vertex-Daten für den MeshBuilder
- ModelBuilder – Erzeugt einfache geometrische Objekte wie Quader und Zylinder unter Verwendung des MeshBuilder.
- RenderContext – Verwaltet den OpenGL-Status.
- TextureDescriptor<T extends GLTexture> – Beschreibt eine Textur.
- TextureProvider.AssetTextureProvider – eine TextureProvider-Implementierung, die auf die Assets zugreift
- TextureProvider.FileTextureProvider – eine TextureProvider-Implementierung für das Dateisystem

A.3.23 com.badlogic.gdx.graphics.glutils

- ImmediateModeRenderer – ein Interface für Rendering im »Immediate Mode«, d. h. geometrische Objekte, die nicht aus Meshes oder Models bestehen
- IndexData – Speichert Index-Daten.
- VertexData – Speichert Vertex-Daten.
- ETC1 – Encoder/Decoder für ETC1-komprimierte Bilder
- ETC1TextureData – Texturdaten ETC1-komprimierter Bilder
- FileTextureData – dateibasierte FileTexture-Implementierung
- FloatFrameBuffer – spezieller FrameBuffer
- FloatTextureData – Texturdaten für vorangegangene Klasse
- FrameBuffer – Verwaltet den OpenGL ES 2.0-FrameBuffer.
- ImmediateModeRenderer10 – Implementierung von ImmediateModeRenderer für OpenGL ES 1.0
- ImmediateModeRenderer20 – Implementierung von ImmediateModeRenderer für OpenGL ES 2.0
- IndexArray – eine Implementierung von IndexData
- IndexBufferObject – Verkapselt die Indexpuffer-Funktion von OpenGL.
- MipMapGenerator – Erzeugt *MipMaps*, also kleinere Versionen von Texturen für die Anzeige in größerer Entfernung.
- PixmapTextureData – Implementiert TextureData und unterstützt MipMaps.

- `ShaderProgram` – Verbindet Vertex und Shader zu einem Shader-Programm für OpenGL ES 2.0.
- `ShapeRenderer` – Rendert Punkte, Linien, Rechtecke, gefüllte Rechtecke und Quader.
- `VertexArray` – Hilfsklasse für OpenGL-Vertex-Arrays
- `VertexBufferObject` – Implementiert `VertexData` basierend auf OpenGL-Vertexpuffer-Objekten.
- `ShapeRenderer.ShapeType` – ein `enum` für die Verwendung in `ShapeRenderer.begin()`

A.3.24 com.badlogic.gdx.input

- `GestureDetector.GestureListener` – Callback für Fingergesten wie Touch, langer Touch, Fling, Pan oder Zoom
- `RemoteInput.RemoteInputListener` – Interface für Fernsteuerung
- `GestureDetector` – ein `InputProcessor`, der Gesten erkennt und an einen `GestureListener` weiterreicht
- `GestureDetector.GestureAdapter` – Basisklasse für eine teilweise Implementierung von `GestureListener`
- `RemoteInput` – Eine Input-Implementierung, die Touch, Accelerometer und Kompass-Ereignisse von einem anderen Android-Gerät empfangen kann. Dazu horcht die Klasse auf Port 8190 (Standard). Sie finden eine passende Fernsteuerungs-App namens *gdx-remote* im Verzeichnis *extensions* des gdx-Projekts.
- `RemoteSender` – Gegenstück zu `RemoteInput`, verwendet z. B. von *gdx-remote*

A.3.25 com.badlogic.gdx.maps

Klassen in diesem Paket eignen sich für die Darstellung von 2D-Landkarten, etwa in Fantasy-Rollenspielen. Die Karten können aus verschiedenen Ebenen bestehen, die übereinandergeblendet werden können (z. B. Erdboden, Landschaftsmerkmale, Helden, Texteinblendungen).

- `ImageResolver` – Interface für Klassen, die Bilder anhand ihres Namens laden
- `MapRenderer` – Interface für Klassen, die Maps rendern
- `ImageResolver.AssetManagerImageResolver` – ein `ImageResolver`, der Assets verwendet
- `ImageResolver.DirectImageResolver` – ein `ImageResolver`, der bereits geladene Texturen und deren Namen im Konstruktor erhält
- `ImageResolver.TextureAtlasImageResolver` – ein `ImageResolver`, der einen `TextureAtlas` verwendet

- Map – eine einfache Karte, die aus mehreren Ebenen (MapLayer) bestehen kann
- MapLayer – eine Ebene einer Karte
- MapLayers – eine Liste von MapLayer-Objekten
- MapObject – ein generisches Objekt auf einer Karte
- MapObjects – eine Liste von MapObject-Objekten
- MapProperties – eine Liste von Attributen einer Karte

A.3.26 com.badlogic.gdx.maps.objects

Dieses Paket enthält spezielle Implementierungen von MapObject.

- CircleMapObject – ein kreisförmiges MapObject
- EllipseMapObject – eine Ellipse als MapObject
- PolygonMapObject – ein Polygon als MapObject
- PolylineMapObject – eine Polyline als MapObject
- RectangleMapObject – ein Rechteck als MapObject
- TextureMapObject – eine Textur als MapObject

A.3.27 com.badlogic.gdx.maps.tiled

TiledMapRenderer – Interface für Renderer, die eine gekachelte Karte zeichnen

- TiledMapTile – Interface für eine Kachel auf einer Karte
- AtlasTmxMapLoader – Klasse, die Kacheln von einem TextureAtlas lädt
- AtlasTmxMapLoader.AtlasTiledMapLoaderParameters – Parameter für vorgenannte Klasse
- TiledMap – eine Implementierung von TiledMapRenderer. Die einzelnen Kacheln können in 90°-Schritten rotiert werden.
- TiledMapTileLayer – eine Ebene einer gekachelten Karte
- TiledMapTileSet – Verwaltet TiledMapTile-Objekte.
- TiledMapTileSets – Verwaltet mehrere Instanzen vorgenannter Klasse.
- TmxMapLoader – spezieller Loader für das *TMX-Format*, das Sie z. B. mit dem freien Programm *Tiled* (http://www.mapeditor.org) erzeugen können
- TmxMapLoader.Parameters – Parameter für vorgenannte Klasse
- TiledMapTile.BlendMode – ein enum für das Überblenden von Kacheln

A.3.28 com.badlogic.gdx.maps.tiled.renderers

- BatchTiledMapRenderer – ein MapRenderer, der ein SpriteBatch verwendet

- `HexagonalTiledMapRenderer` – Ein `MapRenderer` für Hexagon-Karten (wie in *Civilization V*). Die Kacheln jeder zweiten Zeile sind ein Stück horizontal verschoben, um zwischen den jeweiligen Sechsecken zu erscheinen.
- `IsometricStaggeredTiledMapRenderer` – ein `MapRenderer` für isometrische, versetzte Pseudo-3D-Darstellung
- `IsometricTiledMapRenderer` – ein `MapRenderer` für isometrische Pseudo-3D-Darstellung
- `OrthogonalTiledMapRenderer` – ein `MapRenderer` für flache Darstellung

A.3.29 com.badlogic.gdx.maps.tiled.tiles

- `AnimatedTiledMapTile` – eine animierte Kachel
- `StaticTiledMapTile` – eine statische Kachel

A.3.30 com.badlogic.gdx.math

- `Path<T>` – ein Interface für einen Weg mit Wegpunkt 0.0<=t<=1.0
- `Vector<T extends Vector<T>>` – Interface für Implementierung eines generischen Vektors
- `Bezier<T extends Vector<T>>` – Implementiert eine *Bezier-Kurve*.
- `Bresenham2` – Ermittelt in einem zweidimensionalen Gitter den Weg von einem Punkt zu einem anderen.
- `BSpline<T extends Vector<T>>` – Implementiert ein *BSpline*.
- `CatmullRomSpline<T extends Vector<T>>` – Implementiert ein *Catmull-Rom-Spline*, das eine Kurve durch eine gegebene Menge Punkte legt.
- `Circle` – Eigenschaften eines Kreises bestehend aus Mittelpunkt und Radius (in zwei Dimensionen)
- `ConvexHull` – Berechnet die *Konvexe Hülle* einer Menge von Punkten, d. h. die kleinste konvexe Menge, die die gegebenen Punkte enthält. In einer konvexen Figur liegt die Verbindungslinie zwischen zwei Punkten der Menge stets komplett innerhalb der Figur.`DelaunayTriangulator` – Berechnet aus einer Punktmenge ein Dreiecksnetz mit bestimmten Eigenschaften (*http://de.wikipedia.org/wiki/Delaunay-Triangulation*).
- `EarClippingTriangulator` – Zerlegt ein Polygon in Dreiecke.
- `Ellipse` – Enthält die Eigenschaften einer Ellipse.
- `FloatCounter` – Hilfsklasse für Berechnungen mit Zahlenfolgen (Durchschnitt, Maximum, Minimum, Summe usw.)
- `Frustum` – Beschreibt eine viereckige Pyramide ohne Spitze.

- GeometryUtils – diverse Hilfsfunktionen zum Lösen von quadratischen Gleichungen, Flächenberechnung eines Polygons oder Dreiecks usw.
- GridPoint2 – ein Punkt in einem zweidimensionalen Gitter (Integer-Koordinaten)
- GridPoint3 – ein Punkt in einem dreidimensionalen Gitter (Integer-Koordinaten)
- Interpolation – Abstrakte Basisklasse für Klassen, die eine Interpolation von Werten ausführen. Der Eingabewert liegt immer zwischen 0 und 1. Verwenden Sie die folgenden konkreten Implementierungen für Animationen mit entsprechenden Effekten.
  - Interpolation.Bounce
  - Interpolation.BounceIn
  - Interpolation.BounceOut
  - Interpolation.Elastic
  - Interpolation.ElasticIn
  - Interpolation.ElasticOut
  - Interpolation.Exp
  - Interpolation.ExpIn
  - Interpolation.ExpOut
  - Interpolation.Pow
  - Interpolation.PowIn
  - Interpolation.PowOut
  - Interpolation.Swing
  - Interpolation.SwingIn
  - Interpolation.SwingOut
- Intersector – Hilfsklasse für die Berechnung von Überschneidungen zwischen geometrischen Objekten
- MathUtils – optimierte `float`-Hilfsfunktionen wie Sinus, Cosinus, Rundung oder Zufallsgenerator
- Matrix3 – eine 3 × 3-Matrix
- Matrix4 – eine 4 × 4-Matrix
- Plane – eine Ebene im Raum, definiert durch einen Richtungsvektor, der senkrecht auf der Ebene steht, sowie einen Abstand vom Nullpunkt
- Polygon – ein Polygon in zwei Dimensionen
- Polyline – eine Polyline in zwei Dimensionen
- Quaternion – Ein Quaternion besteht aus vier Zahlen x, y, z und w. Es wird verwendet für die Darstellung einer Rotation um einen Winkel w um eine Achse, die der Vektor (x;y;z) definiert.

- `Rectangle` – ein zweidimensionales Rechteck
- `Vector2` – ein zweidimensionaler Vektor (x;y)
- `Vector3` – ein dreidimensionaler Vektor (x;y;z)
- `WindowedMean` – Berechnet einen Mittelwert aus einer Mindestanzahl von Werten, außerdem die Standardabweichung.
- `Plane.PlaneSide` – ein `enum`, der verrät, ob ein Punkt vor, hinter oder genau auf einer Ebene liegt

A.3.31 com.badlogic.gdx.math.collision

Alle Klassen in diesem Paket dienen der Berechnung von Kollisionen im dreidimensionalen Raum. Natürlich können Sie sie auch für andere Zwecke einsetzen.

- `BoundingBox` – ein Quader, der von zwei Vektoren aufgespannt wird
- `Ray` – ein Strahl, bestehend aus einem Startvektor und einer Richtung
- `Segment` – eine Strecke, d. h. eine Linie bestehend aus Anfangs- und Endpunkt, jeweils dargestellt durch einen `Vector3`
- `Sphere` – eine Kugel, bestehend aus Mittelpunkt-Vektor und Radius

A.3.32 com.badlogic.gdx.net

Dieses Package enthält Netzwerkfunktionen. Beachten Sie, dass Ihre App die Internet-Permission benötigt, sonst funktioniert nichts hiervon.

- `ServerSocket` – eine `ServerSocket` wartet auf eingehende Verbindungen
- `ServerSocketHints` – Optionen für vorgenannte Klasse
- `Socket` – Das Gegenstück zur `ServerSocket` nimmt Verbindung zu einer solchen auf und kann Daten umherschicken.
- `SocketHints` – Optionen für vorgenannte Klasse
- `HttpParametersUtils` – Hilfsfunktionen für `HttpRequest`
- `HttpStatus` – Stellt den Status einer HTTP-Verbindung dar.
- `NetJavaImpl` – Stellt eine Funktion für HTTP-Anfragen zur Verfügung.

A.3.33 com.badlogic.gdx.physics.box2d

Dieses Paket stellt Ihnen die Funktionen der nativen 2D-Physikbibliothek *Box2D* (*http://www.box2d.org*) innerhalb von *libgdx* zur Verfügung, so dass Sie sie nicht separat einbinden müssen. Box2D eignet sich hervorragend für alle möglichen Arten von »flachen« Physikspielen. Die API ist sehr umfangreich und erfordert ein genaues Verständnis von Box2D, daher wäre es sinnlos, hier stumpf die einzelnen Klassen aufzulisten.

Wenn Sie Box2D verwenden möchten, lesen Sie in der entsprechenden Sektion der *libgdx*-Wiki nach:

https://github.com/libgdx/libgdx/wiki/Box2d

A.3.34 com.badlogic.gdx.scenes.scene2d

Dieses Paket enthält Funktionen zur Darstellung und Verwaltung von zweidimensionalen Stages (siehe Abschnitt 8.4).

- EventListener – ein Listener für Events
- Action – abstrakte Basisklasse für Aktionen eines Actors
- Actor – ein aktives Element in einer Szene
- Event – ein Event für EventListener
- Group – eine Gruppe von Actors
- InputEvent – ein Eingabeereignis, z. B. Touch, Maus, Tastatur
- InputListener – ein Listener für InputEvents
- Stage – eine zweidimensionale Bühne für Actors
- InputEvent.Type – ein enum mit Typen von InputEvents
- Touchable – ein enum für die Verteilung von Touch-Eingaben an Actors und seine Kinder

A.3.35 com.badlogic.gdx.scenes.scene2d.actions

- Actions – statische Hilfsfunktionen für Actions
- AddAction – eine einfache Action für einen Actor
- AddListenerAction – eine EventListener-Action
- AfterAction – eine als Letztes ausgeführte Action
- AlphaAction – Ändert den Alpha-Wert eines Actors, um ihn ein- oder auszublenden.
- ColorAction – Ändert die Farbe eines Actors.
- DelayAction – Pausiert Actions.
- DelegateAction – Basisklasse für eine Action, die an eine andere Action delegiert
- FloatAction – eine Action, die einen float-Wert variiert
- IntAction – eine Action, die einen int-Wert variiert
- LayoutAction – Aktiviert oder deaktiviert einen Layoutwert eines Actors.

- MoveByAction – Bewegt einen Actor um einen relativen Entfernungswert.
- MoveToAction – Bewegt einen Actor an eine andere Stelle.
- ParallelAction – Führt Actions gleichzeitig aus.
- RelativeTemporalAction – Basisklasse für Actions, deren Fortschritt der vergangenen Zeit entspricht
- RemoveAction – Entfernt eine Action von einem Actor.
- RemoveActorAction – Entfernt einen Actor von der Stage.
- RemoveListenerAction – Entfernt einen Listener von einem Actor.
- RepeatAction – Wiederholt Actions endlos.
- RotateByAction – Rotiert einen Actor um einen Winkel.
- RotateToAction – Setzt die Rotation eines Actors auf einen Winkel.
- RunnableAction – eine Action, die ein Runnable ausführt
- ScaleByAction – Skaliert einen Actor relativ.
- ScaleToAction – Skaliert einen Actor absolut.
- SequenceAction – Führt Actions mehrfach aus.
- TemporalAction – Basisklasse für Actions, deren Fortschritt einem Prozentwert entspricht
- TimeScaleAction – Multipliziert das Delta einer Action.
- TouchableAction – eine Touch-Action
- VisibleAction – eine Sichtbarkeits-Action

A.3.36 com.badlogic.gdx.scenes.scene2d.ui

Dieses Paket enthält Bildschirmelemente für eine Stage. Die gemeinsame Basisklasse ist Widget, die wiederum von Actor erbt, so dass alle Actions auch auf diese UI-Elemente anwendbar sind.

- TextField.OnscreenKeyboard – ein Interface für eine Bildschirmtastatur
- TextField.TextFieldFilter – Interface für Filter für Texteingaben
- TextField.TextFieldListener – Listener für eingegebene Texte
- Button – eine Schaltfläche mit Styles
- Button.ButtonStyle – der Style eines Buttons (z. B. pressed, checked, disabled)
- ButtonGroup – eine Gruppe von Buttons, z. B. für Radiobutton-Funktionen
- CheckBox – eine Checkbox besteht aus einem Button und einem Label
- CheckBox.CheckBoxStyle – Style für vorgenannte Klasse
- Dialog – ein Dialog, der UI-Elemente enthalten kann

- `HorizontalGroup` – eine Gruppe, deren Elemente nebeneinander dargestellt werden
- `Image` – Stellt ein `Drawable` dar.
- `ImageButton` – ein `Button` mit einem `Image` darin
- `ImageButton.ImageButtonStyle` – Style für vorgenannte Klasse
- `ImageTextButton` – ein Button mit Image und Text
- `ImageTextButton.ImageTextButtonStyle` – Style für vorgenannte Klasse
- `Label` – ein Textfeld (ohne Eingabemöglichkeit), optional mit Zeilenumbruch
- `Label.LabelStyle` – Style für vorgenannte Klasse
- `List` – eine Listbox mit Texteinträgen, wovon einer wählbar ist
- `List.ListStyle` – Style für vorgenannte Klasse
- `ScrollPane` – ein scrollbarer Bereich
- `ScrollPane.ScrollPaneStyle` – Style für vorgenannte Klasse
- `SelectBox` – eine Dropdown-Box
- `SelectBox.SelectBoxStyle` – Style für vorgenannte Klasse
- `Skin` – Speichert Ressourcen für UI-Elemente.
- `Slider` – ein horizontaler Einstellregler
- `Slider.SliderStyle` – Style für vorgenannte Klasse
- `SplitPane` – ein Behälter für zwei Elemente, der horizontal oder vertikal geteilt ist
- `SplitPane.SplitPaneStyle` – Style für vorgenannte Klasse
- `Stack` – ein Behälter, der seine Kindelemente übereinanderstapelt
- `Table` – eine Gruppe, die ihre Kinder abhängig von ihrem Layout positioniert
- `TableToolkit` – Tabellenlayout-Verwaltung
- `TextButton` – ein Button mit Text darin
- `TextButton.TextButtonStyle` – Style für vorgenannte Klasse
- `TextField` – ein Eingabefeld
- `TextField.DefaultOnscreenKeyboard` – die Bildschirmtastatur für Eingabefelder
- `TextField.TextFieldFilter.DigitsOnlyFilter` – ein `TextFieldFilter`, der nur Ziffern erlaubt
- `TextField.TextFieldStyle` – Style für die Klasse `TextField`
- `Touchpad` – ein Bildschirm-Joystick
- `Touchpad.TouchpadStyle` – Style für vorgenannte Klasse
- `Tree` – Stellt Kindelemente als Baumstruktur dar.
- `Tree.Node` – ein Knoten in einem `Tree`
- `Tree.TreeStyle` – Style für die Klasse `Tree`

- `VerticalGroup` – eine Gruppe, die ihre Kinder vertikal übereinander anordnet
- `Widget` – Basisklasse der UI-Elemente in diesem Package
- `WidgetGroup` – Basisklasse für Klassen, die `Widgets` gruppieren
- `Window` – ein verschiebbares Fenster, das `Widgets` enthalten kann
- `Window.WindowStyle` – Style für vorgenannte Klasse

A.3.37 com.badlogic.gdx.scenes.scene2d.utils

- `Cullable` – Interface für Culling eines Actors
- `Disableable` – Interface für Widgets, die sich disablen lassen
- `Drawable` – Interface für Objekte, die sich selbst zeichnen können
- `Layout` – Interface für Objekte, die in einem Layout platziert werden können
- `ActorGestureListener` – ein `EventListener`, der verschiedene Touch-Eingaben erkennen kann
- `Align` – Konstanten für Ausrichtung
- `BaseDrawable` – Basisklasse für `Drawables`, die nur Größenangaben speichert
- `ChangeListener` – ein `EventListener` für `ChangeListener.ChangeEvent`
- `ChangeListener.ChangeEvent` – Event, das erzeugt wird, wenn sich ein Actor ändert
- `ClickListener` – `EventListener` für Klicks, Touch und Mouse-over
- `DragAndDrop` – Verwaltet Drag-&-Drop-Aktionen.
- `DragListener` – ein `EventListener` für Drag-&-Drop-Aktionen
- `DragScrollListener` – ein `EventListener`, der Scrolling erkennt
- `FocusListener` – ein `EventListener` für `FocusListener.FocusEvent`
- `FocusListener.FocusEvent` – ein `Event`, das erzeugt wird, wenn ein Eingabefeld den Eingabefokus erhält oder verliert
- `NinePatchDrawable` – ein `Drawable` für ein `NinePatch`
- `ScissorStack` – ein Stapel von Rechtecken für Clipping mit `GLCommon.glScissor()`
- `SpriteDrawable` – ein `Drawable`, das ein `Sprite` zeichnet
- `TextureRegionDrawable` – ein `Drawable`, das eine `TextureRegion` zeichnet
- `TiledDrawable` – ein `Drawable`, das eine `TextureRegion` verwendet und sie kachelt
- `FocusListener.FocusEvent.Type` – ein `enum` für `FocusEvents`

A.3.38 com.badlogic.gdx.utils

- `BaseJsonReader` – Interface für Klassen, die das JSON-Format lesen
- `Clipboard` – Interface für Zwischenablage-Operationen mit Texten

- `Disposable` – Interface für Ressourcen, die *disposed*, also nach Gebrauch aufgeräumt werden können
- `Json.Serializable` – Interface für Klassen, die in JSON umgewandelt werden können
- `Json.Serializer<T>` – Interface für Klassen, die JSON erzeugen
- `Pool.Poolable` – Interface für Klassen für Pools
- `Predicate<T>` – Interface zum Selektieren von Objekten während der Nutzung eines `Iterator`
- `Array<T>` – ein Objekt-Array
- `ArrayMap<K,V>` – eine Map mit Objekten
- `AtomicQueue<T>` – eine multithreading-fähige `Queue`
- `Base64Coder` – Hilfsklasse, die das Base64-Format lesen und schreiben kann
- `BinaryHeap<T extends BinaryHeap.Node>` – ein Stapelspeicher für Ableitungen von `BinaryHeap.Node`
- `Bits` – eine Bit-Menge
- `BooleanArray` – ein Array mit `Boolean`-Werten
- `BufferUtils` – Hilfsklasse für Buffer-Transfers
- `CharArray` – ein `Array` mit `Char`-Werten
- `DataInput` – Ableitung von `DataInputStream` mit Funktionen zum Lesen von `int` und `String`
- `DataOutput` – Ableitung von `DataOutputStream` mit Funktionen zum Schreiben von `int` und `String`
- `DelayedRemovalArray<T>` – ein Array, das `remove`-Operationen erst ausführt, wenn `end()` aufgerufen wird
- `FloatArray` – ein `Array` mit `float`-Werten
- `GdxBuild` – Erzeugt JNI-Wrapper mittels *gdx-jnigen*.
- `GdxNativesLoader` – Lädt native *gdx*-Bibliotheken.
- `IdentityMap<K,V>` – eine Map, deren Schlüssel durch den `=`-Operator unterschieden werden
- `IntArray` – ein `int`-Array
- `IntFloatMap` – eine Map mit `int` als Schlüssel und `float` als Werten
- `IntIntMap` – eine Map mit `int` als Schlüssel und Werten
- `IntMap<V>` – eine Map, die `int` als Schlüssel verwendet
- `IntSet` – eine Menge, die `int` als Schlüssel verwendet
- `Json` – Hilfsklasse, die JSON liest und schreibt
- `JsonReader` – ein JSON-Parser

- `JsonValue` – Verkapselt ein JSON-Objekt oder –Array.
- `JsonWriter` – eine Klasse, die JSON erzeugt
- `Logger` – einfache Logging-Klasse
- `LongArray` – ein Array mit `long`-Werten
- `LongMap<V>` – eine Map, die `long`-Werte verwendet
- `NumberUtils` – eine Hilfsklasse mit diversen Konvertierungsfunktionen
- `ObjectFloatMap<K>` – eine Map mit Objects als Schlüssel und `float` als Werten
- `ObjectIntMap<K>` – eine `Map` mit Objects als Schlüssel und `int` als Werten
- `ObjectMap<K,V>` – eine `Map` mit Objects als Schlüssel und Wert –
- `ObjectSet<T>` – eine Menge für Objekte
- `OrderedMap<K,V>` – eine `Map`, die ihre Schlüssel zusätzlich in einem `Array` speichert, um die Reihenfolge beizubehalten
- `PauseableThread` – ein `Thread`, der pausiert werden kann
- `PerformanceCounter` – eine Klasse, die Laufzeitverhalten analysiert
- `PerformanceCounters` – eine Hilfsklasse für mehrere `PerformanceCounter`
- `Pool<T>` – ein Pool von wiederverwendbaren Objekten
- `PooledLinkedList<T>` – eine `LinkedList` mit `Pools`
- `Pools` – Speichert eine Map mit `ReflectionPools` anhand ihres Typs.
- `QuickSelect<T>` – Implementiert den Quickselect-Algorithmus von Tony Hoare.
- `ReflectionPool<T>` – ein Pool, der Instanzen von T durch Reflection erzeugt
- `ScreenUtils` – Hilfsklasse für Zugriff auf `FrameBuffer`
- `Select` – Ermöglicht es, Elemente zu selektieren.
- `SharedLibraryLoader` – Lädt native Bibliotheken plattformabhängig.
- `ShortArray` – ein Array mit `short`-Werten
- `SnapshotArray<T>` – ein Array, das zwischen den Aufrufen von `begin()` und `end()` unverändert bleibt
- `Sort` – Funktionen zum Sortieren von `Arrays`
- `SortedIntList<E>` – eine sortierte Liste mit `ints`
- `StreamUtils` – Hilfsklassen zum Kopieren von Streams
- `StringBuilder` – ein `StringBuilder`, der `equals()` und `hashcode()` implementiert
- `Timer` – Ermöglicht das spätere Starten von `Timer.Tasks` im Haupt-Thread.
- `Timer.Task` – ein Runnable mit einer `cancel()`-Funktion
- `TimeUtils` – Hilfsklasse für Zugriffe auf Systemtimer
- `UBJsonReader` – ein Parser für UBJSON
- `UBJsonWriter` – Erzeugt UBJSON-Format.

- `XmlReader` – ein XML-Parser
- `XmlWriter` – Erzeugt XML-Format.
- `JsonValue.ValueType` – ein `enum` mit möglichen JSON-Typen
- `JsonWriter.OutputType` – ein `enum` mit möglichen JSON-Ausgabetypen
- `Scaling` – ein `enum` für die verschiedenen Arten, ein Rechteck in ein anderes einzupassen

A.3.39 com.badlogic.gdx.utils.async

- `AsyncTask<T>` – Interface für Klassen, deren Ausführung einem `AsyncExecutor` überlassen werden sollen
- `AsyncExecutor` – Ermöglicht nebenläufige Ausführung von `AsyncTasks`.
- `AsyncResult<T>` – Resultat beim Start eines `AsyncTask`, mit der Möglichkeit, auf dessen Status zur Laufzeit zuzugreifen

A.3.40 com.badlogic.gdx.utils.compression

Die Klassen in diesem Paket stellen Komprimierungsfunktionen zur Verfügung.

- `ICodeProgress` – Interface, das den Fortschritt einer Operation bekanntgibt
- `CRC` – eine Klasse, die CRC-Prüfsummen berechnet
- `Lzma` – Implementiert den *Lempel-Zib-Markow-Kompressionsalgorithmus*.

A.3.41 com.badlogic.gdx.utils.reflect

Die Klassen in diesem Paket unterstützen bei *Reflection*, also der Beeinflussung von anders nicht verfügbaren Java-Elementen zur Laufzeit.

- `ArrayReflection` – Hilfsklasse für `Array`-Reflection
- `ClassReflection` – Hilfsklasse für `Class`-Reflection
- `Constructor` – Stellt Informationen zu einem Konstruktor zur Verfügung und erlaubt es, ihn über Reflection auszuführen.
- `Field` – Stellt Informationen zu einem Klassenattribut zur Verfügung.
- `Method` – Ermöglicht Zugriff auf eine Funktion einer Klasse oder eines Interface.

Index

@Override 33
2D 201
3D 17, 18, 22, 241, 242, 243, 250, 252, 253, 255,
259, 260, 261, 262, 263, 273, 277, 281, 318

A

Abspielen 164
Accelerometer 133
Achievements 286, 348
Activity 29
Adapter 195
Air Control 21
Akkorde 159
Akkuladung 174
AlertDialog 188
AlertDialogBuilder 188
Alpha-Test-Version 330
Amazon App Store 336
AmbientLight 270
Android-Manifest 174
AndroidManifest.xml 32
Anfangskapital 181
Angry Birds 19, 302
Animation 99, 100, 101
AnimationListener 103
Annotation 254
Apache 237
App Secret 305
Application Server 237
AppStateClient 300
AppTheme 47
Arena 264
AsyncTasks 376
Audacity 161
AudioManager 165
Autorisierungsprozess 286

B

Base64 374
BaseGameActivity 104
BaseGameServicesActivity 287
Bejeweled 20
Beschleunigung 252
Beschleunigungssensor 132
Bestenliste 286, 298, 348

Bezeichner-Präfixe 331
Bezier-Kurve 367
Billing Library 328
BitmapFactory 65
Bitmaps 65
Bitrate 160
Blaupausen 259
Blobs 155
BMFont 211
Box2D 369, 370
bpm 157
Browser-Game 231
BSpline 367
Bühne 213
Build Variants 340
build.gradle 176
Bundle 311

C

Canvas 65
Catmull-Rom-Spline 367
Civilization V 367
Cloud 285
Cloud Messaging 349
Cloud Save 286, 300
Code Completion 34
Coins 343
colors.xml 47
Container-Layout 41
ContentValues 184
convertView 197
Cracker-Schutz 334
CRC 376
Crippleware 315

D

Dalvik 62
Datenbank erweitern 294
Datenmenge 195
Debug-Key 285
Decals 361
DelaunayTriangulator 367
Demoversion 315
Deserialisieren 138
Device Independent Pixel 37

377

Dialog ... 85, 88
DirectX ... 202
distanceBetween ... 190
Double Buffering ... 152
dp ... 37
Drawable ... 78, 108
Drawable-XML ... 78
drawBitmap() ... 123

E

Einloggen ... 288
Emitter ... 225
Environment ... 270
Erfolge ... 286
ETC1 ... 364
execSQL ... 181
Executor ... 150
ExecutorService ... 148
Export ... 60

F

Face Culling ... 258
Facebook ... 303
f-droid ... 315
Field ... 35
Fingerabdruck ... 305
Flavor ... 337, 338
Formatierung ... 16, 216, 297
Foursquare ... 173
Fragments ... 53, 98
Framerate ... 147
freedom ... 334
Frequenz ... 161

G

G3D-Format ... 362
Game Services ... 340
GameHelper ... 287
GameStorage ... 180
GameView ... 121
gdx-jnigen ... 374
gdx-remote ... 365
GdxSceneEngine ... 243, 253
Geld ... 281
Geld verdienen ... 15, 17, 315, 344
Generics ... 195
Geofence ... 349
Geokoordinaten ... 351

Geschmacksrichtungen ... 338
Geschwindigkeit ... 252
getReadableDatabase ... 182
getSystemService ... 132
GIMP ... 18, 93, 120, 210
GLFW ... 357
Glow ... 77
Glühbirne ... 35
Google Ads ... 345
Google Game Services ... 22
Google Maps ... 175, 350
Google Play ... 15, 18, 42, 76, 120, 202, 283, 286, 311, 312, 315, 316, 328, 329, 330, 336, 341, 342, 345
Google Play Billing Library ... 328
Google Wallet ... 353
Google Web Toolkit ... 231, 357
Google+ ... 283, 352
GPS ... 17, 174, 175, 177
GPS_PROVIDER ... 175
GPU ... 202
Gradienten ... 79
Gradle ... 230, 234, 340
Gradle-Flavors ... 337
Gradle-Skript ... 139
Grafik-Beschleuniger ... 202
Gravitation ... 126
Gravity ... 37
Grundton ... 159
GWT ... 231, 357
GWT-Modul-Definitionen ... 233

H

Hacker-Schutz ... 334
Handler ... 72
Handylautsprecher ... 163
hideView() ... 124
Hiero ... 211, 247
Highscore ... 91, 298
Hintergrund ... 247
Hintergrundmusik ... 155
Höchstgeschwindigkeit ... 276

I

ic_launcher.png ... 62
In-App Billing ... 336
In-App Payment ... 315
In-Game-Shop ... 317
Ingress ... 173

Inkscape 18, 58, 155, 206
Instrumente 157
Intent 51
Intent-Filter 51
Interface 148
Interpolation 368
invalidate() 123
iOS 239
ItemizedIconOverlay 185

J

jamendo.com 156
Java-Keytool 305
JavaScript 232
JSON 374, 375, 376

K

Kamera 270
Kassettenrekorder 164
keytool 305
Key-Value-Store 91
Kollisionen 145
Konvexe Hülle 367
Koordinatensystem 250

L

LabelStyle 214, 215
Lagesensor 117
Launcher 51
Launcher-Icon 61
Lautstärke 159, 165
layout_weight 196
Layout-Gewicht 196
LayoutInflater 56
Leaderboard 286
Leinwand 65
Lempel-Zib-Markow-
  Kompressionsalgorithmus 376
Level 135, 266, 302
Level-Pack 320
levelPack 136
LevelPackManager 320
libgdx 18, 203, 242, 354
Linux MultiMedia Studio 157
ListView 195
LMMS 157
Local History 39
Location-based Gaming 22, 199

LocationListener 175
LocationManager 174

M

Map 104, 184
MapController 177
MapView 176
match_parent 37
Medaillen 286
MediaPlayer 162, 163, 164
MeshBuilder 364
MipMaps 364
Moments 352
Multiplayer 348
Multitrack 157
Music 247

N

native Bibliotheken 204
NETWORK_PROVIDER 175
Netzwerkbasierte Ortsbestimmung ... 174
Normalisieren 252
Noten 158

O

OBJ-Format 362
Offer Wall 343
OGG 160
onClick 57
OnClickListener 57, 88
onCreate 50
onPause 74
Open Source 242
OpenGL ES 202
OpenStreetMaps 176
osmdroid 176, 177
Overlay 178
OverlayItems 185

P

Packagename 28
Padding 80
Paint 122
Parallel Kingdom 173
Partikel-Emitter 225
Partikelsystem 225
Pattern 158

Index

PayPal 341
Paysafecard 341
PerspectiveCamera 270
Pfad 59
Physik 117, 251
Physik-Engine 125
Pitch 279
Pixelauflösung 109
Plain Old Java Object 137, 218
Plasmabooster 276
Plattformübergreifend 203
Platzhalter 170
PNG 60
POJO 137, 218, 254, 266
Pong 117
Portrait 50
Postman 173, 283
Premium-Version-Freischaltung 317
Preset 158
Primitiv 250

Q

Quickselect 375

R

Random 65
rawQuery 182
Rect 123
RectF 123
Refactor 148
Refactoring 83, 84
Reflection 376
Reichweite 190
removeCallbacks 74
Renderer 212
Richtung 251
RoboVM 357
ROWID 192
Runnable 72

S

Sägezahn 161
Satelliten 174
Satz des Pythagoras 131
SceneEngine 254
Schach 283

Schadsoftware 184
Scheduled Executor 150
ScheduledExecutorService 72
Schlüsselname 91
Schriftarten 75, 104
Schwarzmagie 174
Schwerkraft 126
Screen 212
Sechzehntelnoten 159
SensorManager 132
setContentView 50
Shader 202
shadowColor 77
SharedPreferences 91, 179
showView() 124
Sichtfeld 270
Siedler 317
Signaturzertifikat 305
Signierte APK 284
SimpleXML 138, 243
simple-xml 254
Skalarmultiplikation 251
Skat 283
Social Gaming 17, 281, 283, 284
Sound 155, 271, 279
Soundeffekte 220
Speedx 3D 22
Speicherverbrauch 121
Speicherverwaltung 62
Spieldienste 285, 286
Spiellogik 187
SponsorPay 342
Sprachausgabe 169, 170
SpriteBatch 220
Sprites 206
SQL-Injection 184, 193
SQLite 179
SQLiteOpenHelper 294
Stage 213, 218, 246
String.format() 231
String-Ressourcen 54
Strip-Sudoku 15, 16
styles.xml 47
SurfaceHolder 149
SurfaceView 147
Swing 358
Syntaxvervollständigung 188
Synthesizer 157

T

Tabellenzellen	214
Table	214
Tablets	49
Tags	197, 325
Takt	159
Tempolimit	276
TextToSpeech	169
TextureAtlas	360
Texturen	206
Thread	72, 149
TMX-Format	366
Toasts	84
Tongenerator	161
Tonhöhe	279
Tony Hoare	375
Touchscreen	17, 51, 117
Truetype	76
Typeface	76

U

UBJSON	375
UI-Thread	149
Ungarische Notation	331
Unmarshalling	138

V

Vector2	252
Vector3	252
Vektor	250
Version	330
Vertex	250
visibility	194

W

war	236
Wavefront	362
Web Application Archive (war)	236
WebGL	355
Werbung	315, 344
Wiedergabe	164
WLAN	177
World of Warcraft	317
wrap_content	37

X

XCode	239
XML	135, 254, 376

Z

Zurückspulen	164

Thomas Künneth

Android 4
Apps entwickeln mit dem Android SDK

Sie möchten Apps für Android Tablets und Smartphones entwickeln? Java-Kenntnisse vorausgesetzt, wird Ihnen das durch die verständlichen Erklärungen und zahlreichen Praxisbeispiele schnell gelingen. Ob GUIs, Datenbanken, Kamera, Multimedia, Kontakte oder GPS - hier erfahren Sie alles, was Sie wissen müssen!

446 Seiten, gebunden, mit DVD,
34,90 Euro
ISBN 978-3-8362-1948-8
2. Auflage 2012
www.galileocomputing.de/3167

Uwe Post

Android-Apps entwickeln für Einsteiger
Eine Spiele-App von A bis Z

Ihr Einstieg in die App-Entwicklung! Hier lernen Sie auf besonders einfache und unterhaltsame Weise, wie Sie Apps für Android entwickeln. Schritt für Schritt programmieren Sie ein eigenes Spiel, das sich sehen lassen kann! Grundkenntnisse in der Programmierung werden vorausgesetzt. Dann kann nichts mehr schief gehen.

409 Seiten, broschiert, mit DVD,
24,90 Euro
ISBN 978-3-8362-2629-5
3. Auflage 2013
www.galileocomputing.de/3470

Galileo Press

Christian Ullenboom

Java ist auch eine Insel

Einführung, Ausbildung, Praxis

Die Insel ist die erste Wahl, wenn es um aktuelles und praktisches Java-Wissen geht. Java-Einsteiger, Studenten und Umsteiger profitieren seit mehr als einem Jahrzehnt von diesem Lehrwerk. Neben der Behandlung der Sprachgrundlagen von Java gibt es kompakte Einführungen in Spezialthemen. Dieses Buch gehört in das Regal eines jeden Java-Programmierers.

1.300 Seiten, gebunden, 49,90 Euro
ISBN 978-3-8362-2873-2
11. Auflage, erscheint Juni 2014
www.galileocomputing.de/3606

Christian Ullenboom

Java SE 8 Standard-Bibliothek

Das Handbuch für Java-Entwickler

Java 8 ist da und viele Themen neu dabei! Ganz frisch an Bord: Stream-API, Datetime-API, noch mehr JavaFX und JUnit und Testen. Alte Hasen sind auf den neuesten Stand gebracht, wie Swing, XML, RMI, JSP, Servlets, Applets, JDBC, Reflection, Annotationen, Logging und Monitoring. Dieses Handbuch ist ein Must-have für Entwickler.

1.400 Seiten, gebunden, 49,90 Euro
ISBN 978-3-8362-2874-9
2. Auflage, erscheint Juli 2014
www.galileocomputing.de/3607

Das gesamte Buchprogramm: www.galileocomputing.de

In unserem Webshop finden Sie unser aktuelles
Programm mit ausführlichen Informationen,
umfassenden Leseproben, kostenlosen Video-Lektionen –
und dazu die Möglichkeit der Volltextsuche in allen Büchern.

www.galileocomputing.de

Galileo Computing

Wissen, wie's geht.